1. 카야르딜드어 화자 †팻 가보리

40년 넘게 시력을 잃은 채 살아왔으면서도 자신의 언어와 자신이 자라온 세계에 대해 생생히 이야기해주던 그가 떠난 지금, 카야르딜드어는 점점 더 침묵에 빠져들고 있다.

2. 호주 노던 주 크로커 섬의 †찰리 와르다가

그의 머릿속에는 자기 씨족 맹갈라라족의 언어인 일가르어는 물론, 이와이자어, 쿤윙즈쿠어, 가리그어, 마낭카르디어, 마르쿠어 등 그 지역 여러 언어가 마지막으로 남아 있었다.

3. 호주 북서부에 구전되는 워라무룽운지 신화를 들려주고 있는 †팀 마밋바

아라푸라 해를 거쳐 호주에 처음 발을 디딘 워라무룽운지의 이야기는 호주에 왜 그토록 많은 언어가 있는지를 잘 설명해준다.

4. 2004년 뉴기니 섬 서부 고지대의 쿠와루어 구송 설화 「톰 야야 캉게」를 연행하고 있는 파울루스 콘츠

이 지역은 최근까지도 문자 기록 전통과 전혀 접촉이 없던 곳이다. 그럼에도 불구하고 「톰 야야 캉게」는 『오디세이』, 마야의 『포폴 부』와 유사한 서사시 특유의 구조를 가지고 있다.

5. 아르헨티나의 수도 부에노스아이레스 교외의 데르키 공동체를 운영하고 있는 토바족 원로 발렌틴 모레노

도시 속에서 소규모 언어공동체가 자신들의 언어와 전통을 후세에 전달하기 위해서는 데르키 공동체 같은 나름의 소통 공간을 만들어나가는 것이 중요하다.

6. 달라본어 사전 편찬에 큰 역할을 한 달라본어 화자 매기 투쿰바

세상 사람들은 소규모 언어공동체의 문화를 얕보고 과소평가하지만, 이들은 대부분 자기네 언어와 문화
에 대해 자긍심을 갖고 있으며 이 문화를 세상 사람들과 공유하고 싶어한다.

7. 매우 뛰어나면서도 정규 교육을 받지 못한 토착민이 자신들의 언어와 지식을 기록화하는 데 얼마나 기여할 수 있는지 가장 잘 보여준 예인 칼람어 화자 †샘 마즈넵

그는 초등학교 2학년 교육밖에 받지 못했지만, 칼람어를 기록하는 철자법을 익혀 방대한 양의 민족생물학적 지식을 세상에 내놓았다.

아무도

모르는

사이에

죽　다

아무도 모르는 사이에 죽다

사라지는 언어에 대한 가슴 아픈 탐사 보고서

니컬러스 에번스 지음 | 김기혁 · 호정은 옮김

글항아리

일러두기

1. 일련 번호로 표기한 저자와 역자의 주석은 각 장의 후주로 처리했다.
   후주에서 역자의 설명이 들어간 경우 '−역자 주' 표시를 해두었다.

2. 본문에서 ( ), [ ]은 저자가 부연 설명한 것이다.

3. 인명과 지명은 외래어 표기법에 따라 표기했다.

4. 찾아보기에서 어족명은 언어와 동일한 명칭이 중복되지 않는 한, '어족'으로 표시하지 않고 단순히 '〜어'로
   제시하였다. 공통조어Proto-language는 따로 제시하지 않고 언어명에 함께 색인을 달았다. 예를 들어 우토−
   아즈텍 공통조어proto-Uto-Aztecan는 우토−아즈텍어Uto-Aztecan에서 함께 다룬다. 영어의 경우 거의 매 쪽
   언급되기 때문에, 특별한 지역 방언형을 제외하고는 따로 색인을 달지 않았다. 이탤릭체로 된 쪽수는 그 언
   어가 해당 쪽에 있는 지도에 나타남을, 쪽수 뒤에 n을 붙인 것은 후주에 언급됨을 의미한다.

이 책을 故 김기혁 선생님(1955~2011)께 바칩니다.

제가 이 책을 쓴 것은 인류의 사고, 즉 6000개에 이르는 언어를 통해 구축되고 전해 내려온 사고의 다양성이 전 세계적으로 붕괴될 위기에 처해 있다는 사실을 언어학자는 물론 일반 독자들에게 알리고 싶었기 때문입니다. 수많은 소규모 언어의 마지막 화자들이 생을 마감하면서, 전 세계 언어의 수는 10년 안에 50퍼센트 정도로 줄어들지도 모릅니다. 우리가 신경 써 언어를 기록하지 않는다면 언어는 아무 흔적도, 화석도 남기지 않습니다. 언어 기록 작업은 긴 시간을 요하는 복잡한 작업이지만 매우 보람 있는 일이기도 합니다. 그리고 오늘날엔 어떻게 해야 이 기록 작업을 성공적으로 해낼 수 있는지도 우리는 알고 있습니다.

저는 호주 원주민 공동체의 현명하고 뛰어난, 그리고 많은 사람의 사랑을 받던 원로의 장례식을 여러 차례 주재했습니다. 이들을 땅에 묻으며, 이들이 구사했던 언어의 실체를 알아낼 기회가 영원히 사라져버리는 것도 목도했습니다. 이 끔찍한 개인적 경험을 통해 저는 이 매력적인 인류의 공동 유산을 지키기 위해, 또한 그게 뭐가 중요하냐며 회의적 반응을 보이는 사람들을 설득하기 위해 우리가 할 수 있는 일을 해야 한다는 절박감을 느꼈습니다. 그런 의미에서 이 책의 한국어판을 출판하게 되어 얼마나 기쁜지 모릅니다.

제가 알기로 한국어는 흥미롭고 독특한 특징을 가지고 있는 언어이며, 한국은 세종대왕으로 거슬러 올라가는 눈부신 언어학 전통을 가진 나라입니다. 한국 언어학자들의 엄밀하면서도 왕성한 연구를 통해, 한국어는 현재 가장 잘 기술되어 있는 언어의 하나로 꼽히고 있습니다. 그러나 한국어 자체에만 집중하고 세계의 수많은 언어가 가진 중요성을 간과하는 것은 문제가 될 수도 있습니다. 만일 고구려의 언어, 혹은 한때 고구려 영토에 살았던 숙신肅愼족(퉁구스족)의 언어로 기록된 문헌이 있다든가, 이 언어들의 어휘 목록이나 문법에 대한 기록이 남아 있다면 어땠을까요? 한국의 역사에 대한 연구도 훨씬 깊고 풍부하게 이루어졌을 것이며, 한국어가 과연 퉁구스 어족이나 알타이 어족과 관련되는지의 여부도 밝힐 수 있었을지 모릅니다. 이와 비슷한 아쉬움을 느끼는 곳이 세계에는 많습니다. 우리가 기록하지 않는다면 우리 후손들 역시 기록의 누락을 한탄할지도 모릅니다. 다행이라면, 현재 우리는 이 문제가 얼마나 중요한지, 이 사안에 어떻게 대처해나가야 하는지 정확히 인지하고 있다는 것입니다.

전 세계의 언어 다양성은 가히 경이로울 정도지만, 깨지기도 쉽습니다. 바라건대 이 책의 한국어판이 자극제가 되어, 보다 많은 한국 언어학자가 이 멋진 언어 다양성에 대해 관심을 갖게 되었으면 합니다. 누군가는 한국어의 먼 일가가 되는 퉁구스어와 알타이어에 대해 흥미를 갖게 될 수도 있을 것이고, 누군가는 파푸아뉴기니나 인도 북서부 등지에서 벌이는 선교 활동 과정 속에서 언어 탐사의 필요성을 느낄 수도 있을 것입니다. 점점 더 많은 외국인이 한국에 터전을 잡고 살아가는 오늘날의 상황에 비추어볼 때, 수 세기 후에는 한국에 다문화주의, 다언어주의가 새로운 형태로 자리 잡을지도 모를 일입니다. 이러한 여러 이유로 우리에게 근본적으로 필요한 일은, 언어적 다양성과 언어 간의 차이를 신중히 살피는 일이 아닐까 합니다. 이러한 작업이 과학적인 관점뿐만 아니라 인문학적 관점에서도 얼마나 매력 있는 일인가를 이 책이 잘 보여주었으면 합니다.

이 책을 번역한 고故 김기혁 교수와 호정은 선생에게 깊은 감사를 드립니다. 김기혁 교수를 만난 것은 2010년 12월이었습니다. 당시 그는 사라져가는 언어에 대한 다큐멘터리를 제작하는 방송 스태프들과 함께 호주를 방문해 자문 역할을 했습니다. 김 교수는 곧 이 책을 번역하고 싶다고 내게 의견을 물어왔습니다. 당시까지 언어 유형론이나 언어 다양성에 대한 연구가 한국 언어학계에서 충분히 주목받지 못하고 있다는 안타까움 때문이 아니었을까 합니다. 김 교수의 의지와 열정은 내게 깊은 감명을 주었습니다. 이 책에서 언급한 여러 친구와 동료들처럼 그가 세상을 떠났다는 소식을 접해 얼마나 깊은 슬픔에 젖었는지 모릅니다. 김기혁 교수가 돌아가신 후에는 함께 번역 작업을 맡았던 호정은 선생이 원고를 마지막까지 다듬어주었습니다.

두 분 외에도, 이 번역이 가능하도록 김기혁 교수와의 인연을 만들어준 윤경주 교수, 수년 전 내게 한국어를 처음 가르쳐준 송명숙 교수, 언어 유형론 분야의 연구로 언어 다양성에 대한 이론을 체계화하고 발전시켜가고 있는 송재중 교수 등 세 명의 한국 동료 학자에게도 감사를 표하고 싶습니다.

프롤로그

No volverá tu voz a lo que el persa
Dijo en su lengua de aves y de rosas,
Cuando al ocaso, ante la luz dispersa,
Quieras decir inolvidables cosas

|

You will never recapture what the Persian
Said in his language woven with birds and roses,
When, in the sunset, before the light disperses,
You wish to give words to unforgettable things

|

황혼 무렵, 햇빛이 사라지기 전,
잊을 수 없는 것들을 표현하고 싶을 때,
당신은 페르시아인들이 새와 장미로 짜인
그들의 언어로 말한 것을 결코 이해할 수 없을 것이다
— Borges(1972:116−117)[1]

Un vieillard qui meurt est une bibliothèque qui brûle.

An old person dying is a library burning.

노인 한 명이 죽는 것은 서재 하나가 불타는 것과 같다.
　　─아마두 함파테 바Amadou Hampaté Bâ, 1960년 유네스코에서의 연설

　내가 이 글을 쓰고 있는 지금, 팻 가보리Pat Gabori, 카바라르징가티 불투쿠Kabararrjingathi bulthuku2는 현재 여덟 명밖에 남아 있지 않은 카야르딜드어Kayardild 사용자 중 한 사람이다. 카야르딜드어는 호주 퀸즐랜드 주 벤팅크Bentinck 섬의 원주민어다. 지난 40년 동안 시력을 잃고 살아온 이 노인의 인생에 늦게야 넓은 세상이 들어왔다. 차 안에서 어떻게 앉아야 하는지 본 적이 없었던 그는 자기 배에 타듯 차 시트에 책상다리를 하고 뒤를 향해 돌아앉았다. 그가 자신이 자라온 세계를 더욱 생생하게 기억하는 것은 아마도 시력을 잃은 까닭에서일 것이다. 그는 벤팅크 섬 내의 신성 지역이나, 뛰어난 사냥 기술, 복잡한 부족 계보, 여인을 둘러싼 다툼 등에 대해 몇 시간씩 이야기하는 것을 좋아한다. 가끔은 이야기를 멈추고 노래를 부르곤 한다. 그가 부족 규율을 깊이 알고 있다는 점 때문에 그는 호주 정부를 상대로 전통적 해양권을 인정받기 위해 진행된 최근의 소송에 주요 증인이 되기도 했다. 그러나 그의 이야기를 이해하는 사람은 점점 줄고 있다.
　카야르딜드어는 결코 큰 언어가 아니었다. 아마 절정기에도 화자가 150명을 넘지 않았을 것이다. 그러나 1982년 내가 팻 가보리를 소개받았을 때 카야르딜드어 화자는 40명도 채 남지 않았으며, 이들은 모두 중년을 넘긴 사람들이었다.
　이 언어의 운명은 1940년대에 결정되었다. 이 시기에 벤팅크 섬의 전 주민은 정책상 자기 조상의 땅에서 50킬로미터쯤 북서쪽에 있는 모닝턴Mornington 섬으로 이주해야 했다. 이주 당시 모든 주민은 카야르딜드어를 쓰는 단일 언어 사용자들이었다. 그러나 그 후 단 한 명의 아이도 이 부족어를 완전히 익히지

그림 0.1 팻 가보리, 즉 카바라르징가티 불투쿠

못했다. 이주 몇 해 만에, 한 아이에게서 다른 아이로 전해지는 언어의 동세대 간 연결은 깨졌고, 암울한 10년 동안 살아남은 아기는 없었다. 기숙사 정책에 따라 아이들은 거의 하루 종일 부모와 떨어져 있어야 했고, 원주민어를 말하는 아이는 벌을 받았다.

앞으로 이 책에서 좀 더 자세히 다룰 카야르딜드어는 '인간 언어에서 가능한 것은 이런 것이다'라는 갖가지 신조에 도전장을 던진다. 예를 들어 심리언어학자 핑커Steven Pinker와 블룸Paul Bloom은 언어 진화에 관한 저명한 논문에서 "명사에 결합하는 접사로 시제(문법적 시간)를 표현하는 언어는 없다"고 주장했다.[3] 가능한 인간 언어란 이런 것이라는 선험적 제약이 언어를 배워가는 아이에게 근본적인 지원 역할을 한다고 보는 촘스키Noam Chomsky의 보편문법 이론도 이 주장과 궤를 같이한다. 아이가 부모의 말 속에 내재하는 문법을 추론하는 데 필요한 가설의 수를 이 선험적 제약이 줄여준다는 것이다.

그런데 카야르딜드어는 이 불가능성을 태연자약하게 무시해버린다. 카야르딜드어는 동사뿐만 아니라 명사에도 시제를 표시한다. 예컨대 카야르딜드어로 '그가 바다거북을 보았다'라는 문장은 niya kurrijarra bangana인데, 과거 시제를 동사인 kurrij(보다)에 -arra로 표시할 뿐만 아니라, 목적어 명사 banga(바다거북)에도 -na로 표시한다. '그가 바다거북을 볼 것이다'라는 미래 표현 문장 niya kurriju bangawu에서도 미래 시제가 동사와 명사에 각각 -u와 -wu로 표시된다(a, i, u는 스페인어나 이탈리아어의 해당 음가로, rr는 전동음으로 발음하며, ng은 singer, j는 jump에서와 같이 발음한다).[4]

niya kurrij-arra banga-na   그가 바다거북을 보았다
niya kurrij-u banga-wu   그가 바다거북을 볼 것이다

카야르딜드어를 보면, 세계 언어의 다양성이 정확히 어느 정도 규모인지 무시한 채 제한된 표본에 기초하여 언어의 '보편성'을 논하는 것이 얼마나 위험한지 알 수 있다.[5] 객관적으로 볼 때 카야르딜드어 체계는 그리 기이한 것이 아니다. 시제란 사건 전체, 즉 동사에 의해 표현되는 행위뿐만 아니라 의미적 참

여자의 시간적 위치를 나타내는 것이다. 20세기 들어 논리학자들에 의해 발전된 시제 논리는 명제 전체를 시제 연산자에 연결한다. 카야르딜드어처럼 시제 표지가 퍼져 있는 방식은 시제의 '명제적 범위'를 보여주는 것이다.

카야르딜드어를 배운다는 것은 다른 언어에는 없을 것 같은 문법을 터득하는 데서 그치지 않는다. 카야르딜드어를 배우려면 세계에 대해서도 아주 다른 방식으로 사고해야만 한다. "이 책의 동쪽 페이지"를 "당신 무릎에서 북쪽"으로 약간 움직여보라. 이 지시를 따를 수 있으려면 조금은 낯선 방식으로 사고해야 한다. 그러나 카야르딜드어 화자라면, 자신이 말하는 문장 대부분에서 이런 식으로 나침반 방향을 언급할 것이고, 이 지시에 대해서도 즉시 그리고 정확히 응할 것이다.

가보리는 80대이고, 유창한 화자들 가운데 가장 연배가 낮은 이들도 60대의 노인들이다. 따라서 카야딜트Kaiadilt 사람들이 벤팅크 섬에서 이주한 지 100년이 되는 2042년에는 카야르딜드어 화자가 한 명도 남아 있지 않을 듯하다. 독특하고 매력적인 이 언어는 민족의 유일한 언어에서 과거 속 침묵의 허구로 사라질 것이다.

거기서 북서부로 500마일을 가면 호주 노던 주Northern Territory의 크로커 Croker 섬에 다다른다. 2003년에 나는 크로커 섬에 가서 내 선생이자 친구이며 형뻘인 찰리 와르다가Charlie Wardaga의 장례식에 참석했다. 장례식은 굉장히 어수선했다. 그가 세상을 떠난 날부터 수많은 주변 부족에서 문상객, 노래 부르는 사람, 춤추는 사람들이 도착하는 데 몇 주가 걸렸다. 그동안 그의 시신은 유럽 스타일의 목재 관에 눕혀져, 마카사르인Macassan들에게 빌려온 붉은 전통 깃발들로 장식한 원주민 전통의 나뭇가지 그늘지붕 아래 놓여 있었다. 주변에는 늦은 건기의 열기 아래 점점 더 많은 파리가 꼬이고 있었다. 문상객 모두가 다가가 슬픔을 가라앉히기 위한 의식으로 관 위에 놓인 칼을 들어 머리에 상처를 내며 마지막 경의를 표하는 동안, 남편을 잃은 부인은 그 그늘지붕 아래서 기다리고 있었다.

이후, 남자들이 조용히 와르다가의 무덤구덩이를 팠다. 날카롭게 찢어질 듯한 전통 음악에 이어 좀 더 명상적이고 받아들이기 쉬운 기독교 성가가 연

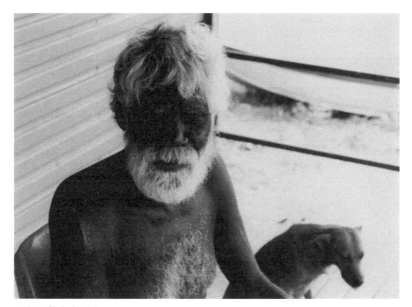

그림 0.2 찰리 와르다가

주되었다. 와르다가의 장례에서 우리가 묻은 것은 그저 이 작은 공동체의 삶과 몸부림에 중추 역할을 했던 부족 원로만이 아니다. 그의 머릿속에는 자기 씨족인 맹갈라라족Mangalara의 언어인 일가르어Ilgar는 물론, 좀 더 널리 알려진 이와이자어Iwaidja와 쿤윙즈쿠어Kunwinjku, 그 외에도 가리그어Garig, 마낭카르디어Manangkardi, 마르쿠어Marrku 등 그 지역 여러 언어가 마지막으로 남아 있었다. 그가 세상을 뜨기 전, 녹음과 답사 기록을 통해 그럭저럭 그 지식의 작은 단편을 좀 더 유지할 수 있는 형태로 전환하기는 했지만 우리의 작업은 너무 늦게 시작되었다. 1994년 내가 처음 와르다가를 만났을 때 그는 이미 청각 장애가 심하고 건강 상태도 좋지 않아 몸을 움직이기 어려웠다. 기록화 작업은 겨우 시작될 수 있었고, 마낭카르디어까지 관심을 쏟기에는 대기 줄이 너무 길었다.

아이들과 다른 씨족원들에게 있어 그처럼 해박한 원로 친척을 잃는다는 것은 자기네 언어와 부족의 온전한 지식을 배울 수 있는 마지막 기회가 사라졌음을 의미한다. 해안의 각 구간을 확인해주는 지명, 바다거북을 해안으로 구슬려내는 정형화된 문구, 찰리 자신이 다른 사람의 장례식 때 불렀던 '갈매기'라는 연작 노래의 연상 구절 등 모든 것이 사라졌다. 와르다가가 세상을 뜨면서 언어학자인 내게는 답변을 듣지 못한 수많은 질문이 그대로 남았다. 이 질문들 가운데 일부는 상대적으로 '큰'—200명 정도의 화자를 거느린—동족어 이와이자어와 마웅어Mawng 화자들을 통해 아직도 답을 들을 수 있을 것이다. 그러나 나머지 질문들은 일가르어나 마르쿠어 자료에 전적으로 기댈 수밖에 없다.

이렇게 근사한 언어들이 침묵 속으로 사라져버릴 때 그 공동체는 물론 학계가 무엇을 잃게 되는지를 보면서 느낀 절망감이 나로 하여금 이 책을 쓰도록 이끌었다. 주로 나는 사라져가는 호주 원주민들의 언어를 통해 이를 경험했지만, 유사한 비극이 세계 도처의 소규모 언어공동체를 유린하고 있다. 언어의 죽음은 인류의 전 역사에 걸쳐 빚어져온 현상이다. 그러나 현재 전 세계 6000개 혹은 그 이상의 언어들 사이에서 언어 소멸의 속도는 빨라지고 있다. 금세기 말이면 6000개 언어의 반이 사라질 것이다.[6] 최상의 추정을 한다 해도, 두 주마다 세계 어딘가에서 쇠미해가는 언어의 마지막 화자가 죽음을 맞는다. 이제 어느 누구도 과거 선조들이 열었던 사색의 길을 걸을 수 없다. 녹음 자료가 아니고는 아무도 그 언어의 소리를 다시 들을 수 없으며, 다시 찾아가 번역을 확인할 수도 없고, 해당 언어의 운용 방식에 대해 새로이 질문할 수도 없다.

각 언어는 우리에게 저마다 다른 이야기를 들려준다. 제대로만 기록화한다면 각 언어는 문법서, 사전, 식물 및 동물 백과사전, 노래 모음집, 이야기 모음집 등을 모은 나름의 도서관을 지닐 것이다. 그러나 언어는 화자 공동체라는 '밖'과, 그 언어를 쓰고 가르치려면 그 언어에 대해 모두 알아야 하는 각 개인의 마음인 '안'을 오가는 이중적인 삶을 가지고 있다. 따라서 살아 있는 마지막 증언자의 기억과 함께, 축적된 구어 문화 체계 전체가 볼 수도 들을 수도 없게 잠들어버리는 역사적 순간이 온다. 이 책에서는 그런 마지막 증언자를 땅에 묻을 때 우리가 잃게 되는 모든 것에 대해 이야기하려 한다. 그리고 그들의 지식을 내구성 있는 형식으로 최대한 끌어내 미래 세대에 전달하기 위해 우리가 할 수 있는 일이 무엇인지 이야기할 것이다.

언어들은 모두 제각기 독특성을 띠는데, 인류의 수수께끼들 중 어느 하나를 풀 열쇠를 쥐고 있는 것도 그 많은 언어 가운데 단 하나뿐이다. 그러나 어떤 언어가 어떤 질문의 해답을 쥐고 있는지를 미리 알 수는 없다. 그리고 언어과학이 더 정교해지면서 우리가 답을 구하는 질문도 다양해지고 있다.

팻 가보리, 그리고 세계 도처에 있는 가보리 같은 사람들의 머릿속 지식을 기록화하는 작업은 만만찮은 일이다. 각 언어에 있어 우리가 지도화하려는 정보의 복잡성은 인간 게놈의 복잡성과 견줄 만하다. 그러나 인간 게놈이나 고고학 연구 대상인 유물과 달리, 언어는 문자 체계가 개발된 이례적인 경우를 제외하고는 흔적도 없이 소멸해버린다. 언어란 순식간에 지나가는 소리와 움직임으로서 존재할 뿐이다. 화자에게 체계적으로 질문하고, 이에 더해 화자가 말하고 싶어하는 모든 이야기를 기록화하고 옮김으로써 이 지식을 최소한 문법, 텍스트, 사전이라는 3부작으로 만드는 것이 기술 언어학자의 대표적인 목표다. 억양, 손동작, 맥락 정보까지 추가된 음성 기록 및 영상 기록이 이 작업을 돕고 있다. 비록 오늘날 다큐멘터리 언어학자들이, 100년 전의 연구자 대부분이 염원했던 그 이상의 일을 하고 있지만, 우리는 여전히 화자가 머리에 담고 있는 지식의 단편만 포착할 수 있을 뿐이다. 일단 어떤 언어의 화자 수가 줄어들면 화자의 머릿속 지식은 밝혀지지 않을 위험이 크다. 아무도 그 지식에 대해 물어볼 생각을 하지 않기 때문이다.

이 책은 언어가 죽을 때 우리가 잃게 되는 것 전반에 대해, 그리고 언어의 죽음이 왜 문제가 되는지, 인간의 앎의 방식이 서서히 붕괴되는 이 상황에 대응하는 최선의 질문과 과학기술이 무엇인지에 대해 다룰 것이다. 나는 소멸해가는 언어들에 대한 연구에 정당한 위치를 부여할 때 비로소 이 질문들을 제대로 할 수 있으리라 믿고 있다. 사라져가는 언어는 인간의 사고, 그리고 자신들의 말을 돌이나 양피지에 남기지 않은 채 쾌활히 세상을 누볐던 사람들의 잊힌 역사에 대한 거대 서사grand narrative라는 것이다. 언어학자들과 언어공동체, 전문지식 없는 대중이 공동으로 노력해야만 이 도전에 맞설 수 있기 때문에 나는 모든 부류의 독자에게 이야기하는 방식으로 이 책을 쓰려고 노력했다.

디지털 기술의 혁명을 통해 언어학자들은 현재 그 어느 때보다도 많은 자료를 매우 정교한 음성과 영상으로 기록·분석할 수 있고, 한 세대 전에는 생각조차 못 했던 방법으로 이를 저장할 수도 있다. 동시에, 현지답사의 역사에 비추어볼 때 언어 기술을 잘하려면 조사 지역에서 사용하는 과학기술만큼이나 언어학자들이 하는 질문들도 중요하다.

옛 금언을 살짝 수정하면, 우리는 귀 기울여 듣는 것만 들을 수 있고 궁금해하는 것에만 귀를 기울인다. 이 책의 목적은 침묵으로 빠져들고 있는 수천 개의 언어, 그 속에서 죽어가고 있는 단어들에 귀 기울이면서 우리가 무엇을 궁금해해야 하는지 면밀히 살피는 것이다. 그것도 크라우스Michael Krauss가 명명한 바 '단어계logosphere' 전체에 걸쳐서 말이다.[7]

1_ 이 시의 영어본은 앨리스터 레이드 Alistair Reid가 번역했다.

2_ 이 책에서 언급하는 원주민들은 전형적으로 백인 이름과 전통 이름을 모두 가지고 있다. 예를 들어 '팻 가보리'는 백인 이름이며 '카바라르징가티 불투쿠'는 전통 이름이다. 흔히 전통 이름은 은행 계좌의 비밀번호에 비견될 정도로 강한 사적私的 요인을 띠며, 매우 아껴 쓰는 이름이다. 따라서 이 책에서는 주로 백인 이름을 쓸 것이다.

3_ Pinker & Bloom(1990:715)

4_ 좀 더 복잡한 문장을 예로 들자면, 다른 명사들(기본적으로 주어를 제외한 모든 명사)도 시제 표시를 가진다. '그는 형의 창으로 바다거북을 찔렀다'는 niya raaj**arra** bang**ana** thabujukarrangun**ina** wumburungun**ina**이다. 여기서 thabujukarra는 '형의'를, wumburung은 '창'을, karra는 '속하다'를, nguni는 '-로, -를 사용하여'를 뜻한다. 보는 바와 같이 '바다거북' '형의' '창'은 모두 과거 시제 접미사 -na가 붙는다. 도구 접미사 -nguni도 '형의 창'이라는 명사구 두 단어에 각각 붙는다. 이 일치성도 카야르딜드어의 특이점 중 하나다. 이런 식으로 명사 하나에 격 접미사 네 개가 연달아 붙을 수 있는데, 이런 수준의 복잡성은 어떤 언어에서도 발견되지 않는다. 일치성에 대해서는 이 책에서 더 자세히 논의하지 않을 것이다. Evans(1995a, 1995b, 2003b, 2006) 참조.

5_ 실제로는 매우 많은 언어에서 명사에 시제를 표시하는 것으로 밝혀졌다. 포괄적인 논의는 Nordlinger & Sadler(2004) 참조.

6_ 여기서는 단순히 이 수치를 단언하는 데 그치고 제10장에서 그 근거를 논의할 것이다.

7_ '생물계biosphere'가 지구상 모든 생물종과 모든 생태적 연관성 전체를 가리키듯 '단어계'란 전 세계 단어들, 그 단어들이 구축하고 있는 언어들, 단어들 간의 연관성 전체를 아우르는 방대한 영역을 말한다.

언어 자료 제시에 대한 주석

이 책의 주제 중 하나는 각 언어가 인간 존재에 대한 비밀의 일부를 풀 나름의 독특한 실마리들을 가지고 있다는 것이다. 이 이질적인 실들을 통일된 무늬로 짜내는 유일한 방법은 공통 언어라는 베틀을 이용하는 것이다. 이 책에서 그 베틀은 영어다.

여타 언어의 기록자이자 독자로서 우리가 맞닥뜨리는 역설은, 우리가 연구하는 언어를 그 독자성에 충실하게 표현하면서, 동시에 우리 언어를 쓰는 모든 사람이 이해할 수 있게 해야 한다는 점이다.

첫 번째 문제는 낯선 음을 어떻게 표현하는가 하는 점이다. 영어 알파벳 벌리츠^{Berlitz} 방식을 채택할 것인가, 아니면 전문적 음성 기호를 채택할 것인가? 전문적 음성 기호는 훈련된 독자들을 위한 것으로, 600여 개의 문자로 인간의 발화음을 정밀하게 표현할 수 있다. 카야르딜드어에서 '바다거북'을 뜻하는 말을 bangaa/baŋa:처럼 영어 ng으로 쓸 수도, 음성 기호 ŋ으로 쓸 수도 있다(a:는 장모음 a를 표시하므로, 이 단어는 영어 철자 규약에 따라 쓴 bung—ah와 비슷하게 발음된다). 카야르딜드어에서 '왼쪽'을 뜻하는 단어를 영문자로 thaku 라 쓸 수도 있는데, 이 경우에는 초성 th가 영어에서처럼 순치성脣齒性을 수반하기는 하지만 마찰음이 아니라 폐쇄음이라는 점을 기억해야 한다. 이 소리는 width의 d 혹은 eighth의 t처럼 소리 난다—거울 앞에서 혀를 보면서 이 단어들을 발음해보라. 혹은 특수 음성 기호 t̪를 사용하여 t̪aku라고 정확히 표기할 수도 있다. 여기서 발음 구별 부호 ̪는 혀가 이 사이에 놓인다는 것을 표시한다.

이 책에서 살펴볼 많은 언어가 영어로 쉽게 제시될 수 없는 음을 가지고 있기 때문에, 때로는 일반 독자가 이해하기 어려운 특수 음성 기호를 쓰게 될 것이다. 만약 어렵게 느껴진다면 음성 표시를 그냥 무시하시기 바란다. 핵심 내용이 발음에 달려 있는 경우에는 벌리츠 방식으로 표시하겠지만, 그렇지 않을 때는 주해註解와 영어 번역만 보면 된다. 일부 언어는 나름의 실용적 맞춤법(철자 체계)을 발전시켜왔기 때문에, 표준화된 음성 기호보다 이 맞춤법에 따라 단어를 기록하는 것이 더 적절하다는 점도 주의할 필요가 있다.

두 번째 문제는 여타 언어에서 흔히 나타나는 낯선 개념들을 어떻게 제시할까 하는 점이다. 이 문제는 발음이라는 외적 문제가 아니라 언어의 내적 개념과 연관된 것이라 좀 더 심각하다. 언어학 논문에서는 이를 해결하기 위한 전문 표현 양식이 있다. 세 줄로 처리하여, 첫 줄에는 해당 언어를 음성 그대로 전사하고, 둘째 줄에 이를 최소 의미 부분으로 분석하여 '행간 주해'를 달고, 마지막 줄에 영어로 의역하여 제시하는 것이다.

팻 가보리가 원주민 토지 소유권에 대한 법정 심리에서 "나는 진실만을 말할 것을 맹세한다I shall tell the truth, the whole truth, and nothing but the truth"라는 의미의 법정 선서를 하라는 요청을 받았을 때 그가 했던 말을 어떻게 표기할지 생각해보라. 나는 그 공판에서 통역을 맡고 있었고, 우리 둘은 잠시 이에 해당되는 문장을 상의해야 했다. 당시 가보리가 제시한 공식 표현을 언어학자들이 쓰는 방식으로 보이면 다음과 같다.

Ngada	maarra	junku-ru-thu,	thaku-ru-nangku.
I	only	right-FACTITIVE-POTENTIAL	
			left-FACTITIVE-NEGATIVE.POTENTIAL
나	오직	오른쪽-작위성-잠재성	왼쪽-작위성-부정성.잠재성

직역: I will only make things right, I won't make (anything) left.
'나는 일을 오직 오른쪽으로 만들겠다. 나는 (아무것도) 왼쪽으로 만들지 않겠다.'

의역: I will only make things correct, I won't twist or distort anything.
'나는 일을 바르게만 하겠다. 나는 아무것도 비틀거나 왜곡하지 않겠다.'

두 문장으로 이루어진 영어 표현이 카야르딜드어에서는 단 네 단어로 압축된다. 카야르딜드어는 '오른쪽→바름 :: 왼쪽→바르지 않음'이라는 대칭적 은유를 사용하는 데 비해, 영어에서는 이 가운데 하나(오른쪽)만 진리 혹은 올바름 영역으로 확장한다. 위의 예처럼 단어 어근을 보여주면서 문장을 제시하면 이러한 사실이 분명하게 드러난다. 또한 카야르딜드어는 형용사에 단어-형성(파생) 접사 −ru를 더하여, '−게 만들다, [어떤 상태 X]를 야기하다'라는 의미를 띤 '작위성factitive' 동사를 새로이 만들 수 있다. 물론 junkuru−를 '바르게 하다'라는 한 단위로, thakuru−도 '잘못하다, 비틀다, 왜곡하다'를 뜻하는 한 단위로 다룰 수도 있다. 그러나 이렇게 다루면 단어 구성 논리를 놓치게 된다. 마지막으로, 카야르딜드어 동사는 시제와 극성polarity(긍정 대 부정)을 표현하는 대규모 접사군에서 접사를 선택한다. −thu는 'will(−겠−)', −nangku는 'won't(않겠−)'을 뜻한다. 여기서는 두 접사를 POTENTIAL(잠재성), NEGATIVE. POTENTIAL(부정성.잠재성)으로 주해했다.

독자 중에 누군가는 왜 −ru−를 'make(만들다)', −thu를 'will(−겠−)'로 번역하지 않았는지 질문할지도 모른다. 그렇게 하지 않은 데는 이유가 있다. 번역이 거칠고 부정확해지기 때문이다. −thu은 'can(~을 수 있다), may(~어도 좋다), should(~어야 한다)'를 뜻할 수도 있다. 따라서 좀 추상적인 용어를 통해 이 의미들의 공통성을 포착하려는 목적으로 'POTENTIAL(잠재성)'이라는 주해를 단 것이다. 마찬가지로 −ru−는 상태를 지시하는 단어들과만 결합하기 때문에 'make(만들다)'에 정확히 대응된다고 볼 수 없다. 만약 'I made him come down/descend(내가 그를 내려오게 만들었다)'라고 말하려면, 단어 thulatha(내리다, 내려오다)에 접사 −(a)rrmatha를 더하여 thulatharrmatha

라 해야 한다. 상태를 야기하는 -ru와 달리, 접사 -(a)rrmatha는 행동을 야기하는 의미에 사용된다.

이처럼 '행간 주해' 방법을 사용하면, 원어에서 단어들이 어떻게 소리 나는지 충실하게 제시할 수 있고, 이 단어들을 이해할 수 있도록 번역하는 동시에 원어의 문법 구조를 최대한 왜곡 없이 보여줄 수 있다. 이 책에서 예문을 제시할 때는 주로 이 방법을 사용할 텐데, 때로는 예문의 요점을 벗어나지 않는 선에서 원 자료 주해를 좀 더 이해하기 쉽게 바꾸어 많은 사람이 쉽게 읽을 수 있도록 할 것이다.

이 책에 흥미를 더하기 위해 활용되는, 여러 언어 및 문화 전통의 인용 자료들을 어떻게 제시할 것인가도 문제가 된다. 언어가 사라져가는 주원인 가운데 하나는, 현명하고 중요한 것들은 모두 영어로 이야기될 수 있고 또 그래 왔다는 믿음 때문이다. 거꾸로 다른 언어에서 이들이 아주 간단명료하게 표현된 것을 보게 되는데, 이 경우 다른 언어들을 연구하는 큰 자극제가 된다. 그런 의미에서 이 책에서는 주로 인용 자료들을 원어로 먼저 제시하고 그 뒤에 번역을 넣을 것이다(번역자에 대한 특별히 명시가 없으면 직접 번역한 것이다). 독자들이 이 속에서 숨겨진 보물들을 발견하여, 필자가 독자들을 위해 조금 더 애쓴 노력이 보람 있는 일이 되기를 바란다.

이 책에서 다룬 언어 가운데 대부분은 책 뒤에 있는 지도 중 최소한 하나에서 그 사용 지역을 확인할 수 있을 것이다. 물론 (ㄱ) 민족어의 사용 지역이 잘 알려진 곳이거나 민족의 근거지를 통해 위치를 추론할 수 있는 언어, (ㄴ) 사용 지역을 정확히 알 수 없는 고대 언어, (ㄷ) 문자는 예외다. 언어의 사용 지역을 찾을 수 없으면 책 뒤의 찾아보기(언어 및 어족명)를 이용하여 관련 지도를 살펴보기 바란다.

Tuhan, jangan kurangi sedikit pun adat kami.

Oh God, do not trim a single custom from us.

오, 신이여, 단 하나의 전통도 우리에게서 없애지 마십시오.
― 인도네시아 속담

Oh dear white children, casual as birds,
Playing among the ruined languages,
So small beside their large confusing words
So gay against the greater silences…

오, 새처럼 무심하게 사랑스런 백인 아이들이
망가진 언어로 놀고 있구나.
아이들이 크고 복잡한 언어에 비해 너무 왜소하고
더 큰 침묵에 비해 그렇게 명랑하구나.
― Auden(1966)

제1부

바벨의 도서관

성서의 바벨 신화에서, 인간은 하늘에 닿을 탑을 쌓으려는 오만 때문에 신에게 벌을 받았다. 서로 이해할 수 없는 언어들로 지껄이는 벌을 받으면서 인간은 서로의 마음에서 멀어져갔다. 세상에 수많은 언어가 존재한다는 것은 통치자나 언론계 거물들은 물론 일반인들에게도 일종의 저주처럼 여겨져왔다. 어떤 경제학자들은 이를 근대 국가에서 일어나는 타락과 불안정의 주원인으로 결부시키기도 했다.[1]

공통 언어로 의사소통하는 것이 유용하기 때문에 동서고금을 막론하고 단 하나의 중앙 표준 언어를 확산시키려는 운동이 계속되어왔다. 로마 제국의 라틴어, 나폴레옹 시대 프랑스의 프랑스어, 오늘날 중국의 만다린어(표준 중국어)가 모두 그러한 것이다. 때로는 정부가 나서서 이러한 운동을 주도하지만 갈수록 위성 텔레비전에 힘입은 미디어 조직이 이 일을 담당하고 있다. 인도의 외딴 지역까지 힌디어를 확산시킨 데는 60년간 인도 정부가 벌였던 교육 캠페인보다 머독의 스타 채널Star Channel이 더 기여했을 것임에 틀림없다. 오늘날 영어, 중국어, 스페인어, 힌디어, 아랍어, 포르투갈어, 프랑스어, 러시아어, 인도네시아어, 스와힐리어 등 얼마 안 되는 세계어가 무서운 속도로 확산되고 있다. 다른 수십 개의 국어도 자국 내 모든 사람이 한 언어를 구사하는 방향으로 화자 저변을 확장해가고 있으나, 고등 교육과 과학기술 서적 면에서는 영어나 여타 세계어에 기반을 내준 형편이다. 성서의 저주가 이어진 지 수천 년이 지난 지금, 바벨탑과는 다른 곳에서 인류가 재조직화되고 있는 셈이다.

그러나 언어의 다양성을 혜택으로 보는 문화도 여럿 있다. 이 책의 제1장은 지구상에 왜 그렇게 많은 언어가 있는가에 대해, 바벨 신화와는 반대로 매우 긍정적인 근거를 제시하는 창세 신화들을 검토하면서 시작하려고 한다. 소규모 문화에는 이러한 신화들이 널리 퍼져 있다. 그에 앞서, 잠시 바벨에 대한 이야기를 좀 더 해보자. 이번에는 보르헤스Jorge Luis Borges가 살짝 비틀어놓은 바벨 이야기다. 보르헤스의 저서에 등장하는 '바벨의 도서관'에는 세상에 가능한 모든 언어로 쓰인 모든 책, 권당 410쪽으로 이루어진 책들이 소장되어 있다. 거기에는 과학자, 철학자, 시인, 소설가들이 쓴 모든 책뿐만 아니라 모든 거짓말, 이해할 수 없는 무의미한 말들까지, 세상에 대해 말할 수 있는 모든 것을 담고 있다. (고대 에티오피아 문자, 중국 한자, 음성 문자, 수화의 전사 기록 등 가능한 모든 문자체계도 포함시켜 보르헤스의 상상력을 좀 더 확장할 수도 있다.)

'바벨의 도서관'이라는 보르헤스의 은유는 아주 적절했다. 서로 다른 언어로 '기록된' 무한에 가까운 이야기와 생각들을 상상할 수 있게 해주기 때문이다. (여기서도 보르헤스의 아이디어를 확장시켜 세계 속 무수한 구어 문화의 '이야기되'거나 '노래로 불린', 그러나 아직 글로 기록된 적 없는 이야기까지 포함시킬 수 있다. 이에 대해서는 제9장에서 다시 논의할 것이다.) 각 언어는 그 언어로 이루어진 걸작에 나름의 운율과 서로 다른 세계관을 새겨 넣는다. 세르반테스와 셰익스피어, 『신곡』과 『포폴 부Popol Vuh』,[2] 무라사키 시키부[3]와 도스토옙스키, 『리그 베다Rig Veda』[4]와 『코란Koran』을 나란히 놓고 생각해보라. 소공동체에서 사용되는 수천 개의 작은 언어가 영어, 스페인어, 만다린어, 힌디어로 대체되면서 이 도서관의 많은 칸에선 현재 곰팡이가 슬고 있다.

이 도서관에는 현재 쓰이고 있는 6000개 이상의 언어, 여기에 인간이 말을 시작한 이후 생겼다 사라진 모든 언어의 문법서와 사전도 소장되어 있을 것이다. (물론 이들 문법서와 사전 중 대부분은 아직도 기록되지 않은 채 남겨져 있으며, 이미 소멸해버린 과거 언어의 문법서와 사전은 아예 만들어질 수도 없다. 그러나 보르헤스의 도서관에는 실제 존재하는 책과 더불어 가능한 모든 책이 있다는 점을 기억하라!) 이 도서관의 언어학 문헌 칸에서, 우리는 각 언어가 어떻게 "나름의 그물을 바다에 던지는지, 어떻게 그 그물을 통해 풍요로워지고 깊은 통찰력을 갖게 되고 하나의 생명체가 되었는지"[5]를 이해할 수 있다. 바벨 도서관의 이 칸을 훑어나가면서 우리가 살피는 것은 무엇이 '그 언어들로 기록되'어 있고 '구술되'어 있는가보다는 '사람들이 그 언어를 어떻게 구사해왔는가'

하는 점이다. 시간이 흐르면서 화자들은 좀 더 명료하고 생생하게 표현하기 위해 새로운 문법, 새로운 단어를 만들어내기 때문이다. "말할 수 없는 것에 대해서는 침묵하는 것이 좋다Wovon man nicht sprechen kann, darüber muss man schweigen"는 비트겐슈타인의 말은 매우 유명하다. 다행히 우리 선조들은 현재 우리가 쓰는 언어를 구축해오는 수천 년 동안 이 경고를 무시했다. 아주 오랜 세대에 걸쳐 인간은 누군가를 설득하고 누군가에게 설명하고 누군가의 마음을 움직이거나 환심을 사고, 혹은 누군가를 속이거나 배척하려는 시도 속에서 자신도 모르는 사이에 방대하고 복잡한 체계를 구축해왔다. 총괄적으로 보면 이 언어 체계는 인류의 가장 근본적인 성과에 해당된다. 언어가 없었다면 다른 아무것도 시작되지 못했을 것이다. 그러나 바벨 도서관의 언어학 문헌 칸도 점점 황폐해지고 있다.

제1부는 두 가지 주제에 대하여 운을 띄운다. 제1장에서는, 있기는 하지만 곧 무너질 듯한 바벨 도서관 어딘가에 아직 남아 있는, 놀라운 언어적 다양성을 다룰 것이다. 이 언어적 다양성이 어느 지역에서 나타나는지, 왜 이런 다양성이 생겼는지, 그리고 그것이 의미하는 바가 무엇인지 논의할 것이다. 제2장에서는 이 언어들이 인류에게 무엇을 말해주는가에 대해 우리가 얼마나 늦게야 관심을 갖기 시작했는지 살필 것이다. 그 무관심 탓에, 가슴 아프게도 우리는 과거 이 세계에 살았던 사람들, 그리고 오늘날 살고 있는 사람들에 대해 모르는 게 너무 많다. 우리 선조들이 귀 막고 있었던 것에 대해 알게 된다면, 이 책 나머지 부분에서 제기할 많은 질문에 대해 좀 더 귀를 기울일 수 있을 것이다.

1_ 예를 들어 Mauro(1995), Alesina et al.(1999) 참조.

2_ 마야족의 한 갈래인 키체족의 신화와 전설, 예언, 역사 등을 기록한 책이다. 자세한 것은 제9장 참조. — 역자 주

3_ 11세기 초, 일본 헤이안 시대 중기의 여류시인이자 소설가다. 그의 작품 『겐지 이야기』는 일본 문학사상 고전으로 꼽힌다. — 역자 주

4_ 인도 브라만교의 네 가지 경전(베다) 가운데 하나로서, 10권 1028장으로 이루어진 운문체의 찬가다. — 역자 주

5_ Steiner(1975)

제1장

워라무룽운지의 후손들

يَا أَيُّهَا النَّاسُ إِنَّا خَلَقْنَاكُمْ مِنْ ذَكَرٍ وَأُنْثَى وَجَعَلْنَاكُمْ شُعُوبًا وَقَبَائِلَ لِتَعَارَفُوا

Oh Mankind, we have created you male and female,
and have made you into nations
and tribes that ye may know one another.

아, 믿는 자들아, 우리는 너희를 남녀로 나누어 창조하였다.
너희들은 부족과 종족으로 나누었는데,
이것은 너희들 서로가 알도록 하기 위함이다.
—코란(49:13) [픽탈Pickthal 번역본][1]

북서부 아넘랜드Arnhem Land2의 구전口傳에 의하면 호주 대륙에 처음 들어온 사람은 워라무룽운지Warramurrungundji라는 여성이었다(이 만만찮은 이름은 대략 [wóramùruŋùɲɟi]로 발음된다). 그는 인도네시아의 마카사르에서 출발하여 아라푸라 해를 거쳐 코버그 반도 근처의 크로커 섬으로 들어왔다. 워라무룽운지가 제일 먼저 한 일은 제대로 된 의식儀式을 차려서 여행 중에 자신이 낳은 여러 자식이 살아남을 수 있도록 해주는 것이었다. 워라무룽운지와 그 이후의 모든 여인이 출산 후 몸을 깨끗이 정화시켰던 뜨거운 모래 더미들이 아직도 크로커 섬 북부 해안을 따라 거대한 모래언덕으로 펼쳐져 있다. 워라무룽운지는 내륙으로 방향을 잡아 이동하면서, 자식들을 각기 특정 지역에 두고는 어느 지역에서 어느 언어를 써야 하는지 선언했다. 이와이자어라면 "Ruka kundangani riki angbaldaharrama! Ruka nuyi nuwung inyman!"(내가 너를 여기에 두노니 이것이 네가 써야 할 언어니라! 이것이 바로 네 언어니라!)이라고 말하는 식으로, 워라무룽운지는 각 집단에 서로 다른 언어를 지정해주고 또 다른 곳으로 옮겨갔다.

언어 다양성과 인간의 운명

ŋari—waidbaidjun junbalal—ŋuban wuldjamin daa—walwaljun lilia—woŋa
duandja mada—gulgdun—maraŋala dualgindiu
wulgandarawiŋoi murunuŋdu jujululwiŋoi garaŋariwiŋoi garidjalulu mada—gulgdun—maraŋala

buduruna ŋari—waidbaidjun woŋa ŋari—ŋariun

|

Speech of different clans, mingling together…
Dua moiety clans, with their special distinct togues,
People from Blue Mud Bay, clans of different tongues talking together…
Words flying over the country, like the voices of birds…

|

서로 섞이는 다른 씨족들의 언어…

특이한 언어를 쓰는 두아모이티 씨족

또 다른 언어를 쓰는 블루머드베이 사람들이

함께 이야기한다…

말들이 새소리처럼 땅을 넘어간다…

— 로즈 리버 사이클Rose River Cycle, 노래3

유대-기독교 전통에서는 바벨탑 이후 언어가 많아진 것을 부정적인 시각
으로 바라본다. 인간의 주제넘음을 벌하고 협력과 진보를 막으려는 신의 응징
이라고 보는 것이다. 그러나 워라무룽운지의 신화는 소규모 언어공동체에서 훨
씬 보편적으로 가지고 있는 관점, 즉 각 사람이 어느 소속인지를 알려주기 때문
에 언어가 많은 게 좋은 것이라는 관점을 반영하고 있다. 레이콕Don Laycock은
"우리가 모두 똑같이 말한다면 좋을 리가 없다. 우리는 그 사람이 어디 사람인
지 알고 싶다"라는 파푸아뉴기니 세픽Sepik 지역 출신자의 말을 인용한다.4 멕
시코 치아파스의 초칠어Tzotzil 구전에서는 이렇게 보기도 한다. "태양이 아직
지구에 있던 시절에, 사람들은 마침내 (스페인어로) 말하는 것을 배웠고, 어디
사람이든 모두 서로 이해할 수 있었다. 그 후 국가나 지역끼리 다투기 시작하
면서 서로 분리되었다. 언어도 달라졌다. 그러자 사람들은 좀 더 작은 집단을
이루어 서로 평화롭게 사는 것을 배우게 되었다."5
　　나는 이와이자어 화자들을 대상으로 연구하면서 최근에 크로커 섬에서
가까운 해안가의 윌라이Wilyi에서부터 내륙 마을인 자비루Jabiru까지 비포장 도

로를 직접 운전하면서 달려보았다(그림 1.1 참조). 이와이자어는 워라무룽운지 이야기를 들려주었던 팀 마밋바$^{Tim\ Mamitba}$(그림 1.2 참조)의 언어이기도 하다. 워라무룽운지의 노정을 따라 해안에서부터 남쪽 내륙으로 유칼립투스 사바나 지역을 통과하는 200킬로미터의 횡단길에는 열대 습지와 백합 핀 연못이 펼쳐져 있고, 이따금씩 내부 동굴에 커다란 암벽화들이 그려져 있는 사암층이 그대로 노출되어 있었다. 까치기러기, 물고기, 관목 열매, 얌[6] 등 야생 식량이 풍부한, 세월이 흘러도 변함없는 풍경이었다. 원주민 자치구의 주민들은 무엇이든 필요한 것은 자기네 씨족 구역에서 구하여 한 해를 충분히 살 수 있다. 지리적 장벽으로 작용할 만한 강도 거의 없다. 그럼에도 불구하고 이곳에는 언어 다양성이라는 워라무룽운지의 유산이 분명 존재한다. 길을 따라 몇 시간을 가는 동안 우리는 9개 씨족 지역을 통과했고, 최소한 게르만어, 슬라브어, 인도-아리아어$^{Indo-Aryan}$, 로맨스어^{Romance}만큼이나 서로 다른 4개 어족에서 비롯된 7개 언어 지역을 통과했다(표 1.1 참조).

이 횡단길의 양 끝단에 있는 언어가 서로 얼마나 다른지 대강 살피기 위해 '당신이 생선을 먹는다'라는 문장을 생각해보자. 이 표현을 한쪽 끝에 있는 이와이자어로 하면 kunyarrun yab이며 다른 쪽 끝 군-제이미어$^{Gun-djeihmi}$로 하면 yihngun djenj이다. 이 두 문장에서 역사적 연관성을 찾을 수 있는 것은 단 하나, 비과거를 표시하는 어말의 −n이다. 이보다 열다섯 배나 더 먼 거리인, 런던에서 모스크바까지 여행했다면 어땠을까. 러시아어 표현 ty esh rybku를 영국인이 이해할 수는 없겠지만, 이 문장은 최소 세 가지의 동계어 요소를 포함하고 있다. 약간 편법을 써서, 좀 더 이른 시기의 영어 문장인 thou eatest fish와 비교해보면 ty는 영어의 thou, e는 영어의 eat, −sh는 영어 eatest의 접사 −est와 연관된다. 좀 더 거리를 줄여 런던에서 베를린까지 여행했다면 독일어 du ißt (isst) Fisch를 만나게 되는데, 이 문장의 모든 단어는 영어와 동계어라 거의 이해할 수 있을 것이다. 하지만 이 역시 윌라이에서 자비루까지의 거리보다 다섯 배나 먼 거리다.

이 언어들 중 일부는 오늘날 화자가 겨우 두서너 명밖에 없거나(아무르다크어^{Amurdak}) 아예 사라져버렸지만(마낭카르디어), 다른 언어들은 아직 아이들

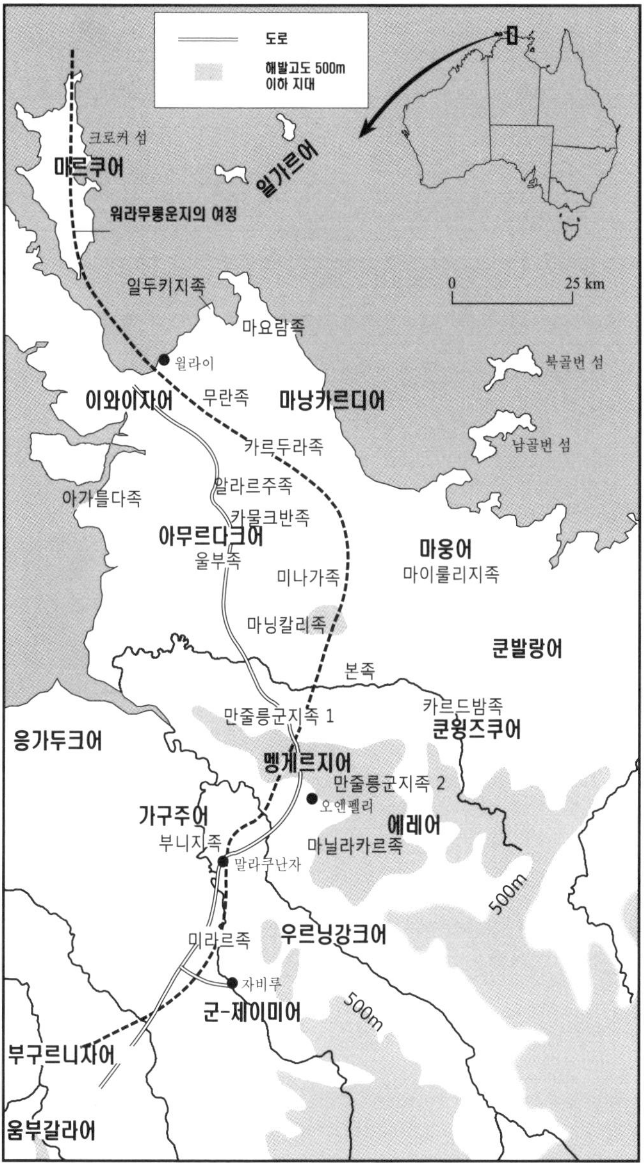
도로
해발고도 500m
이하 지대
크로커 섬
마르쿠어
일가르어
워라무룽운지의 여정
일두키지족
0
25 km
마요람족
윌라이
북골번 섬
이와이자어
무란족
마낭카르디어
카르두라족
남골번 섬
알라르주족
아가를다족
카물크반족
아무르다크어
마웅어
울부족
미나가족
마이룰리지족
마닝칼리족
쿤발랑어
본족
카르드밤족
만줄룽군지족 1
쿤윙즈쿠어
응가두크어
멩게르지어
만줄룽군지족 2
오엔펠리
가구주어
에레어
부니지족
마닐라카르족
말라쿠난자
500m
미라르족
우르닝강크어
자비루
500m
군-제이미어
부구르니자어
움부갈라어
그림 1.1 북서부 아넘랜드의 씨족과 언어

그림 1.2 워라무룽운지 신화에 대해 말하고 있는 팀 마밋바

씨족	언어	어족
무란족Murran	이와이자어	이와이자 어족Iwaidjan; 이와이자어계Iwaidjic
마닝칼리족Maningkali	아무르다크어	이와이자 어족; 남방계
미나가족Minaga	마낭카르디어	이와이자 어족; 이와이자어계
본족/카르드밤족 Born/Kardbam(Alarrju)	빙잉군웍어(쿤윙즈쿠 방언)	군윙구 어족Gunwinyguan (중앙)
만줄릉군지족Mandjulngunj	빙잉군웍어(쿤윙즈쿠 방언)	군윙구 어족(중앙)
부니지족Bunidj	가구주어Gaagudju	가구주 어족Gaagudjuan (고립)
만줄릉군지 멩게르족 Mandjulngunj Mengerr	멩게르지어Mengerrdji	김비유 어족Giimbiyu
마닐라카르족Manilakarr	우르닝강크어Urningangk	김비유 어족
부니지 군-제이미족, Bunidj Gun-djeihmi 미라르 군-제이미족 Mirarr Gun-djeihmi	빙잉군웍어 (군-제이미 방언)	군윙구 어족 (중앙)

표 1.1 월라이에서 자비루까지 200킬로미터의 길을 따라 있는 씨족과 언어들[7]

이 배우고 있다. 규모가 가장 큰 빙잉군웍어Bininj Gun-wok는 현재 제1 언어 화자가 약 1600명인데, 이들은 다른 언어를 쓰다가 빙잉군웍어로 언어를 대체한 사람들이다. 그러나 이 지역 언어의 평균 인구는 500명 이하로 훨씬 적으며, 그보다 더 적은 언어도 많다. 워라무룽운지 길 동쪽으로 수백 킬로미터 떨어진 지역의 구르-고니어Gurr-goni를 연구한 그린Rebecca Green의 논의에 따르면, 구르-고니어는 어쨌거나 누군가의 기억에 의존해 매우 안정적으로 유지되어오기는 했지만 화자가 70명 이상인 적이 없었다고 한다.[8]

이 지역 사람들은 각자 '아버지 언어father language'를 하나씩 가지고 있다. 그들은 아버지로부터 받은 씨족 구성원 자격 덕에 그 언어에 대해 특별한 권리를 가진다. 선조들의 땅을 다닐 때 아버지 언어는 이들에게 권위를 부여하고 정신적 안도감을 준다. 한동안 가보지 못했던 지역을 다닐 때면 씨족 구성원은 자신이 그 땅에 소속된 사람이라는 것을 알리기 위해 현지 언어로 정령精靈을 부른다. 방문자와 함께라면 이렇게 하는 것이 주인의 의무이자 권리다. 샘 같은 여러 자원은 현지 언어로 말을 걸어야만 접근할 수 있다고 한다. 이러한 이유로 언어와 지역 간에는 깊은 감정적·정신적 유대관계가 형성되어 있다. 여행자들은 그 땅의 지명이 나열된 노래를 부르면서 그 지역을 다니고, 개울을 건너 다른 씨족 경계에 들어서면 언어를 바꾼다. 선조들의 여행을 담은 서사시에서는 그저 사용 언어를 바꿈으로써 주인공들이 어디에 이르렀는지 표시하곤 한다. 마치 『오디세이』가 그리스어로만 암송된 것이 아니라, 율리시스가 여행에서 접한 대여섯 개의 고대 지중해 언어로 암송되었듯이 말이다.

호주 원주민들 사이에서 적절한 현지어를 구사한다는 것은 일종의 여권과 같다. 이를 통해 그 지역 사람들과 대지의 정령들에게, 자신이 친숙한 사람이며 거기 있을 권리가 있는 사람임을 인식시킬 수 있다. 언젠가 나는 카야르딜드어 사용 지역의 지도를 만들기 위해 팻 가보리와 함께 보트를 타고 해안에서 몇 킬로미터 떨어진 곳으로 나간 적이 있었다. 몇몇 수다스러운 카야르딜드 할머니와 카야르딜드어를 모르는 아이들도 동행했다. 팻과 할머니들은 카야르딜드로 그 지역의 정령과 선조들을 불러내, 자신이 누구인지 밝히고 조용히 있는 아이들을 소개했다. 그러면서 아이들이 카야르딜드어를 할 줄 모른다고 해서 이들을 이방인으로 여기지 말라고, 그저 카야르딜드어를 아직 배우지 못한 것뿐이라고 조심조심 설명했다.

'원주민 토지 소유 권리 소송' 과정에서 듣게 된, 카야르딜드 노인 플루토 벤팅크Pluto Bentinck의 이야기는 이들의 이러한 신조를 더욱 극단적으로 보여준다. 그들의 전통법이 불법 침입자에 대한 제재를 포함하고 있는지 질문했을 때, 플루토는 제2차 세계대전 중에 있었던 사건 하나를 예로 들었다. 어떤 불운한 백인 조종사가 비행기가 바다에 추락하는 바람에 벤팅크 섬 해안가로 헤엄쳐 왔다. 허우적거리며 해안에 이른 그 백인—불행하게도 그에게는 영어-카야르딜드어 상용 회화집이 없었다—이 "danda ngijinda dulk, ngada warngiida kangka kamburij(여기는 내 지역이다. 나는 이 언어로 말할 뿐이다)"라고 말하더라고 플루토가 말했다. 내가 '당신은 영어를 전혀 모르면서 그 남자가 뭐라고 말했는지 어떻게 아느냐'고 묻자, 플루토는 "Marralwarri dangkaa, ngumbanji kangki kamburij!(그 사람은 귀 먹은 [미친] 사람이었소. 그가 당신네 언어로 말하더군!)"라고 대답했다. 플루토 입장에서는 벤팅크 섬에서 영어를 쓰는 것은 그 땅이 영어를 쓰는 사람들의 영토라고 주장하는 것과 다를 바가 없는 것이었다. 플루토는 백인 조종사에게 "Nyingka kabatha birdiya kangki. Ngada yulkaanda mirraya kangki kabath!(당신은 말을 잘못 찾았다. 나는 옛날부터 늘 바른 말을 찾아냈다!)"라고 말했다고 한다. 플루토는 말을 이어갔다. "Ngada bunjiya balath, karwanguni(그러고는 내가 그의 뒷덜미를 곤봉으로 내려쳤지)."[9]

아넘랜드 사회의 구성원들은 꽤 여러 언어를 구사한다. 성인이 되면 대여섯 개 언어를 쓰는 것도 흔한 일이다. 결혼을 다른 씨족 사람과 해야 하기 때문에 그렇다. 이 경우 부인 혹은 남편은 자신과 다른 말을 쓰게 된다. 나아가 부모도 각자 다른 언어를 쓰며, 조부모도 서너 개의 언어를 구사한다. 최근에 작고한 나의 일가르어 선생 찰리 와르다가가 전형적인 경우였다. 그가 일가르어, 마낭카르디어, 마르쿠어, 이와이자어, 쿤윙즈쿠어를 아는 것은 조부모와 부모로부터 배웠기 때문이다. 와르다가는 지역상 일가르어, 마르쿠어, 이와이자어가 적정 언어인 지역에서 주로 살았지만, 본토 씨족 출신으로 쿤윙즈쿠어를 구사하는 여성과 결혼했다. 그러다 보니 아내나 처가 친척들과 이야기를 나누거나, 노래꾼으로서 멀리 떨어진 공동체로 여행을 갈 때면 통상 쿤윙즈쿠어로 말하게 되었다. 이 체제에서 씨족 언어란 자기네 지역에 대한 권리, 거기서 사냥할 때 심리적 안정감과 행운을 보장하는 하나의 권리증이다. 한편, 다른 언어에 대한 지식은 친척, 배우자, 동년배나 동맹 친구로 구성된 광범위한 네트워크를 만들어주며, 이 네트워크를 통해 사람들은 좀 더 큰 세계에서 인정받는 일원이 된다. 다언어 사용이 매우 발달해 있으면서 소규모 지역 언어들에 대해 강한 애착을 보이는 현상이 아넘랜드만의 기이한 일은 아니다. 오히려 인도 북동부의 나갈랜드 지역, 카메룬의 만다라 산맥(글상자 1.1 참조) 등 고도의 언어 다양성을 띤 지역에서는 일반적인 현상이다.

원주민이 아닌 사람들은 얼마나 많은 미소微小 언어가 호주 지도에 나름의 고유 영역을 아로새기고 있는지 알고 나면 깜짝 놀라곤 한다. 영국이나 일본처럼 산업화된 국가의 근대 시민은 자기 언어를 수억 명의 사람들과 쓸 수 있다는 것, 자국 영토 전체에 언어가 하나만 있다는 것을 당연히 여기면서 방

카메룬 산간벽지의 다언어 사용

다른 사람들 앞에서 고고에게 구혼하고 있는 조나스

이 사진 속의 소년 조나스Jonas는 카메룬 만다라 지역의 질베Jilve 마을 사람이다. 만다라 지역 역시 엄청난 언어적 다양성을 띤 곳으로, 이곳 사람들은 셈어와 꽤 먼 동계어인 차드어Chadic의 '산지montagnard' 언어를 쓴다. 조나스는 지금 자기가 결혼하고 싶어하는 소녀 고고Gogo의 친구들 앞에서 그녀에게 구혼하고 있다. 이들은 주로 고고의 부계 언어인 마다어Mada로 말하고 있다. 조나스는 마다어를 포함하여 8개 언어를 구사한다. 조나스가 고고에게 구혼하기 위해 마다어를 배우기 시작했지만, 고고와 조나스는 이미 완달라어Wandala와 우즐람어Wuzlam라는 두 언어를 공통으로 쓸 수 있었다. 완달라어는 그 지역의 공통어lingua franca이며 우즐람어는 조나스 아버지와 고고 어머니의 제1언어다. 고고를 찾아오기 전에 조나스는 이야기

카메룬 만다라 산맥

나눌 주제와 여기에 쓸 만한 마다어 단어들을 준비해서 종이에 적어왔지만 그 종이를 참고하지는 않았다.

문자도 없는 소규모 사회에서 어떻게 이렇게 놀라울 정도로 여러 언어를 사용할 수 있는지 우리는 거의 알지 못한다. 그러나 이 사진의 출처인 무어Leslie Moore의 민족지학 연구를 보면, 질베 같은 카메룬 공동체에서 어떻게 다언어 사용이 이루어지는지 조금은 짐작할 수 있다. '일반적'인 모어 습득 외에도, 아이들은 학교에서 프랑스어를, 고학년이 되어서는 영어를 배운다. 저녁 시간에는 어른들의 이야기를 들으면서 지역 공통어인 풀풀데어Fulfulde를 배우고, 위 사례에서처럼 스스로 배워서 이웃 마을의 언어를 익힌다. 어릴 때부터 부모는 아이들에게 이웃 마을 사람에게 말을 전하는 심부름을 시킨다. 자기가 알지도 못하는 말을 기억했다가 이웃 사람에게 가서 그 말을 전해야 하는 것이다. 그러한 환경 속에서, 이를테면 새로운 단어를 외우기 위해 동족어의 관련 지식을 활용하는 등 나이 어린 아이들도 강력한 메타언어적 관심을 키우게 된다.

언상의 변화도, 이민자들도, 웨일스족 혹은 아이누족처럼 포위되어 있는 한두 개의 소수족도 마뜩잖게 생각한다. 규모가 큰 언어의 화자들은 오히려 이렇게 묻는다. "세계에 / 파푸아뉴기니에 / 호주에 / … 왜 그렇게 많은 언어가 필요한 가." 멀리 떨어진 계곡과 골짜기에 언어들이 각기 고립되어 있기 때문이라는 순진한 설명이 종종 제기되는데 이러한 설명은 답이 될 수 없다. 아넘랜드에는 그럴듯한 지리적 장벽이 전혀 없다. 아넘랜드나 아마존 유역 바우페스Vaupés 지역의 결혼 방식으로 미루어보면, 한 가정 내에서 일상적으로 여러 언어가 사용된다는 점에서 상호 고립의 경우라 볼 수 없다.

어쩌면 우리가 출발부터 이 문제에 잘못 접근하고 있는지도 모른다. 그렇다면 질문을 바꾸는 것이 이치에 더 맞는 것 아닌가? 즉 '왜 멜라네시아 Melanesia 10 아마존, 아넘랜드, 카메룬, 캅카스Caucasus/Kavkaz 11 지역에 그렇게 많은 언어가 있는가'가 아니라, '왜 유럽이나 일부 아시아 지역에는 언어가 그렇게 적은가'라고 물어야 하지 않을까?

실제로 그 짧은 아넘랜드 횡단길의 사례가, 인간이 과거 대부분을 어떻게 살아왔는지 정확하게 반영하고 있다고 보는 데는 타당한 근거가 있다. 여기서 과거란 1만 년 전으로 거슬러 올라가는 인류 역사 가운데 99퍼센트를 차지하는 시기, 즉 모든 인간이 수렵채집인이었던 시기뿐만 아니라 그 이후로도 한참을 포함하는 개념이다. 그 근거는 바로, 농경의 시작이 인구를 폭발적으로 늘리기는 했지만 보다 큰 사회로의 발전을 자동적으로 견인하지는 못했다는 사실이다. 각 언어공동체 자체는 다소 커졌으나 수천 명을 넘는 수준까지 이른 경우는 매우 드물었다. 동질적 단위로 수천 명 이상이 뭉쳤을 때 비로소 로마 제국이나 현대 국가 같은 중앙집중화된 큰 정치적 독립체가 만들어지기 시작했다. 100만 년 이상의 인류 역사를 24시간짜리 시계로 생각하면, 인간 사회에 대규모의 중앙집중 국가가 만들어진 것은 23시 50분쯤이었다(5000년 전, 나일 강과 티그리스 강, 페르시아 만을 연결하는 비옥한 초승달 지대Fertile Crescent에 이러한 형태가 등장한다). 그리고 많은 중앙집중 국가는 불과 마지막 몇 초 동안에 생겨나기 시작했다.

워라무룽운지 구역에서 수백 킬로미터 북쪽으로 떨어진 뉴기니 섬12과

멜라네시아 주변은 거의 완벽히 신석기 농업사회처럼 유지되고 있는 표본 지역으로서, 최근 유럽인이나 인도네시아인이 식민지화하기 전까지 중앙집중화된 국가가 존재한 적이 없다. 이 지역에는 약 1000만 명의 인구가 1150개 정도의 언어를 사용한다. 언어마다 만 명꼴이다. 집약적 농경과 돼지 사육에 힘입어 가장 높은 인구 밀도를 보이는 중앙 고원 지역의 경우, 정교한 생산망과 의식儀式의 교환을 통해 점점 사람들을 결속시켜 커다란 언어공동체를 만들어가고 있다. 강화된 체계일수록 화자의 인구도 많다. 그러나 가장 정교화되고 강화된 고지대 파푸아어 공동체조차도 언어당 평균 화자 수는 4만을 넘지 않는다. 더욱이 다른 수많은 멜라네시아 언어를 따져보면, 그 정도 규모의 언어는 엄청나게 큰 것으로 여겨진다. 인구 대부분이 부락의 농사꾼인 국가 바누아투의 전체 인구는 19만 5000명인데 이 나라에는 언어가 105개나 존재한다. 한 언어의 화자 수가 평균 2000명도 안 되는 것이다! 최근 국가 공용어로 발전한 비슬라마어Bislama를 제외하면, 가장 큰 규모의 언어는 고작 1만 1500명의 화자가 사용하는 레나켈어Lenakel이며, 그나마 5000명 이상의 화자를 거느린 언어는 13개에 불과하다.[13]

세계 어디서든 소규모 언어는 거대 제국의 통일화 범위 바깥에 놓여 있었다. 외부인들의 환대를 요청할 필요 없이 자급자족하며 살아갈 수 있는 집단들은 이러한 상황의 가장 극단에 해당된다. 캅카스 지역에 있는 인구 1237명의 아르키브Archib 부락군은 아르키어Archi가 사용되는 세계 유일의 지역이다. 아르키어는 한 동사가 150만 개 이상의 굴절형을 가진다고 추산될 정도로 형태론이 복잡한 언어다. 주민들 대부분이 이 마을에서 태어나서 결혼하고 죽음을 맞는다. 이들의 경제는 특별하게 길들인 산양에 기반을 두고 있는데, 얼어붙은 겨울밤이면 이곳 사람들은 산양을 maʜi라고 불리는 특수한 지하 우리에 몰아 가두어둔다(그림 1.3 참조). 또 캘리포니아 북서부에는 치마리코어Chimariko를 쓰는 사람들의 영역이 트리니티 강의 좁은 협곡을 따라 30여 킬로미터나 되는 곳곳에 펼쳐져 있었다.[14] 골드러시 이전까지, 이곳 사람들은 트리니티 강의 풍부한 연어 떼 덕분에 이 작은 땅에서도 충분히 경제적 자급자족을 이룰 수 있었다.

그림 1.3 양을 지하 우리 maddi로 몰고 있는 아르키 사람들

천혜의 지역에 사는 소규모 집단들이 자기네 언어를 다른 이웃 언어와 구별되게 만들기 위해 그저 시간의 흐름에만 맡겨두는 것은 아니라는 증거가 세계 곳곳에서 발견된다. 호주 북부에는, 모든 씨족이 자신들만의 구별된 언어 변화형variety을 가져야 한다는 이데올로기가 지배적이다. 따라서 부족의 원로들이 자기네만의 지역어에 적합한 변이형을 만드는 것이 자연스럽게 용인되며, 이에 따라 언어의 변형이 수그러들지 않는다.

호주 케이프요크 반도에서 씨족 정체성을 연구하는 서튼Peter Sutton은 씨족이 분열된 뒤 곧바로 새로운 언어 변화형이 나타나는 사례들을 보고하고 있다. 100명이 안 되는 사람들이 '씨족 변화형clan lect'을 쓰는 상황에서라면, 개인적인 특이 표현으로 시작되었을 무언가를 영향력 큰 개인 한두 명이 쉽사리 강요할 수도 있고, 그것이 새로운 언어 체계의 출발을 가져올 수도 있다. 이와이자어에는 초성 자음에 돌연변이를 일으키는 명사, 동사 형태가 많다. 예를 들어 어근 mawurr(팔)를 '그의 혹은 그녀의 팔'로 만들면 bawurr가 된다. 반면, 찰리 와르다가의 언어인 일가르어 같은 동족어에서는 이 단어형이 원래의 m을 유지한다. 이 돌연변이 형태는 잘 알려져 있지 않은 '잡성miscellaneous gender'에 기반한 것인데, 이는 모든 어족을 통틀어 매우 드물기 때문에 정상적인 변화 과정에 의한 표준 형태로 인정된 적이 없다. 아마도 과거 어느 시점에 이와이자어 화자들이 자기네 언어를 이웃 언어들로부터 분리시키기 위해, '네가 토마토라고 하면, 나는 토메이토라고 하겠다'라는 식으로 잡성의 사용을 고의적으로 확대한 듯하다.

뉴기니에서는 언어의 이질화가 훨씬 더 의도적으로 조장되었다. 부인어 Buin의 한 방언으로 부건빌Bougainville 섬 1500명의 화자가 쓰는 우이사이어 Uisai가 있다. 여타 부인어 방언들(총 화자는 약 1만7000명)과 비교해보면 우이사이어는 성 일치가 완전히 뒤집혀 있다. 즉 남성형 단어가 모두 여성이 되었고, 여성형 단어는 전부 남성이 되었다.[15] 이러한 결과를 가져올 만한 '정상적인' 언어 변화 기제가 없기 때문에, 레이콕은 "유력 층의 우이사이어 화자가 부인어를 사용하는 여타 공동체로부터 자기 공동체를 차별화하기 위해 획기적으로 언어를 변화시켰다"고 본다. 이를 보아도, 소규모 언어공동체에서 한 개인이 얼마나 큰 영향력을 가질 수 있는지 알 수 있다. 파푸아어Papuan 중 하나인 셀레페트어Selepet에 대해 보고된 사례도 있다. 언어학자 매켈라논Ken McElhanon은 한 셀레페트어 공동체에서 회의를 열어, 다른 셀레페트 마을과 차별화하기 위해 표준 셀레페트어에서 'no'를 뜻하는 단어 bia를 bunge로 바꾸기로 결정하는 것을 보았다고 한다.[16]

    분명한 실례를 보이기 위해 단어 하나, 문법적 특질 하나를 좌우하는 결정에 초점을 두었지만, 이것은 장차 중대한 결과를 초래할 조그마한 발단일 뿐이다. 서스턴William Thurston은 뉴기니 섬 동쪽에 떨어져 있는 뉴브리튼 섬의 아넴어Anem 화자들을 대상으로 '내부 발생성esoterogeny'—언어적 차이와 언어학적 난해성을 야기하는 것—을 연구했다. 그는 '내부 발생성이 강한esoterogenic' 언어들이 전체 구조를 알아보기 어렵게 만들 요량으로 발음을 간소화하는 경향이 있음을 발견했다. 영어에서 did you의 줄임 표현 didja를 dja로 발음하는 것과 비슷한 예다. 아넴어 화자들은 명백한 규칙 관계를 (완전히 불규칙적인) '보충법suppletive'으로 교체해버린다. 예컨대 투명한 big:bigger 형을 버리고 good:better 형으로 바꾸는 것을 즐긴다는 말이다. 아넴어에는 'kick the bucket(밥숟가락을 놓다: 죽다)' 같은 유형의 불투명한 숙어가 굉장히 많으며, 화자들은 언어의 유연성을 제한하는 권위적인 전통을 고수한다. "우리 공동체의 구성원이 되려면 이런 방식으로 말해야 한다!"는 식이다. 미묘한 차이를 주기 위해 전문용어를 정교하게 만들어내기도 하는데, 이와 관련해 아넴어 화자들은 이웃 언어인 루시어Lusi보다 자기들 언어가 훨씬 풍부하다는 자부심을 갖고 있다.

    아넴어를 연구하는 동안 서스턴은 몇몇 소년이 단어 경쟁 게임을 고안해 노는 것을 보았다고 한다. 애매한 덩굴이나 덤불의 이름을 다른 아이가 모른다는 것을 폭로하는 게임이었는데, 게임에 이기기 위해 아이들은 몰래 어른들에게 가서 다른 아이들을 속이는 데 쓸 수 있는 단어들을 물어보곤 했다고 한다. 이 모든 동력이 공모共謀됨으로써 이웃한 두 언어 간의 차이는 극대화된다. 물론 현재까지 우리는 고작 여기서 든 일화 수준의 증거들을 가지고 있을 뿐이다. 소규모 언어에서 일어나는 언어 변화의 원인과 과정에 대한 체계적인 연구가 절실히 필요한 실정이다.

이러한 지역에 있는 소규모 사회들은 자급자족적 경제를 꾸려가고 있으며, 더 강력한 외부 집단들을 좇을 필요 없이, 긍지를 가지고 나름의 사회 세계를 형성하고 있다. 이들의 활발한 언어 변개變改는 사회 집단을 감당할 수 있는 규모로 작게 유지해주고 외부인들과 적절한 거리를 유지하도록 해준다. 좀 더 많은 사람이 쓰는 다른 언어에 자기네 언어를 맞춰야겠다며 변화를 줄여가지도 않는다. 위대한 언어학자 소쉬르는 '첨탑의 정신'—어느 공동체에 속했는지 드러내주는 일종의 지역주의—과 '보다 광범위한 의사소통의 정신'이 반대 방향으로 언어를 견인한다고 보았다. 그러나 주로 자신들의 자원에 기대 살아갈 수 있는 소규모 사회에서는 첨탑의 힘이 우세하다.

인류 역사 속에서의 언어 다양성

신석기 시대가 시작된 1만 년 전, 세계의 인구는 1000만 명 정도였던 것으로 추산된다.[17] 수렵채집인 시절 언어의 화자를 최대한 높게 잡아 언어당 2000명으로 잡고 인구 수치에 대입해보면, 농경과 정착이 막 시작되던 시기에 세계에는 이미 3000~5000개의 언어가 있었다는 계산이 나온다. 인구가 현재 수준의 0.5퍼센트도 안 되는데 언어의 수는 얼추 비슷한 셈이다. 개인적으로 더 현실적인 수치라 생각되는, 언어당 화자를 1000명으로 계산하면 언어 수는 그 배인 6000~1만 개가 된다.[18] 아주 오랜 세월, 그 전체 규모를 거의 파악할 수 없을 정도로 언어는 다양했다.

시간을 좀 더 거슬러 올라가 아프리카로부터 인류가 오랜 여정에 나서기 전, 세계 인구의 병목 시기였던 15만 년 전으로 돌아가보자. 폴리Rob Foley는 미토콘드리아 DNA를 통해 당시 생식 가능 연령의 여성이 1만~2만 명쯤이었을 것으로 추산한다. 이 시기 인류의 인구는 5만 명 정도로, 위에서 추산한 언어 규모에 따르면 이미 10~20개의 언어가 사용되었던 것으로 보인다(좀 더 타당성 있게 언어당 인구수를 500명으로 가정하면 언어 수는 100개를 넘어선다). 인류가 환경상의 위기를 맞아 인구 정체를 겪던 시기, 인류의 성쇠가 바뀌어 사람들이 위험을 무릅쓰고 지구를 횡단하기 직전에도 언어는 제법 많았다. 이보다 훨씬 전에 선조들이 언어를 사용하고 발전시켜왔기 때문에,[19] 15만 년 전에도 인류는 이미 서로 완전히 다른 여러 언어를 구사했던 것이다.

농경이 시작되었던 신석기 초기로 다시 돌아가보자. 그 이후 농업이 세계 곳곳으로 퍼져나감에 따라 경작 집단의 언어 인구도 현재 뉴기니와 비슷한 수준인 1만 명 정도로 증가했겠지만, 근본적으로 전체 세계 인구가 폭발적으로 증가한 탓에 전 세계 언어의 수는 1만 개 혹은 1만5000개까지 늘었을 것이다. 그러나 렌프루Colin Renfrew와 벨우드Peter Bellwood 같은 학자들은 농경의 확장을 담당한 이들이 급진적인 문화 전환을 이룬 일부 집단에 불과했으리라고 본다.[20] 수렵채집인의 관점에서 보면 농경생활은 아주 매력 없는 일이다. 규칙적인 농작물 공급이 안정화되는 대신, 감수해야 할 것이 많아진다. 음식은 더 빈약해지면서 덜 다양해지고, 국한된 지역에서 1년 내내 단조롭게 살아야 하며, 그 많은 사람이 상대적으로 비좁은 거처에, 서로의 배설물 주변에서 살게 되면서 질병도 생겨난다. 대부분의 수렵채집인은 그 거래에서 물러났을 것이다. 그럼에도 불구하고, 농경인들의 농작물 수확량이 증가하면서 이루어진 '인구 확장demic expansion'은 점점 거침없이 수렵채집인의 인구를 흡수해갔을 것이다.

농경을 기반으로 한 이 몇몇 씨족의 확장은 심층적 수준의 다양성이 감소되는 이른바 '렌프루-벨우드 효과'를 가져온다. 농경이 발달된 10여 개 진원지로부터 동족 언어군이 퍼져나가면서, 오히려 그 이전에 있었던 오래된 다양성의 흔적을 지워버리는 것이다. 그러나 농경의 확대가 충분히 오래되면, 의미 있는 새 다양성을 발전시키게 되는 법이다. 나이지리아의 하우사어Hausa로부터 중동 지역의 히브리어Hebrew와 아랍어로 뻗어나간 아시아-아프리카 어족, 동남아시아에서 확장되어 나간 오스트릭Austric 어족[21]처럼 말이다. 두 어족의 역사는 모두 최초의 농경 시기로 거슬러 올라가지만, 어족 내 언어들 중에는 그 동계성을 입증하는 데 수년이 걸렸을 정도로 이질적인 언어도 있다.

이에 대해서는 제5장과 제6장에서 다시 논의할 것이다.

인도네시아에서는 렌프루–벨우드 효과가 뚜렷이 나타난다. 수천 년 전 오스트로네시아Austronesian 농경인들이 이주해오기 전까지 이 기름진 땅에 살았을 수렵채집인들의 언어 흔적은 인도네시아 군도群島 어디에도 거의 남아 있지 않다. 뉴기니 섬도 마찬가지다. 지난 수천 년 동안 비옥한 산맥 고지대 전체로 농경인들이 퍼져나간 이 지역의 언어는 약 400개에 이르지만 이 언어들은 모두 단일한 범뉴기니Trans-New Guinea 어족으로 포괄된다. 상상을 초월하는 뉴기니의 씨족 다양성이 가장 두드러진 곳은 이 섬을 나누는 산맥의 북쪽과 남쪽, 세픽 지역이나 트랜스–플라이Trans-Fly 지역 같은 저지대다. 이 지역 사람들은 훨씬 덜 밀집된 형태로 경작생활을 하거나, 아니면 농업과 어업, 사냥, 채취를 병행한다.

이미 살핀 바처럼 인구밀도가 높은 뉴기니 고지대, 더욱이 집약적 농경이 6000~7000년이나 계속된 상황에서도 규모가 큰 언어들은 없었다. 10만, 100만 수준의 화자로 언어의 규모가 커지기 시작한 것은 중앙집중화되고 나아가 산업화된 국가사회가 출현하면서부터였기 때문이다. 다음 장에서 살피겠지만, 불행히도 이처럼 새로운 사회를 확장해간 사람들은 대부분 자신이 복속시킨 이들의 언어를 기록하는 데 전혀 관심이 없었다. 다행히 기원전 5~6세기의 이탈리아 반도를 들여다보면 거대 제국이 처음 발생할 때 세계가 어떠했는가에 대해 감을 잡을 수 있다. 수많은 문명이 라틴어를 쓰는 로마인의 소용돌이 속으로 빨려 들어가기 전, 때마침 늦지 않게 이들은 그리스의 영향하에서 나름의 문자 체계를 발달시켜 자기네 언어에 대한 기록을 남겼다.

로마 시기 이전 이탈리아에서 발견되는 명문銘文들은 완전히 서로 다른 12~15개의 언어가 있었음을 입증한다. 이 언어들은 최소 4개의 별개 어족— 인도–유럽어에 속하는 켈트어, 이탈리아어, 그리스어와, 비유럽어인 에트루리아어Etruscan—에서 나온 5~10개 어파에 속한다. 로마인들은 적극적으로 나서 다른 언어를 뿌리 뽑으려 하지 않았다. 비로마인들이 언어를 보존했다는 것은 로마의 '분할 통치diuide et impera' 정책이 사실이었음을 뒷받침해준다. 예를 들어, 움브리아어Umbrian 화자들은 로마의 합병 이후 수 세기 동안 계속 자기네 언어로 명문을 만들었다. 그러나 점점, 특히 기원전 1세기 중반 이탈리아 반도의 모든 주민이 로마 시민이 된 후 결국 라틴어의 힘과 지위에 압도되었다. 처음에는 비로마인들이 그저 '외적外的' 용도로 라틴어를 사용했지만, 로마의 중앙집권화한 힘은, 점점 "정치적 주도권에 대해 그러했듯, 현지 언어를 부차적이고 종속적인 언어, 항상 물러서야 하는 위치로 격하시켜버렸다."22 오스크어, 움브리아어, 에트루리아어, 그 외 이탈리아 반도 내 여타 언어의 마지막 화자들이 정확히 언제 세상을 떠났는지는 알 수 없다. 그러나 로마 제국의 일부였던 유대 지역에서 빌라도 총독이 예수를 죽음으로 몰고 간 즈음, 라틴어가 아닌 언어들은 대부분 이미 이탈리아 반도에서 사라진 것으로 보인다.23

이집트, 아랍, 페르시아, 말리, 중국, 한반도, 인도, 멕시코, 안데스 산맥 유역 등 세계 여러 지역에 출현한 왕국들은 자국 영토 내의 소규모 집단에 유사한 영향을 미쳤다. 기원전 2000년대 초반이었던 이 무렵 비로소 100만 이상의 화자를 가진 언어가 처음 출현했을 것이다. 오늘날 아프리카 남부의 절반을 차지하는 반투어처럼, 농경문화와 군대로 무장한 영토 팽창주의자들은 모자이크식으로 방대하게 펼쳐져 있던 언어 다양성을 없애버렸다. 여기에 1492년 이후 유럽인들의 식민지 확장이 또 한 번 큰 타격을 입히기 시작했다. 스페인인들이 쿠바와 푸에르토리코에 발 디딘 후 반세기 남짓 만에, 아라와크어Arawakan인 타이노어Taino는 더 이상 아무도 쓰지 않는 언어가 되어버렸다. 다만 일부 단어들이 스페인어에 차용어로 살아남거나(cacique:우두머리chief) 영어로 전해졌다(barbacoa〉barbecue;바비큐, canoa〉canoe;카누, tabaco〉tobacco;담배). 세계 속 수천 개의 언어가 이와 유사한 운명에 고통받고 있다. 화자가 1억이 넘는 10여 개 언어의 지배에 이끌려 언어 다양성의 쇠퇴는 더욱 가속화되고 있다.

언어 다양성의 온상지는 어디인가

이제까지 논의한 결론은 오늘날 세계에 언어 다양성이 매우 불균등하게 분포되어 있다는 것이다. 한 추정에 따르면, 17개 국가가 전체 언어의 60퍼센트를 차지한다고 한다.[24] 이들 국가 전체가 전 세계에서 차지하는 인구 비중은 27퍼센트, 영토 면적은 단 9퍼센트인데도 말이다.

표 1.2는 언어가 다양한 상위 25개 국가 순위를 나타내는데, 다양성을 두 가지 다른 면으로 살피고 있다. 하나는 단순한 토종endemic 언어 수, 나머지 하나는 심층 수준의 언어 다양성을 더 잘 보여주는 언어 계통의 수다. 생물학적 다양성을 띤 상위 25개국도 함께 제시되어 있다. 그 이유에 대해서는 뒤에서 다시 살펴볼 것이다.

앞선 논의가 분명히 보여주듯 오늘날의 언어 분포에는 여러 영향이 반영되어 있다. 언어적 다양성과 생물학적 다양성이 훨씬 더 나란히 나타났을 법한 원래 패턴에 각 지역의 역사적 영향이 겹쳐져 있다.

(1) 아주 옛날의 언어 다양성을 나타내는 최초 단계는 모든 인류가 수렵채집인이었던 시기로 거슬러 올라간다. 최근까지도 사람들이 수렵채집인으로 남아 있는 지역에서는 두 가지 수치(토종 언어의 수와 언어 계통의 수) 모두에서 고도의 언어적 다양성을 찾아볼 수 있다. 물론 재식민지화가 반복되고 상호 교류망을 확장하려는 문화적 압력이 거셌던 지역, 예를 들어 사막처럼 널리 펼쳐진 곳이나 천혜의 조건이 없어 사람들이 별로 살지 않았던 지역은 예외다.

(2) 언어 다양성의 두 번째 단계는 신석기 말 이후 일부 지역에서 소규모로 진행되었던 농경 확장의 결과로 이루어진다. 이 확장은 수렵채집인들의 언어를 일소해버렸지만 보다 최근의 언어 다양성을 재성장시키기도 했다. 정도의 차이는 있지만, 이 경우 계통성의 밀도는 농경이 얼마나 오래전부터 이루어졌는가에 따라 달라진다. 이 확장을 통해 인도 - 유럽어나 오스트로네시아어 같은 심층 수준의 어족으로 묶을 수 있는 다수의 언어가 생겨났다.

순위	토종 언어		토종 언어의 계통		토종 고등 척추동물종	
1	파푸아뉴기니	847	미국	64	호주	1346
2	인도네시아	655	파푸아뉴기니	58	멕시코	761
3	나이지리아	376	인도네시아	37	브라질	725
4	인도	309	브라질	31	인도네시아	673
5	호주	269	멕시코	24	마다가스카르	537
6	멕시코	230	콜롬비아	24	필리핀	437
7	카메룬	201	호주	22	인도	373
8	브라질	185	페루	21	페루	332
9	자이르25	158	러시아	17	콜롬비아	330
10	필리핀	153	수단	15	에콰도르	294
11	미국	143	캐나다	14	미국	284
12	바누아투	105	볼리비아	13	중국	256
13	탄자니아	101	베네수엘라	11	파푸아뉴기니	203
14	수단	97	인도	10	베네수엘라	186
15	말레이시아	92	중국	9	아르헨티나	168
16	에티오피아	90	에티오피아	8	쿠바	152
17	중국	77	차드	8	남아프리카공화국	146
18	페루	75	아르헨티나	8	자이르	134
19	차드	74	에콰도르	8	스리랑카	126
20	러시아	71	나이지리아	6	뉴질랜드	120
21	솔로몬제도	69	부르키나파소	6	탄자니아	113
22	네팔	68	탄자니아	5	일본	112
23	콜롬비아	55	카메룬	5	카메룬	105
24	코트디부아르	51	조지아	5	솔로몬제도	101
25	캐나다	47	칠레	5	에티오피아	88
			라오스	5	소말리아	88

표 1.2 두 가지 측면의 언어 다양성과 생물종 다양성에 따른 국가 순위

(3) 지역에 따라 약간의 차이가 있으나, 대략 기원전 3000년부터 기원후 1000년 사이, 국가가 형성됨에 따라 언어 다양성은 꾸준히 줄어들었다. 그 결과 중국은 겨우 77개의 언어로 상대적으로 낮은 순위를 기록하고 있다. 중국 남쪽에 인접한 작은 국가 라오스보다도 적은 수치다. 이는 수천 년이 넘는 중앙집중적 국가 통치 속에서 소수족들이 점차 다수인 한족으로 동화되고 이에 따라 언어를 만다린어나 여타 중국어 방언으로 바꾸었기 때문임에 틀림없다. 지난 2000~3000년간 지속된 유사한 영향 탓에 유럽, 북아프리카, 중동의 국가들도 대부분 언어 다양성 면에서 낮은 순위를 보인다.

(4) 가장 최근에는 유럽인과 민족국가 엘리트들의 팽창주의적 식민지화 정책의 결과로 수많은 식민지 토착 언어의 다양성이 말살되었다. 우루과이, 쿠바, 아이티, 그리고 카리브 해—아이러니하게도 이 이름은 토착 언어명(카리브어Carib)을 따서 명명된 유일한 바다 명칭이다—의 모든 섬은 토착어가 완전히 사라졌다는 불명예스러운 특징을 공유한다.

지난 수 세기 동안 유럽의 식민지였던 호주, 미국, 남아프리카공화국을 보면 영어의 강력한 영향하에 매우 빠른 속도로 언어가 사라져갔음을 알 수 있다. 포르투갈어 영향하에 놓인 브라질의 대다수 지역, 러시아어 영향하에 놓인 시베리아, 아랍어 영향하에 놓인 수단, 인도네시아어 영향하에 놓인 인도네시아 전역, 그리고 새롭게 국가 공용어로 발달한 톡피신어Tok Pisin 영향하에 놓인 파푸아뉴기니의 아주 외진 지역까지 세계 곳곳에서 동일한 현상이 일어나고 있다.

식민 통치국의 언어에 의해 다양성이 무너진 최근 현상의 너머 과거를 돌아보면 언어 다양성과 생물학적 다양성 간의 강한 상관성을 확인할 수 있다. 애리조나의 언어 문화인류학자 하먼Doug Harmon의 1996년 연구에서 처음 이 상관성이 검토되었는데, 그 이후 국가별로 이루어진 연구를 통해 세계 곳곳에서 그의 연구 결과가 반복해서 검증되었다.[26] 아프리카를 대상으로 다소 거칠게 분석한 연구에서도,[27] 아메리카를 대상으로 매우 정밀히 분석한 연구에서도[28] 동일한 결론이 확인되었다. 아메리카 지역을 대상으로 한 연구에서는 생물학적 다양성의 지표로 참새류[Passerine]를 이용하고, 폭 1도의 정사각형 수준으로 지형을 분할하여 표본을 수집했다. 보다 최근에는, 어느 정도 우발적으로 만들어진 국가 경계 대신 폭넓은 생태 구역을 활용한 연구가 이루어졌는데[29] 이 역시 언어 다양성과 생물학적 다양성 간의 강력한 상관성을 입증하고 있다. 생물학적 척도 면에서 '초다양성[megadiversity]'을 띠는 상위 12개국 중 10개 국가는 언어 다양성을 기준으로 한 상위 25개국 순위 안에도 포함된다.[30] 하먼의 연구는 생물학적 다양성과 언어 다양성이 한데 모이는 곳이 어느 지역인지도 분명히 보여준다. 바로 중앙아메리카와 남아메리카, 열대 아프리카, 그리고 인도네시아, 멜라네시아, 호주를 거쳐 서태평양에 이르는 남부아시아, 동남아시아 지역이다.

언어, 문화, 생물학상 다양성의 원천

[생태 문화적 다양성이 계속 사라져간다면] 생명체 자체의 역사적 흐름, 대대로 모든 생명의 원기가 전해져온 진화 과정도 멈추어버릴 것이다.
— Harmon(2002:xiii)

다양성을 보존해야 한다고 주장하는 것은 희귀종 새나 나무, 곧 잊힐 숱한 문화 지식을 염려할 때나, 소멸 위기에 있는 언어를 염려할 때나 마찬가지다. 다윈 이후, 우리는 대부분의 문화가 자기 미학과 우주론에 두고두고 소중히 간직해온 것이 무엇인가를 과학적 수준에서 설명하기 시작했다. 즉 다양성이란 곧 적응성이 축적된 결과다.

유전적으로 같은 캐번디시 바나나 종만 있다는 것은 생산과 효율을 최대화하는 데 제격이지만, 새로운 곰팡이균 하나가 이 세계적인 종을 완전히 없애버릴 수 있다는 문제를 내포한다.[31] 비료, 표준화된 종자, 생산성 높은 신품종 등 과학기술이 주도한 녹색혁명이 전통적인 재배법을 대체해왔지만, 최근 들어 점점 이 전통 재배법이 40년 전 간과했던 장점을 가진 것으로 평가되고 있다. 전통 재배법은 가뭄 회복력과 병 저항성이 강하고, 지역의 지하수면이 크게 문제되지 않는다. 아이러니하게도, 생산성을 단위 면적당 단순 수확량으로 보지 않고 물 소비까지 감안한다면 생산성마저 더 높다. 전 세계 전통 농업의 수많은 '원시 품종'들이 현재 유전학적으로 기록 보관되고 있다.[32] 최소한 그 유전적 다양성을 이용할 수 있도록 하기 위해서다. 그러나 그 원시 품종을 경작하면서 생겨난 모든 문화적 지식도 필요하다. 어떤 조건에서 어떤 품종을 심어야 하는지, 어느 지역에서 무엇이 가장 잘 자라는지, 어떤 것이 어떤 병충해에 저항력이 강한지, 괜찮은 동반 작물이 무엇인지 하는 지식들 말이다. 모든 과학기술과 마찬가지로 농업도 인공 산물과 노하우가 결합되어야 비로소 제대로 작동한다. 지식의 수반 없이 단순히 종자만 저장한다면 그저 늘 결핍된 상황이 계속될 것이다.

서구 학문과 과학적 전통에는 세계의 지식을 바라보는 두 가지 자세가 있다. 하나는 '보편화'로 요약되는데, 이들은 모든 지식을 해당 시대의 세계어—"보편적 가치 체계를 지지하면서 단일한 통일왕국으로 하나된 인류"[33]가 사용하는 언어로서 라틴어, 아랍어, 프랑스어, 영어가 시대 순서대로 그 자리를 차지해왔다—로 통합할 수 있다고 본다. 또 다른 태도는 서로 다른 전통에서 비롯한 힘과 풍요로움을 인정하는 것이다. "언어 다양성이 줄어들면 우리가 끌어 쓸 수 있는 지식풀pool of knowledge이 그만큼 약화되고, 따라서 인류의 적응력도 떨어진다"[34]는 입장이다.

피시먼Joshua Fishman은 이 대안적 견해가 비코Giambattista Vico와 헤르더Johann Gottfried Herder부터 보애스Franz Boas, 사피어Edward Sapir, 워프Benjamin Lee Whorf에 이르는 사상가들에게 어떻게 계승, 발전되어왔는지 살피면서 이에 대한 개요를 다음과 같이 설명한다.

전체 세계는 독립적인 민족어가 다양하기를 요구한다. 그래야 세계 자체를 구할 수도, 창의성을 보다 풍부히 할 수도, 인류의 문제들을 보다 확실하게 해결할 수도, 물질주의에 직면하여 거듭 인간성을 회복할 수도, 인류 전체를 위한 미학적·지적·정서적 능력을 더 훌륭하게 촉진할 수도 있고, 나아가 보다 높은 인간 활동 단계에 다다를 수 있다. (…) 모든 인류를 고양하는 가장 훌륭한 창조력은 보편적 문명화에서 발현되는 것이 아니라 별개 민족 집단의 개성, 특히 각 민족 나름의 진정한 언어로부터 발현되는 것이다. 각 민족이 자기 나름의 실로 세계 역사라는 태피스트리[35]를 짜는 데 기여하고, 나아가 그 기여를 인정받고 존중받을 수 있을 때 마침내 각 민족도 서로의 기여를 통해 배우고 혜택을 보면서 호혜주의라는 의식을 갖게 될 것이다.[36]

피시먼의 표현은 배타주의 경향을 띤 수천의 소규모 사회를 향해 그저 서로 고립된 채 박물관 전시품처럼 있으라는 것도 아니며, 영어처럼 세계어로 부상된 몇몇 멋진 지역어에게 모종의 언어 테마파크를 만들라고 요구하는 것도 아니다. 오히려 피시먼은 한 언어나 문화를 다른 언어나 문화의 프리즘을 통해 들여다볼 때 깊고 창의적인 상호 작용과 통합적 안목을 얻게 된다는 점을 잘 인식하고 있다. 워라무룽운지 지역에서 수백 킬로미터 동쪽에 있는, 아넘랜드 동부의 욜릉구어Yolngu 화자들은 자기네 땅에 이중 언어·이중 문화 학교를 조성하기 위해 힘쓰고 있는데, 이 학교의 가치를 개념화하는 데 ganma 라는 은유를 사용한다. ganma란 강을 따라 흘러 내려가던 민물 기류가 반대로 유입되는 바닷물과 섞이는, 그 특별한 혼합을 가리키는 말이다.

이 책에서는 워라무룽운지의 유산이 가진 인문학적·과학적 가치에 대한 증거를 하나하나 탐색해나갈 것이다. 그 전에, 언어 다양성, 종 다양성, 생태학 간의 관계에 대해 논의하는 이 장을 마무리짓기 위해 하나 더 살펴볼 것이 있다. 여러 세대 화자들이 조금씩 알아내 자기네 언어로 남긴 상세한 생물학적·생태적 지식이 소규모 언어에서 어떤 방식으로 유지되는가 하는 점이다. 이 예들 역시 언어 유산의 손실이 문화 및 거주지의 손실과 밀접히 얽혀 있다는 점[37]을 분명히 보여줄 것이다. 한 언어의 화자들이 전통적인 자기네 땅에서 벗어나 오클라호마 보호구역,[38] 말레이시아 고무농장, 이바단Ibadan[39] 빈민가로 옮겨갈 때, 혹은 자신들의 전통적인 생태 지식을 더 이상 활용할 수 없는 정착성 생활 방식을 강요당할 때 전형적으로 가장 먼저 잃게 되는 것, 여기서 살피려는 종류의 지식과 어휘들이 바로 그런 것이다.

땅에 기반한 어휘들

개인들은 문화 자원을 구조에 끌어들여, 일상의 사회활동에서 맞닥뜨리는
문제들을 해결한다.
— Saxe & Esmonde(2005:173)

소규모 언어나 사회는 세상 속에서 자신들의 땅을 잘 지켜왔다. 이는 스
스로를 그 지역 생태에 잘 조화시키고 그에 대한 풍부한 지식을 축적함으로써
가능한 일이었다. 그 지식의 대부분은 오로지 자기네 언어를 통해서 전달된
다. 이들이 지닌 수많은 양상의 전통 지식이 아직 서구 과학세계에는 알려지지
않은 상태인데, 언어야말로 위 인용에서 언급한 '문화 자원' 중 가장 중요하고
독특한 자원임에 틀림없다.
    세리어Seri를 생각해보자. 이 언어는 멕시코 바하칼리포르니아 주에서
수렵채취와 어업으로 살아가는 약 500명의 세리족이 쓰는 언어다(그림 1.4 참
조). 일부 언어학자들은 세리어가 미국 캘리포니아 지역 호칸어Hokan에 속하는
최남단 언어라고 주장하기도 하지만, 세리어는 알려진 동계어 없이 고립된 언
어일 확률이 높다. 세리어의 어휘들을 기록화하는 과정에서 언어학자인 모저
부부Edward and Mary Moser는 세리어 화자들로부터 거머리말eelgrass을 곡물원穀
物源으로 활용한다는 이야기를 들었다. 그 말에 민족식물학자 펠거Richard
Felger가 연구에 참여했고, 그 연구 결과는 『사이언스Science』지에 "캘리포니아
만의 거머리말—세리 인디언이 발견한 영양학적 가치"라는 제목으로 발표되었
다.[40] 연구자들은 이를 인간의 식량원으로 수확되어온 유일한 바다 곡물 사례
라 결론 내리면서, 거머리말이 인류의 일반 식량원으로서 엄청난 잠재성을 지
니고 있음을 강조했다. 거머리말은 담수나 농약, 인공 비료 없이도 경작될 수
있기 때문이다. 새로운 작물을 요구하는 오늘날의 세계에서 거머리말이 가진

그림 1.4 외지인들은 '사막'이라고 하지만, 스스로는 heheán(식물의 땅)이라고 부르는 곳에서 살아가는 세리족 사람들

잠재적 중요성에도 불구하고, 이 중대한 지식은 얼마 안 되는 세리어 화자들만 알 뿐 거의 불가해한 세리어 안에 갇혀 있다. 세리어의 어휘 중에는 거머리말의 생산과 수확에 대한 정보를 담고 있는 단어가 많다. 예를 들어 4월을 나타내는 xnois iháat iizax는 '거머리말 수확의 달'이라는 뜻이다. 또한 거머리말의 수확 시기가 시작되면 흑기러기가 거머리말을 뜯어 먹으려고 바다로 뛰어드는데, 이를 시사하듯 세리어에서는 흑기러기를 xnois cacáaso(거머리말 씨의 예언자)라고 한다.

세계 도처의 원주민들은 오랜 역사 동안 자연을 세밀히 관찰하고 자연의 산물을 대상으로 실험한 결실을 자기네 언어의 단어와 표현을 통해 전하고 있다. 아넘랜드에는 원주민 전통의 분류학적 명명에 이끌려 서구 자연과학자들이 새로운 종을 승인한 경우가 많다. 오래전부터 쿤윙즈쿠어 화자들이 nawaran이라고 불러온 거대한 오엔펠리Oenpelli 비단뱀도 그런 종 가운데 하나다. 이 비단뱀은 1977년 서구 과학의 분류 체계에 Morelia oenpellensis라는 학명으로 편입되었다.[41]

반면 꿀과 밀랍을 제공한다는 점에서 지역 원주민들에게 경제상 아주 중요한 여러 토종벌은 아직 곤충학상 신원 불명의 상태로 남아 있다. 우선 잠정적으로 이 벌들은 영어 대역어 사전에 트리고나trigona 종이라는 부적절한 명칭으로 제시되어 있다.

전통 문화가 현지 언어에 전해지는 식물 약효에 대한 세부 지식을 담고 있기도 하다. 최근 에이즈 바이러스 제1형HIV type-1에 효능이 있는 것으로 밝혀진 약물 프로스타린prostarin이 발견된 것은 사모아족 전통 치료사 에페네사 마위고아Epenesa Mauigoa와 민족식물학자 콕스Paul Allen Cox가 마말라Homalanthus nutans라는 나무의 줄기를 이용하는 전통 의료법에 대해 이야기하면서 이루어진 일이다. 이 대화가 가능했던 것은 선교사의 아들이었던 콕스가 사모아어Samoan를 배웠기 때문이다. 한없이 다양한 전통 민족생물학 세계에는 이 같은 치유 잠재력이 얼마든지 있는데, 이를 충분히 조사하기 위해서는 전통 치료사와 민족생물학자, 언어학자의 공동 연구가 필요하다.

토착어의 어휘들은 흔히 특정 식물과 동물 간의 생태적 유대관계를 드러내준다. 아넘랜드 전반에 걸쳐, 반짝벤자리spangled grunter라는 물고기는 토종 흰사과나무Syzygium eucalyptoides와 동일한 이름—쿤윙즈쿠어에서는 bokorn—을 가지고 있다. 왜냐하면 이 물고기는 개울과 호수로 떨어진 이 나무의 열매를 먹기 때문이다.[42] 이 유대관계에 대한 지식은 반짝벤자리를 잡으러 가는 사람들에게 아주 귀중한 정보가 된다. "먼저 흰사과나무를 찾아봐. 그러면 그 나무 아래 있는 물에서 그 '짝'인 물고기를 찾을 수 있을 거야"라는 식이다. 중앙 아넘랜드 지역의 언어들은 이 같은 쌍을 아주 많이 가지고 있어서, 그 지역의 진정한 어부가 되는 안내자 역할을 하고 있다.

전통의 생태 지식을 잘 보여주는 또 다른 사례로 앨리스스프링스Alice Springs[43] 지역의 음파른퉤 아렌테어Mparntwe Arrernte를 들 수 있다. 이 지역은 여러 종류의 유충幼蟲이 중요한 식량원인데, 음파른퉤 아렌테어에서는 독특하게도 그 벌레를 발견할 수 있는 관목의 이름을 따서 유충 이름을 짓는다. 예를 들어 tnyematye(마녀 애벌레)는 tnyeme(마녀 덤불witchetty bush)에서 나왔고, utnerrengatye라는 유충은 utnerrenge(에뮤 덤불emu bush)에서 나온 이름이다. 흑단나무 thenge에서 발견한 애벌레의 이름을 당신이 직접 만들어낼 수도 있다.

이 같은 여러 사례는 바벨 도서관의 방대한 민족생물학 칸으로 우리를 이끌어간다. 그러나 이 모든 지식은 현재 큰 위험에 처해 있다. 거의 알려지지 않은 채 겨우 수백 명의 화자가 쓰는 언어 속에서만 이 모든 지식이 유효하며, 화자들이 다른 언어로 사용 언어를 바꿀 경우 그 전달이 단절될 수 있기 때문이다. bokorn라는 물고기를 '반짝벤자리'로, bokorn라는 나무를 '흰사과'로 바꿔 부르기 시작하면, 더 이상 단어가 둘 간의 생태적 유대관계를 전달할 수 없다.

1_ 한글 번역은 김용선, 『코란』(양우당, 1993)을 따른 것이다.

2_ 호주 중북부인 노던 주의 북쪽 지역으로 주로 원주민들이 살고 있다. ─ 역자 주

3_ Berndt(1976:86-87,197-198)

4_ Laycock(1982:33)

5_ Gossen(1984:46-47)

6_ 주로 열대나 아열대 지방에서 자라는 참마과 식물로, 원주민의 식량 자원으로 많이 재배된다. ─ 역자 주

7_ 기본적으로는 내가 작성한 답사 노트에 근거한 것이며, 가드Murray Garde, 하비 Mark Harvey와의 개인 서신과 Birch(2006)를 참조하여 정보를 추가했다.

8_ Green(2004)

9_ 플루토가 내게 이 이야기를 하던 1990년대 말, 그는 80세 정도의 친절하고 점잖은 노인이었다. 끔찍한 일이긴 했지만 그의 이야기는 다가올 원주민 토지 소유 권리 소송에서 결정적인 증거가 될 수 있는 내용이었다. 호주 내 다른 지역의 유사한 소송에서 정부 측 변호사들은 '만약 (원주민들의) 전통법이라는 것이 (백인을 포함하여) 범법자에 대한 제재 사례 없이 그저 이상으로서만 기술된 것이라면 증거 지위가 약화된다'고 주장해왔다. 플루토의 증거는 중요하게 작용할 수도 있지만, 오히려 그를 살인죄로 기소되게 만들 수도 있었다. 플루토에게 감옥에 갈 위험을 무릅쓰고 기꺼이 그 진술을 할 것인지 묻자 그는 주위를 둘러보고는 웃었다. "아, 그걸로 나를 감옥에 보낼지도 모른다?" 그는 망설임 없이 펜을 손도끼 쥐듯 쥐고 진술서에 서명했다. 결국 그는 공식 선고를 듣기 며칠 전 세상을 떠나 자기네 땅 벤팅크 섬에 묻혔다. 장례식에서는 그의 진술서 중 일부를 낭독했는데 이 책에 인용한 말도 포함되어 있었다.

10_ 뉴기니 섬, 비스마르크 제도, 솔로몬 제도, 피지 제도 등 태평양 남부, 호주 동북쪽에 있는 섬을 통틀어 이르는 말이다. ─ 역자 주

11_ 흑해와 카스피 해 사이에 있는 지역을 가리키는데, 영어 명칭에 따라 '코카서스'라고도 한다. 러시아 남부와, 조지아, 아제르바이잔, 아르메니아 등이 접해 있다. ─ 역자 주

12_ 호주 북쪽에 있는 섬으로 세계에서 두 번째로 큰 섬이다. 이 섬의 서부는 인도네시아, 동부는 파푸아뉴기니의 영토다. ─ 역자 주

13_ Lynch & Crowley(2001:88)

14_ Campbell(1997:122)

15_ Laycock(1982)

16_ Nettle & Romaine(2000:88)

17_ Lee & DeVore(1968). Hassan(1981)도 비슷한 수치를 추산하고 있는데, 일부 학자들은 600~700만 명이 좀 더 그럴듯한 수치라고 본다. 생물학 인류학자 폴리도 마찬가지다(개인 서신).

18_ Nettle(1999:102)에서는 이보다 더 신중한 추산 과정을 밟고 있는데, "구석기 시대 후기 언어는 1667~9000개로 추정된다"는 결론을 보면 결과치는 매우 유사한 셈이다.

19_ 언어 사용 시기를 이렇게 추정하는 것은, 언어 구사 능력이 과거 단 한 차례 발달했으며, 따라서 그 능력이 고고학적으로 증명된 현생 인류의 분산 이후에 나타날 수 없다는 가정에 근거한 것이다. 더불어, 5만 년 전 이루어진 호주 정착처럼 그 시기가 이미 알려진 현대어의 유형학적 분기 정도를 통한 추정도 함께 근거로 활용했다. 그러나 이 초기 시기 추정에는 다소 논란의 여지가 있다. 현생 인류의 음성기관 진화를 연구한 Liberman & McCarthy(1999)는, 네안데르탈인은 물론 이스라엘에서 두개골이 출토된 10만 년 된 '현생' 인류도 현대의 음성기관을 갖지 못했다고 주장한다. 이는 인간이 유창하게 언

어를 구사하는 진화의 시기가 좀 더 늦은 시기였음을 말한다(물론 이러한 주장은 초기 언어 사용에서 기호와 음성의 결합hybrid이 있었겠는가 하는 의문을 제기한다). 현재로서는 서로 다른 종류의 증거가 각기 다른 시기를 추정하는 셈인데, 언제 인간의 발화가 시작되었는가에 대해 과학적으로 의견 일치를 보는 데는 다소 시간이 걸릴 듯하다.

20_ Bellwood & Renfrew(2002) 참조.

21_ 동남아, 태평양, 인도 동부의 언어 모두를 포괄하는 개념으로, 오스트로네시아어와 오스트로아시아어를 아울러 지칭한다. — 역자 주

22_ Pulgram(1958:268)

23_ 로마어의 선배뻘인 에트루리아어는 특이하게도 언제 마지막으로 쓰였는지 정확히 알려져 있다. 기원후 408년 로마는 고트족Goth 알라리크Alaric 1세에 의해 파괴될 위협에 놓여 있었다. "몇몇 에트루리아 수도사들이 황제 앞에 나아가, 적을 물리치기 위한 의식을 거행하고 에트루리아어로 된 기도와 주문을 외웠다. 결국 수도사들은 성공하지 못하고 로마는 강탈당했는데, 이것이 에트루리아어가 쓰인 마지막 순간이었다."(Bonfante 1990:328-329)

24_ 이 추산치는 Nettle & Romaine (2000)에서 인용한 것이다. 그 저서의 언어 다양성 국가 순위는 표 1.2 첫째 열과 좀 다르다. 가나(72), 베냉Benin(51), 베트남(86), 라오스(92)가 포함된 대신 다른 나라들이 많이 빠져 있다. 제1열, 제3열 데이터는 Harmon (1996)에서 가져왔는데, Harmon(1996) 자료의 언어 수는 Grimes(1992)에서, 생물종의 수는 WCMC(1992:139-141)에서 인용한 것이다. 제2열은 『세계 언어 지도World Atlas of Linguistic Structures』(Dryer, 2005)에 제시된 계통어 목록의 데이터를 사용하여 직접 계산했다. '고등 척추동물'은 생물학적 다양성을 보여주는 수많은 척도들 중 하나일 뿐으로, 포유류, 조류, 파충류, 양서류를 아우른 수치

다. 미국, 중국, 파푸아뉴기니의 생물종 수는 파충류를 포함하지 않은 수치인데, 원 자료의 표에 토착종의 수가 제시되어 있지 않았기 때문이다. 제1열, 제3열 에티오피아의 수치는 인접국 에리트레아까지 포함한 수치다.

25_ 1997년 국명을 변경한 콩고민주공화국의 이전 이름이다. — 역자 주

26_ Harmon & Maffi(2002)

27_ Moore et al.(2002)

28_ Manne(2003)

29_ Stepp et al.(2004)

30_ 주의: '토종의 다양성endemic diversity'을 계산할 때, 해당 언어의 본래 역사와 연관된 지역에서 사용될 경우만 계산에 포함시킨다. 즉 말레이시아의 호키엔어Hokkien, 피지의 힌디어, 그리고 남북 아메리카 대륙의 영어, 스페인어, 포르투갈어, 프랑스어 등은 무시한다. 부유한 선진국의 대도시에서 사용되는 이주민의 언어를 셈에 넣는다면 상황이 달라지리라는 점은 자명하다.

31_ 캐번디시 바나나는 현재 전 세계에서 거의 유일하게 재배되는 종이며, 유성생식이 아닌 꺾꽂이 방식으로 재배된다. 원래 바나나의 주종을 이루던 그로미셸Gros Michel 종이 곰팡이균에 의한 파나마병으로 1960년대 자취를 감춘 이후, 파나마병에 대한 저항력이 강한 캐번디시 종이 그 자리를 대체했다. 하지만 1980년대 새로운 변종 파나마병이 유행하면서, 세계식량농업기구는 이 종마저 20년 이내에 사라질 수 있다고 경고하고 있다. — 역자 주

32_ 녹색혁명에 과학자들이 큰 몫을 담당했던 것처럼, 이 원시 품종의 기록 보관 공정을 확립하는 데도 많은 과학자들이 참여했다.

33_ Fishman(1982:6)

34_ Bernard(1992:82)

35_ 다채로운 색실로 그림을 짜 넣은 직물로서 주로 벽걸이나 가리개로 이용된다. — 역자 주

36_ Fishman(1982:7)

37_ 네틀Daniel Nettle과 로메인Suzanne Romaine의 저서 『사라져가는 목소리Vanishing Voices』(2000)는 이러한 관점을 호소력 있게 전개하고 있다.

38_ 미국의 대표적인 인디언 보호구역 중 하나. 19세기 초 미국 정부는 각지의 아메리카 원주민들을 몇몇 보호구역으로 강제 이주시켰다. 이 외에도 애리조나 주, 사우스다코타 주 등 현재 미국에는 300여 개의 인디언 보호구역이 있다. — 역자 주

39_ 나이지리아 남서부에 있는 도시.

나이지리아에는 내륙에 있는 수도 아부자 외에 큰 도시로 이바단과 라고스가 있다. — 역자 주

40_ Felger & Moser(1973)

41_ Torr(2000:4)

42_ Evans(1997)

43_ 호주의 중앙부 산지, 노던 주 남부에 있는 도시다. — 역자 주

제2장

사천 년의 조율

La mort d'une langue n'est que celle de la parole.

The death of a language is only the death of its speech.

언어의 죽음이란 단지 그 말의 죽음일 뿐이다.

— Hagège(2000:45)

동식물, 기후, 고대 인간의 정착 등 모든 것은 후대에 화석, 고대 DNA, 남극 얼음 덩어리 속의 탄소 동위원소, 혹은 고고학적 유물과 같은 형태로 물리적 흔적을 남긴다. 과학을 정교하게 이용하면 지구의 자연적인 기록 보관 과정을 완전히 복원하지는 못하더라도 이런 단편적인 흔적들을 추적하고 해석할 수 있다. 그러나 말은 매질인 공기 속에서 진동하는 동안만 지속되고는 완전히 소멸된다. 이러한 면에서 언어는 세상 만물 가운데 가장 깨지기 쉬운 것이라 할 수 있다. 말은 구어에서 살아 유지되지 않는 이상, 문자 기록이나 음성 녹음, 영상 녹화 등 기술적 고안 장치를 통해서만 보존될 수 있다. 하지만 인류의 긴 역사를 볼 때, 인류가 지속적 형태로 언어를 기록하는 방법을 갖게된 것은 그리 오래된 일이 아니다. 더욱이 몇몇 강력한 언어를 제외한 모든 언어에까지 위에서 말한 기술들이 적용된 것은 훨씬 최근의 일이다. 이 장에서는 이 기록의 경로를 따라가며 중요한 발자취들을 살펴볼 것이다.

브래드쇼 산에서 있었던 일

Esana eta orbela haizeak eramaten.

|

Words and dry leaves are carried away by the wind.

|

말과 마른 잎은 바람에 멀리 날려간다.

— 바스크어 속담[1]

고대로부터 인간은 주변의 세계를 기록해 남기려는 욕구를 가지고 있었다. 서부 아넘랜드를 관통하는 워라무룽운지 길을 따라가면 워라무룽운지의 후손들이 살았던 사암의 돌산들 사이로, 세계에서 가장 광대한 고대 암벽화 미술관을 만날 수 있다. 벽화에는 사냥 장면, 잔치 장면, 격투 장면, 사랑의 주술을 거는 장면, 마법을 부리는 장면 등이 생생하게 드러나 있으며, 2만 년 전의 헤어스타일이나 무기, 망태기dillybags,[2] 그리고 태즈메이니아주머니늑대 thylacine[3] 같은 멸종 동물들이 훌륭하게 묘사되어 있다.

오랜 세월에 걸쳐 고대 예술가들이 남긴 그림은 추상화, 도상성 강한 역동주의(다이너미즘), 자연적 사실주의 등 여러 유형을 띤다. 놀랄 만큼 정확하게 동물을 해부해 묘사한 듯한 엑스레이 사진식 그림도 있다. 때로는 같은 곳에 서로 다른 그림들이 겹쳐 그려졌기 때문에 어떤 그림이 어떤 그림 위에 겹쳐 그려졌는지 알아내면 그림의 연대를 확인할 수 있다. 또한 배러먼디 barramundi[4] 물고기나 강어귀의 여타 모습 등 그림의 주제가 어떻게 달라져왔는가를 연구함으로써, 그 긴 세월 속에 있었던 기후와 생태상의 주요 변화를 읽어낼 수도 있다. 비 오는 오후 바위에 몸을 피해 잠시 느긋한 시간을 보내면서 암벽화를 그린 사람들이 꿈꾼 것은 동시대 사람들과의 소통이지 오늘날을 살고 있는 우리와의 소통은 아니었을 것이다. 하지만 결과적으로 이들은 그곳에 살던 인류의 삶이 수천 년 동안 어떻게 펼쳐지고 변했는지 생생히 보여주는 그림을 우리에게 물려주었다.[5]

거의 모든 암벽화는 침묵의 그림이다. 그러나 역동적으로 그려진 몇몇 그림은 소리까지 집어넣으려는 시도를 담고 있다. 사람이나 동물의 입에서 뭔가 작게 터져 뿜어 나오는 모양으로 소리를 표현하는 것이다. 암벽화 연구의 선구자인 찰룹카George Chaloupka가 브래드쇼Bradshaw 산에서 기록한 암벽화가 그중 하나다. 사냥꾼이 풀 더미 뒤에 숨어 있다가 에뮤emu[6]를 창으로 찌른다. 창을 던지는 사냥꾼의 힘은 그의 손부터 창에 찔린 에뮤의 몸까지 이어진 줄표의 궤적으로 표현되어 있고, 에뮤의 몸체와 깃털은 물론 사냥꾼의 머리 두건과 벨트까지 섬세하게 묘사되어 있다. 그러나 우리가 관심을 두는 것은 에뮤와 사냥꾼 앞에 그려진 '발화'다. 에뮤가 낸 소리가 어떤 소리였을지는 지금도 확실히 알 수 있지만, 사냥꾼이 무어라 말했는지는 알 수 없다. 이 그림이 그려질 당시 브래드쇼 산 주위에서 어떤 언어가 쓰였든 이제 그 언어는 흔적도 없이 사라졌다. 이 그림을 그린 천재 화가들도 말을 시각 기호로 바꿀 방법은 아직 발견하지 못했던 것이다.

알파벳 이야기

> 문자 예술은 언어 과학의 기원을 담고 있는 고대 예술 공예 중 하나다.
> ― Haas(1969)

중동, 인더스 계곡, 중국, 메소아메리카[7] 등지에서 대규모 교역이나 정권 차원의 기록 관리 등 서로 다른 문화에 몰두해 있던 사람들은 점차 언어를 '기록'하는 방법을 발달시키게 된다. 각 지역의 문자 발달은 오랜 기간에 걸쳐 이루어졌으며, 문자 기호들이 수많은 문화와 언어 속에서 걸러지고 다듬어졌다. 유연성이 뛰어나 조정과 확장을 통해 인간의 모든 음성을 표현할 수 있는 유일한 문자 형태 알파벳도 매우 독자적인 진화 과정을 거쳤다.[8]

로마자의 기원인 그리스 문자를 보면 이 점이 분명해진다(표 2.1 참조). 그리스 문자의 궁극적 기원이 되는 이집트 상형문자는 애초에 대상을 표현했다. 그러나 이집트인과 셈족들은 점차 이 기호들의 형태를 양식화하는 한편, 이를 사용해 자음만 나타내게 되었다. '소'(ʔaleph)를 가리켰던 𐤀 가 성문 폐쇄

이집트 상형문자	시나이 문자	초기 셈 문자	셈 문자의 문자 이름	페니키아어 형태	초기 그리스 문자	현대 그리스 문자
🐂	𐤀	𐤀	ʔaleph(소)	𐤀	𐤀	A, α
⊐	□	ᕾ	beth(집)	ᕾ	Β	B, β
👁	👁	○	ʕayin(눈)	○	○	O, o

표 2.1 소, 집, 눈에서 각각 a, b, o로 변화된 모습[9]

음 ?를,[10] '집'(beth)을 가리켰던 9가 b를 표현하는 식이다.

셈 어족 언어들의 독특한 문법 구조가 이러한 전환을 촉진했다고 할 수 있다. 셈어의 경우, 자음만이 단어의 '어휘' 의미를 담당하고 모음은 그저 굴절 정보를 보충하기 때문에, 해당 언어를 아는 사람이라면 문맥을 통해 쉽게 모음을 추론해낼 수 있다. 예를 하나 들어보자. 아랍어의 네 단어 katabtu(내가 썼다), katabta(당신[남성]이 썼다), katabti(당신[여성]이 썼다), katabat(그녀가 썼다)는 모두 ktbt로 기록된다. 그러나 일단 이 단어가 다른 단어와 함께 쓰이면 문제가 되지 않는다. 예컨대 'the woman ktbt(그 여성이 ktbt)'라는 기록이 있다면, 이것이 'the woman wrote(그 여성이 썼다)'라는 뜻이라는 것뿐 아니라 ktbt에 어떤 모음이 어느 위치에 와야 하는지도 알 수 있다. 그러니 모음을 쓰지 않는다고 막대한 손해가 생기는 것은 아니다. 모든 고대 셈어에서 발견되는 이 구조적 특징 덕분에, 상형문자 기호들을 활용해 자음문자 체계abjad[11]를 고안해내는 역사적 과정이 순조롭게 이루어질 수 있었다.

이처럼 다양한 셈어 사용자들은 단어의 실질적 의미에 기여하지 않는 모음을 무시하고 자음만 개별적으로 기록하는 획기적인 방법을 창안했다. 그러나 인류가 모음 표기 문제까지 확실한 방식으로 해결한 것은 이 표기 체계가 그리스 사람들, 즉 셈어와는 완전히 다른 종류의 언어를 구사하는 사람들에게 넘어온 후였다. 실제로 어떤 학자들은 음소문자로의 진화가 순조로웠던 것은 음운적·문법적으로 전혀 다른 유형의 언어들로 표기 체계가 전파되었기 때문이라고 주장한다. 다양성이 혁신에 얼마나 유리한 것인지를 보여주는 좋은 예라 하겠다.

그리스어가 셈어 스타일의 자음문자 체계와 만나 알파벳을 탄생시킨 것은 세 가지 언어학적 차이 때문이었다. 첫째, 그리스어는 셈어보다 음절 구조가 복잡하여, 초성 자음만 기록할 경우 누락되는 정보가 더 많아진다. 이 말은 곧 그리스어에서는 모든 음을 다 기록하는 것이 더 유리함을 의미한다.

둘째, 굴절 정보만 갖던 셈어 모음과 달리 그리스어 모음은 단어의 기본적인 의미를 달라지게 한다. 따라서 그리스어 기록이라면, 모음을 빼고 적은 문구文句의 의미를 문맥으로 파악하기가 어렵다. 영어로 된 전보 문구를 읽는다고 가정해보자. 거리와 관련된 문구에서 "1 ft; 2 ft"가 나왔다면, "1 ft"의 ft 는 'foot'을 나타내고 "2 ft"의 ft는 'feet'을 나타낸다는 것을 쉽게 알 수 있다. 여기서 oo와 ee는 단수/복수 여부로 예측할 수 있는 '문법' 정보를 나타내기 때문이다. 그런데 전보 속에 shtng라는 문제성 문구가 나온다면 이것이 'shooting'을 의미하는지 'sheeting'을 의미하는지 알 수 없다. 여기서 oo와 ee 는 문법적 맥락으로 쉽게 추론할 수 없는 '어휘' 정보이기 때문이다. 두 언어의 문법 구조상 차이가 결정적이다. 문자 기록에 모음을 사용하지 않는 것이, 셈 어에서라면 ft 정도의 문제이지만 그리스어에서라면 shtng의 문제가 된다. 이 같은 이유로 그리스어에서는 모음을 보여주는 기록 방식을 개발하는 것이 훨 씬 더 중요했다.

셋째, 셈어에서 단어 초성에 쓰이는 일부 자음들이 그리스어에는 없다 보니, 자음을 나타내는 기호들로 모음을 표현할 수 있는 여건이 마련되었다. 이를테면 셈 문자의 첫 글자에 있는 ʔa의 초성은 필요 없게 되었다. 대부분의 셈어에서는 성문 폐쇄음 ʔ가 음소音素12로 기능하지만, 그리스어에서는 그렇지 않기 때문이다. 자연스럽게 그리스 사람들은 성문 폐쇄음을 무시하고, 성문 폐쇄음 뒤에 있는 모음 a를 표시하는 데 해당 문자를 사용했다. 기호 ʕayin처 럼, 약간 다른 모음을 나타내는 데 사용된 경우도 있었다. 그리스인들이 초성 의 인두 마찰음 ʕ(낮게 으르렁거리는 소리)를 단순히 무시하게 되면서, 이 문자 는 그리스식 알파벳 o(오미크론)으로서의 역할을 새로이 맡게 되었다.

문자 체계의 출현과 함께 인류는 비로소 언어를 내구성 있는 형태로 기 록할 수 있게 되었다. 구어口語로서의 말이 발달된 이후 처음 있는 일이었다. 5000년 전 수메르어에서 시작하여 점점 더 많은 수의 고대 언어들, 기원 전후 에는 수십 개, 1000년 전에 이르러서는 100개 가까이 되는 언어가 문자로 기 록되었다. 수많은 점토판, 갑골甲骨, 파피루스, 양피지가 인류 최초의 언어 기 록을 담고 있다.

이 기록 전통들을 보면 인류는 언어에 대해 호기심이 강했던 것으로 보 인다. 제2언어로서 수메르어를 학습하던 자료들이 발견된 것으로 보아, 기원전 2000년경 중동 지역에서는 이미 정규의 제2언어 교육이 이루어졌음을 알 수 있다. 철학적 성향이 강했던 고대 그리스인들은 의미와 논리에 대해 깊이 있게 탐구했다. 기원전 100년경 고대 이집트의 알렉산드리아에서는 그리스 학자 아폴로니우스 디스콜로스Apollonius Dyscolus가 품사를 고안해냈다.

그러나 산스크리트 언어학 전통에 비하면 이 성과들은 그리 대단한 것이 아니었다. 산스크리트 언어학은 파니니Pāṇini가 기술한 유명한 문법서 『아스타댜이Aṣṭādhyāyī』에 집대성되어 있다. 어떤 언어의 어떤 문법도 이 문법 체계의 우아함과 광범위함을 따라가지 못한다. 또한 용법과 설명, 언어와 메타언어, 이론과 메타이론을 계층화하는 독창적인 방법은 서구 철학에서 이루어진 주요 발견들보다 1000년이나 앞선다. 마치 정보를 압축하고 알고리즘을 형성하는 현대의 전산 처리 방법을 예견이나 한 듯한데, 현대 프로그래밍 언어에는 그 이름을 따 파니니-배커스 형식Panini-Backus form[13]이라 명명된 구문 형식도 있다. 고대 로마의 번거로운 숫자 표기를 뛰어넘게 해준 영(제로) 개념[14]의 근원도 산스크리트 문법 전통이었다. 초기에 파니니 문법은 구전되었다—인간의 기억에 의존해야 한다는 점 때문에 산스크리트 문법가들이 그토록 간결성을 중시했을 수도 있다. 물론 당시에도 인도에 여러 기록이 이루어졌지만, 주로 종교 텍스트를 대상으로 한 기록이었다. 훨씬 후대에 이르러서야 파니니 문법은 문자화되었고, 이에 따라 점점 더 많은 해설, 점점 더 긴 해설이 덧붙여지게 되었다.

산스크리트 언어학자들은 언어가 변화하는 현실에 맞서, 신성한 제의·성가聖歌 전통들을 완벽히 발음하고 정확히 전파하고 싶어했다. 이들은 언어를 제대로 연구하여 이를 종교 의식에 적용해야만 언어 면에서 칠칠찮은 악마의 운명을 피할 수 있으리라 믿었다.[15] '인드라 신[16]에게 복수할 아들'을 구하는 주문을 외다가 강세를 잘못 발음하는 바람에 도리어 '인드라에게 죽임을 당할 아들'을 구하는 주문을 하게 된 트와스트리처럼 말이다. 주문 구절 중 "indra-śatruḥ"는 강세를 uḥ에 두면 '인드라의 살해자indra's slayer'라는 뜻이 되는데, 그가 실수로 강세를 śa에 두면서 '인드라에게 살해당하는 자someone who is slain by indra'라는 의미가 되었던 것이다. 후대의 산스크리트어 문법가 바르타리Bhartṛhari가 지은 시의 첫째 연에 있는 "말이란 시작도 끝도 없는 만고불

멸의 '브라만'이다 anādinidhanaṃ brahma śabdatattvaṃ yad akṣaram"라는 시구를 보면,[17] 필연적으로 형태가 변해가는 구어에 맞서 종교 의식 언어의 발음을 바로 잡으려 했던 이들의 마음을 엿볼 수 있다.

인도 언어학자들의 많은 업적 가운데 고도의 음성학 연구도 빼놓을 수 없다. 산스크리트어의 각 소리가 어떻게 발음되는지 상세히 기술된 덕분에 오늘날 우리는 산스크리트어가 어떻게 발음되었는지 비교적 확실하게 알 수 있다.[18] 여타 고대 언어에 대한 지식도 이에 미치지 못한다. 그런가 하면 이들은 "문법가란 어떤 단모음 길이의 반을 줄이고는 아들을 낳은 듯 기뻐하는 인간들이다 ardhamātrālāghavena putrotsavam manyante vaiyākaraṇāḥ"라고 '문법가의 속성'을 제대로 비꼰 최초의 인물들이기도 하다. 아마 운 없게도 언어학자들과 어울리고 있는 사람들이라면 이 말에 탄복할 것이다.

유배 시절 오비디우스는 무엇을 했을까

기원후 9년, 로마 시인 오비디우스 Ovid, Publius Ovidius Naso[19]는 로마에서 멀리 떨어진 식민지 트라키아 Thrace로 추방당했다. 지금의 루마니아 콘스탄차 Constanţa 지역인 이곳에는 게테족 Getae이 살고 있었다. 몇 년 후 그는 게테어로 아우구스투스 황제를 칭송하는 시를 쓸 정도로 언어학자다운 재능을 펼쳐 보였다고 한다. 게테어를 배우는 그 상황이 그리 달갑지는 않았겠지만, 오비디우스는 시인으로서의 재능도 있는 데다가 유배 생활이 상당히 길었기 때문에 게테어를 잘 배운 듯하다. 오늘날의 학자들은 게테어에 대해 다만 조금이라도 알고 싶어한다. 소아시아와 발칸 반도 사이에서 이루어진 언어 변화, 그리고 고대 로마 시대 그 지역에 살았던 민족들을 파악하는 데 있어 이 언어가 중요한 단서가 되기 때문이다. 그러나 오비디우스의 시는 물론, 게테어로 된 어떤 기록도 오늘날 전하지 않는다. 왜냐하면 로마인들은 자신들이 경멸해 마지않는 미개한 이방의 식민지나 이웃 국가의 언어에 거의 관심을 갖지 않았기 때문이다. 유배된 오비디우스처럼 특별한 환경이나 재능 덕에 그 저항감을 이겨냈다 해도, 이것이 문자화된 기록으로 남겨지지는 않았다. "시가 사라진 것은 안타깝지만 이는 불가피한 일이었다. 누가 거기에서 시를 베끼거나 보존했겠는가? 로마인들은 그 시를 읽을 수 없었고, 그러한 일에 신경을 쓰는 게테인은 아무도 없었다."[20]

오비디우스의 유배는 아무런 언어학적 유산도 남기지 못했지만, 훨씬 후대에는 이와 대조적인 사건이 벌어지기도 했다. 19~20세기, 제정 러시아 시절은 물론 러시아 혁명 이후에도 수많은 폴란드인, 독일인, 러시아인이 시베리아로 유배되었는데, 이들은 시베리아 제어에 대해 방대하고 통찰력 있는 기록을 남겼다. 크레이노비치Krejnovich, 둘존Dulzon, 보고라스Bogoras 등 추방된 학자들은 케트어Ket, 유카기르어Yukaghir, 니브히어Nivkh, 추크치어Chukchi 같은 언어들을 탁월하게 기술해냈다. 유배지 주변 사람들에 대한 호기심, 조사 결과에 대한 기록과 유포를 막는 정부의 조치 속에서도 꺾이지 않았던 연구 의지. 이 학자들이 보여준 호기심과 의지가 고대 로마 세계에는 없었다.

다시 로마로 돌아가보자. 정교한 과학과 문명의 상징인 그리스어는 예외였지만, 다른 언어에 대한 로마인들의 무관심은 가히 충격적인 수준이었다. 수세기 동안 로마인은 북쪽으로 국경을 맞대고 있는 에트루리아인들과 교류했다. 다방면에서 로마인들의 문화적 멘토였다고 인정되는 이들이다. 제1장에서 언급한 것처럼 에트루리아어는 인도-유럽어는 아니었던 것으로 보인다. 에트루리아족의 기원에 관심을 가졌던 그리스의 수사학자 디오니시우스Dionysius of Halicarnassus는 "언어 면에서든 생활 방식 면에서든 이들은 다른 어떤 [국가]와도 맞지 않는다"고 밝히고 있다.[21] 따라서 에트루리아어에 대해 알게 된다면, 로마 확장 초기까지만 해도 남아 있었던, 유럽 내의 계통적 다양성을 이해하는 데 큰 도움이 될 것이다.

로마인들이 에트루리아에 아예 무관심했던 것은 아니다. 지도자층에서는 에트루리아인과 결혼하는 일이 흔했다. 클라우디우스Claudius 황제의 첫째 부인 우굴라닐라Urgulanilla도 에트루리아인이었다. 클라우디우스 황제는 스무 권에 이르는 에트루리아 역사를 쓰기도 했는데, 아쉽게도 이것 역시 현재 전하지 않는다. 에트루리아인들에게도 오랜 기록 전통이 있었고 그리스인과 로마인도 당시 여러 지역에 대한 지리서를 저술했지만, 에트루리아어에 대해 논의한 그리스어 기록, 라틴어 기록은 단 하나도 남아 있지 않다. 로마 학자들이 두 언어로 기록한 단어 목록, 혹은 에트루리아어와 라틴어, 에트루리아어와 그리스어로 된 짧은 대역 텍스트라도 남겼다면 얼마나 좋았을까? 그러나 그런 자료는 전혀 존재하지 않는다.[22]

다행히 몇몇 차용어와 지명 덕분에 우리는 에트루리아 글자가 어떻게 발음되는지 안다. 또한 가족묘의 명문銘文에 나타난 맥락을 통해 Larthal cuclnies Velthurusla(벨투르의 [아들] 라르트 쿠클르니의of Larth Cuclnie [the son] of Velthur) 같은 단편적인 문구를 번역할 수 있다. 이 단편적인 문구는 '속격 접미사'를 겹쳐 쓰는 특이한 방식을 보여주고 있어 학자들의 호기심을 불러일으킨다. Velthur-us-la를 문자 그대로 풀면 "Velthur's's(벨투르의 소유인 [누군가]의 소유인)"가 된다. 고대 지중해 연안 일부 지역에서도 발견되는 이 언어 현상이 인도-유럽어에는 거의 없다. 그러나 이 감질나는 언어 현상은 대부분 한 언어에서만, 그것도 문맥 없이 발견되기 때문에, 우리가 할 수 있는 일이라고는 그것을 발음하는 것, 그러고는 그 뜻이 무엇일까 궁금해하는 것이 전부다.

문화적·군사적·종교적 라이벌 집단의 언어가 아닌 이상, 다른 언어에 대해 무관심한 것은 모든 고대 문명에서 마찬가지였다. 다방면에 호기심이 많았던 그리스인들조차도 자신들이 접하게 된 언어에 대해 사실상 아무것도 우리에게 남겨주지 않았다. "오로지 그리스어만 연구되었다. 외래 단어들은 그리스 문자로 쓸 수 있는 것에 한하여 기록되었을 뿐, 이방異邦의 소리나 소리 체계에 대한 학문적 관심이 피력된 적도 없었다."[23] 크세노폰이 남긴 명언 "무언가 배우려면 다른 이들에게 들어라hòs àn mathēis, antákouson"[24]라는 말은 당연한 이야기지만, 이 명언 속 '다른 이들의 말'이란 분명 그리스어로 된 말이지 이방인들의 언어로 된 말은 아니었다. 새로운 세력이 출현할 때마다 그들은 자기네 언어를 기록하는 문자 체계를 발달시켰고, 그러기 위해 주로 이전 세력들의 문자 체계를 응용했다. 하지만 거기서 한발 더 나아가, 새로운 세력이 다른 이들의 언어에 관심을 보인 적은 없었다.

다른 마음과 생각을 가진 이들에게 말하기

The light throws clearer shadows

objects and feelings

stand out now

touchable

but somehow still forbidding

what else do I need to do?

How far is the going yet

until I am one with you?

빛은 분명한 그림자를 던지고

대상과 느낌은

만져질 것처럼

드러나지만

아직은 가까이하기 어렵다.

나는 더 무엇을 해야 하는가?

내가 너와 하나 되기 위해서

얼마나 멀리 가야만 할까?

— Reesink(187:xv)

군사적으로 약한 민족들의 언어를 배우고 기록하려는 생각은 초기 기독교에서 비롯되었다. 다른 민족을 개종시키기 위해 그 민족들이 알아듣는 언어를 활용해야 한다고 생각한 것이다. 이러한 생각을 처음 한 사람은 개종 통치자들이었다. 기독교가 로마의 국교가 되기 이전에도 로마 제국 주변의 왕국 가운데에는 이미 개종한 왕들이 있었다. 자기 왕국에 기독교 신앙을 확립하는 한 방편으로 종교 문헌의 번역을 떠올린 이들은, 자기네 언어를 기록하는 문자 체계를 고안하고 성경과 여타 종교 문헌을 번역하도록 학자들에게 주문했다.

기독교 세계의 북동쪽 끝단과 남동쪽 끝단 산악 지역에 자리한 조지아[25] 왕국, 아르메니아 왕국, 에티오피아 왕국에서 종교 문학 작품들이 창작되기 시작하면서, 조지아어Georgian, 아르메니아어Armenian, 그리고 에티오피아의 전례 典禮 언어인 게즈어Ge'ez로 된 새로운 문학 전통이 꽃피었다. 이 세 언어는 모두 방출음ejective[26] 같은 특이한 자음이 많아 발음하기 어렵다. 그러나 여러 언어를 구사할 수 있는 사제들이 자기 언어 기록을 위해 개발한 독창적 문자들은 곧 종교물 번역이라는 새 전통을 열었고, 이러한 전통은 다른 형태의 문헌 저술로 확대되었다. 게즈어 문자 체계가 아라비아 반도 남부의 고대 셈어 문자 체계에서 발달되었다면, 캅카스어 문자 체계는 그리스 알파벳에서 비롯되었다. 그동안 잊혔던 또 하나의 초기 기독교 왕국과 그 문자 체계, 즉 자신들도 모르게 캅카스알바니아어Caucasian Albanian라는 '사라진' 언어의 명맥을 1000년 넘도록 이어온 카스피 해 근처의 소수 민족과 그 문자 체계에 대해서는 제7장에서 보다 깊이 살펴볼 것이다. 이 문자의 해독 과정에 대한 이야기에는, 오늘날 흔히 별개의 세계라고 취급되는 두 지역(캅카스 지역과 에티오피아)의 글자 이야기, 수도사들 이야기, 필사본 이야기가 망라된다. 왜냐하면 이 언어가 음성적으로 아주 복잡한 탓에 문자 체계를 고안하는 과정에서 그 모든 소리를 나타낼 수 있을 만큼의 많은 기호가 필요했고, 이에 따라 캅카스와 에티오피아 양쪽 지역의 문자들을 모두 취해야 했기 때문이다.

동양의 불교와 마찬가지로, 초기 기독교의 수도원은 언어 교류의 강력한 모체로 작용했다. 서로 동떨어진 국가의 학자들을 종교 문헌의 연구와 해석이라는 공통 관심사로 규합하는 역할을 한 것이다.

기독교 세력이 이교도 민족들로 확장됨에 따라, 기독교는 이 교리가 다른 언어로 얼마나 제대로 옮겨질 수 있을 것인가 하는 문제와 씨름하게 된다. 이 대규모 사업에는 필연적으로 뒤따를 수밖에 없는 갈등이 있었다. 이해하기 쉬운 이교도들의 언어로 마음을 움직여 모든 이교도를 개종시키는 것이 목표인가, 아니면 조심성 없이 이루어지는 무단無斷의 해석으로 인해 신학 교리가 이단으로 변질되지 않도록 문서의 번역을 통제하는 것이 목표인가? 9세기에 모라비아 슬라브족 사회에 들어가 선교 활동을 하던 형제 키릴로스Cyril와 메토디오스Methodius는 슬라브어로 종교 문헌들을 번역하기 위해 키릴Cyrillic 문자를 만들었다. 당시 이들은 비잔틴 제국의 중심, 콘스탄티노플27에 있는 고위 성직자들의 강력한 의심과 반대를 감당해야 했다. 그런가 하면 콘스탄티노플에 있던 범세계적 학자들은 두 사람의 작업, 즉 그리스인이나 로마인에게는 낯선 여러 슬라브어 소리까지 표현해내는 적절한 문자를 개발하는 작업에 도움을 주었다. 키릴로스와 메토디우스는 문법가 존John이나 철학가 레온Leon 등 콘스탄티노플에 있는 아르메니아 학자들과 교류했고, 초기 슬라브어의 일부 소리들을 나타내기 위해 아르메니아어 글자를 가져온 것으로 보인다.

13세기 들어, 아랍 세계를 배워나가는 데 매료되어 있으면서도 기독교가 지중해 지역을 되찾기를 바라는 마음을 가지고 있던 카탈루냐 학자 룰Ramon Llull은 개종을 위해서는 교회가 외국어 연구를 전적으로 수용해야 한다는 입장을 분명히 했다. 그리고 1500년경 네덜란드 학자 에라스뮈스Desiderius Erasmus는 유럽에서 인문학의 기초를 쌓기 시작했다. 그의 목표는 주요 종교적·학술적 문서에 사용된 언어들을 문헌학적으로 연구함으로써 이 문서들의 정확성을 보장하는 것이었다. 오스만 튀르크의 비잔틴 제국 정복 이후 이탈리아와 여타 유럽 지역의 그리스 고전 학자들이 유입되면서 이러한 움직임은 더욱 고무되었다.

그러나 사실 선교에 기반한 미지未知 언어 연구가 폭발적으로 증가하기 시작한 것은 스페인과 포르투갈이 아메리카, 아프리카, 아시아 등으로 뻗어가 식민 통치와 종교 전파에 착수하면서부터였다. 때로는 과학적 호기심이 이 작업에 생기를 불어넣기도 했다.

스페인에 있어 1492년은 운명의 해라 할 만하다. 그해에 스페인은 세 가지 전환점을 맞게 된다. 콜럼버스가 항해를 시작해 아메리카 대륙을 '발견'했고, 유대인들이 모두 축출되었으며, 네브리하Antonio de Nebrija가 스페인어 문법서를 출간했다. 무려 14세기 동안 라틴어와 그리스어에만 경의를 표하던 유럽에서 최초로 등장한 '현대' 유럽어 문법서다. 흥미롭게도 이 세 가지 중대 사건은 서로 연계되어 있다. 레콘키스타Reconquista28 이후에도 이슬람교도들과 유대인들이 계속 잔존하면서 스페인은 유럽에서 유일하게 다언어주의라는 기반을 유지하고 있었고, 이에 따라 라틴어, 르네상스 이후 부활된 그리스어 외에도 아랍어와 히브리어까지, 유일신을 믿는 세 개 종교의 문필 전통이 혼합될 수 있었다. 그러나 1492년 이사벨Isabella 여왕의 무자비한 통치 아래 스페인은 기독교 국가로 합병되었고, 나아가 언어 역시 카스티야식Castilian 29 스페인어로 통합된다. 네브리하가 새로이 문법서를 편찬한 바로 그 언어다. 역사상의 시간적 지체 현상timelag은 아이러니한 상황을 연출한다. 콜럼버스와 함께 항해했던 학자들이란, 바로 이보다 앞서 여러 언어를 사용하던 시기에 성장한 이들이었던 것이다. 아마 어떤 유럽 국가도 그처럼 언어학적인 전문성을 대동하여 신세계와 조우遭遇할 수 없었을 것이다. 심지어 콜럼버스의 배에는 '이스라엘의 사라진 열 지파' 30의 후예들을 만날 것을 대비해 히브리어 학자와 칼데아어 Chaldean 학자들도 함께 타고 있었다.

새로운 식민지에 대한 스페인의 언어 정책은 복잡하고 변덕스러웠다. 수적數的으로 불리했던 스페인 사람들은 새로 접하게 되는 언어에 맞춰야 했다. 예를 들어 1542년 중앙아메리카의 유카탄Yucatan 반도에는 마야인이 400만 명가량 있었던 반면 스페인 사제는 8명뿐이라 사제들이 마야어를 배울 수밖에 없었다. 멕시코 아즈텍 지역의 인구 분포도 정복자들에게 그다지 유리하지 않았기 때문에, 통치 초기부터 아즈텍어Aztec(나우아틀어Nahuatl라고도 한다)를 뉴 스페인31의 행정 언어로 하는 정책이 시행되었다. 그러나 그곳에는 아즈텍족만 있는 것이 아니었다. 아즈텍어와는 완전히 다른 언어를 구사하는 다른 민족도 많았고, 그중에는 인구가 수백만에 이를 정도로 강력한 민족도 있었다. 그 결과 선교차 파견된 사제들은 현지 언어를 배우고, 이를 토대로 교리문답서, 고해성사서, 사전, 문법서를 편찬하고 성경을 번역하는 대대적인 프로그램에 착수하게 된다.

이 어마어마한 언어학적 도전에 나선 스페인의 정책은 세계 역사상 유례없는 것이었다. 이들은 1534년 멕시코에 인쇄소를 설립했고, 그 후 40년이 채 지나지 않아 타라스칸어Tarascan, 나우아틀어, 페루의 케추아어Quechua의 문법서를 출판했다. 1700년까지 총 21개 아메리카 원주민어Amerind에 대한 문법서가 출판되었는데, 이 시기 모든 유럽어의 문법서가 23개였던 것에 비하면 놀라운 기록이다. 이들 아메리카 원주민어 문법서 중 4개는 비슷한 수준의 영어 문법서보다도 시기상 앞선다.

당시 이루어졌던 스페인인들의 언어 기술은 흔히 라틴어 중심의 기술이라는 비판을 받곤 하는데, 실제로 복잡한 아메리카 원주민어의 여러 양상이 이들의 기록에는 누락되어 있다. 그러나 이들이 획기적인 진전을 이뤄낸 것도 사실이다. 이들은 새로운 음성 부호를 고안하는 한편 사동, 응용태applicatives, 명사 포합抱合 등 당시만 해도 유럽의 학자들에게는 알려지지 않았던 문법 현상을 발견해 설명했는데, 이 개념들은 전 세계의 언어를 다루는 우리의 일반적 개념 틀을 풍부하게 해주었다.

신세계에서 열광적으로 이루어진 스페인 사람들의 언어학적 연구에서 두드러진 한 가지 특징이 있다. 전혀 다른 이방인의 언어를 이해하고 기록하려는 세계 최초의 체계적 시도였다는 점이다. 프란체스코회 수도사 사아군Fray Bernardino de Sahagún은 틀라텔롤코Tlatelolco 32의 기숙학교 콜레히오 드 산타크루스Colegio de Santa Cruz를 맡고 있었다(그림 2.1 참조). 이 기숙학교는 스페인화·기독교화된 새로운 멕시코인 세대들을 문화화하기 위해 만들어진 학교였는데, 사아군은 여기서 엘리트 소년들에게 기독교 기본 교리, 읽기와 쓰기, 라틴어, 수사학, 논리학, 철학 등을 가르쳤다. 1533년에 사아군은 다음과 같은 상부의 전달을 받게 된다. "원주민 인디언, 특히 멕시코, 텍스코코Texcoco, 틀락스칼라Tlaxcalla 지역 인디언의 옛 관습을 모아 책으로 내라. 인디언들은 이 관습을 기억하고 있을 것이다. 여타 사교도邪敎徒의 많은 것을 기록하고 기억에 남겼듯이, 그중 사악한 것이나 평가하기 어려운 것은 반박하고, 만약 선한 것이 있다면 그것을 기록하라."33 이 같은 사아군의 직무 지침은 당대의 이중적인 태도를 잘 드러내준다. 물론 가장 중요한 것은 언어, 관습, 종교적 관행을 기술하고 기록하려는 의지였다. 실제로 사아군 수도사는 그들의 신앙 체계를 보다 제대로 이해하기 위해 아즈텍 수도사들과 함께 나우아틀어로 진행하는 신학 토론회를 마련했는데, 흥미진진한 이들의 토론은 장엄한 운문으로 기록되어 있다.

그러나 이 작업은 음흉하고 파괴적인 측면도 함께 지니고 있었다. 밤이 되면 콜레히오의 수도사들은 피라미드 사원을 파괴하고 토착 종교 의식을 방

그림 2.1 사아군 수도사

해하는 데 학생들을 동원했다. 수도사들은 가능한 모든 방법을 동원해 학생들이 부모에게 등을 돌리도록 만들었다. 그러기 위해 아즈텍 종교하에서는 부모가 그들을 종교 의식의 제물로 내놓을 수도 있다고 아이들에게 강조하곤 했다.[34] 그럼에도 불구하고 다음과 같은 사실에 역점을 두어 사아군을 옹호할 수도 있다: 식민지 팽창과 강탈이라는 지난 5세기의 비극적 역사 과정은 무수한 전통 문화와 생명을 파괴하고 강탈했다. 멕시코에서 스페인 사람들이 그러했던 것처럼 혹은 더 심하게, 세계 도처에서 파괴와 강탈 행위가 자행되었다. 하지만 사아군처럼 후대를 위해 가능한 모든 것을 기록해내려 애쓴 사람은 아무도 없었다.

가장 획기적이었던 것은 사아군의 작업 진행 방식이었다. 그는 필사를 담당하는 수행원들과 '라티노Latino'(콜레히오에서 교육받은 젊은이들을 그렇게 불렀다)들을 데리고 여기저기를 여행했다. 여행에서 만난 현지 부족장이나 지도층에게 옛 관습이 그려진 그림들을 보여달라고 부탁하고는, 그들과 그 그림에 대해 이야기를 나누었다. 라티노들에게는 그 내용을 나우아틀어로 기록하게 하고, 그들과 함께 이를 다시 스페인어로 번역했다. 기록 작업을 하는 내내, 사아군은 온전히 자신이 가르친 멕시코인들의 도움만 받았을 뿐, 스페인 사람을 연구 파트너로 고용한 적이 없었다.

수십 년 동안 애써 수집한 결과, 사아군은『뉴 스페인 문물에 관한 일반 역사The General History of the Things of New Spain』라는 12권의 대작을 만들어냈다 (그림 2.2 참조). '피렌체 고사본The Florentine Codex'이라고도 불리는 이 책은 사실상 세계 최초의 민족지학 자료이자, 오늘날 언어 기록화 작업에서 내세우는 포괄적인 텍스트 수집 면에 있어서도 최초의 성과라 할 수 있다. 이 책에는 한 문화의 음식, 의복, 축제, 종교, 결혼 중매 등 생활의 소소한 것까지 망라하여 상세하게 기술되어 있으며, 멕시코 정복을 바라보는 현지인들의 설명도 담겨 있다(제12권).[35] 처음부터 끝까지 해당 문화의 일원인 기록 수집가가 직접 자신들의 언어로 설명하고 있으며 삽화도 풍성하게 들어가 있다. 백과사전 차원의 방대한 어휘 영역을 다루고 있어, 사아군 자신도 이 기록을 "해당 언어에서 의미를 가진 단어들을 모두 수록한 저인망底引網"이라고 보았다. 중요한 사실은,

de los mjembros del cuerpo de fuera, y de dentro.

nauh, cioatlaueliloc, rioa cueruel, cue cuecolcioatl, ichpuchpil, ich puchtontli, quinuelicaton, uel jca cioatl, ichpuchtli, ichpuch= pol: ilama, ilamapol, ilanton, a uililama, anengui apan, apan nemini, atzintlaltechpachiui, v tli, quitotocatinemi, vtli quimama tiliti 🕈 tiangui 🕈 quiui rectinemi, tianquiztli, quiuuilo tinemi, vtli quitouocuelpachoti nemi, moiaoatinemi, temaiti ne mi, acan chamitta, cacan uetzi, çacan cuchi, cacan tlatui, caque uetzi, in tooalli, macmilhuiti.

¶ El que vende piciete muele primero las hojas del mezela dolas con vna poca de cal, yan si mezelado, estregalo muy bien entre las manos. halgunos hagen lo de el axenxo de la tie rra, y puesto en la boca haze destuanecer la cabeça, o embriaga, hâ, haze tambien dezir lo comjdo, y haze prouecho para quj tar el cansancio.

¶ Piciena macac: qui namaca piciatl, xicoitetl, tlalietl, qui ma xaqualoa: inaca quitta picietl, quiqua, Auh se quintin iztauhiatl inquipicietl poa: mpicietl tetech quiz, teiiunti, tetla temouili, te ciauiz popolo.

Capitulo veinte ysie te de todos los mjembros exteriores, e interio

Iniccempoalli onchicome capítulo: intechpa tlatoa incuitlaxculli, ioan inix

그림 2.2 「피렌체 고사본」의 일부 (제26장 67)

이 책이 나우아틀어로 먼저 기록되었고, 이후에 스페인어 번역이 이루어졌다는 점이다.

전 세계 식민지 사회에서 그러했듯이, 토착 언어와 토착 문화에 대해 부분적으로 이루어졌던 공식적인 포용 정책은 오래가지 못했다. 종교 재판이 시작되자 이러한 책들은 악마의 사역을 기술하는 것으로 간주되었다. "사아군은 적을 이기기 위해 적을 아는 것이 필요하다고 했지만, 이교도들의 기억 속에 남은 종교 의식과 관행을 꼼꼼하게 기록하는 사아군의 작업은 이교도들에게 자기네 방식대로 살라고 부추기는 것처럼 비춰졌을 수도 있다."³⁶ 1570년에 사아군의 저작은 몰수되었고 사아군의 필사가들에 대한 재정 지원도 중단되었다. 종교 재판의 화염에서 비껴가 피렌체에 남아 있던 사본 덕분에 이 저작은 간신히 살아남을 수 있었다. 오늘날 그의 저작이 '피렌체 고사본'이라고 불리는 것은 이 때문이다.

단어를 듣는다는 것, 세계를 듣는다는 것

Je croye veritablement, que les langages sont le meilleur miroir de l'esprit humain et qu'une analyse exacte de la signification des mots feroit mieux connoistre que toute autre chose les operations de l'entendement.

❚

I am truly convinced that languages are the best mirrors of the human mind, and that a precise analysis of the meaning of words better than anything would show how the mind operates.

❚

언어가 인간 마음의 거울이며, 다른 무엇보다도 단어의 의미를 정확히 분석해야 인간의 마음이 어떻게 운용되는지 알 수 있다고 나는 확신한다.
— Leibniz(1887:313)³⁷

스페인과 포르투갈을 비롯한 유럽 국가들이 식민주의 시류에 편승해 선교 활동을 폈다 중단했다 하면서 생긴 한 가지 효과는 세계 언어가 얼마나 다양한지, 그 규모가 얼마나 되는지에 대한 호기심을 부채질했다는 점이다. 여행가나 탐험가들이 새로 접한 언어에 관심을 갖고 최선을 다해 그 언어들을 기록하는 일이 역사상 처음으로 일어난 것이다. 대부분의 경우 이들의 지적 관심은 언어상의 증거를 통해 '사라진 열 지파'의 흔적을 추적하려는 것이었다.

1700년대에 이르러 학자들과 과학자들은 인류의 전체 역사를 이해하는 데 세계의 언어들이 중요하다는 사실을 깨닫기 시작했다. 예를 들어 라이프니츠Leibniz는 신성한 세 언어(히브리어, 그리스어, 라틴어)만이 학문적 연구의 가치가 있다는 기존의 인문주의 전통을 깨뜨렸다. 특히 언어 간 친족 관계와 언어 기원 문제에 있어서 그는 "언어 연구는 오로지 과학 원리에 의해 이루어져야 한다"고 역설했다.[38] 또한 언어 간의 역사적 관련성 문제를 붙들고 씨름하기 전에 우선 눈앞에 있는 모든 현대 언어를 철저히 연구해야 한다고 강조했다.

세 편의 방대한 백과사전적 저작이 출간된 것도 이 무렵이다. 세계의 언어가 얼마나 풍부한지 전 세계 차원에서 실태 조사를 벌인 첫 시도였다. 아시아, 아프리카, 유럽, 아메리카의 수백 개 언어에서 수집한 자료를 담고 있는 이 저작들의 제목(『미트리다테스,[39] 언어의 일반 연구Mithridates oder Allgemeine Sprachenkunde』『우주에 대한 인간의 사상Idea dell'Universo』『전 세계 언어의 어휘 비교Vocabularia comparativa linguarum totius orbis』)을 보면, 당시 사람들의 야심 찬 목표가 그대로 느껴진다.

이 중 『전 세계 언어의 어휘 비교』는, 언어 다양성에 대한 과학적 관심이 18세기에 어떤 식으로 부각되었는지를 잘 보여준다. 이러한 관심은 제정 러시아 예카테리나 2세가 후원하는 대규모 과학 탐사 프로젝트로 성장했다. 한편으로는 러시아 과학을 세계 최강으로 확립하려는 여제의 기민한 의도를 담은 프로젝트였다. 프로젝트의 동기가 이러했던 탓에 수많은 언어가 탐사 기록에는 키릴 문자로 필사되었는데, 이 때문에 당시 비非러시아 학자들에게 숱한 비판을 받곤 했다. 예카테리나 2세가 모스크바에서 바이칼 호수까지의 탐사를 맡긴 사람은 독일 과학자 팔라스Peter Simon Pallas였고, 그의 임무는 제정 러시아의 새 영토가 된 시베리아 지역의 지형과 민족들을 조사하는 것이었다. 1768년에 출발해 1772년이 되어서야 돌아온 이 마라톤 원정에서 팔라스는 다량의 언어 자료를 수집했다. 코트어Kott, 아산어Assan, 품포콜어Pumpokol 등 19세기 무렵 더 이상 사용하지 않게 된 예니세이Yeniseian 어족 언어들에 대해 오늘날 우리가 얼마간 알고 있는 것은 주로 이 기록 덕분이다. 예니세이 어족 언어들은 북아시아의 수렵채집인들 사이에서만 쓰이던 것이다. 18세기 예카테리나 2세의 후원하에 이루어졌던 시베리아 연구가 얼마나 값진 것이었던가에 대해서는 제6장에서 살필 것이다. 맛보기로 잠깐 말하자면, 시베리아 언어와 북아메리카의 아타바스카Athabaskan 제어를 연결하는 새로운 연구에 이 탐사 기록이 결정적인 정보를 제공했다.[40]

이 학자들의 주 관심사는 언어 간의 역사적 관련성과 언어 진화, 즉 언어들이 어떻게 한 유형에서 다른 유형으로 발전해가는가 하는 문제였다. 그러나 이 문제들과 더불어 또 다른 두 가지 유형의 관심이 서서히 생겨났다. 하나는 서로 다른 언어 속에 담긴 서로 다른 세계관에 초점을 둔 것이고, 또 하나는 인류의 언어가 가진 가능성의 범위가 어디까지인가에 초점을 둔 관심이었다. 특히 전자의 경우, 자신들의 진정한 언어·철학·문학 전통을 찾으려는 신흥 유럽 국가들—특히 게르만족 국가와 슬라브족 국가—의 의지, 그리고 보편 지식을 말하는 프랑스 계몽주의 관점에 맞선 낭만주의의 반란과 그 맥이 닿아 있다. 18세기 독일 철학자 헤르더는 자기 모국어의 이점을 옹호하는 한편, 다른 민족이 가진 문화적 독자성의 가치도 동시에 격찬하고 있다.

독일인이 되자. 독일인이 다른 모든 민족보다 우월해서가 아니다. 우리가 독일인이지 그 외 다른 민족이 될 수 없기 때문이며, 독일인이 되어야만 비로소 인류 전체에 기여할 수 있기 때문이다.[41]

우리 민족의 영예에 이바지하자. 그리고 끊임없이 다른 이들에게 배우고 다른 이들과 함께 배우자. 그러면 우리 모두 진리를 찾고 공익을 이뤄갈 수 있을 것이다.[42]

수십 년 후, 역시 독일 학자인 훔볼트William von Humboldt(1767~1835)는 세계 언어가 가진 가치에 대해 다음과 같이 보다 심도 깊은 논의를 펼쳤다. "한 언어만으로는 우리의 객관 세계를 포괄적으로 인식할 수 없다. 인류의 전체 역사 속 모든 언어에서 일어나는 인지 과정을 다 더해야 인간의 모든 '세계 인식'을 파악할 수 있다."43 훔볼트는 외교관이자 프로이센 대학 체계의 설계자인데, 아즈텍어에서 고대 자바어Javanese인 카위어Kawi까지 다양한 언어에 큰 관심을 보인 인물이기도 했다. 그의 주장은 시류에 따라 그저 쉽게 이루어진 상대주의적 발언이 아니라, 언어학이라는 학문에 대한 도전이었다. 각 언어가 보여주는 서로 다른 세계관을 세심하고 광범위하게 연구함으로써, 즉 서로 다른 방식으로 실체를 포착하려 했던 이들이 구축해온 유산, 수천 년 동안 그들 나름의 사고 방향을 환히 비춰온 그 유산들을 연구함으로써 실체에 보다 가까이 접근할 수 있다는 것이다. 훔볼트는 이를 에네르게이아energeia(발화 행위)와 에르곤ergon(언어 생산물)의 부단한 상호 작용의 결과로 보고 있는데, 이러한 통찰력은 현대에 들어 언어 구조가 어떻게 용법을 통해 만들어지는가를 고민하는 연구들에서 다시 나타나고 있다.

훔볼트의 주요 계승자들은 사아군에 이어 두 번째로, 신세계에 대한 대규모 언어학 현지조사라는 물결을 일으켰다. 이들은 훔볼트의 사상을 북아메리카 지역 연구에 접목하여 북아메리카 언어·문화의 연구에 적용했다.

보애스(1858~1942)는 원래 독일에서 물리학 교육 과정을 밟은 학자였다. 그는 캐나다 북극해 군도 중 하나인 배핀Baffin 섬의 에스키모족 속에서 원정 연구를 하다가 지리학, 민족학, 인류학에 빠져들었고, 1886년 미국으로 이민한 후에는 캐나다 브리티시컬럼비아에서 콰키우틀족Kwakiutl과 그 외 태평양 북서부를 기반으로 하는 부족들에 대해 현지조사를 하기 시작했다. 그는 뉴욕 컬럼비아대에서 인류학을 가르치면서 인류학의 네 분야—문화인류학, 자연인류학, 언어학, 고고학—를 통합하는 구상을 내놓았는데, 이러한 개념은 언어학 현지조사의 문화적 기반을 강조함으로써 여러 가지 유용한 결과를 가져왔다.

보애스는 오늘날까지 언어 기술 작업에 공식처럼 되어 있는 몇몇 원리를 명쾌하게 제시했다. 각 언어와 문화를 기술할 때는 부적합한 유럽 모델을 따르지 말고 해당 언어의 용어를 사용하는 것이 중요하다는 점, 텍스트 연구를 통해 귀납적으로 각 언어의 내부 설계도를 발견해가는 것이 필요하다는 점, 보애스 삼부작Boasian trilogy이라 일컬어지는 종합 사전, 텍스트 모음집, 문법서를 구축함으로써 최대한 왜곡되지 않은 기록을 생산할 과학적 책임이 있다는 점 등이다. 또한 카멜레온처럼 바뀌는 바닷물의 빛깔을 박사학위 논문 주제로 삼았던 학자답게 보애스는 참여 관찰 기법을 장려했다. 특정 문화와 언어를 이해하기 위해서는 그 문화 속에 들어가 평범한 일원이 되도록 노력해야 한다는 것이다. 그는 자신의 언어학·인류학 연구에도 이러한 방법론을 적용했다(그림 2.3과 2.4 참조).

요구 사항이 많으면서도 학생들의 의욕을 고취시키는 보애스의 가르침은 많은 수재를 매료시켰는데, 사피어(1884~1939)도 그중 하나였다. 사피어는 보애스보다 언어에 더 중심을 둔 학자였다. 그는 문법의 복잡성을 풀어내는 데 능해, 미국 오리건 지역의 타켈마어Takelma 문법서 같은 여러 대작을 발표했다. 그러면서도 시, 음악, 심리학, 인류학에 관심이 많아 "그저 문법을 담당하는 사람, 흔히 냉랭하고 인간성이라고는 없고 형식에만 얽매이는 인물이라 평가되는 문법가"[44]에 그치지는 않는 인물이었다. 사피어는 아주 어려워 보이는 문법적 사실의 의미를 일반 청중에게 전달할 수 있는, 몇 명 안 되는 언어학자들 중 하나였다. 그는 "흔히 자신의 연구 소재(언어)가 가진 멋진 정형적 패턴 이면의 것을 보지 못한다고 비난─지극히 타당한 비난─을 받는 언어학자들이라면, 인간의 행위를 해석하는 데 있어 자신의 학문(언어학)이 어떤 의미를 갖는지 깨닫는 것이 매우 중요하다"[45]는 사실을 알고 있었던 것이다.

사피어는 자신의 제자 워프(1897~1941)에게 큰 영향을 미쳤다. 워프도 아메리카 원주민어가 세계 지식에 어떤 공헌을 할 수 있는지 아는 사상가였다. 사피어와 워프는 아메리카 원주민어 속에서 훔볼트의 원대한 탐구 과제, 즉 전 세계 언어들의 다양한 목소리가 개념과 실재 간의 관계에 대해 우리에게 무엇을 말해주는지 들으려는 연구를 보다 분명히 하고 그 기초를 닦았다. 아메리카 원주민어에 대한 두 학자의 깊이 있는 지식을 통해 밝혀진 사례들은, 훔

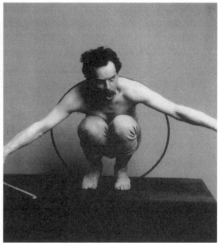

그림 2.3 / 2.4 주위에 따라 달라지는 바닷물의 빛깔
문화인류학 교수인 보애스의 모습(왼쪽)과
콰키우틀족 의식에 사용되는 춤을 추고 있는 보애스의 모습(오른쪽)

볼트가 프로이센Prussia의 도서관에서 얻을 수 있었던 것보다 훨씬 더 놀랍고 주목할 만한 것이었다. 이 이야기는 한 장 전체에서 다룰 만한 내용이므로 제8장에서 보다 자세히 논의할 것이다.

상형문자, 왁스 실린더, 비디오

The language

eternal

through the speech

extinct

┃

말이

사라진대도

영원할

언어

— 「글레이셔 만의 릴케Rilke at Glacier Bay」[46]

언어학적 관심이 점차 확장된 것은 정치, 종교, 사상사의 발전이 결합한 결과다. 오늘날의 입장에서는 이러한 발전을, 기술과는 상관없이 그저 사상이 꽃을 피운 것뿐이라고 저평가하기 쉽다. 이론 수학의 성장 과정이 그렇듯, 적당히 형성된 지적 풍토 속에서 사람들이 그에 대해 관심을 갖기만 하면 거의 자동적으로 이루어지는 일이라 생각하는 것이다. 마크 트웨인의 소설 『아서 왕궁의 코네티컷 양키Connecticut Yankee in King Arthur's Court』[47]처럼 만약 숙달된 현대 언어학자가 소크라테스 시대로 날아간다면 얼마나 많은 것을 이뤄낼 수 있을까? 양피지와 펜으로, 혹은 점토판과 철필로 그저 에트루리아어와 주변 언어들을 전사하고 분석하는 것이 전부 아닐까?

이것은 어이없는 시나리오가 아니다. 파니니와 사아군을 생각해보라. 산스크리트어 문법을 채 기록하지도 않은 상태에서 파니니가 산스크리트어에 대해 얼마나 많은 것을 이루었는가. 별다른 기술 없이 쓰기와 그리기만 활용한 사아군이 자기 언어와 완전히 다른 언어에 대해 얼마나 많은 것을 이루었는가. 딕슨Bob Dixon처럼, 오늘날 굵직한 현지조사 연구 성과들을 이뤄낸 탁월한 현장 언어학자들 중에서도 여전히 이러한 방법론을 옹호하는 이들이 있다. 딕슨은 아마존 지역 자라와라어Jarawara의 문법 연구로 블룸필드Bloomfield 상을 수상하는 자리의 기념 연설48에서 현장 언어학자를 꿈꾸는 이들에게 다음과 같이 조언한다.

> 첨단 전자 기술에 몰두하면 연구의 질을 높일 수 있으리라 생각하는 후배 동료들에게 드릴 말씀이 있습니다. 그렇게 하지 마십시오. 그런 일은 생기지 않습니다. 저는 예전에 디르발어Dyirbal, 이딘어Yidiñ, 부마 피지어Boumaa Fijian (그리고 영어)의 문법을 연구했던 것처럼 자라와라어 문법을 연구했습니다. 저는 연필과 펜, 스프링 노트, 그리고 고급 테이프 녹음기를 사용했습니다. 비디오카메라도, 노트북 컴퓨터도, 하다못해 구두상자까지, 그러한 종류의 물건은 아무것도 쓰지 않았습니다.

여러 가지 의미에서 언어학자들은 자기 나름의 실험실 안에 있다고 할 수 있다. 이들은 자신이 기술하고 있는 언어에 대해 어렵사리 이뤄낸 유창성을 가장 가치 있는 자산으로 여긴다. 유창성은 쉽게 얻어지지 않는다. 아이들과 마찬가지로, 무엇보다도 그저 자신이 배우려는 언어를 구사하는 사람들과 이야기를 나누는 긴 여정, 때로는 굴욕적이기도 하고 때로는 재미있기도 한 생생한 과정을 거쳐야만 가능하다.

그러나 과학기술의 역할에 대해 정당하게 평가함으로써 이러한 견해에 균형을 잡는 것이 중요하다. 물론 쓰기 자체도 기술의 한 유형이다. 수학 기호, 음악의 기보법記譜法, 미술의 원근화법의 발달과 여러모로 비슷한 과정을 거쳐 이루어진 기술이라 할 수 있다. 해당 분야의 선구자들에 의해 개발되고 진전된 이 기술들은 현상에 대해 보다 엄밀히 사고할 수 있도록 도와주며, (특히 기보법의 경우) 보다 정교한 차이를 인식하고 체계화하도록 우리를 훈련시킨다.

제대로 훈련받은 현대 언어학자라면 누구나 숙지하고 있는 국제 음성 기호IPA는 170개 정도의 표준화된 기호로 구성되어 있다. 또한 다른 기호에 결합하는 50여 개의 발음 변별 부호가 있어, 국제 음성 기호로 표현할 수 있는 소리는 수천 개에 달한다. 원론적으로 국제 음성 기호 덕에 현지조사자는 어떤 언어든 전사할 수 있으며, 그 언어를 들어본 적이 없는 또 다른 연구자도 그의 전사를 보며 원래 발음과 비슷하게 이를 읽어낼 수 있다. 거의 알려지지 않은 언어의 초기 전사에서 자주 나타나는 불확실성을 제거해주는 데도 국제 음성 기호가 유효하다. 예를 들어 아프리카 남부 코이산어Khoisan의 복잡한 흡착음 click49 유형들에 대한 초기의 전사는 매우 미흡하여 현대적 용도로는 거의 소용이 없다. 이 같은 문제가 일어난 이유는 둘 중 하나다. 조사자가 자신의 언어로 기록하면서 자기네 언어에서 익숙지 않은 결정적 차이를 인식하지 못했거나, 잘 알려지지 않은 기호 혹은 여러 음가로 해석될 수 있는 기호를 사용했기 때문이다. 물론 가끔 새로운 소리가 발견되어 새 기호(나 변형 기호)를 고안해야 하기도 하지만, 현재 우리는 세계의 거의 모든 소리를 처리할 수 있다.

문제는 음성 전사가 소리의 모든 영역, 그리고 손짓이나 몸짓 같은 비언어적 발화 요소들을 포착할 수 없다는 점이다. 우선 소리 영역부터 따져보자. 첫 번째 문제는 복제가 가능한가 하는 점이다. 만약 조사자가 흡착음이나 성조를 완벽하게 듣지 못한다면, 게다가 하필 그 조사자의 전사가 현재는 소멸된 언어의 유일한 전사라면, 누구도 시간을 되돌려 더 나은 분석을 할 수 없다.

둘째는 말의 속도와 자연스러움의 문제다. 보애스, 사피어, 해링턴John Peabody Harrington은 모두 대규모 자료를 최대한 원본에 충실하게 전사하는 데 헌신한 일류 언어학자들이다. 해링턴은 캘리포니아 주변의 약 90개 언어에 대해 거의 100만 쪽에 이르는 답사 노트를 썼다. 보애스와 사피어는 전사 교육을 받은 원주민 화자들과 공동 작업을 했다. 예를 들어 라크호타어Lakhota 화자인 메리 델로리아Mary Deloria는 1930년대 내내 여러 원주민 화자에게서 라크호타족 이야기들을 수집하여, 이를 다시 보애스와 사피어에게 라크호타어로 들려주었다. 보애스는 방대한 텍스트 모음집을 기록하기 위해 침시아어

Tsimshian 화자 헨리 테이트Henry Tate에게 한 쪽당 15센트(나중에는 20센트로 인상!)를 지급하기도 했다.[50] 가끔 녹음기를 사용할 수도 있었지만 대부분은 화자들로부터 직접 전사 작업을 해야 했고, 화자들은 이들이 전사할 수 있을 정도로 천천히 말해야 했다. 이런 과정이다 보니, 명인에 가까운 연행자演行者는 활기를 띠기 어려웠고 즉흥적으로 순식간에 들어가는 반복 악절樂節들이 기록에서 누락되기 십상이었다. 보애스는 이에 대해 다음과 같이 기록하고 있다. "문서로 기록할 수 있게 천천히 말하면, 말하는 사람이 말솜씨 있게 짜여 있는 이야기를 마음대로 표현하기 어려워진다. 그 결과, 받아 적은 텍스트에는 대부분 부자연스러울 정도로 통사상 단순한 예가 많다."[51] 전사 과정에서 화자도 스스로 비표준적 형태나 축약형을 없애고 정상적으로 말하려는 경향이 있는데, 이 비표준적 형태나 축약형이야말로 미래의 언어 변화 과정을 보여주는 실마리가 되곤 한다. 물론 이를 깨닫기 시작한 것도 얼마 되지 않았다. 있는 그대로의 발화를 기록한 훌륭한 녹음 자료를 이용할 수 있게 되면서 비로소 알게 된 사실이다.

셋째는 분석의 문제다. 타고난 음성학자라면 주의 깊게 듣고 모방하는 것만으로 새로운 소리에 대해 많은 것을 알아낼 수 있지만, 때로는 좋은 녹음 자료로 스펙트럼 분석을 해야만 해결될 수 있는 문제들이 여전히 남겨지곤 한다. 마지막으로, 언어에는 어조 멜로디 같은 운율 요소들이 있다. 분주히 진행되는 전사 과정에서 분절음들을 적어나가면서 동시에 운율 요소들까지 충실히 전사하기란 매우 어렵다. 1900년경 벨Alexander Graham Bell의 축음기 발명을 통해 최초로 화자의 육성을 아세테이트 필름이나 왁스실린더에 녹음한 이후, 녹음 기술은 대여섯 차례의 혁명적 변화를 겪었다. 장기적 안목을 가진 연구자들은 매우 초기부터 이 기술을 활용했다. 예컨대 크로버Alfred Kroeber가 왁스실린더를 활용한 덕분에 우리는 아직도 야히어Yahi의 마지막 화자 이시Ishi의 목소리를 들을 수 있다. 이시는 캘리포니아 산악 지역에서 내려와 제1차 세계대전 시기에 샌프란시스코의 허스트 박물관에서 말년을 보낸 인물이다.

하지만 초기에는 녹음 비용이 매우 비쌌기 때문에, 당시 연구자들은 대개 변변찮은 일상의 말이라면 그저 답사노트에 기록하고 제의용 노래 같은 '고급' 자료에만 녹음 장치를 사용했다. 또한 녹음을 위해서는 엄청난 부피의 장비가 필요했다. 크로버는 캘리포니아 북부 유로크어^{Yurok} 화자들이 사는 마을까지 카누로 녹음 장치와 왁스실린더를 옮겨야 했다. 그뿐만이 아니다. 녹음기기의 제한된 주파수 범위(200~2000헤르츠) 탓에 일부 치찰음^{sibilant52} 유형을 구분하는 중요한 정보가 듬성듬성 빠지기도 했다.

계속된 기술 발전으로 제1차 세계대전 이후 아세테이트 필름과 왁스실린더는 유선 녹음기(80~8000헤르츠)와 알루미늄 디스크 녹음장치에 밀려났다. 현대 기준으로 보면 이 장치들은 여전히 크고 무거웠지만 팀을 꾸려 옮긴다면 운반이 가능한 수준이었다. 예를 들어 해링턴은 이웃에 사는 십대 소년 잭 마르$^{Jack Marr}$를 구슬려 캘리포니아 언어들을 녹음하는 탐사에 끌어들였고, 그에게 "150파운드 나가는 '이동용' 알루미늄 디스크 녹음장치를 산 넘고 로프 다리를 건너"^{53} 나르게 했다. 제2차 세계대전 후에는 플라스틱 기술이 발전하면서 테이프를 사용하는 오픈릴식 녹음기가 등장했다. 유선 녹음기와 알루미늄 디스크 저장장치의 자리를 넘겨받은 카세트테이프는 다시 오늘날 일상적으로 사용하는 디지털 기록 장치로 대치되었다. 새로운 기술이 발전할 때마다 기록의 정확성, 휴대성, 자료 압축성은 진전되었다. 1930년대에 민족음악학자 패리$^{Milman Parry}$와 로드$^{Albert Lord}$가 유고슬라비아의 서사시를 녹음할 때는(제9장 참조) 무려 0.5톤에 달하는, 3500개의 12인치 알루미늄 디스크가 필요했지만, 오늘날에는 이 정도 용량이라면 작은 외장 메모리에 쉽게 담을 수 있다.

녹음에서 녹화로 화제를 바꾸기 전에 한 가지 강조할 점이 있다. 전 세계 언어의 음성 체계를 진정으로 이해하려면 음향 기록을 넘어설 필요가 있다는 것이다. 말의 전달에는 화자의 발화, 공기를 통한 음파 전달, 청자의 지각과 해독이라는 세 단계의 과정이 있다. 녹음은 그 중간 단계만 포착한다. 또 하나의 중요한 과정인 화자의 발화를 이해하기 위해서는 전자구개도^{電子口蓋圖} 기기나 구강·비강을 통과하는 공기 흐름을 측정하는 기구처럼 훨씬 더 복잡한 기록 장치가 필요하다. 일부 장치의 경우, 사전에 화자가 특별한 인조 구개를 제작하기 위해 치과의사를 찾아가야 하는데, 코와 목구멍에 튜브를 집어넣는 그 과정이 그리 유쾌하지만은 않다. 그러나 이렇게 힘든 연구의 결과물은 과학적으

그림 2.5
1953년 뵈글린Carl Voegelin과 녹음 작업을 하고 있는
히다차어Hidatsa 화자 마거릿 헤이븐Margaret Haven(왼쪽)과
크로어Crow 화자 헨리에타 프리티 온 탑Henrietta Pretty On Top(오른쪽)

로 큰 의미가 있다. 코이산어식의 흡착음을 발음하기 위한 복잡한 조음 운동을 확인할 수도 있고, 동시 조음에서 이루어지는 미세한 간소화 과정을 파악함으로써 특정 음운 변화가 왜 어떤 언어에서는 일어나고 어떤 언어에서는 일어나지 않는지 이해할 수도 있다. 이러한 연구가 일반적인 언어학 현지조사의 한 과정으로 편입되기는 어렵겠지만, 몇몇 문제를 위해서는 반드시 필요한 연구 과정이다.

기술력의 역할에 대한 논의를 마무리하기 위해 녹음에서 녹화로 화제를 바꿔보자. 단순히 음성 차원만 기록되고 대화에 수반되는 제스처와 얼굴 표정이 걸러질 때 우리가 놓치는 것은 무엇일까?

우선 발화음의 10퍼센트 이상이 우리의 눈을 통해 '들린다'는 사실은 이미 알려진 바다. 맥거크McGurk 효과, 즉 말소리를 내는 사람의 입 모양에 따라 동일한 발음이 달리 들리는 현상은 이미 여러 심리학 실험을 통해 밝혀졌다. 예를 들어 피실험자에게 화면으로 특정 소리(예:ga)를 발음하는 화자의 모습을 보여주면서 소리로는 다른 음성(예:ba)을 들려주면 피실험자는 희한한 경험을 하게 된다. 눈을 감고 들을 때는 ba로 들리는데, 눈을 뜨고 화면 속의 화자를 보면 갑자기 시청각이 혼합되어 절충된 소리 da로 들리는 것이다. 다시 눈을 감아 시각적인 단서들을 가리면 ba로 들린다. 이런 종류의 실험을 보면, 녹음 기록만 가지고 전사할 경우 왜 능숙한 언어학자들조차 mu와 ngu[ŋu]를 혼동하는 식의 당혹스러운 기본적 실수를 하는지 이해할 수 있다.

다음으로 손, 얼굴 표정, 시선 등 제스처 요인을 고려해야 비로소 발화를 완전히 연구할 수 있다. 화·청자 간 대화에서 이루어지는 피드백 시스템의 중심에 제스처가 있기 때문이다. 이를 통해 화자는 청자가 자신의 이야기를 잘 따라오고 있는지 확인하며, 각 대화 참여자들이 1000분의 1초밖에 안 되는, 짧으면서도 정확한 타이밍에 자신의 '발언 기회를 잡게' 된다. 또 하나, 제스처를 연구함으로써 화자가 개념을 어떻게 구조화하는지 밝히는 독립된 증거를 얻을 수 있기 때문이다. 제스처는 언어 말고도 사고에 접근하는 또 다른 창을 제공해준다.

화자가 말할 때 화자의 공간 정보 추적을 보여준다는 측면에서도 제스처 녹화는 중요하다. 팻 가보리나 다른 카야르딜드어 화자들의 말에는 나침반의 방위를 활용한 공간 지시 표현이 가득하다. 팻 가보리는 앞을 못 보게 된 지 40년이나 되었지만 그의 말은 거의 모두 나침반 중심의 정확한 틀에 맞춰져 있다. 그는 자동차 좌석에서 옆 사람을 2인치쯤 옆으로 보낼 때 Jirrkarayiwath(북쪽으로 좀 옮기게)라고 말하며, 경비행기에 타는 방법을 가르쳐줄 때 Rayinda munkiriliij!(남쪽 방향에서 엉덩이 먼저 밀어 넣게)라고 말한다. 벤치의 가장 동쪽에 앉아 있거나 같은 마을 동쪽에 사는 당신 아저씨를 가리킨다면 Daamija ngumbanda riya kakuju!(자네 동쪽 아저씨께 물어보게)라고 말할 것이다.

현장 언어학자들의 보고에 따르면, 카야르딜드어 같은 언어를 배우기 위해서는 나침반이 가리키는 방위에 끊임없이 주의를 기울이도록 마음을 재프로그래밍해야 한다고 한다. 직접 경험한 내 생각도 다르지 않다. 그러나 사람들이 어떻게 사고하는지를 규명하는 것은 사람들이 어떻게 말하는지 기록하는 것보다 훨씬 어렵다. 이러한 연구에 녹화된 제스처가 얼마나 큰 도움이 되는지에 대해서는 제8장에서 더 깊이 살펴볼 것이다. 카야르딜드어식의 언어를 구사하는 화자들의 제스처를 녹화해 분석해보면, 말과 별개로 이들이 어떻게 사고하는지를 확인할 수 있다.

세 번째, 수화手話 연구에서도 녹화 필름은 주요하게 쓰인다. 녹화를 통해 빠르게 움직이는 역동적 몸짓을 기록하고, 재생하고, 일일이 비교할 수 있게 되기 전까지 수화 분석은 사실상 불가능했다. 1960년대 이후 수화 연구 붐이 일어나면서 비로소 세계적으로 120개가 넘는 수화가 존재한다는 사실이 밝혀졌다. 말과 마찬가지로 수화에도 주요한 구조적 변이가 나타나는데 이러한 사실을 발견한 것은 얼마 되지 않았다. 사실 우리는 이제 겨우 가나와 발리 등지에서 마을 단위로 사용되는 여러 수화에 대해 기본적인 정보를 가지고 있을 뿐이다. 이들 지역은 대부분의 가정에 청각장애인이 있을 정도로 선천적 청각장애가 만연해 있기 때문에, 청각장애가 없으면서도 수화를 구사할 수 있는 주민이 많다.

수화는 언어학의 이론화에 훨씬 더 중심적인 역할을 하게 될 것이다. 수화에는 양태樣態[54]와 마음이 분리되어 있기 때문에, 언어를 디자인하는 특징들 중 어느 것이 인간의 인지에 보다 일반적인 특징이고, 어느 것이 말이라는 매개체에 맞게 조정된 특징인지를 수화 연구를 통해 확인할 수 있을 것이다. 또한 수화는 언어가 어떻게 진화되었는지를 이해하는 데도 필수적이다. 언어 진화 과정에서 발화 요소와 몸짓 요소의 기능 부담이 언제 어떤 식으로 분할되었는지 우리는 아직도 정확히 모른다. 최근 들어 새로운 수화가 많이 만들어지고 있다. 수십 년 전부터 비로소 국가 차원의 청각장애인 학교가 설립되어 청각장애인 학생들을 모집하고 있기 때문이다. 새로이 만들어지는 수화를 통해 학자들은 굉장히 빨리 진행되는 언어 체계의 진화를 실시간으로 연구하고 있다.[55]

사라져버린 또 하나의 과거 속 언어 이야기로 이 장을 마무리해보자. 이번에 다룰 언어는 16세기 이스탄불의 오스만 제국 궁중에서 사용되던 수화다.

1554년 오스만 궁을 방문했던 플랑드르 귀족 뷔스베크Oghier Ghislain de Busbecq는 "튀르크인들은 벙어리 하인들―대부분 귀머거리인― 을 선호한다"고 전하고 있다. 이러한 하인들을 통칭하여 dilsiz라고 했는데 이는 '벙어리의'라는 뜻의 터키어다. 오스만 궁에서 dilsiz를 선호한 데는 여러 이유가 있지만, 우선은 이들이 은밀한 궁정사에 관여해도 위험할 것이 없었기 때문이다. 기밀을 들을 수 있어야 혹은 그것을 말할 수 있어야 적들이 이들을 매수하든 고문하든 할 것 아닌가. 이런 이유로 궁에서는 귀머거리 하인들을 적극적으로 고용했는데, 청각장애를 가진 이들이 한곳에 많이 있다 보니 자연스럽게 그 속에서 수화 체계가 발달하게 되었다. 1599년 오스만 궁을 방문한 영국인 오르간 제작자 댈럼Thomas Dallam은 다음과 같이 기록하고 있다.

300명이 듣지도 말하지도 못하는 벙어리였다. 그들은 화려한 금빛 가운을 입고 가죽 반장화를 신고 있었다. (…) 나는 그들에게 정말 감탄했다. 완벽한 몸짓으로 내게 모든 것을 이해시켰기 때문이다.[56]

외교관 본Ottaviano Bon 같은 이들은 이 오스만 수화의 표현력이 완벽했다고 증언하고 있다.

주목할 만한 사실은, 세라글리오[57]에서는 술탄도 다른 사람들도 끄덕임과 몸짓만으로 무엇이든 분명하고 훌륭하게 생각하거나 이야기를 나눌 수 있다는 것이다. 마치 말로 하듯이 말이다. 수다를 좋아하지 않는 튀르크인들의 근엄함에 걸맞은 방식이다. 술탄의 왕비나 후궁들도 마찬가지다. 이들에게도 노소를 막론하고 벙어리 여성 하인이 많기 때문이다. 이는 세라글리오의 오랜 관습이다. 궁에서는 벙어리 하인을 최대한 많이 고용했는데, 그 주된 이유는 이들이 위대한 술탄의 영예에 누가 되는 짓을 하지 않으며 일했기 때문이다. 술탄에 대해 스스럼없이 입 밖에 내는 것은 그의 위대함에 걸맞지 않은 일이었다. 정작 술탄은 높은 지위의 인물들보다 벙어리들과 훨씬 더 쉽게 이 같은 방식으로 농담을 나누며 즐겼을지도 모른다.[58]

본이 기술했듯이, 수화를 사용한 것은 귀머거리 하인들만이 아니었다. 말하는 소리로 술탄의 평온을 방해하는 것은 불경스러운 일로 여겨졌기 때문에 많은 궁중 신하가 수화를 배워 사용했다. 마일스Mike Miles의 논의에 따르면, 술탄이 수화를 사용하고 신하들이 이를 제2언어로 적극 활용한 덕에 수화의 위치가 격상되었으며, 그 결과 오스만 수화는 청각장애인뿐만 아니라 일반 사회에서도 수 세기 동안 더욱 정교화되면서 전수되었다고 한다.

이 장구하고 걸출한 역사에도 불구하고, 게다가 오스만 궁을 방문했던 여러 인물이 이 수화에 대해 수차례 언급했음에도 불구하고, 오늘날 이 수화에 대해 전하는 것은 몇몇 빈약하고 불충분한 시각 자료뿐이다. 그나마 최고의 자료도 낱장으로 된 삽화(그림 2.6 참조) 정도이고, 각 수화 동작에 대한 자세한 기술은 남아 있는 것이 없다. 현전하는 최초의 사진 자료는 1917년 터키 정부가 청각장애를 가진 두 수행원의 수화 장면을 찍은 사진이다.[59] 이렇게 또 하나의 기회가 사라졌다. 이번에는 지적 무관심 때문이 아니라 근본적으로 이를 남길 기술이 없었던 탓이다.

수화를 이해하는 데 있어 이 기회를 놓친 것은 특히나 아쉬운 일이다.

그림 2.6 수화를 하고 있는 오스만 궁의 귀머거리 하인

왜냐하면 오스만 수화가 제법 큰 규모의 공동체 집단 속에서 성장해온, 세계에서 가장 오래된 수화이고, 그 긴 세월에 걸쳐 복잡한 언어 장치들을 발달시켰을 것으로 보이기 때문이다. 최근에 만들어진 수화만 본다면, 그 수화에 나타나는 특징들—우리가 발견했든 못 했든—이 수화의 본질적 특성인지, 아니면 그저 새로이 성장하고 있는 언어에서 늘 나타나는 특성인지를 알 수 없다. 예컨대 피진어와 크레올어만 살핀다면, 말(구어)에는 복잡한 굴절 체계나 성조가 있을 수 없으며 자음 개수도 많으면 안 된다고 결론 내릴지도 모른다. 이러한 특징들은 수천 년 동안 복잡하게 문법을 발달시켜온, 오래된 언어에만 나타나는 특징이기 때문이다.

흥미롭게도 현대 터키 수화Türk İşaret Dili는 수화에서는 잘 나타나지 않는 독특한 특징을 많이 가지고 있다. 고도로 도식화된 부정 표시 방법이 그렇고, 자의적인 수화 동작, 즉 팬터마임다운 특성이 전혀 없는 수화 동작이 꽤 많은 비중을 차지한다는 점도 그렇다.[60] 이러한 면밀성이 500년 역사를 가진 터키 수화의 고유한 유산이라고 보면 어떨까? 꽤 솔깃한 추정이다.

이러한 가설은 현대 터키 수화가 지금은 사라진 오스만 수화에서 유래한 것이라는 허술한 가정에 기대고 있다. 지난 세기 격변의 세월 속에서 터키의 교육 정책이 혼란을 거듭했기 때문에 이러한 가정의 가능성은 희박하지만, 터키에 현대 농아학교가 설립된 시기를 보면 이 둘을 연결할 한 가닥 희망이 보이는 듯도 하다.

20세기 초반만 해도 궁에 귀머거리 하인들이 있었던 것은 확실하다. 바로 그 시절에 수많은 현대 농아학교가 문을 열었다. 귀머거리 궁중 하인의 마지막 세대와 제1세대 농아학교 어린이들 간에 어떤 상호 영향이 있기만 하다면 최소한 수화의 연속성을 보장하기에는 충분할 것이다.[61]

그러나 오스만 수화에 대한 역사적 기록도, 마지막 귀머거리 궁중 하인들에 대한 기록도 없어 이 멋진 가설은 여전히 미결로 남아 있다.

1_ Gotzon Garate(1998)

2_ 호주 원주민의 전통적인 바구니. 보통 갈대 종류의 식물로 만들며 음식을 담는 도구로 사용되었다. ―역자 주

3_ 호주 태즈메이니아 섬에 서식했던 동물로서, 등에 호랑이와 비슷한 무늬가 있기 때문에 태즈메이니아호랑이라 하기도 한다. 늑대와 비슷하며 주머니를 가지고 있어 진화론에서 중요하게 다루어진다. ―역자 주

4_ 주로 호주에 서식하는 민물고기로서, 크기가 1~1.5미터에 이르며 식용으로도 쓰인다. ―역자 주

5_ Chaloupka(1993) 참조.

6_ 타조와 비슷하게 생긴 새로, 호주에서만 서식한다. ―역자 주

7_ 북부를 제외한 멕시코의 대부분 지역과 과테말라, 엘살바도르와 온두라스, 니카라과, 코스타리카를 포함한다. 중앙아메리카가 지리학적 명칭이라면, 메소아메리카는 문명과 관련된 명칭이라 하겠다. ―역자 주

8_ 다른 문자 체계의 가치를 부인하는 것은 아니다. 많은 학자가 중국 문자 체계의 독특한 이점을 강조하고 있다. 광둥어와 만다린어는 흔히 방언 관계에 있다고 하지만, 실제로는 유럽에 있는 로맨스어 계통의 두 언어만큼이나 서로 다르다. 이처럼 서로 이해하기 어려울 정도로 다른 언어를 구사하는, 광대한 중국 영토의 사람들을 한데 묶어주는 것이 바로 중국의 문자 체계다. 일본의 히라가나와 가타카나 같은 음절 문자도 일본어를 기록하는 데에는 매우 효과적이다. 그러나 이 두 문자 체계는 모두 특정 언어 구조에 맞도록 정교하게 조정된 체계이기 때문에 세계 언어에 나타나는 모든 음을 표현할 만큼 확대하는 것이 사실상 불가능하다. 한국의 뛰어난 문자 체계 한글은 15세기에 세종대왕이 백성들의 문자 생활을 용이하게 하기 위해 창제한 문자다. 흔히 한글은 제2의 독창적인 음소 문자 체계라 일컬어진다. 그러나 당시 한국인들이 티베트 파스파 문자Phagspa나 여타 인도 문자들처럼 불경 기록에 이용된 다른 문자 체계를 알고 있었다는 점에서 완전히 독창적인 발명품이라 보기 어렵다.

9_ Rogers(2005:119, 156)에서 가져와 수정한 자료다.

10_ 영어 "oh-oh!"를 발음할 때 두 음 사이에 오는 소리가 성문 폐쇄음이다. ―역자 주

11_ 각 기호가 각기 다른 자음을 나타내는 문자 체계를 말한다. '아브자드'라고도 하는데, 음절문자와 달리 이 체계에서는 각 기호의 모음값이 따로 명시되지 않는다. ―역자 주

12_ 한 언어에서 뜻을 변별해주는 소리를 가리킨다. 예컨대 영어에서는 fine, vine이 모두 별개의 단어이므로 f, v가 음소이지만 한국어에서는 이 소리들이 단어나 형태소의 뜻을 구별해주지 못한다. ―역자 주

13_ 프로그램 작성 언어의 구문을 형식화하여 쉽게 이해할 수 있도록 도와주는 형식 중 하나다. 1959년 배커스John Backus가 처음 도입한 것으로 배커스-나우어 형식Backus-Naur Form, 줄여서 BNF라고도 한다. ―역자 주

14_ Allen(1956) 참조.

15_ 이 이야기는 널리 인용되는 편인데, Wright(1999)에서는 이에 대해 회의적 입장을 보이고 있다.

16_ 인도 베다 신화에 등장하는 신으로, 전체 우주를 관할하는 최고의 신을 가리킨다. 트와스트리는 인드라 신에게 장남 비슈와루파를 잃었다. 트와스트리는 복수심에 불타 인드라 신을 죽일 둘째 아들 브리트라를 만들어내지만 그 역시 인드라에게 죽임을 당한다. ―역자 주

17_ Rau(1977)

18_ 그러나 이들이 미처 기록하지 못

한 산스크리트어 양상이 있었으니, 바로 음악 같은 강세 체계다. 재미있는 것은 이 역시 다른 경로를 통해 오늘날까지 전해지고 있다는 점이다. 『리그베다』의 성가들은 "기계적인 암기 학습을 통해 매우 정확하게 반복됨으로써 오늘날까지 절대적으로 보존되어왔다. 베다 문헌이 고대 방식으로 '테이프 녹음'된 것이나 다름없다는 점이 중요하다. 단어 하나, 음절 하나, 음조 성격의 강세 하나까지도 달라지는 것이 허용되지 않았다."(Witzel 2005:90).

19_ 『변신 이야기』로 유명한 고대 로마의 시인. 아우구스투스 황제에게 로마 추방을 명령받아 유배지에서 죽음을 맞이한다. ─역자 주.

20_ Pedersen(1962[1931]:2)

21_ Dionysius of Halicarnassus (1914:30)

22_ 사실 1960년대에 로마 신전 근처에서 황금 명판에 기록된 이중 언어 명문이 발견된 바 있다. 그러나 안타깝게도 거기 쓰인 언어는 에트루리아어보다도 알려진 것이 없는 카르타고어Punic였다. 기원전 500년경의 것으로 추산되는 피르지 명판Pyrgi tablet도 있는데, 그 명판의 글은 에트루리아어와 페니키아어Phoenician로 되어 있다.

23_ Robins(1979:23)

24_ 『아나바시스Anabasis』(2.15.16)

25_ 조지아는 흔히 그루지야Gruziya로도 불린다. 과거 소련 공화국의 하나이던 시기에는 '그루지야'라는 명칭을 썼으나, 독립한 이후 대외 명칭을 '조지아Georgia'라는 영어식 표기로 바꾸었다. ─역자 주

26_ 내쉬는 숨(날숨)을 폐쇄했다가 터뜨려 내는 소리인데, 일반적인 자음이 부아 날숨을 이용하는 데 비해 방출음은 성문 날숨을 이용한다. 세계 언어 가운데 방출음이 있는 언어는 15퍼센트 정도인데, 아메리카, 아프리카, 캅카스 지역 언어에 나타난다. ─역자 주

27_ 현재 터키 이스탄불의 옛 명칭이다. 4세기 초 비잔틴 제국의 수도가 된 이후 1000여 년간 번성하다 15세기 오스만 제국에 정복되면서 이스탄불로 개칭되었다. ─역자 주

28_ 이슬람교도에게 점령당한 이베리아 반도 지역을 탈환하기 위하여 일어난 기독교도의 국토 회복 운동을 가리킨다. 8세기부터 15세기까지 800년 가까이 계속되다가 1492년에 마무리되었다. ─역자 주

29_ 당시 스페인은 아라곤 왕국과 카스티야 왕국으로 나뉘어 있었다. 1479년 아라곤 왕국의 페르디난도 왕과 카스티야 왕국의 이사벨 여왕이 결혼하면서 하나의 왕국으로 통합된 것이다. ─역자 주

30_ 이스라엘 왕국을 세웠던 히브리 민족들로서, 기원전 720년경 아시리아의 함락 이후 흩어져 역사에서 사라져버린 열 개의 지파를 가리킨다. ─역자 주

31_ 아메리카의 옛 스페인령을 가리키는 명칭으로, 한때 브라질을 제외한 남아메리카, 중앙아메리카, 미국의 플로리다 주까지를 모두 포함했다. ─역자 주

32_ 멕시코 고원 텍스코코 호수에 있던 섬에 위치한 도시였다. 아스테카 왕국의 수도 테노치티틀란Tenochtitlan(오늘날의 멕시코시티)도 같은 섬에 있었다. ─역자 주

33_ Diddle(1982:11)

34_ Karttunen(1995)에는 콜레히오 학생 중 하나였던 안토니오 발레리아노 Antonio Valeriano의 삶이 잘 그려져 있다.

35_ Lockhart(1993)는 사아군의 저작을 토대로 하여 아즈텍족과 스페인 사람들의 관점 차이를 흥미롭게 설명하고 있다.

36_ Karttunen(1995:116)

37_ Jankowsky(1995:179)에서 재인용.

38_ Jankowsky(1995:179)

39_ 고대 폰토스 왕국의 왕 이름으로 '미트라 신의 선물'이라는 뜻을 가지고 있다. 미트리다테스는 매일 독약을 조금씩 먹어 면역성을 길렀다고 하는데, 그런 까닭에 'mithridate'에는 '해독제, 항독제'라는 의미도 있다. ─역자 주

40_ 예니세이 어족의 하나인 케트어는 오늘날까지도 노인들 사이에서 쓰인다. 반면 아린어Arin는 이미 18세기 중반에 소멸되었고, 다만 1730년대 밀러G. F. Miller(Mueller)가 수집한 자료가 있을 뿐이다. 아린어는 예니세이 어족의 여타 언어에서는 사라진 특정 어두 자음들을 보존하고 있기 때문에, 훨씬 더 과거 예니세이 제어의 친족 관계를 연구하는 데 중요한 증거가 되고 있다.

41_ Ergnag(1931:265)에서 재인용.

42_ Herder(1877:212-213)

43_ Jankowsky(1977:44)

44_ Sapir(1924:149)

45_ Sapir(1924:166)

46_ Dauenhauer(1980)

47_ 미국 코네티컷 주에 살던 한 기술자(행크 모건)가 머리를 다쳐 정신을 잃은 후, 6세기 영국 아서왕 시대에 깨어나서 겪는 이야기다. —역자 주

48_ 2006년 1월 미국 뉴멕시코 주 앨버커키에서 있었던 블룸필드상 시상식에서 한 기념 연설이다.

49_ 혀 차는 소리처럼, 내쉬는 숨이 아니라 들이쉬는 숨에 의해 발음되는 소리를 가리킨다. —역자 주

50_ Tate(1993), Maud(2000)

51_ Boas(1911:1)

52_ 한국어의 ㅅ, ㅆ, 영어의 s, z처럼, 공기가 빠져 나오는 통로를 앞니로 좁혀서 소리 내는 마찰음을 가리킨다. —역자 주

53_ Hinton(1994:194)

54_ 기호학 개념에서 양태란 특정한 방법으로 정보를 부호화하여 보여주는 양식을 가리킨다. —역자 주

55_ 이러한 일화 중 가장 놀라운 것은 니카라과 수화와 관련된 이야기다. 1970년대 니카라과 청각장애 어린이들로 구성된 새로운 수화 공동체가 생겨난 지 겨우 세 세대 만에, 언어학자들은 완전히 새로운 이 언어 체계의 발생과 발달 과정을 추적해냈다. Senghas et al.(2004) 참조.

56_ Miles(2000)에서 재인용.

57_ 흔히는 이슬람 가옥에서 여성들이 거주하는 독립된 공간을 이르는 말인데, 여기서는 오스만 제국 술탄의 궁을 가리킨다. —역자 주

58_ Bon(1996)

59_ Roe(1917:237-239)

60_ Zeshan(2002:243)

61_ Zeshan(2002:243)

Eine allgemeine Grammatik ist so wenig denkbar, als eine allgemeine Form der
Staatsverfassungen und der Religionen, oder eine allgemeine Pflazen- und Thierform.

A universal grammar is no more conceivable than a universal form of political
Constitution or of religion, a or than universal plant or animal form.

보편형 헌법이나 보편형 종교를 상정할 수 없듯이, 혹은 식물이나 동물의 보편형을 상상할 수 없
듯이 보편 문법이라는 것도 있을 성싶지 않다.
—Steinthal(1861)

가능성을 결론 내는 데에는, 현재든 과거든 실재actuality만 한 것이 없다.
실재하는 것 혹은 실재했던 것이라면 가능한 것이다.
— Dennett(1955:105)

제2부

언어의 대축제

언어학 현지답사를 하다 보면 불가능할 것 같은 '상상도 할 수 없는' 언어들을 발견하게 되고, 이전에 생각했던 가능성의 경계를 계속 수정하게 된다. 이는 현지답사의 가장 흥미로운 점 중 하나다. 놀랄 만한 유형론적 특질이라는 것은 결국 실증을 통해 발견되지, 논리적 추론을 통해 특질이 예견되는 일은 사실상 거의 없다. 언어학에서 나타나는 이 독특한 현상은 자연과학과 뚜렷이 대조된다. 예컨대, 수학자들은 비유클리드 기하학에 기대어 아인슈타인의 우주Einsteinian universe2가 가능함을 이론적으로 이미 예측했으며, 화학에서는 멘델레예프가 주기율표를 통해 아직 발견되지도 않은 원소들의 존재를 추론했다. 어떻게 보면 언어학은 생명과학에 가깝다고 볼 수 있다. 생명과학에서는 상상하지 못했던 낯선 종들이 새로이 발견되면서 '생물학상 무엇이 가능한가'에 대한 기존 개념이 끊임없이 수정된다는 점에서 그러하다.[3]

그런데 개별 언어들은 실제로 얼마나 다를까? 보편주의의 극단에 있는 학자들은 언어 간에 나타나는 차이가 표면적이고 사소한 것이라고 주장한다.

통사론의 표준은 깨질 수 없으며, 예기치 않았던 곳에서도 그 표준이 계속 재현된다고 사람들이 믿게 되었다.[4]

무한히 다양하다 해도 모든 언어는 이른바 동일본에서 나온 것이다.[5]

반대로 상대주의의 극단에 있는 사람들은 모든 언어에 공통적으로 나타나는 중요한 무언가를 찾으려 애쓴다.

언어들은 (…) 한없이 서로 다르며, 다른 방식조차도 예측할 수 없다.[6]

언어 교육, 담화 기술, 군사 안보, 그리고 철학자와 심리학자들이 탐구하는 '인간의 마음'이라는 개념 등 많은 것이 이 문제에 결부되어 있다. 촘스키는 초기 저작에서 아이들이 백지 상태의 마음이 아니라 '보편 문법'에서 말하는, 뇌신경학적으로 짜인 가설들을 가지고 모국어 학습 과정에 뛰어든다면 모국어 습득이 훨씬 쉬워질 것이라고 지적했다. 여기서 가설들이란 가능한 문법들을 모아놓은 것으로서, 아이는 부모와 형제자매의 말을 들으면서 그 문법들 가운데 선택을 하게 된다. 이러한 주장은 아이들에게 제공되는 입력이 흔히 혼란스러움에도 불구하고 아이들이 놀라울 정도로 빨리 모국어를 습득한다는 사실에 기반한 것이다.

촘스키의 보편 문법 이론이 지대한 영향력을 발휘해온 것은 사실이다. 그러나 과연 이 이론이 옳은 것일까? 만일 '보편성universals'이라는 개념을 가장 강력한 의미로 받아들인다면, 즉 모든 언어가 반드시 갖고 있는 특징을 가리키는 것으로 본다면 수십 년을 연구한다 해도 명확하고 실증적으로 완벽한 보편성의 목록을 얻기 힘들 것이다. '품사'를 한번 생각해보자. 품사란 유사한 특징을 지닌 단어 부류로서, 그 단어가 어떤 단어와 결합할 수 있는지를 결정하며 모든 문법 규칙의 기본이 된다. 모든 언어가 최소한 명사와 동사를 구별하는지조차 아직 단정할 수 없지만, 전치사나 형용사, 관사, 부사 등이 없는 언어가 존재한다는 것은 분명하다. 설령 어떤 언어에 명사와 동사가 있다 해도, 어떤 단어가 어떤 범주에 속하는지를 미리 예단할 수는 없다. 일가르어에서는 '고모paternal aunt'가 동사로 표현되며, 카야르딜드어에서는 '알다know'가 형용사다. '사랑(하다)love'은 티리요어Tiriyo에서 한낱 접미사일 뿐이다. 음성 체계, 개념 설정의 경계, 문법 구조, 해당 언어 화자들이 계속 신경 써야 하는 범주 등 무엇을 살피든 모든 것은 유동적인 것에 불과하다.

인류에게 가능한 언어가 무엇인지 알게 되기까지 얼마나 많은 언어를 관찰해야 할까? 몇몇 언어만 고려할 때는 약간의 보편성 목록을 유지하는 것이 어렵지 않다. 그러나 많은 언어를 연구하다 보면 어느 순간, 예컨대 51번째 언어 혹은 2018번째 언어가 그 보편성에 따르지 않음을 발견하게 된다. 물론 꼭 보편적인 것이 아니라 언어에 그저 일반적인 현상이 무엇인지 살피는 것도 흥미로운 일이다. 동사뿐만 아니라 명사에도 시제를 표시하는 카야르딜드어처럼 특이한 예외를 발견했다고 해서, "전형적으로 언어는 이런 식으로 쓰이지 않는다"고 말할 수 없는 것은 아니다. 그러나 해당 언어를 배우며 자라나는 아이에게는 이 정보가 별로 도움이 되지 않는다. 전형적이든 비전형적이든 부모가 사용하는 그 언어를 배우는 것이 아이의 과업이며, 아이는 그 언어를 배울 수 있는 심적 준비가 되어 있어야지 미리 이를 배제해서는 안 된다. 그러한 면에서 보편성에 관한 한 세상에 중요하지 않은 언어는 없다.

언어의 갈라파고스[7]를 바라보는 또 다른 시각도 있다. 인간이 의식적인 계획 없이 그저 사용을 통해, 복잡한 기능의 언어 체계를 어떻게 발전시킬 수 있는지를 보여주는 수천 개의 자연적 실험이라 여기는 것이다. 그러한 관점에서 보면 독특한 언어들은 일석이조의 효과를 가져다준다고 할 수 있다. 즉 특이한 언어들은 무엇이 학습 가능하고 사용 가능한 것인지를 보여줄 뿐 아니라, 어떠한 인간 제도가 계획에 없었던 사용의 결과로서 진화해갈 수 있는지 보여준다.

자바어, 버마어Burmese 등 동남아시아 언어를 익히기 위해 고군분투했던 경험을 통찰력 있게 저술한 언어학자 베커Alton Pete Becker는 완전히 상이한 언어를 현지에서 배우던 경험에 대해 "현상액 속에서 사진이 현상되면서 점점 더 또렷한 그림이 드러나는 걸 보게 되는 것과 비슷한 경험"이라며, "아주 세밀하면서도 거대한 크기의 그림이 지금도 계속 현상되는 중"이라고 적고 있다.[8] 그러나 이 표현은 절반의 진실만을 담고 있는 듯하다. 좋은 '언어 사진'을 얻는 데 결정적으로 도움이 되는 두 가지를 무시하고 있기 때문이다. 하나는 꾸준히 성장해온 언어학적 개념이다. 언어학자들은 광범위한 언어들이 어떻게 작용하는지 이해하기 위해 언어학 개념들을 개발해왔으며, 이 개념에 훈련되어 있기 때문에 언어에 나타나는 패턴들을 좀 더 빨리 파악할 수 있다. 두 번째는, 현지답사 과정에서 원어민들이 말하는 것을 듣고 이해하기 위해 쉼 없이 캐묻고 가설을 세운다는 점이다.

문답식 조사를 하다 보면, 현지 화자가 당연히 여기면서 한 말이 언어학자에게는 '바로 이거야!' 하는 결정적 발견의 계기가 되기도 한다. 다음 두 장에서는 이 도움들에 대한 감각을 익히게 될 것이다. 제3장에서는 언어마다 달리 나타날 수 있는 세 가지 차원—소리, 의미, 문법—에 대하여 살펴본다. 제4장에서는 모든 언어에 주어지는 임무 중 하나, 즉 화자들이 자신의 사회 세계를 한결같이 기억하도록 돕는 임무에 대해 중점적으로 다룬다. 아울러 문법이 화자들에게 특정 대인관계 양상에 세심한 주의를 기울이도록 만드는 데 있어 각 언어가 얼마나 서로 다른지 살필 것이다.

1_ 영어 번역은 Jeperson(1924:48)에서 인용.

2_ 20세기 초 아인슈타인이 제창한 우주론으로, 닫혀 있고 끝이 없으며 팽창도 수축도 없는 구면의 우주 모형을 가리킨다. — 역자 주

3_ 연구 대상(물리학, 화학)과 기술 체계(수학)가 구분되기 때문에, 과학자들은 비교적 쉽게 그 표상 체계의 요소들을 이리저리 테스트하거나 재결합해볼 수 있고, 자연히 이제껏 알려지지 않은 형상의 가능성을 추론하는 것도 용이하다. 이와 달리 언어학은 연구 대상(언어)이 곧 기술 체계(메타언어)라는 점에서 연구에 어려움을 겪는다. 연구 대상과 기술 체계 간에 거리를 둘 수 있는 최선의 방법 중 하나는 구조적 차이가 큰 언어들을 연구하는 것이다.

4_ Alphonso Smith; Jespersen(1924:48) 인용.

5_ Greenberg et al.(1963:xv)

6_ Joos(1957:96)

7_ '갈라파고스'는 에콰도르 해안 서쪽에 있는 제도의 이름으로, 이 제도에만 있는 고유 생물종이 많다는 점이 독특하다. 여기서는 언어의 다양성을 의미한다. — 역자 주

8_ Becker(1995:2)

제3장

언어의 갈라파고스

언어학 이론은 예측하지 못했던 것들을 발견하면서 발전하는 것이지,
질문이 가능할 정도로 이미 알고 있는 무언가를 질문하고
답하는 과정을 통해서라면 언어학 이론은 그다지 진전될 것이 없다.

— Mithun(2001:45)

풀 수 없었던 암호

제2차 세계대전 중 동맹국과 주축국 양 진영에서는 암호 개발과 해독을 위해 세계 최고의 수학자, 논리학자, 언어학자들을 동원했다. 처음에는 동맹국 진영에서 개발한 암호를 일본군 암호 해독 전문가들이 바로바로 해독해버렸으나, 그 후 미국군은 가장 성공적인 전쟁 암호를 고안해냈다. 나바호족Navajo 출신 군인들이 자기네 언어를 이용하여 군사 계획을 무선전신기로 주고받은 것이다. 항공기 유형을 나바호어의 새鳥 이름으로, 각 해병대 부대명은 나바호 씨족명으로 지칭하고, 지명처럼 철자를 필요로 하는 단어들은 알파벳마다 나바호어의 사물과 동물명을 이용해 나타냈다. 태평양의 섬 곳곳에서 동맹국의 공격을 받고 있던 일본 군인들은 "꺽꺽거리며 목구멍을 울리는gurgling 괴상한 언어"[1]를 들었지만, 최정예 암호 해독 전문가들도 나바호어로 된 암호를 전혀 풀지 못했다(그림 3.1 참조).

그 언어가 무슨 말인지 일본 군인들이 모른다는 점, 그리고 특수하게 위장한 어휘들을 사용한 점도 도움이 되었을 것이다. 그러나 핵심은 자기네 언어와 구조적으로 완전히 다른 언어라면 그 언어를 이해하는 데 엄청난 어려움을 겪는다는 점이다. 아이들이라면 생후 몇 년 만에 별다른 노력 없이도 배울 수 있는 것을 성인은 절대로 익히지 못한다. 아무리 재능 있고 잘 훈련된 성인이라 해도 그 언어를 제대로 이해하기 위해서는 수년, 경우에 따라서는 수십 년간 그 언어에 노출되어야 한다.

나이에 상관없이 모든 언어 학습자는 삼중 사상 문제Triple mapping problem에 맞닥뜨리게 된다.[2] 우선 언어 학습자들은 죽 이어지는 소리의 연속체들(수화에서라면 동작이 될 것이다)을 구조화된 별개 요소들, 즉 해당 언어에 특

그림 3.1 나바호어로 된 암호를 구사하는 통신병 베이커Henry Baker 대위(왼쪽)와 커크George H. Kirk 일병 (오른쪽)이 1943년 12월 부건빌 섬 정글에서 이동 무전 장치를 작동하고 있다.

정하게 사용되는 '음소'로 연계할 수 있어야 한다. 둘째, 세계의 절점節點들을 찾아내 이를 단어와 '형태소'—형태에 대응하는 최소 의미 단위—개념으로 만들어내야 한다. 셋째, 매개 구조 체계인 문법을 제대로 운용해야 한다. 문법을 통해 비로소 조합된 발화 형식으로 복잡한 의미를 표현해낼 수 있고, 반대로 귀로 들은 형식을 적절한 의미로 해독할 수 있다. 새로운 언어를 접했을 때 가장 먼저 문제되는 것이 소리이니 그 문제부터 논의해보자.

들리는 소리, 안 들리는 소리

> [로셀 섬] 해안을 따라 말이랍시고 통용되는 언어, 딱딱거리고 개가 짖는 것 같은 그 끔찍한 언어에서는 (⋯) 재채기 소리나 으르렁대는 소리, 숨 막히기 일보 직전의 소리같이 도저히 글로는 옮겨 적을 수 없는 소음들이 마을 이름, 사람 이름, 사물 이름을 표현했다.
> — Grimshaw(1919:191–192)

일본의 암호 해독 전문가들이 나바호어를 들으며 직면한 첫 번째 과제는 '꺽꺽거리며 목구멍을 울리는' 낯선 소리의 장벽을 뛰어넘어야 한다는 것이었다.

새로운 언어의 소리란 일시적인 어색함 그 이상이다. 위의 인용 글을 쓴 아일랜드계 호주인 여행 작가 그림쇼Beatrice Grimshaw가 뉴기니 섬 해안에서 남동쪽으로 떨어져 있는 로셀 섬에 들어섰을 때, 작가인 그녀의 귀는 옐리–드녜어Yéli-Dnye의 소리에 당황할 수밖에 없었다. 현재 옐리–드녜어는 남서 태평양에서 음소가 가장 많은 언어로 알려져 있는데, 여타 언어에서 전혀 발견되지 않은 소리들도 여럿 포함되어 있다.[3] 하지만 그 언어를 배우는 어린아이들에게는 세상에서 가장 자연스러운 소리일 뿐이다.

성인이 되면 다른 언어의 소리를 발음하는 능력이 급격히 쇠퇴한다. 따라서 설령 얼마나 예민한 귀를 가졌는가에 따라 다소 차이가 있다 해도 영어 화자가 성인 단계에서 강세 없는 언어를 배운다는 것은 거의 불가능하다. 언어의 음성으로 이용되는 소리는 1500개가 넘는데, 어린아이들은 이 모든 소리를 완벽하게 학습할 수 있다. 그러나 그 많은 소리의 10퍼센트 이상을 음소로 사용하는 언어는 세상에 없다. 자기 모어에 사용되는 일부 소리를 듣는 데 주의를 기울이는 동시에 나머지 90퍼센트 소리에 대해서는 둔감해지는 것이다. 운 좋게 다중 언어 사용자로 자란다면 약간 더 많은 소리를 구별할 수 있을 것이다.

특별한 부류라 할 만한 음성학자들에게는 해당되지 않는 이야기이겠지만, 다른 언어의 소리를 어색하고 우스꽝스럽게 느끼는 것은 모든 인간에게 보편적인 현상이다. 내 동료 학자 중에는 보츠와나의 구이어Gui를 연구하는 일본인 친구가 있다. 구이어는 수많은 흡착음을 가지고 있어, 구이어를 모국어로 하지 않는 사람들은 발음 문제를 극복하기가 거의 불가능하다. 그런데 반대로 구이어 화자들은 발음하기 간단할 것 같은 내 동료의 이름 Mimmi를 거의 발음하지 못한다고 한다.

많은 언어에서 이웃 언어들을 지칭하는 말은 모욕적인 편이다. 러시아어로는 독일어를 nemetsky라 하는데, 이는 '벙어리의 언어', 기원적으로는 '벙어리 식으로'라는 뜻이다. 호주 원주민어의 하나인 구구이미티르어Guugu Yimithirr에서는 이웃 언어인 구구얄란지어Gugu Yalanji를 '중얼거리는 말mumbling talk'이라는 뜻의 Guugu Diirrurru라 칭한다. 반대로 자기네 언어는 '제대로 된 말proper talk'처럼, 든든하고 으쓱한 느낌을 주는 용어로 부르는 게 일반적이다. 예를 들어 카야르딜드어를 문자 그대로 풀면 '강한 언어'라는 뜻이다.

언어의 음소가 끊임없이 달라지는 현상은 진화론적으로 결정된 인간의 특성, 즉 나이 듦에 따라 가소성이 감소되는 특성을 십분 이용한 것이라고 인류학자들은 주장한다. 일단 무언가 대화를 시작하면 그 즉시 상대가 집단 내부인—목표가 같아 기꺼이 신뢰할 수 있는 사람들—인지 외부인인지 쉽게 구별해낼 수 있다는 확신 속에서 음성을 바꿔버린다는 것이다. 아래에 제시하는 성경 속 유명한 사건은 집단을 식별하는 데 음성학적 차이를 이용한 첫 번째 사례도, 분명 마지막 사례도 아닐 것이다(원문인 히브리어에 S[h]ibboleth에 해당하는 단어는 굵은 글씨로 표시했다).[4]

וַיִּלְכֹּ֣ד גִּלְעָ֗ד אֶֽת-מַעְבְּר֣וֹת הַיַּרְדֵּ֔ן, לְאֶפְרָ֑יִם; וְֽהָיָ֡ה כִּ֣י
יֹֽאמְרוּ֩ פְּלִיטֵ֨י אֶפְרַ֜יִם "אֶעֱבֹ֗רָה", וַיֹּ֨אמְרוּ ל֤וֹ אַנְשֵׁי-
גִלְעָד֙ "הַֽאֶפְרָתִ֣י אַ֔תָּה?", וַיֹּ֖אמֶר "לֹֽא!". וַיֹּ֣אמְרוּ ל֗וֹ
"אֱמָר-נָ֣א **שִׁבֹּ֗לֶת!**", וַיֹּ֙אמֶר֙ "**סִבֹּ֔לֶת**", וְלֹ֥א יָכִ֖ין
לְדַבֵּ֣ר כֵּ֑ן, וַיֹּאחֲז֣וּ אוֹת֔וֹ, וַֽיִּשְׁחָט֖וּהוּ אֶל-מַעְבְּר֣וֹת הַיַּרְדֵּ֑ן;
וַיִּפֹּ֞ל בָּעֵ֤ת הַהִיא֙ מֵֽאֶפְרַ֔יִם, אַרְבָּעִ֥ים וּשְׁנַ֖יִם, אָֽלֶף.

길르앗 사람이 에브라임 사람보다 앞서 요단 강 나루턱을 장악하고 에브라임 사람의 도망하는 자가 말하기를 청하건대 나를 건너가게 하라 하면 길르앗 사람이 그에게 묻기를 네가 에브라임 사람이냐 하여 그가 만일 아니라 하면 그에게 이르기를 **쉽볼렛**이라 발음하라 하여 에브라임 사람이 그렇게 바로 말하지 못하고 **십볼렛**이라 발음하면 길르앗 사람이 곧 그를 잡아서 요단 강 나루턱에서 죽였더라 그때에 에브라임 사람의 죽은 자가 사만 이천 명이었더라 (사사기 12:5~6)

그러나 각 소리 패턴을 달라지게 하는 언어의 잠재력 앞에서는 's:sh'라는 이 작은 차이가 무색해진다. 가장 명백한 것은 대조적 소리인 음소phoneme의 수다. 적게는 음소 수가 10개(아마존 유역 피라하어Pirahã), 11개(파푸아어에 속하는 로토카스어Rotokas)에 그치기도 한다. 꽤 오랫동안 최다 자음 보유 언어라는 타이틀을 가진 언어라는 세계 기록을 보유한 언어는 82개의 자음을 가진 우비크어Ubykh(글상자 3.1 참조)였다. 그러나 지금은 단연 우세한 챔피언 콩옹어!Xóõ에 최고 자리를 내주었다. 콩옹어는 보츠와나와 나미비아에 거주하는 4000명가량의 사람이 쓰는 언어다. 좀 더 발음하기 쉬운 타어Taa로 불리기도 하는데(그림 3.2 참조), 분석에 따라 84개에서 159개 사이의 자음을 가지고 있다고 한다.5 역시 분석에 따라 달라지지만, 영어의 자음 수는 40~45개로 중간 수준이며 나바호어의 자음 수는 약 50개다.

두 언어가 얼추 비슷한 크기의 음성 체계를 가졌더라도 실제 소리를 발음하는 차원이 완전히 달라지면서 뚜렷한 차이를 보이기도 한다. 카야르딜드어는 조음점이 많은 '길고 평평한long flat' 음성 체계를 가지고 있다. 혀의 여러

그림 3.2 나미비아에서 열린 이야기 대회에 참가하기 위해 함께 모인 콩옹어 화자들

우비크어: 자음은 너무 많고, 모국어 화자는 적고

우비크어는 독자성이 강하기로 유명한 캅카스 북서부 지역에서 사용되는 언어 중 하나다. 계속된 무력 충돌에서 패배하면서 우비크인들은 터키로 집단 망명했고, 우비크족은 점점 우비크어 대신 터키어를 쓰거나 체르케스 어Circassian와 아바자어Abaza 등 망명하여 정착한 캅카스 지역의 언어를 사용하게 되었다.

1930년, 흩어져 살고 있는 우비크족 원로들이 저녁마다 터키 삼순Samsun에 모였다. 기도 시간에 맞춰 말을 달려 와서는, 마당에서 저녁을 먹고 잠을 자고 새벽이 되기 전에 자기네 땅으로 돌아갔다. 원로들이 저녁마다 그곳에 온 것은 프랑스의 캅카스어 언어학자 뒤메질George Dumézil과 함께 작업을 하기 위해서였다. 몇 명 남지 않은 우비크어 화자들을 모으기 위해 뒤메질이 흑해 연안의 온 마을을 돌아다녔던 것이다. 뒤메질은 힘든 연구 환경 속에서 그 어려운 우비크어 음성 체계, 즉 어떤 언어에도 없는 소리들을 포함해 81개의 자음 음소를 가진 체계의 실체를 겨우 밝혀낼 수 있었다.[6]

우비크어의 복잡성은 음성 체계에 그치지 않는다. 우비크어에는 공간 관계를 상세화하는 동사 접두사만 스무 개가 넘는다. 또 "aqhjazbacr'aghawdætwaaylafaq'ayt'madaqh"처럼 한 단어로 문장 수준의 표현을 만드는 포합어식[7] 문법을 가지고 있다.

aqhjazbacr'aghawdætwaaylafaq'ayt'madaqh
a-qhja-z-bacr'a-gha-w-dæ-tw-aay-la-fa-q'a-yt'-ma-da-qh: 16개의 형태소
them-benefactive-me-under-ablative-you-causative-take-again-exhaustive-able-past-imperfective-negative-conditional-optative

그들-수혜격-나-아래-탈격-너-사동-취하다-다시-빠짐없는-할수있
는-과거-미완료-부정-가정-기원

if only you had not been able to make him take it all out from
under me again for them

(당신이 그로 하여금 또다시 그들을 위해 내게 속한 모든 것을 빼앗게 할 수 없었
더라면 좋았을 텐데)

우비크어가 사라지기 직전
아슬아슬한 순간에 연구가
시작되었지만, 뒤메질은
1930년에 생존해 있던 몇 안
되는 생존 화자들 중에 누가
뛰어난 선생(제보자)인지를
정확히 짚어냈다. 덕분에 뒤
메질은 그들의 기억을 빌려
수집한 자료를 토대로 하여,
경이로울 정도로 복잡한 우
비크어의 문법서와 사전, 문
헌들을 세상에 내놓을 수 있
었다. 우비크어는 간신히 명
맥을 유지하다가 1992년 10
월 7일 마지막 화자(그 역시

우비크어의 마지막 화자 테브픽 에센츠(57세 때의 모습)

뒤메질의 우비크어 선생이었다)가 세상을 떠나면서 사라졌다. 그는 죽기 전
자기 무덤에 쓸 비문을 다음과 같이 미리 준비해두었다. "이곳은 테브픽 에
센츠Tevfik Esenç의 무덤, 그는 우비크어라는 언어를 구사할 줄 아는 최후의
인물이었다."

부분을 이, 잇몸, 입천장의 다른 부분에 닿게 하여 구별된 소리를 만든다. 카야르딜드어에는 각 조음점에 해당하는 별개의 비음이 있지만 s, z, sh, f, v 같은 마찰음은 없다. 반면 영어는 비음도 적고 조음점도 얼마 되지 않지만 마찰음 부류가 많다.

기본적인 자모 외에, 성조tone나 다른 발성 유형 같은 여러 종류의 '초분절음소suprasegmental'를 사용할 수도 있다. 중국어나 나바호어처럼 모음에 늘 성조가 결합하기도 하고, 어떤 언어에서는 성조가 드러나지 않은 채 '유동적으로 있다가' 여타 단어와 이어지면서 다른 성조의 영향을 받아 비로소 제 성조가 확인되기도 한다. 예를 들어 카메룬 바밀레케어Bamileke의 방언인 방강테어Bangangte에는 'of'의 의미를 띠는, 소리로 확인할 수 있는 단어가 없다. 다만 'thing of child(아이의 것)'와 같은 구의 'thing'과 'child' 사이에 '유동성 고高 성조'로 숨어 있기 때문에, 후행 단어의 성조가 뚝 떨어진다는 점에서 비로소 유령 같은 이 연결사의 존재가 파악된다.

이 같은 언어에 대한 이해가 확산되면서 언어학자들은 음성 체계를 '분절적인' 것으로 파악하던 예전의 관점, 즉 음소라는 것을 한 줄의 목걸이에 죽 꿰여 있는 구슬처럼 다루던 관점을 점차 포기하고, 대신 보다 다음적多音的, polyphonic 개념을 취하게 되었다. 즉 서로 다른 소릿값들—하나는 성조, 하나는 자모—이⁸ 박자나 마디 같은 운율적인 면을 공유함으로써 서로 공고히 묶여 있다 해도 이들은 각기 나름의 독자적인 길을 가는 것으로 파악한다.

음절은 박자성beat 면에서 탁월하다. 음절은 운율 단위의 중심 역할을 하기 때문에, 시나 노래를 지으면서 단어를 고를 때는 물론이거니와(제9장 참조) 어디에 강세를 두어야 할지 또는 어떤 형태의 접사를 선택해야 할지를 결정하는 데도 큰 역할을 한다. 그러나 음절을 만드는 방법 역시 언어마다 크게 다르다. 어떤 언어는 음절을 ma와 같은 자음+모음(CV) 연쇄만으로 제한하는 반면, 어떤 언어는 '초성onset'과 '종성coda'이라는 복합적 연쇄를 허용한다. 예컨대 영어의 1음절 단어 strengths(/strɛŋθs/)는 초성에도 세 개의 자음(str), 종성에도 세 개의 자음(ngths=ŋθs)을 가지고 있다. 조지아어는 보다 복잡한 자음군까지도 허용하는데, '그가 우리를 잡아당기고 있다'는 의미의 조지아어 단어 gvbrdẏvnis를 보면 무려 8개의 자음이 초성에 있다. 심지어 캐나다 남서부 브리티시컬럼비아 주에서 사용되는 눅칼크어^{Nuxálk(aka Bella Coola)}의 경우, '그는 산딸기나무를 갖고 있었다'는 의미의 단어 xɬpʼx̣ʷɬtɬpɬskʷcʼ(이를 어떻게 발음해야 할지는 도무지 모르겠다)에서 보는 바와 같이 모든 종류의 자음이 한데 음절 핵을 이루도록 허용한다.

분무기에서 뿌려지는 물방울처럼 쏟아지는 소리들을 아이가 들었을 때, 그 소리를 이해하기 위해 아이가 해야 할 일 중 하나는 그 소리 연쇄를 어떻게 음절로 나눌지 결정하는 것이다. 당신이 아기라 가정하고, 연쇄된 소리 amadaba를 들었다면 어디에서 음절을 자르겠는가?

오랫동안 언어학자들은 여기에 보편 규칙이 있다고 믿어왔다. 자음 시작이 잘 이루어지도록 음절을 자른다는 '음절 초 자음 최대 원칙^{Maximal Onset Principle}'이 그것이다. 따라서 am 같은 VC(모음-자음) 음절을 산출하는 분석보다는 ma처럼 CV(자음-모음) 음절을 산출하는 분석이 더 선호된다. 이 보편 규칙에 따르면, 아기가 어떤 언어를 습득하고 있든 상관없이 amadaba를 들은 아기는 이를 a-ma-da-ba로 분리할 것이다. 이 규칙이 실제로 보편적이라면 아기들의 모국어 습득 작업은 훨씬 단순해질 것이다. 어떤 모국어 음성 체계와 씨름하든, 적어도 소리 연쇄를 어떻게 음절로 나눌지 확고한 추정을 갖고 달려들 수 있기 때문이다.

점점 더 많은 언어에 대한 기술이 이루어졌음에도 불구하고 이 '보편적 CV 음절' 가설은 꽤 오랫동안 유지되었다. 그러나 1990년대에 이르러 브린 Gavan Breen과 펜살피니^{Rob Pensalfini}는 그 반대의 예가 되는 언어를 찾아냈다.[9] 적어도 센트럴 오스트레일리아[10]의 아렌테어^{Arrernte}에서는 VC 음절이 선호되고 있었던 것이다. 아렌테어에서는 음절 초 자음 최대 원칙을 무시하고 amadaba를 am-ad-ab-a로 음절화한다. 만약 아이들이 CV 음절 분석을 하도록 하드웨어화된 채 언어 습득에 뛰어든다면 아렌테어를 배울 수 없을 것이다.[11] 이처럼 검증된 언어의 수가 적을 때는 보편성이 근사해 보이지만, 충분히 많은 언어를 검토하다 보면 틀림없이 반대 사례가 발견되기 마련이다.

아렌테어를 분석해내는 데 오랜 시간이 걸렸다는 점도 짚고 넘어갈 만하다. 언어학자들은 결정적 증거를 모으는 연구에 수십 년이나 보내야 했다. 왜냐하면 원순화가 모음보다 자음에서 주로 이루어지는 음운 조직 방식처럼 특별하고 낯선 여러 조건에 의지해, 그리고 아이들이 '토끼말Rabbit Talk'이라고 부르는 말놀이—단어의 맨 앞 음절을 맨 뒤로 보내는 게임(예: it.ir.em → ir.em. it)—에 의지해 비로소 핵심 증거를 찾을 수 있었기 때문이다. 이 과정을 통해 음운론자들은 외과 의사처럼 정밀하게 음절 경계를 정의하게 되었다. 이처럼 보편적 CV 음절 가설이 허위임을 입증하는 데는 아이들의 말놀이처럼 주변적으로 보이는 사항들에 대한 관심뿐만 아니라, 해당 언어의 논리에 잘 맞는 기술을 이끌어내는 세밀하면서도 기발한 연구가 필요했다. 무엇보다 중요하게 작용한 것은 영어에 맞서 자신들의 언어를 지켜내려는 아렌테 모국어 화자들의 강인한 의지였다. 아렌테어는 모든 것이 도시화된 오늘날, 명맥을 유지하는 유일한 호주 원주민 언어다.

　나바호어로 다시 돌아가서 이 언어의 음성 체계를 좀 더 구체적으로 살펴보자. 영어나 일본어와 달리[12] 나바호어의 각 음절은 의미 차이를 드러내기 위해 독립적으로 높은 성조나 낮은 성조를 취할 수 있다. 또 나바호어에는 (l 같은 소리의) 설측음이 많다. '축축하고 쉿쉿거리는 l 소리'라 할 만한 '설측 마찰음' ł도 있고(나바호어 기호로는 ł로 쓴다), 압력을 모았다가 터뜨려 소리 내는 t' 같은 방출음도 있고, 양치질할 때 내는 소리와 흡사한 연구개 파찰음 ɣ도 있다(나바호어 기호로는 gh로 쓴다). 여러 낯선 자질이 결합되어 훨씬 더 이색적인 소리를 만들어낼 수도 있다. 예를 들어 '방출 설측 파찰음' tɬ'(나바호어 기호로는 tł'로 쓴다)은 t와 ł을 결합시켜 연결체 전체를 하나의 방출음으로 소리 낸다. 나바호어 자음의 3분의 1을 넘게 차지하는 이런 소리들은 영어나 일본어 화자에게 매우 낯설 수밖에 없다.

　음성적 차이를 뒤로하고 여타 유형의 차이점을 살펴보기 전에, 일본의 암호 해독 전문가들이 겪었던 보다 근본적인 어려움을 강조할 필요가 있다. 성인의 경우 다른 언어의 음성 체계를 학습하기가 불리하다는 점은 앞서 언급했지만, 어쨌거나 성인 학습자가 새로운 소리들을 배우는 것이 불가능한 일은 아니다. 음성 훈련을 받는다면 더더욱 그러하다. 다른 언어의 음성 체계를 익히는 비결은 학습자가 정확한 음을 내지 못할 때 오류를 교정받는 것이다. 이는 학습자가 무심코 '최소 대립쌍'을 잘못 짝지어서 비속어나 모순된 표현을 만들어냈을 때 가장 흔히 일어난다('최소 대립쌍'이란 영어의 'pat : bat'처럼 두 단어가 단 하나의 음운에서만 차이를 보이는 경우를 가리킨다).

한 예로, 영어와 카야르딜드어에서 서로 달라지는 음성 쌍을 생각해보자. 영어 화자들은 정확한 r음 유형에 굳이 집중하지 않고 수많은 분량의 영어를 전사할 수 있다. 그 소리가 스코틀랜드어 식의 전동음^trill(음성기호로는 r)인지, 대부분의 영어권 변종어에서 발견되는 '접근음^approximant'(음성기호로는 ɹ)인지 신경 쓰지 않는다. very를 [veri]로 발음하든 [veɹi]로 발음하든 그 단어의 의미 변화를 가져오지 않는다. 기껏해야 발음하는 사람의 출신지나 계층에 따른 강세 차이를 확인하는 데 도움이 될 뿐이다. 또한 width의 d가 bid의 d처럼 발음되는지, wit의 t처럼 발음되는지, 혹은 대부분의 실제 발음처럼 '치간음^interdental' t̪로 발음되는지(뒤따르는 th 음을 준비하기 위해 혀를 이 사이로 이동함으로써 나는 음) 알 필요가 없다.

그러나 영어에서 r과 ɹ, t와 t̪를 구별하는 수준으로 무심하게 카야르딜드어를 말하면 곧바로 문제에 봉착할 것이다. 해변에서 낚시를 즐기고 있는 사람에게 순수한 마음으로 헤어지는 인사를 하기 위해 "내일 봐요. 오늘 저녁에는 해변에 다시 안 나올 거예요"라고 말하고 싶다면 어떻게 할까. 이렇게 인사하려면 카야르딜드어로 ngada balmbiwu kur̃iju ngumbanju, bikurdawu t̪aanangku ngarnku라 말해야 한다. 만약 영어권 화자가 r과 ɹ, t와 t̪ 구별에 주의를 기울이지 않으면 ngada balmbiwu kuɹiju ngumbanju, bikurdawu taanangku ngarnku라고 발음하게 될 것이고, 이는 "내일 당신을 목욕시켜줄게요. 오늘 저녁에는 당신과 해변에서 사랑을 나누고 싶지 않아요"라고 인사하는 꼴이 될 것이다.

(1) ngada balmbiwu kur̃iju ngumbanju, bikurdawu t̪aanangku ngarnku
I'll see you tomorrow. I won't come back to the beach this evening.
내일 봐요. 오늘 저녁에는 해변에 다시 안 나올 거예요.

(2) ngada balmbiwu ku.ɹiju ngumbanju, bikurdawu taanangku ngarnku

I'll bathe you tomorrow, I won't have sex with you on the beach this
evening.

내일 당신을 목욕시켜줄게요. 오늘 저녁에는 당신과 해변에서 사랑을 나누
고 싶지 않아요.

흔히 한바탕의 폭소와 조롱을 불러일으키는 이러한 사소한 음성적 실수
가 언어학자에게는 최고의 친구라 할 수 있다. 언어학자란 최소 대립쌍을 발견
하고 바로 그 순간부터 관련된 음성 대조의 중요성에 주의를 기울이는 사람들
이기 때문이다.

만약 상호 작용하는 모국어 화자 없이 해당 언어를 듣기만 한다면 절대
로 이런 식의 피드백을 얻어낼 수 없다. 가끔씩 나는 더 이상 사용되지 않는
언어를 녹음한 테이프를 들으면서 전사해야 하는 맥 빠지는 작업을 해왔다.
사실상 이는 불가능한 작업이다. 전사하면서 집중할 만한, 해당 언어의 음성
에 대한 심적 모형mental model이 없기 때문이다. 음성 차이를 학습하는 데는
사회적 기반이 무엇보다도 중요하며, 일본의 암호 해독 전문가들이 겪었던 것
같은 철저한 단절 상태에서 음운 체계를 분석해낸다는 것은 거의 불가능한 일
이다.

'giving'과 'gift'의 구별

O body swayed to music, O brightening glace,

How can we know the dancer from the dance?

오 음악에 흔들리는 몸이여, 오 빛나는 눈빛이여

춤추는 댄서와 그 춤을 어찌 구별할 수 있겠는가?

— Yeats(1983:217)

세상에 존재하는 수많은 사물과 부류 가운데 대부분은 잡다하며 제멋대로 뜯어고쳐지고 경계도 잘못 정해졌다. 제대로 된 절점에서 분할되어, 원래의 객관적 동일성과 이질성에 따라 경계지어진 것은 소수에 불과하다.

— Lewis(1984:227)

　일단 나바호어의 이상한 소리들을 지나오면 그다음 도전이 기다리고 있다. 그것은 바로 세상의 다양한 현상을 개념화하는 아주 낯선 방법들과 맞닥뜨리는 것이다. 설상가상으로 나바호어는 우리가 어휘소lexeme(사전에 있는 단어)일 것으로 기대하는 요소들이 잘게 썰린 채 문법 정보들과 한데 끼워져 있다. 만약 어휘소를 고깃덩어리에 비유하고 문법 정보를 양파나 가지에 비유한다면, 나바호어의 단어는 요리용 꼬챙이에 조각들이 줄줄이 꿰어 있는 긴 시시케밥shish kebab13과 비슷하다고 할 수 있다. 아마도 나바호어 사전을 한번 이용하려면 꽤나 긴 시간이 소모될 것이다.
　나바호어에서 세상을 명칭 단위로 분할하는 방식도 영어의 방식과는 매우 다르다. 크리스마스 때 사람들이 선물을 주고받는 장면을 묘사한다고 생각해보자. 페니는 마거릿에게 공을 주고, 로이드는 딜런에게 배낭을 주고, 캐서린은 존에게 벙어리장갑을 주고, 루크는 미파뉘에게 팔찌를 주고, 올웬은 프리야에게 구슬을 몇 개 주고 있다. 이를 영어로 표현한다면 개개인의 행동에 대하여 동일한 동사 'give'를 쓰고 선물 명칭만 바꾸면 된다. 그러나 이 묘사를 나바호어로 번역하려면 선물을 주는 각 사건은 제각각의 동사로 기술되어야 한다. 'ʔą̄로 쓰는 단어는 '공처럼 딱딱하고 둥그스름한 물건을 주다', yį́는 '배낭 같은 짐이나 꾸러미를 주다', lá는 '밧줄이나 (끈으로 연결된) 벙어리장갑처럼 가늘고 마음대로 구부릴 수 있는 물건을 주다', tą́는 '화살이나 팔찌처럼 가늘고 딱딱한 물건을 주다', jaa'는 '구슬들처럼 특정 유형의 복수 물건을 주다'를 뜻한다. ('주다 동사류'는 이외에도 더 많으며, '앉다'나 '있다' 같은 여타 동사들도 비슷한 식으로 그 수가 늘어난다.)
　나바호어의 동사는 명세성이 뚜렷하기 때문에 주는 물건을 구체적으로 언급할 필요가 없는 반면, 영어에서라면 주는 물건을 반드시 언급해야 한다.

만약 나바호어의 방식이 이상하다고 생각한다면 선물을 주고받는 위의 장면들을 소품 없이 무언극으로 표현해보라. 팔을 이용하여 보여주는 실제의 물리적 움직임이 충분한 단서를 줌으로써 장면 표현에 무리가 없을 것이다. 이처럼 '수여授與' 사건을 기술하는 데 있어 영어는 '소유의 이동'이라는 면에서 총칭적 수준의 기술을 선택하고, 이동되는 대상을 명명하는 작업은 'some marbles(구슬 몇 개)' 같은 명사구에 넘겨버린다. 이와 달리 나바호어에서는 행위가 훨씬 자세히 물리적으로 기술되기 때문에 이동 대상을 명명하는 데 드는 시간이 불필요해진다.

캥거루과쳐 동물의 껑충껑충 뛰는 동작을 가리키는, 아넘랜드의 몇몇 호주 원주민어 단어에도 이와 동일한 원리가 적용된다. 영어는 묘사 작업의 모든 임무를 명사에 부과하여 the kangaroo hops, the wallaby hops, the wallaroo hops(캥거루가/왈라비가/왈라루가 껑충껑충 뛴다) 등으로 표현한다. 그러나 쿤윙즈쿠어에서는 여러 캥거루과 동물이 뛰는 모습을 각기 다른 동사로 묘사한다. 즉 동사 kamawudme는 수컷 영양왈라비, kadjalwahme는 암컷 영양왈라비, kanjedjme는 왈라루, kamurlbardme는 흑색왈라루, kalurlhlurlme는 에이자일왈라비가 껑충껑충 뛰는 것을 나타낸다. 캥거루과에 속하는 여러 동물의 걸음걸이에서 나타나는 특이점을 각 동물을 구분하는 데 이용하는 것이다. 각동물의 특이한 걸음걸이는 사냥 나갔을 때 멀리서도 그들을 구별하는 주요 방법으로 실제 활용된다. 최근 들어 캥거루과의 각 종을 구별하는 컴퓨터 시각프로그램이 연구되고 있는데, 캥거루과 동물들의 외형보다 움직임에 기반하여 만들어진 프로그램이 성과가 더 좋았다는 점에 비춰보면 토착어에 나타나는 동사의 구분이 더욱 흥미롭게 느껴진다. 결국 춤을 추는 댄서에 집중해 묘사할 것인가, 아니면 그 춤에 집중해 묘사할 것인가 하는 결정은 언어에 따라 꽤 다르게 이루어진다.

철학자 콰인Willard Quine은 "제대로 된 안목과 식견이 없는 의미론은, 의미란 박물관에 진열된 전시물이며 단어란 거기에 붙은 이름표라고 보는 박물관 신화에 불과하다"고 했다.[14] 나바호어의 '수여' 동사 같은 예는 그가 말하고자 했던 바가 무엇인지 잘 보여준다. 서로 다른 언어들이 그저 동일한 대상들을 전시물로 삼아 거기에 이름표를 붙이는 것이 아니라, 사람들 입에 이름표들이 오르내리는 과정을 통해 꽤 다른 전시물이 만들어질 수 있다는 것이다. 완전히 다른 언어로 된 암호를 암호 해독가들이 풀기 어려운 두 번째 이유는 바로 이 때문이다. 하나는 영어로, 하나는 나바호어로 된 대역 텍스트를 보면서 "주다"라는 단어가 나바호어로 무엇인지 찾는다고 가정해보자. 영어 'give'에 대응하는 단위가 나바호어에 딱 하나만 있는 게 아니기 때문에, 영어로 'give'가 쓰인 곳마다 나바호어에서 반복해 나오는 단어가 무엇인지 찾는 식으로 그 텍스트를 살필 수는 없다. 오히려 실체에 해당되는 표현을 매우 기본적인 수준까지 해체한 후 거기서부터 재구성을 해야 한다. 언어들이 서로 다른 '의미 전시물'을 어떻게 만들어내는지 네 가지 면에서 살펴보자.

첫째, 어떤 언어들은 크고 작은 일련의 경험을 한데 묶어 단어 하나로 표현한다. 예를 들어, 달라본어Dalabon의 karddulunghno라는 단어는 '우기 초기의 비 냄새와 흙냄새'를, 시베리아 케트어의 átĕtlʌŋōːks라는 단어는 '특정 수종樹種만 있는 곳에서 단 하나만 끼어 자라고 있는 이종異種 나무'를,[15] 인도 문다리어Mundari의 rawadawa라는 단어는 '목격자가 없으니 무언가 못된 짓을 하고서도 거기서 빠져나갈 수 있다고 생각하는 느낌'을 나타낸다. 반대로, 흔히 당연하게 여겨지는 복합 개념을 더 단순한 개념들의 연속 행위로 해체하는 언어들도 있다. 파푸아어의 하나인 칼람어Kalam가 그렇다. 칼람어에서 '(장작 같은 것을) 모으다gather'라는 단어는 '가다 치다 갖다 오다 놓다go hit get come put'로 쪼개지며, '마사지massage'라는 단어는 pk wyk d ap tan d ap yap g라는 9개의 성분으로 해체되는데, 이를 문자 그대로 풀면 '때리다 문지르다 쥐다 오다 오르다 쥐다 오다 내리다 하다strike rub hold come ascend hold come descend do'라는 뜻이다.[16]

둘째, 언어들은 사건이나 사물의 경계를 서로 다른 식으로 분할하기도 한다. 사람의 신체를 생각해보자. 신체 각 부분의 경계가 명백하고 자연적인 것일까? 각 언어는 패션 디자이너처럼 자기가 선호하는 절단선에 초크 칠을 한다. 러시아어의 noga라는 단어처럼 다리와 발을 한데 묶을 수도 있고, 다리의 위쪽 선을 다른 식으로 구분할 수도 있다. 예를 들어, 솔로몬 제도의 사보

사보어Savosavo에서 '다리' 범주는 볼기뼈와 넓적다리뼈 사이인 고관절에서 시작해 발까지 아우르는 반면, 인도네시아의 티도레어Tidore에서 대략 '다리'로 번역될 만한 단어 yohu는 허벅지에서 위로 4분의 3쯤 되는 부분까지를 이른다.

셋째, 언어들은 사건 참여자의 역할을 전혀 다른 방식으로 다루기도 한다. 영어와 여타 유럽어는 실제 일차적 원인이 다른 데 있더라도 인간이나 동물 같은 유정물을 사건 조정자 위치에 놓는 편이다. 그러나 호주와 파푸아뉴기니의 많은 언어에서는 인간이나 동물을 중심 위치에 두지 않고 인과 사건을 묘사하는 일이 아주 흔하다. 암컷 바다거북이 알 낳을 땅을 파려고 애쓰지만 그 땅이 너무 굳어 있어 구멍을 파기 어려운 상황을 마웅어로는 다음과 같이 표현하는데, 이를 풀어보면 '암컷 바다거북이 알을 낳으려는 시도를 땅이 수포로 돌아가게 했다'가 된다.

(3) kinyngarajpun jita manpiri

    it (the ground) frustrated−the−egg−laying−attempts−of the female turtle

    그것 (땅) 좌절시켰다−알−낳기−시도−의 암컷 바다거북

이러한 표현들을 보면, 배역 캐스팅이 다르다는 것은 결국 이들의 우주론이 완전히 다르다는 사실, 즉 유럽 언어들에서 묘사되는 것만큼 인간(과 바다거북!)을 자연계의 지배자로 보지 않는다는 사실을 반영하는 듯하다. 그러나 이 문제에 대해 과학적 원리로 반박하려면 이 책의 논지에서 너무 벗어나게 될 것이다.

넷째, 동일 형태에 의미를 연결하는 방식이 언어마다 달리 나타나기도 한다. 동일 형태가 관련 의미들을 함께 나타내는 것을 서구 언어학에서는 일반적으로 '다의어'라 하는데, 의미적 연결의 본질을 찾고자 하는 언어학자들은 이외에도 여러 구어 전통에 특별한 관심을 보이고 있다. 욜릉구족의 원주민어에서는 좀 더 시적詩的 개념인 likaṇ(팔꿈치, 두 나뭇가지 사이의 갈래)을 사용하는데, 이는 하나의 형태(관절)를 축으로 하여 두 개의 의미(위아래 팔)가 움직임을 뜻하는 말이다. 심오한 의미론적 연결, 특히 세속 세계로부터 종교 세

계로 확장되는 은유를 논하는 일은 욜릉구족의 종교 의례 훈련 과정에서 중요한 부분을 차지한다. 로셀 섬에서 노래로 불리는 서사시는 아주 특이한 유형의 압운, 즉 똑같은 단어지만 의미는 다른 단어가 인접한 행에 다시 나와야 한다는 압운을 가지고 있기도 하다.

언어들을 하나하나 살피다 보면, 특히 큰 문화 격차를 가로지를 때면 이제까지 친숙했던 연결고리들 중 포기할 것이 많아진다. 영어권 화자들은 'I see'가 'I understand'의 뜻도 나타낼 수 있음을 당연하게 여기지만, 세상에는 이런 가정이 들어맞지 않는 언어도 많다. 예컨대 카야르딜드어에서는 오히려 'I hear'가 사용된다. 카야르딜드어의 jara라는 단어도 예측하기 어려운 의미 연결로 사람을 당혹스럽게 한다. jara가 '발'에서 '발자국'으로 의미가 확장되는 것은 직관적으로 충분히 그럴듯해 보인다. 그런데 jara는 더 나아가 '비'로까지 의미가 확장된다. 영어권 화자라면 이 의미 연결이 굉장히 이상하게 느껴질 것이다. 그러나 수렵채집 생활 속에서 사람들이 걸어다니는 것을 떠올려보면, 건기 끝 무렵 땅의 상태, 마치 선생님 수십 명이 쓰고 또 써서 지저분해진 칠판 같은 상태를 이해할 수 있을 것이다. 비는 새로운 길track이 생길 수 있도록 땅을 깨끗하게 만들어준다. '(새로운) 길이 내린다'는 의미의 jara barjija라는 표현의 밑바닥에는 위와 같은 인식이 자리 잡고 있는 것이다. 호주 여타 지역에서도 동일한 의미 연결이 다른 형태로 나타난다. 예를 들어, 왈피리족Warlpiri 여인들의 보디페인팅 디자인을 보면 '길track'과 '비rain'에 같은 기호를 사용하고 있다(그림 3.3 참조).

이 모든 변이를 다루는 한 가지 방법은 소규모의 '의미 원자semantic atom' 부류를 가정하고, 각 언어에서는 그저 이 의미 원자들이 결합해 서로 다른 분자들을 만들어내는 것이라 설명하는 것이다. 이러한 접근법을 주창한 비에르츠비카Anna

그림 3.3 '길'과 '비'를 나타내는, 왈피리족의 다의적 기호[17]

Wierzbicka는 'this(이것)' 'me(나)' 'now(지금)' 'want(원하다)' 'think(생각하다)' 'know(알다)' 'inside(안)' 등 모든 언어에서 발견되는 것으로 알려진 70개가량의 '의미 원소semantic primitive'를 제안했다. 그러나 이 의미 원소들은 문제점을 안고 있다. 예를 들어 'want(원하다)'는 카야르딜드어로 자유롭게 번역될 수 없다.[18] 'think(생각하다)'와 'know(알다)'는 달라본어 심리동사에 바로 연결되지 않는다. 즉 달라본어의 동사 bengkan은 문맥에 따라 'know(알다)' 혹은 'remember(기억하다)'로 다양한 의미를 나타내며, 더 나아가 의견을 고수하거나 오랜 기간 숙고하는 지속적 의미의 'think(생각하다)'를 뜻하기도 한다. 반면 또 다른 동사 bengdi는 갑자기 생각이 들었거나, 무언가를 깨달았거나, 번뜩이는 영감이 떠오른 상황에 쓰인다.[19]

중세 철학자 아퀴나스는 "이름은 자연과 어울려야 한다nomina debent naturae rerum congruere"는 말을 남겼다. 언어가 어떤 면에서는 이 언명言明을 옹호할 만하다는 점도 분명하다. 벌린Brent Berlin과 여러 민족생물학자는 세상 언어들의 특정한 경향성, 즉 자연에 존재하는 생물종 간 경계를 자연 자체가 그어놓은 선에 따라 동일한 방식으로 규정한다는 점을 증명해왔다. 언어들이 종에 관심을 두고 종마다 별개의 이름을 붙인다는 것이다.[20]

최근 들어 포더Jerry Fodor에서 핑커에 이르는 여러 생성문법학자와 철학자에 의해 아퀴나스의 관점이 보다 영향력 있게 떠오르고 있다. 이들은 인간이 언어와 별개 존재인 '정신어mentalese'로 사고하며, 이것이 영어, 일본어, 달라본어, 나바호어 등으로 직접 번역된다고 상정한다. 그러나 앞서 살핀 문제점들을 비껴갈 수 없다. '정신어'에서 사용되는 개념들은 정확히 어떤 것들인가? 정신어의 '주다'는 영어의 'give' 개념인가, 나바호어 식 개념인가? '다리'는 영어의 'leg' 개념인가, (고관절부터 발까지 아우르는) 사보사보어식 개념인가? '생각하다'는 영어의 'think' 개념인가, ('알다' '기억하다'의 뜻까지 포함하는) 달라본어식 개념인가? 이 절의 제사題辭에서 언급한 것처럼, 범언어적으로 동일 절점에서 분할된 것은 거의 없다. 광범위한 세계 언어 사례를 따져보면 아주 기본적인 개념조차도 범언어적으로 정리되지 못함을 분명히 알 수 있다. 세계 언어가 보여주는 의미적 다양성은, 아퀴나스나 포더, 핑커의 주장보다 "언어마다 기초적 개념들을 체계화하는 양상이 다른 만큼, 언어들이란 그저 상징 장치라는 점에서나 서로 비슷한 존재인 듯하다"[21]라는 사피어의 기술이 더 사실에 가까움을 시사한다.

이러한 관점이 언어 간 의미 호환 가능성에 얼마나 영향을 끼치는가에 대해서는 해석이 분분하다. 가장 극단적인 견해로, 비교가 불가능할 정도로 완전히 다른 체계들 간의 번역이란 불가능하다고 보기도 한다. 이 견해를 타당하지 않은 것으로 치부할 근거는 많다. 무엇보다도 앞서 제시했던 정의처럼 세심하게, 때로는 다소 장황하게 정의한다면 다른 언어에서 꾸려진 의미를 우리 자신의 언어로 나타낼 수 있다. 이러한 관점에서 보면 똑같은 '로마Rome'로 통하는 길은 여러 가지가 있을 수 있다. 비록 어떤 길은 다른 길보다 멀고 바람이 거셀지라도 말이다.

이 '다구성적multicompositional' 관점은 수 체계에도 적용된다. 어떤 언어든 수 체계는 동일한 정수 집합을 지시한다. 러시아어의 단어 poltora처럼 '1½'을 나타내는 단일어가 있는 언어들도 분명 있지만 '1¼' '2½' '3¾' 등을 세는 언어는 아직 알려진 바 없다. 그럼에도 불구하고 큰 수 가운데 어떤 것이 단일어 요소로 단위화되는지, 좀 더 일반적으로는 어떤 수가 기본이 되는지 하는 양상은 언어마다 크게 다르다.

예컨대 일본어에는 10^4(10,000)을 가리키는 만万이라는 단위어가 있다. $(10^4)^2=10^8=100,000,000$(일본어 논리로는 1,0000,0000)을 이르는 억億처럼 만의 제곱과 세제곱을 가리키는 단위도 있다.[22] 힌디어와 여타 인도어에는 100,000을 뜻하는 단위 lakh가 있다.(lakh의 기원이 된 산스크리트어 lakṣa는 '연어'를 가리키는 독일어 lachs, 이디시어Yiddish와 영어 lox와 어원이 같다. 이 표현이 숫자 100,000의 의미로 확장된 것은 엄청난 수로 떼지어 다니는 연어를 은유화한 것이다.) 그런데 영어, 일본어, 힌디어에서 각기 다른 식으로 단위화된다 해도 어떤 수든 정확히 표현된다는 점에서는 모두 마찬가지다. 기본 단위를 thousand(1,000)로 하든, 万(10,000)으로 하든, lakh(100,000)로 하든 700,000이라는 수를 표현할 수 있는 것이다.

(4) '700,000'의 표현

ㄱ. 영어: 700 thousands

ㄴ. 일본어: 70 万

ㄷ. 힌디어: 7 lakhs

10진법에 기반하지 않은 수 체계를 가진 언어를 보면 이 같은 주장의 정당성이 보다 극적으로 증명된다. 우리에게 익숙한 10진법이 5진법 체계, 마야어 같은 20진법 체계, 수메르어 같은 60진법 체계 등 여타 체계들보다 왜 더 유용한지 보여주는 뚜렷한 수학적 근거는 없다. 아마도 각 체계는 수를 세는 여러 방식—한 손 손가락을 이용하는 방식(5진법), 두 손 손가락을 이용하는 방식(10진법), 손가락과 발가락을 모두 사용하는 방식(20진법), 또는 보다 복잡하게 손가락과 발가락을 다 이용한 후 여러 신체 부위를 사용하는 방식 등—에서 발달해온 듯하다. 글상자 3.2는 또 하나의 파푸아어인 옥사프민어 Oksapmin의 특이한 셈법, 즉 27까지의 숫자 값을 가진 셈법을 보여준다. (물론 이 방식이 실제로 더 큰 수를 세는 기반으로 기능했다는 증거는 없다.)

남부 파푸아어 중에는 6진법 체계를 가진 언어가 많다. 예컨대 200이라는 수는 카눔어Kanum에서 swabra ptae ynaoaemy ntamnao라 표현될 수 있는데, 이를 문자 그대로 보면 '오 삼십육 이 삼육', 즉 $(5 \times 6^2)+(2+(3 \times 6))$이 된다. 그리고 아람바어Arammba에는 6^1부터 6^6까지의 제곱 값을 가리키는 단일어 표현이 있다(표 3.1 참조).[23]

어느 체계에서든 어떤 숫자들은 심리적으로 쉽게 느껴지고 어떤 숫자들은 어렵게 느껴지는 것이 사실이다. 보다 단순한 명칭으로 표현되는가, 아니면 복잡한 명칭으로 표현되는가에 따라 심적 처리 과정이 빠르거나 더딘 차이를 가져오기 때문이다. 그러나 그 정도의 처리 속도를 제외하고 생각하면, 모든 수 체계는 한결같이 모든 정수를 표현해낼 수 있다. 즉 앞서 논의한 다양한 수 체계란 그저 동일한 실재를 묘사하는 '표기상의 변이형notational variant'일 뿐이다.

보다 심도 있는 질문을 해보자. 명쾌하고 단순한 숫자 세계를 벗어나

아람바어 용어	수	6의 제곱 값
nimbo	6	6^1
feté	36	6^2
tarumba	216	6^3
ndamno	1,296	6^4
wermeke	7,776	6^5
wi	46,656	6^6

표 3.1 6의 제곱수를 나타내는 아람바어

진흙탕처럼 흐릿한 사건 묘사를 할 때도 이를 단지 표기상의 변이형으로 볼 수 있을까? 개념적 경계는 같다는 논리를 끝까지 밀고 나가는 것이 가능할까?

움직임을 나타내는 사건을 어떻게 기술하는지 생각해보자. 이를 위해서는 움직임의 '경로path', 움직이는 것을 나타내는 '모습figure', 어떻게 움직이는지를 나타내는 '방식manner'을 기술해야 하며, 움직임을 유발한 무언가가 있다면 '원인cause'까지 추가적으로 기술되어야 한다. 탈미Leonard Talmy는 이 세 가지 요소 중 어느 것을 중심으로 움직임을 기술하는지가 언어마다 다름을 보여주었다.[24]

영어 같은 방식-중심 언어들은 우선 '방식'을 기술할 동사(예: run)를 선택한 후 전치사를 추가하여 '경로'를 제시하며, '모습'에는 크게 신경 쓰지 않는다. 예를 들어 (5)에서 'ran'은 방식을, 'into'는 경로를 표현한다. 스페인어 같은 경로-중심 언어라면 (6)처럼 '경로'를 표시하는 동사(예: entrar)를 먼저 선택하고 필요한 경우에 한해서 '방식'을 구체화하는 구를 덧붙인다. (한 가지 덧붙이면, 게르만어식 표현인 run into 대신 프랑스어 차용어 enter를 사용함으로써 로맨스어 구조를 영어 번역에 그대로 반영할 수 있다.)

(5) John ran into the building.
    존은 건물 안으로 달려 들어갔다.

옥사프민어의 셈법

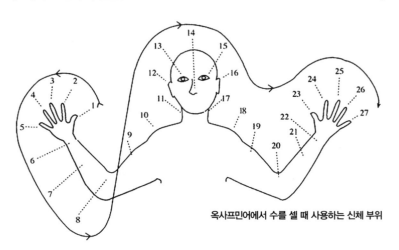

옥사프민어에서 수를 셀 때 사용하는 신체 부위

	14 lum '코'	
13 kin '눈'	kin tən '반대쪽 눈'	15
12 nat '귀'	nat tən '반대쪽 귀'	16
11 gwel '목 옆'	gwel tən '반대쪽 목 옆'	17
10 kat '어깨'	kat tən '반대쪽 어깨'	18
9 tuwət '위팔(어깨~팔꿈치)'	tuwət tən '반대쪽 위팔'	19
8 amun '팔꿈치'	amun tən '반대쪽 팔꿈치'	20
7 bes '팔뚝'	bes tən '반대쪽 팔뚝'	21
6 xadəp '손목'	xadəp tən '반대쪽 손목'	22
5 xətxət '새끼손가락'	xətxət tən '반대쪽 새끼손가락'	23
4 xətlip '약지'	xətlip tən '반대쪽 약지'	24
3 bumlip '중지'	bumlip tən '반대쪽 중지'	25
2 ləwatipun '검지'	ləwatipun tən '반대쪽 검지'	26
1 tipun '엄지'	tipun tən '반대쪽 엄지'	27

옥사프민족 여성이 27까지 센 후 "tit fu!"를 외치고 있다.

옥사프민어는 파푸아뉴기니 산다운Sandaun 지방에서 쓰이는 고지대 파푸
아어Highlands Papuan다. 이 언어의 셈 체계에 따르면, 엄지부터 13단계를 거
쳐 14에서 코에 이르고 다시 반대쪽으로 내려와 27에서 반대편 엄지에 이
른다. 이 사이클이 끝나면 두 주먹을 들고 "tit fu!"라고 외치는 것이 관습
이다. 예를 들어 '그 후 그는 여덟 밤 동안 오지 않았다'라고 말하려면 jəxə
amunxe dik jox napingoplio라고 하는데, 이를 문자 그대로 풀면 '그 후
팔꿈치 시간을 (그는) 오지 않았다'가 된다. 지금도 아이들이 톡피신어나
영어와 함께 옥사프민어를 배우기는 하지만, 화폐 거래를 위해 영어식 수
체계를 쓰게 되면서 27에 기초한 수 체계는 점점 폐기되고 있다. 그러나 나
이 많은 화자들은 망태기를 세는 따위의 상황에서 여전히 전통 체계를 따
른다.

(6) Juan entró en el edificio (corriendo)

John entered the building (running)

후안은 건물로 달려 들어갔다.

모습-중심 언어에서는 동사가 방식이나 경로보다 움직이는 사물을 구체화한다. 영어 문장에도 'it's snowing in through the window'처럼 이 같은 패턴을 취하는 예가 일부 있기는 하다. 반면 모습-중심 언어들은 대부분의 동사가 이러한 방식으로 사용된다. 앞서 살폈듯 여러 '주다' 동사가 움직이는 대상에 대한 정보를 담고 있는 나바호어가 여기에 속한다. 북부 캘리포니아의 멋진 언어 아추게위어Atsugewi도 이 유형에 속하는데, 이 언어는 지난 수십 년 사이 마지막 화자마저 사라져버렸다.

움직임을 나타내는 사건을 아추게위어로 기술하려면 우선 '모습'과 관계된 어근을 선택해야 한다. 예컨대 -caq-는 끈적거리고 덩어리진 사물(예: 두꺼비나 소똥), -swal-는 한쪽 끝은 매달려 있고 줄처럼 늘어진 사물(예: 빨랫줄에 널린 셔츠, 매달아놓은 죽은 토끼, 축 늘어진 성기), -st'aq-는 물기가 많고 기분 나쁘게 끈적거리는 물질(예: 진흙, 분뇨 거름, 썩은 토마토, 내장, 씹은 껌)을 나타낸다. 그다음에 -ik(땅 위에), -ict(액체 속으로), -cis(불 속으로) 등 '장소' 정보를 주는 처소격 접미사를 추가하고, 움직임이나 상태의 '원인' 정보를 주는 접두사를 덧붙인다. 원인을 표현하는 접두사의 예로는 uh-(중력에 의해/사물 자체의 무게에 의해), ca-(바람에 의해), cu-(축 방향으로 움직이는 직선 모양 사물에 의해) 등이 있다. 그림 3.4는 아추게위어의 동사 하나를 도식적으로 만들어서 예시한 것이다. 마지막으로 행위주agent와 피행위자patient, 그리고 법mood을 명세해주는 굴절 요소를 추가해 마무리짓는다. 예를 들어 ?w-⋯⋯a는 '그것이 ~하다'(사실법), s'w-⋯⋯a는 '내가 그에게/그녀에게/그것에 ~한 행동을 하다'(사실법)를 표현한다.

자, 이제 아추게위어로 사건을 기술할 수 있을 것이다. 형태소 구조로 이루어진 다음 표현들에 대해, 다소 이상하게 여겨질 수도 있는 문자 그대로의 번역을 제시해보았다. 여러분도 s'wcust'aq'cis를 한번 직접 해석해보라.[25]

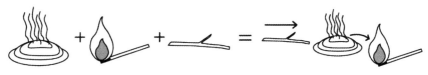

−caq−
"끈적거리고
덩어리진 사물"
여기서는 소똥

−cis
"불 속으로"

cu−
"축 방향으로 움직이는
직선 모양 사물에 의해"
여기서는 나뭇가지

s'wcucaq'cis
나는 소똥을 나뭇가지로
불 속에 밀어 넣었다.

추상적 도식

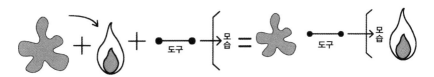

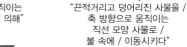

−caq−
"끈적거리고
덩어리진 사물"

−cis
"불 속으로"

cu−
"축 방향으로 움직이는
직선 모양 사물에 의해"

s'wcucaq'cis
"끈적거리고 덩어리진 사물을 /
축 방향으로 움직이는
직선 모양 사물로 /
불 속에 / 이동시키다"

구체적 예시 2

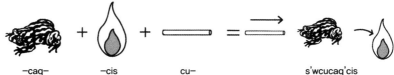

−caq−
"끈적거리고
덩어리진 사물"
여기서는 두꺼비

−cis
"불 속으로"

cu−
"축 방향으로 움직이는
직선 모양 사물에 의해"
여기서는 쇠파이프

s'wcucaq'cis
나는 두꺼비를 쇠파이프로
불 속에 밀어 넣었다.

그림 3.4 덩어리진 사물을 불에 넣는 동작을 나타내는 아추게위어 표현 방법

(7) ʔwuhsťaqʼika

runny icky material is located on the ground from its own weight acting on it

물기가 많고 기분 나쁘게 끈적거리는 물질이 그 자체의 무게로 땅에 놓여 있다

(8) ʔwuhsťaqʼicťa

runny icky material moved into liquid from the wind blowing on it

물기가 많고 기분 나쁘게 끈적거리는 물질이 바람에 의해 물속으로 떨어졌다

이러한 의미들이 영어로 얼마나 잘 표현되는가? 위의 번역문들은 분명 쉽게 이해되지만 일상 발화에서는 거의 쓰이지 않는다. 영어 화자라면 'guts are lying on the ground(동물 내장이 땅 위에 뒹굴고 있다)' 'the guts blew into the creek(동물 내장이 바람에 날려 개울로 떨어졌다)'이라고 말하겠지만, 아추게위어로는 ʔwuhstaqika, ʔwuhstaqicta라 번역되었다. 결국 동일한 상황을 영어로도 아추게위어로도 표현할 수 있다. 그러나 두 표현이 나타내는 상황의 범위는 서로 다르다. 예를 들어 분뇨 거름이 바람에 날려 개울로 떨어진 상황, 썩은 토마토가 바람에 날려 연못으로 떨어진 상황에도 ʔwuhstaqicta를 쓸 수 있지만, 이 상황을 'the guts blew into the creek'으로 표현할 수는 없다.

수를 통해 보았던 것처럼 두 개의 의미 길road이 똑같은 지시체 '로마'로 통한다고 볼 수 있을까? 이는 오히려 다음과 같은 상황에 가깝다. 아브라함과 이브라힘 두 사람이 모두 성도聖都, Holy City를 향해 출발하여 아브라함은 통곡의 벽Wailing Wall에서, 이브라힘은 알아크사 사원Al-Aqsa Mosque에서 여정을 끝냈다.[26] 이 두 사람은 같은 곳에 도착한 것일까? 둘 다 예루살렘에 왔으니 그렇다고 답할 수 있을 것이다. 그러나 아니라고 말할 수도 있다. 아브라함은 이스라엘에서, 이브라힘은 팔레스타인에서 여정을 마쳤기 때문이다. 사상寫像, mapping 단위가 무엇인가에 따라 답은 달라질 수 있다.

이를 볼 때, 언어학자들이 해야 할 가장 중요한 작업 중 하나는 각 단어나 접사가 쓰이는 맥락들을 충분히 따져보는 것이다. 그 단어나 접사를 처음

접했을 때 했던 번역이 아주 왜곡된 것일 수도 있기 때문이다. 달라본어에는 동사와 결합하는 molkkûnh-(발음은 대략 molk-ken에 가깝다)라는 접두사가 있다. 내가 처음 이 접사를 접한 것은 molkkûnhbon라는 표현에서였다. 지금은 세상을 떠났지만 내게 처음 달라본어를 가르쳐준 데이비드 칼부마David Kalbuma에게서 들은 말인데, 그의 표현대로라면, 허락도 없이 부족의 땅에 들어와 '몰래 돌아다니는' 어떤 기독교 원리주의 전도자에 대해 이야기하면서 썼던 표현이다. bon이 '가다'를 뜻하므로 나는 molkkûnh-이 '몰래sneakily' 같은 의미일 것이라고 결론지었었다.

내 달라본어 선생 역할을 해주던 또 한 명의 달라본어 화자 앨리스 뵘 Alice Bohm으로부터 두 번째로 이 접사를 들었다. 역시 지금은 고인이 된 뵘은 당시 이미 나이도 많고 쇠약해져 있었는데, 현지답사의 막바지 무렵 슬픈 얼굴로 내게 작별을 고하며 이렇게 말했다. kardû ngahmolkkûndoniyan bo(나는 molkkûnh-죽을지도 모른다). 그녀는 내게 이 말을 'I might die suddenly(나는 갑자기 죽을지도 몰라)'라고 번역해주었다. 그래서 나는 molkkûnh-에 '갑자기'라는 두 번째 의미가 있다고 생각했다.

세 번째, 현재 내 달라본어 주임 교사라 할 수 있는 매기 투쿰바Maggie Tukumba에게 이 접사를 또 들었다. 어느 늦은 밤, 나는 머레이Murray Garde라는 친구와 함께 투쿰바가 살고 있는 공동체 마을에 들렀다. 당시로서는 그 마을에 전화선 연결이 안 되어 있었기 때문에 언제 가겠다는 연락을 미리 할 수 없는 상황이었다. 다음 날 아침 투쿰바는 우리를 이렇게 나무랐다. dehmolkkûnbong dabangh nahda, mak yilabengkey(당신들은 어제 여기에 기별도 없이 molkkûnh-왔죠. 우리는 그걸 몰랐잖아요.)

작고한 달라본족 화가이자 노래꾼 피터 만데베루Peter Mandeberru에게 네 번째로 이 표현을 듣기 전까지 나는 molkkûnh-의 진정한 의미를 깨닫지 못했다. 당시 현지답사에서 나는 만화처럼 그린 스케치 그림들을 활용하여 'under(아래에)' 'inside(안쪽에)' 같은 단어의 정확한 의미를 조사하던 차였는데, 우연히도 바위 밑에 지하수 샘이 그려진 그림을 만데베루에게 보여주게 되었다. 그는 그림 내용을 간단히 묘사하는 데 그치지 않고 늘 더 상세하고 재미

있게 대답해주곤 했는데, 그 그림을 보고 이런 이야기를 해주었다. "바위투성이 땅에서 샘물 하나 찾지 못한 사람들이 목마른 상태로 야영을 하고 있다고 상상해보게. 그 사람들이 잠들어 있는 곳 바로 아래에 이 그림 속 샘이 있다면 이렇게 말할 수 있지. 'kahmolkkûnkolhyu.'" 이 말을 글자 그대로 풀면 'it-molkkûnh-water-lies(그것-molkkûnh-물-있다)'가 된다.

　이 네 가지 쓰임의 공통점은 결정적 인물이 인지하지 못한 상태로 어떤 사건이나 상태가 빚어진다는 것이다. 즉 그 기독교 원리주의 전도자가 온 사실을 부족장이 알지 못했으며, 앨리스 뵘은 내가 제때 그녀의 장례식에 올 수 있도록 알려주지 못한 채 세상을 뜨게 될 것을 염려했다.[27] 또 머레이와 나는 투쿰바에게 기별도 없이 나타났고, 바위 위에서 야영하는 목마른 여행자들은 그 밑에 숨겨진 샘의 존재를 알지 못한다. 이렇게 충분한 용례를 확보하고 나면, 문맥상으로 처음 추론했던 번역들—'몰래' '갑자기' '예고 없이'—이 사실은 이 단어의 핵심 의미와 별로 관계없다는 것을 알게 된다. 이처럼 더 많은 용례를 수집할수록 불변의 의미가 서서히 드러나게 된다.

　이 접사의 경우, 아주 훌륭히 대응되는 영어 단어 'unbeknown, unbeknownst(모르는 사이에)'가 있기는 하다. 그러나 내게 달라본어를 가르친 모국어 화자들 중 아무도 이 문어적 표현을 몰랐으며, 실제로 우리가 의미에 대해 대화를 나눌 때면 늘 또 다른 호주 원주민어인 쿤윙즈쿠어 혹은 세세한 어휘적 차이가 거의 사라진 크레올어 형태의 영어를 사용했다. 어쨌든 'water lies there unbeknownst(물이 모르는 곳에 놓여 있다)'나 'you arrived last night unbeknownst(어젯밤 당신은 아무도 모르게 도착했다)' 같은 영어 번역은 과장되고 부자연스럽게 들린다. 달라본어에서는 누가 모르고 있다는 것인지를 직접 표현하지 않지만, 영어는 'unbeknown to me, unbeknownst to his mother'처럼 이를 구체적으로 밝히는 것이 일반적이기 때문에 직역한 문장들이 이상하게 느껴지는 것이다. molkkûnh-의 의미를 밝혀내기까지 내가 밟아나간 과정은 어둠 속을 더듬듯 더디고 무계획적인 것이었지만, 사실 언어학 현지답사는 전형적으로 이렇게 진행된다. molkkûnh-은 달라본어 어휘부에 있는 수천 개 어휘 가운데 하나일 뿐이며, 각 단어는 모두 나름의 의미 사상 문제를 안고 있다. 그리고 이러한 어려움은 어린아이에게나 언어학자에게나 마찬가지다.

존재의 대연쇄

나바호족에게 기본 관심사가 되고 나바호족 세계관의 핵심 관점을 이루는
것은 누가 누구에게 행동할 수 있는지, 누가 누구를 통제할 수 있는지 하는
점이다.
— Witherspoon(1975:75)

소리와 의미 사이에서 중개자 역할을 하는 문법이 사상mapping 문제의
세 번째 차원임은 앞서 언급했다. 어떤 언어든 언어가 전달해야 하는 핵심 의
미 하나는 '누가 누구에게 무엇을 하는가' 하는 것이다. 영어에서는 이를 주로
어순으로 나타낸다. 즉 'the man chased the turtle(남자가 바다거북을 쫓아갔
다)'은 'the turtle chased the man(바다거북이 남자를 쫓아갔다)'과 아주 다른
의미를 전달한다.
다른 언어들은 어순과 관계없이 누가 무엇을 했는가를 표시하는 '격 접
미사'를 단어에 붙여 표현한다.
카야르딜드어에서는 '남자가 바다거북을 쫓아갔다'를 다음의 여섯 가지
어순으로 쓸 수 있다. (내가 처음 카야르딜드어를 배우던 시절, 내가 이해하지 못하
면 선생들은 어순을 바꿔가며 같은 말을 반복하면서 그중 하나라도 내가 알아듣기를
기대하곤 했다.)

(9) ㄱ. dangkaa durrwaaja bangaya
　　 ㄴ. bangaya durrwaaja dangkaa
　　 ㄷ. dangkaa bangaya durrwaaja
　　 ㄹ. durrwaaja bangaya dangkaa
　　 ㅁ. durrwaaja dangkaa bangaya

ㅂ. durrwaaja bangaya dangkaa

카야르딜드어의 어순이 자유로운 것은 'dangka(남자)' 뒤의 접미사 -a
가 사건의 행위주임을 표시하고, 'banga(바다거북)' 뒤의 접미사 -ya가 피행
위자임을 표시하기 때문이다. 만약 바다거북이 남자를 쫓는 경우라면 '바다거
북'이 -a를, '남자'가 -ya를 취하기만 하면 되고 어순은 dangkaya durrwaaja
bangaa이든 나머지 다섯 어순이든 어느 것으로 말해도 무방하다.

일가르어는 다른 방식으로 이 정보를 담아낸다. 주어와 서술어를 따라다
니는 동사에 특정한 표시를 하는 것이다. 예컨대 일가르어도 카야르딜드어처럼
단어 'ayan(보다/3인칭)' 'wurduwajba(여자)' 'arrkbi(남자)'를 어떤 순서로 배열
하든 '남자가 여자를 본다' 혹은 '여자가 남자를 본다'를 표현할 수 있다. 여기서
의미 해석을 결정하는 것은 동사 ayan에 결합하는 접두사다. ying-은 '그녀가
그에게 행동을 가한다'는 의미를, iny-는 '그가 그녀에게 행동을 가한다'는 의
미를 나타낸다. 따라서 (10)과 그 외의 네 가지 어순은 '여자가 남자를 본다'를
뜻하고, (11)과 그 외의 네 어순은 모두 '남자가 여자를 본다'를 뜻한다. 즉 어떤
문장에서 단어들이 어떤 어순으로 나오든 상관없이, 누가 누구에게 무엇을 하
는가를 압축해서 보여주는 것은 동사에 붙는 접두사가 된다.

(10) ㄱ. wurduwajba **ying**yayan arrkbi
ㄴ. arrkbi **ying**ayan wurduwajba
...

(11) ㄱ. wurduwajba **iny**ayan arrkbi
ㄴ. arrkbi **iny**ayan wurduwajba
...

나바호어도 동사에 붙는 접두사를 활용하지만 그것이 작동하는 논리는
조금 다르다. 다음 예문들에서 그 논리를 확인해보라.[28]

(12)

ㄱ. Diné ashkii yiztał.　　　　　　　　남자가 소년을 찼다.

　　Ashkii diné biztał.

ㄴ. Ashkii diné yiztał.　　　　　　　　소년이 남자를 찼다.

　　Diné ashkii biztał.

ㄷ. Ashkii łééchąąʔí̜ yiztał.　　　　　소년이 개를 찼다.

　　*Łééchąąʔí̜ ashkii biztał.

ㄹ. *Dóola diné yizgoh.　　　　　　　　소가 남자를 들이받았다.

　　Diné dóola bizgoh.

ㅁ. Dóola shash yizgoh.　　　　　　　　소가 곰을 들이받았다.

　　Shash dóola bizgoh.

위의 예문들에서 쉽게 파악할 수 있는 것은 동사(찼다, 들이받았다)가 문장 끝에 오며, 행위주(차거나 들이받는 주체)와 피행위자(차이거나 들이받히는 대상)는 어순상 앞뒤 어디든 올 수 있다는 점이다. 단지 나바호어 번역문의 위 문장처럼 행위주가 맨 앞에 오면 동사에 접두사 yi-를 붙이고, 아래 문장처럼 피행위자가 맨 앞에 오면 동사에 접두사 bi-를 붙이는 점이 다르다. 그래서 누가 누구에게 무엇을 하는가를 이해하기 위해서는 어순으로 나타내는 정보와 접두사로 표현하는 정보를 잘 조합해야 한다.

그러나 (12ㄷ)과 (12ㄹ)에서 보듯 어순을 늘 자유롭게 바꿀 수 있는 것은 아니다. 행위주와 피행위자가 다른 '층위'의 것들이라면 이야기가 달라진다. 예를 들어 존재의 연쇄chain of being 29에서 인간은 동물보다 높으므로 인간은 무조건 어순상 동물보다 앞서 나와야 하며, 행위가 이루어지는 방식에 맞추어 적절한 접두사를 동사에 붙여야 한다. 일단 누구에 대한 일을 말하고 있는지 알고 있다면, '남자'든 '소'든 그 자체를 지시하는 단어들이 문장에 나오지 않아도 아무 문제가 없다. 어떤 남자와 소에 대해 이야기하는 상황에서는 그저 bizgoh라고만 해도 접두사를 보고 '그것이(소가) 남자를 들이받았다'라는 의미임을 뚜렷이 알 수 있다.

지금까지는 그럭저럭 괜찮다. 그러나 더 많은 예문을 검토해보면, 인간 대 동물이라는 단 두 층위의 구별만 있는 것이 아님을 알 수 있다.

(13)

ㄱ. Shash mósí yishxash. 곰이 고양이를 물었다.
  *Mósí shash bishxash.

ㄴ. *Mósí shash yishxash. 고양이가 곰을 물었다.
  Shash mósí bishxash.

ㄷ. Mósí tązhii yinoołchééł. 고양이가 칠면조를 쫓고 있다.
  Tązhii mósí binoołchééł.

ㄹ. Mósí naʔazízí yinoołchééł. 고양이가 다람쥐를 쫓고 있다.
  *Naʔazízí mósí binoołchééł.

ㅁ. Naʔazízí wóláchíí yinoołchééł. 다람쥐가 개미를 쫓고 있다.
  *Wóláchíí naʔazízí binoołchééł.

위의 문장들을 비교해보면 동물들 간에 여러 '층위'가 있음을 이해할 수 있다. 곰은 고양이보다 높고, 고양이는 칠면조와 동급이지만 다람쥐보다는 높다. 그리고 다람쥐는 개미보다 높다. 어떤 개체가 '존재의 대연쇄'상 다른 것보다 높다면 높은 쪽이 문장의 맨 앞에 나와야 한다. 그러고 나서 누가 누구에게 무엇을 하는가 하는 정보를 담아내기 위해 대조적인 접사 'yi-' 'bi-'를 활용한다. 이렇게 간단한 문장이라 해도 이 문장을 나바호어로 말하고 이해하기 위해서는 꽤나 긴 존재의 사다리 중 각 동물과 개체들이 어디에 포진해 있는지 알아야만 하는 것이다. 바로 이런 식으로 나바호어 문법은 나바호족의 우주관과 밀접하게 얽혀 있다.

 이상에서 간단히 살핀 나바호어 유람을 통해, 일본인 암호 해독 전문가들이 왜 그 같은 어려움을 겪을 수밖에 없었는지 이해할 수 있을 것이다. 음성체계, 문법, 어휘, 혹은 수여동사에 사물과 사건의 의미를 배분하는 방식 등 어떤 각도에서 나바호어에 접근하든, 일본인 화자로서 혹은 영어권 화자로서

'언어란 이렇게 조직되는 것이다'라고 생각했던 예측은 빗나갈 것이다. 이 언어가 어떻게 조직되는지를 최종적으로 이해하려면 모든 걸 더 기본적인 요소들로 나누고 거기서부터 다시 시작해야 한다.

아이들이 새 언어를 배울 때 맞닥뜨리는 문제로 돌아가보자. 아이가 직면하는 도전을 다시 떠올리기 위해서는 아이가 영어든 일본어든 카야르딜드어든 나바호어든 똑같이 배울 준비가 되어 있어야 한다는 점도 기억할 필요가 있다. 부모의 발화에서 듣게 되는 연속된 소리로부터 아이들은 무엇이 의미 있는 단위인지, 주의를 기울여야 할 음성적 특징이 무엇인지 알아내야 한다. 예컨대 take와 steak의 t 음은 유기음 tʰ(take)와 무기음 t(steak)로 서로 다르다. 영어에서는 두 음이 의미 차이를 가져오지 않지만 나바호어에서는 의미 차이를 일으키기 때문에 표기상으로도 각기 다른 철자 t와 d로 쓰인다. 그러므로 나바호어를 배우는 아이들은 영어를 배우는 아이들과 다른 식으로 자신이 들은 소리 세계를 나누고 분류해야 한다. 또한 수여동사에서 본 것처럼 개념 세계가 어떻게 분할되는지도 이해해야 한다. 즉 단순히 낱낱의 세상을 보면서 이미 결정된 부류의 이름표가 무엇인지 살피는 데 그칠 것이 아니라, 어떤 원리들을 통해 분류가 이루어지는지 알아내야 한다.

난생 처음 카야르딜드어를 전사하게 된 사람의 입장에 서보면, 소리의 분류와 의미의 분류를 동시에 해결해야 할 때 겪는 어려움을 실감할 수 있을 것이다. 하루는 '발ᶠᵒᵒᵗ'이라는 뜻의 단어 char를 받아 적고 며칠 지나 '흔적, 발자국'을 뜻하는 단어 jar를 받아 적는다. 이 둘은 각기 다른 의미, 다른 소리를 가진 별개의 단어처럼 보인다. 그러다 나중에야 단어 첫머리에서는 j와 ch의 차이가 없다는 점, 따라서 '달리다'라는 뜻의 단어가 ja-wij로도 cha-wij로도 발음될 수 있다는 점을 깨닫는다. 이를 돌이켜 적용하여, 이전에 전사했던 기록에서 '발'이 사실은 jar로도 char로도 발음되며 '흔적, 발자국'을 나타낼 때도 마찬가지임을 알게 된다. 그때가 되면 비로소 하나의 단어 jar가 char로 발음될 수도 있으며 '발', 그리고 발이 남긴 '발자국'이나 '흔적'까지 포함하는 의미 범위를 가진다는 사실을 확인하게 된다.

이 사례에서 나타난 오류의 출발점은 영어에 기대어 소리 체계를 나눈

점, 그리고 영어에 기반하여 세상을 나눈 점이었다. 알다시피 영어권 화자들은 발자국을 보았을 때 'there's a foot there(저기 발이 있다)'라고 말하지 않는다 ('Look! A foot![어! 저기 발!]'은 좀 더 그럴듯해 보인다). 어린아이들은 소리나 의미에 대해 예단하지 않기 때문에 이러한 오류를 비껴갈 수 있다. 변이음을 통합함으로써, 또한 부모들이 얼추 비슷한 이름으로 가리키는 여러 사물을 통합함으로써 어린아이들은 점차 제대로 된 소리-의미 짝에 집중하게 된다.

그러나 소리와 의미들을 잘 분류하여 깨친 것만으로는 충분하지 않다. 아이들은 문법도 알아내야 한다. 시를 배우던 고등학교 시절, 나는 포페 Alexander Pope의 시 「인간에 대한 에세이An Essays on Man」에 나오는 "사라지는 모든 것은 다른 것들로 메워진다All forms that perish other forms supply"라는 문장에 불만스러워했던 기억이 있다. '사라지는 것들forms that perish'이 '다른 것들other forms'을 보충한다는 것인지 그 반대 의미인지 의아했던 것이다. 이 문장은 시적 허용에 해당되는 다소 작위적인 영어 표현이다. 그러나 일상 문법에서 모든 어순이 가능한 언어들도 있기 때문에 그 언어를 배우는 아이들은 나보다도 훨씬 일찍, 기본문을 익힐 때부터 내가 포페의 시를 보며 겪었던 문제에 직면하게 된다. 일본어, 힌디어, 케추아어처럼 일반 어순이 '주어-목적어-동사'인 언어도 있고, (더 드물게는) 브라질의 우루부어Urubú처럼 일반 어순이 '목적어-주어-동사'인 언어들도 있다. 우루부어에서라면 '존이 바나나를 먹었다'라는 문장을 pak oxuaa u'u라 표현하는데, 이를 문자 그대로 풀면 '바나나 존 먹었다'가 된다. 따라서 여러분이 만약 어떤 언어를 배우는 아이라면 '아이 아빠 사랑한다the child the father loves'와 같은 말을 들었을 때 그 문장이 무슨 뜻인지 아직 속단할 수 없다. 설령 그 표현의 소리가 어떤 소리인지, 그리고 각 단어의 의미가 무엇인지 이미 안다 해도 마찬가지다. 단어의 기본 어순을 포함해 문법까지도 알아야 하는 것이다.

이상의 것들이 새로운 언어가 '세 가지 차원의 사상 문제'를 부과한다는 근거다. 새로운 언어를 익히기 위해서는 주목해야 할 음성 차이가 무엇인지, 개념 분류가 어떤 양상으로 이루어지는지, 소리를 의미에, 다시 의미를 소리에 사상하는 문법이 어떤 모습을 띠는지 배워야 한다. 이 세 과업 하나하나는 그 자체로도 과중하고 벅찬 일이다. 늘 느긋하고 생글거리는 네 살짜리 어린아이는 이 세 문제를 한꺼번에 능숙하게 다루는 최고의 능력을 가지고 있지만, 슈퍼컴퓨터도 암호 해독 전문가도 아직 이 일을 해낸 적이 없다.

1_ Kawano(1990:1)

2_ Bowerman & Levinson(2001)

3_ Henderson(1995)

4_ 주커먼Ghil'ad Zuckermann이 히브리어 버전을 제공하면서 원본에 인용부호와 구두점을 표시해주었다. (한글 번역은 대한성서공회의 개역개정판 성경을 인용했다.—역자 주)

5_ 이 수적數的 차이는 대체로 특정 복합 소리들을 음소 단위로 다룰 것인가, 아니면 더 단순한 소리들이 모인 자음군으로 다룰 것인가에 따라 달라진다. 예를 들어, 콩용어 이름 맨 앞의 '!X'를 동시조음이 이루어지는('쯧쯧' 식의 치경흡착음과 후두마찰음이 동시에 실현되는) 단일한 음성으로 처리할 것인가, 혹은 별개의 두 소리가 무리를 이룬 것으로 처리할 것인가의 문제다. Miller(2003)는 전자와 같은 분석을 옹호하는 반면, Traill(1985)과 Nakagawa(2006)는 후자의 분석을 따르고 있다. 최근 귈더먼Tom Güldermann이 이끄는 연구팀이 이 논쟁을 해결하기 위해 애쓰고 있다.

6_ 예를 들면 인두음성 유성순치마찰음이 그러한데, 아랍어에서 나타나는 인두음과 유사한 방식으로 발음하면 된다.

7_ 동사 어근을 중심으로 앞뒤에 다양한 문법 범주가 융합된 형태로 결합하는 언어를 말한다. ―역자 주

8_ 이 표현은 지나치게 단순화된 면이 있다. 어떤 언어에서는 비음화나 반전화反轉化, retroflexion처럼 자모를 만들어내는 여러 다른 방식도 독립된 '층위'가 될 수 있다는 견해가 늘고 있기 때문이다.

9_ Breen & Pensalfini(1999)

10_ 호주 노던 주의 아래 지역을 가리킨다. ― 역자 주

11_ 물론 공식에는 늘 단정의 수위를 낮춘 버전이 있다. 예를 들어, 음절 초 자음 최대 원칙도 아이들이 맨 처음 시도해보는 초기의 체험적 원칙일 뿐, 반대가 되는 증거가 너무 강하면 포기될 수 있다는 것이다. 그렇다면 아이들이 아렌테어 같은 음운체계를 습득하는 데에는 더 많은 시간이 들 것이라 예측된다. 이 같은 가설을 테스트하려면 단순히 해당 언어의 문법을 기술하는 데 필요한 지식보다 더 많은 것을 알아야 한다. 즉 일부 성인들을 대상으로 한 연구를 넘어서서, 아이들이 그 언어를 어떻게 습득하는지를 관찰해야 한다. 따라서 언어 습득과 관련된 가설들은 언어 구조에 관한 가설보다 검증에 수십 년 이상 더 소요된다. 지금으로서는 이 예측의 진위 여부를 판단할 수 없다.

12_ 일본어도 음조를 활용하지만 음조의 성격이 다르다. 일본어는 고저-악센트 pitch-accent 체계를 가진다. 즉 높다가 낮게 떨어지는 음높이 변화가 단어의 한 부분에 나타나는데, 이 현상은 기껏해야 단어당 한 번만 가능하다. 일본어 체계는 음높이의 변화 지점을 다양화하는 것이지, 나바호어나 중국어처럼 각 음절이 대조되는 방식은 아니다.

13_ 양고기나 쇠고기 등을 양념해 꼬챙이에 끼워 구운 중동 요리를 말한다. ― 역자 주

14_ Quine(1969:27)

15_ Kotorova(2003)

16_ Pawley(1993)

17_ Munn(1973:104). 이 무늬는 야왈류Yawalyu 디자인에서 따온 것으로, '길, 비' 외에도 '머리띠, 통로, 치아' 등 여러 다른 의미도 가지고 있다. (야왈류는 왈피리족 여성들의 제의 가운데 하나다. — 역자 주)

18_ Evans(1994)

19_ 어원상 bengdi는 '마음-세우다 mind-stand'를, bengkan은 '마음-나르다 mind-carry'를 뜻한다. kan(carry)이 지속적인 유지를 제시하지만, di(stand)는 순간적인 인식을 뜻한다. 더 자세한 논의는 Evans(2007) 참조.

20_ 벌린은 자신의 역작 『민족생물학적 분류Ethnobiological Classification』(1992)에서 수렵채집인들의 언어보다 농경인들의 언어가 분류학적 구분이 더 뚜렷하다고 보았다. 다양한 식물을 재배하기 위해 사소한 차이까지도 세밀하게 관찰했음을 반영하는 결과다. 그러나 그가 들고 있는 연구의 수와 그 깊이를 볼 때, 벌린이 주로 수렵채집인들보다 농경인들에 대해 더 잘 알고 있음을 주목할 필요가 있다. 벌린은 세리어를 예외로 하면서 다음과 같이 주장한다. "경작을 하지 않는 전통적 사람들의 민족생물학 체계에는 민간 종folk species에 대한 인식이 근본적으로 존재하지 않는다."(Berlin 1992:274) 그러나 (수많은 호주 원주민 집단들처럼) 민간 종을 인식하고 있음을 보여주는 연구들이 속속 등장하고 있다. 또한 호주 북부에서 자라는 그레빌레아속屬 관목 grevillea heliosperma의 저지대 품종을 an-bardbard, 고지대 품종을 an-djen. gererr로 구별하여 부르듯 하위 종 명칭까지 가지고 있는 언어들도 발견된다. Baker(2006)는 호주의 식물 속들은 속명屬名보다 종명種名이 더 기본적인 명칭이며, 유칼립투스나 아카시아처럼 개체수가 많은 속은 속명이 아예 없는 경우도 있다고 주장한다. 이는 아마도 이 두 식물 속이 호주 대륙 전체에 퍼져 있음을 인식한 결과 이들을 기본 수준 범주로 기능하도록, 즉 온당치 않은 방식으로 일반화했기

때문일 것이다. 지금으로서는 수렵채집인들의 언어에 나타나는 민족식물학 지식에 대해 세밀히 연구하는 일이 우선적으로 필요하다.

21_ Sapir(1964:128)

22_ '万'은 일본어로 まん(man), '億'은 일본어로 おく(oku)이지만 각각 한국어 '만' '억'으로 표기했다. — 역자 주

23_ Boevé(2003)

24_ Talmy(1985)

25_ '나는 축 방향으로 움직이는 직선 모양 사물을 움직여서 물기가 많고 기분 나쁘게 끈적거리는 물질을 불 속으로 옮겼다(I caused runny icky material to move into the fire by acting on it with a linear object moving axially)'라는 뜻이다. 예컨대 이 문장은 내가 조리용 꼬챙이로 동물 내장을 불에 찔러 넣는 상황에서 사용될 것이다.

26_ 예루살렘 서쪽 성벽의 일부인 '통곡의 벽'은 유대교의 대표적 성지이지만, 이 성벽 위에 있는 알아크사 사원에 속한 이슬람교의 성지이기도 하다. — 역자 주

27_ 누군가 세상을 떠났을 때 사람들이 장례식에 올 수 있도록 모두에게 죽음을 알리는 일은 원주민 문화에서 매우 중요하다. 돌이켜 생각해보면 앨리스 뵘이 그 문장에 접두사 molkkûnh-을 사용한 것은 '자신의 부고가 내게 전해지지 않아 아마도 내가 그 장례에 참석하지 못하리라'는 의미를 전달하기 위해서였던 듯하다. 애석하게도 이 우려는 그대로 맞아떨어졌다.

28_ 문장 앞의 '*' 표시는 비문법적인 문장을 가리키는 것이다. 나바호어의 주어, 술어 배열 원리를 이해하기 위해 음성 체계를 알 필요는 없지만 참고삼아 여기서 사용한 나바호어의 철자 표기를 설명하면 이렇다. 이 장 앞부분에서 언급했듯 ł은 설측 파찰음을 나타내며, é에 쓰인 악센트 기호 ´는 고음조를 표시한다(이 악센트 표시가 없으면 저음조가 된다). 또 폴란드어 표기에 쓰이는 모음 아래 갈고리 기호는 비음화를 나타낸다. 예를 들어 ą

는 프랑스어에서 an으로 표기되는(예: '흰색'을 가리키는 blanc) 소리처럼 비음화된 ã음이다.

제4장

내 안에 있는 너의 마음:
문법에 담긴 사회적 인지

Kolik jazyků znáš, tolikrát jsi člověkem.

|

For each language you know, you are a new person.

|

당신이 아는 각 언어에서 당신은 새로운 사람이다.[1]

— 체코 속담

제3장에서는 소리, 의미, 문법 체계를 차례로 탐구하면서 언어의 구조적 다양성을 살펴보았다. 이 장에서는 개별 언어들이 서로 얼마나 다를 수 있는 가를 여러 각도에서 접근함으로써 제사題辭의 체코 속담이 담고 있는 통찰을 구체화해보고자 한다. 이를 위해 '내부적으로' 다른 언어들이 왜 그토록 달리 느껴지는지 살필 것이다.

스페인의 철학자 오르테가이가세트José Ortega y Gasset는 번역이란 무엇 인가에 대해 매우 통찰력 있게 논의한 바 있다.

사람들은 다른 이들에게 제대로 말하기 위해 무언가를 말하지 않은 채 남겨 놓는다. 세상 모든 것을 말로 다 할 수는 없기 때문이다. 번역의 어려움은 여기서 비롯된다. 어떤 언어로 말하려 할 때 그 언어에서 흔히 침묵으로 남 겨놓는 것을 어떻게 정확히 표현할 수 있을까 하는 어려움이다. 그러나 또한 바로 이 점에서 번역은 매우 근사한 작업이라 할 만하다. 사람들이 다른 이 들로부터 지켜온 비밀, 시대가 다른 시대로부터 지켜온 비밀, 스스로를 구별 해 다른 것들로부터 지켜내고 상대에 대한 적대감을 가질 수 있도록 기여해 온 그 비밀을 바로 번역을 통해 밝혀낼 수 있다. 요컨대 번역이란 인류를 통 합하려는 대담한 시도라 할 수 있다.[2]

문법적 선택, 오르테가이가세트의 말을 빌리자면 무엇을 말하고 무엇에 대해 침묵하는가 하는 선택은 언어마다 달리 나타난다. 그 결과 세상 무엇에 우선적으로 주의를 기울여야 하는가도 달라진다. 칸트가 말하는 공간, 시간, 인과율의 경험 차원 중 어느 하나만 들어도 이를 예증할 수 있다. 그러나 이 책에서는 이들 대신 아직 연구가 덜 이루어진 주제, 문화의 영향을 좀 더 많이 받는 주제에 초점을 두고자 한다. 즉 사람들이 자기가 속한 사회 세계와 그 사회 구성원의 마음을 어떻게 계속 파악하고 기억하는가 하는 점이다.

'무엇을 말할 수 있는가'라는 점보다 '무엇을 꼭 말해야 하는가'라는 점에서 각 언어는 차이를 보인다.[3] 우리를 둘러싼 세상에는 주의를 기울일 것들이 수없이 많다. 그중 어떤 것을 골라 해당 언어 사용자 모두가 꾸준히 기억해야 할 우선적 지위, 예컨대 '문법 범주' 같은 지위를 부여하는가 하는 선택이 언어마다 다른 것이다. 오르테가이가세트의 또 다른 탁견을 빌리자면, 각 언어는 어떤 면에서는 "풍부하고exuberant" 어떤 면에서는 "결핍되어deficient" 있다. 즉 특정 실재 양상에 대해서는 아주 세밀하게 따져나가 화자들이 말할 때마다 주의를 기울여 표현해야 하는 반면, 어떤 양상은 화자들이 굳이 내키지 않으면 무시하거나 아예 신경을 꺼도 무방하다. 각 언어에 나름의 특별한 마음속 거푸집을 만들어내는 것이 바로 이것이다. 그 언어로 말하기 위해서는, 여타 언어에서 무시해도 되는 세상 국면에 대해 끊임없이 주의를 기울여야 하기 때문이다. 언어와 사고의 연관성을 보다 설득력 있게 입증하기 위해서는 언어학적 사실뿐만 아니라 심리학적 실험도 끌어들여야 하므로 이에 대해서는 제8장에서 따로 더 살펴볼 것이다. 이 장에서는 세상의 문법에 축적된 전문지식이 '심리적 인지'라는 실재 영역에 대해 말해주는 것을 시론적으로나마 '대담하게 통합하는' 데 논의를 집중하고자 한다.

공유하는 정신세계를 구축하고 이에 동참하는 능력, 집중 대상과 목표를 조정하는 능력, 누가 무엇을 알고 느끼고 원하는지를 파악하고 이를 계속 기억하는 능력이 인간을 인간답게 진화시켜온 핵심이라는 사실이 점점 자명해지고 있다. 이 집약적인 사회성 덕분에 인간은 끊임없이 진화하는 공유 세계, 즉 문화를 만들 수 있게 되었고, 이것이 동력이 되어 여타 동물 종을 넘어서는 비약적 진화를 이루었다. 이러한 성취는 주변에서 일어나는 일의 사회적·심리적 결과를 끊임없이 예의주시하는 능력에 기초한다. 물론 포괄적 수준에서는 이 기술이 보편적이지만, 전면에 드러나 표면화되는 사회적 인지 양상은 문법에 따라 서로 다르다. 특정 개별 언어를 살피기보다 전 세계 언어들이 각각 무엇에 대해 민감한지 종합해본다면, 인간이 가진 사회적 인지의 모습을 훨씬 더 다채롭게 파악할 수 있을 것이다.

우선 사회적 맥락을 전혀 참조하지 않는 문법을 가진 언어는 어떤 모습을 띨까 상상하면서 논의를 시작하는 것이 유용할 듯하다. 이런 문법은 "원숭이들이 코코넛을 던진다monkeys throw coconuts" 또는 "모든 사람은 언젠가 죽는다all men are mortal"처럼 사회적 맥락을 전혀 함의하지 않은 진술을 문제없이 만들어낼 수 있다. 이런 유형의 문장이 논리학 강의 앞부분에 단골로 등장하는 것은 바로 이 문장들이 어떤 사회적 정보에도 연결되지 않기 때문이다. 그러나 사회 세계에 대한 정보가 슬슬 끼어드는 데에는 그리 오랜 시간이 걸리지 않는다. "어떤 원숭이가 내 코코넛을 던졌다a monkey threw my coconut"나 "그 죄수는 죽어야 한다the prisoner must die"라고 말하는 순간, 그 사람이 말하고 있는 현시점에 이 사건이 연결되면서 각 사회적 행위주social agent가 등장하게 된다. 이를 일반적으로 화행speech act이라고 한다.

"a monkey(어떤 원숭이)"의 'a'는 그 지시물이 이전에는 몰랐다가 나중에 확인된 것임을 표시하거나, 혹은 정체가 중요하지 않거나 알 수 없는 것임을 나타낸다. 전자라면 뒤에 "사실 그놈은 동물원에서 탈출한 원숭이였다"라는 문장이, 후자라면 뒤에 "그런데 그놈이 어떤 원숭이인지 모르겠다"라는 문장이 계속될 수 있을 것이다. "the prisoner(그 죄수)"의 'the'는 자신이 누구에 대해 말하는지 상대방도 알리라는 화자의 확신, 상대방이 자신의 생각이나 이전의 진술들을 얼마나 잘 따라오고 있는지 면밀히 지켜봐야만 가질 수 있는 확신을 보여준다. "my coconut(내 코코넛)"의 'my'는 참여자 중의 하나가 화자나 필자임을, 또한 그 참여자와 코코넛 사이의 특별한 관계를 화자가 인식하고 있음을 나타낸다. 그 특별한 관계란 소유관계("내가 오늘 아침에 그 코코넛을 샀다")일 수도 있고, 단순한 관심의 대상 관계("내가 과일 가게에서 그 코코넛을 눈독을 들이며 보고 있었다")일 수도 있다. "must"는 주위 사람들에게 영향을 미치려는 화자의 바람과 능력, 그리고 아직은 가상 속에 있는 사건(죄수의 죽음) 사이의 관계가 '명령이나 규정 하달'임을 나타낸다. 이 문장을 "Must the prisoner die?(그 죄수가 죽어야만 하는가)"처럼 질문으로 바꿀 경우, 기술된 사건(죄수의 죽음)과 화행 간의 관계(명령 또는 규정)는 여전하지만 사건에 '의무'로 연결되는 이는 '나'가 아니라 '당신'이 된다.[4] 상대방은 알지만 나는 모르는 무언가(예컨대 죄수의 죽음이 꼭 필요한 것인지 아닌지)에 대해 묻거나, 수사 의문문으로 질문함으로써 나는 그 사건이 일어나기를 바라지 않는다는 것을 암시하여 상대에게 영향을 미치려는 것이다.

한정성(the : a), 소유(my, your…), 법mood(can, must, may 등) 같은 범주의 의미는, 의미가 어떻게 표현되고 추론이 어떻게 이루어지는지 밝히려는 철학자와 언어학자들의 오랜 연구 주제였다. 또한 자동 번역 시스템의 정보 표상, 인공지능의 추론 알고리즘 같은 대규모 기획을 뒷받침하는 역할도 한다. 물론 영어나 기타 유럽 언어들에서는 이 범주들이 중심 범주라고 할 수 있다. 그러나 다른 언어들에는 상당히 다른 범주들이 발달해 있다.

'my coconut'이라는 구를 예로 들어보자. 이 구를 오세아니아 제어, 가령 바누아투의 파마어Paamese로 번역해보면,[5] 영어가 담고 있는 정보가 충분하지 않다는 것을 깨닫게 된다. 소유관계를 훨씬 더 세밀히 구분하여 이에 대해 주의를 기울여야 한다는 점에서 파마어가 '풍부'하다면, 영어의 문법은 그런 면에서 '결핍'되어 있다. 파마어 화자라면 '당신이 말하려는 것이 정확히 무엇인가' 질문할 것이다. 동일한 'my coconut(내 코코넛)'이라도 과육을 먹으려는 코코넛은 ani aak, 주스로 마시려는 것은 ani emak이라고 한다. 내 땅에서 자라는 코코넛이라는 의미라면 ani esak, (그 위에 앉거나 하듯이) 무언가 다른 용도로 사용하려 하는 '내 코코넛'은 ani onak이 된다. 이처럼 대상에 대해 '소유자'가 생각하는 용도를 표현하는 요소를 ani(코코넛)와 접미사 −k (나의 my) 사이에 삽입해야 한다. 소유관계의 유형을 분류한다는 점에서 언어학자들은 이 같은 장치를 '소유 분류사possessive classifiers'라고 한다. 그러나 이들을 또 다른 식으로 설명할 수도 있다. 이 장치가 사회적으로 인식되는 소유 유형과 의도를 혼합하여 한데 표시한다는 것이다. 실제로 파마어 문법을 세밀히 기술한 크롤리Terry Crowley는 파마어 문법이 단순히 소유관계 유형을 분류하는 것이 아니라, 사회적 통제 유형을 분류한다고 주장한다.[6]

오세아니아 제어를 기준으로 보면, 소유관계의 분류에 관한 한 파마어는 유치원 수준에 불과하다. 예를 들어 뉴칼레도니아 섬의 틴린어Tinrin는 '내

(신체 기관)' '내 (가연성 물체)' '내 (심을 것)' '내 (과일)' '내 (고기)' '내 (사탕수수처럼 씹거나 빨 수 있는 것)' '내 (인육人肉)' 외에도 여러 가지를 구별한다.[7] 이들 소유 유형 중 어느 것에 해당되는지 결정하지 않고 단순히 "your(네) X" 또는 "my(내) X"라고 말하는 것은 불가능하다.

노련한 포커 플레이어나 군사 전략가라면 누구나 인정하듯, 실제로 적절한 의도 투사projection of intention는 '사회 지능social intelligence'[8]의 핵심 부분이다. 또한 인류와 영장류 일가를 이루는 종들에서 의도 귀인歸因, intention-attribution[9]이 어느 정도 이루어지는지 밝히는 연구는 인류가 갖게 된 사회적 추론의 진화를 추적하는 데 있어 최대 관심사가 되고 있다. 가장 복잡한 수준으로 이를 활용하는 인류는 이러한 능력 덕분에 대화 상대의 의도를 추측할 수 있고, 어떤 기호에든 풍부한 의미 귀인을 담아 표현할 수 있다. 누군가와 함께 방에 있는데, 그 사람이 창문을 가리킨다고 가정해보자. 맥락에 따라 그 동작은 "창문 좀 열어주시겠어요?" "창문 좀 닫아주시겠어요?" "창문이 아름답지 않아요?" "창문으로 도망가는 게 어때요?" "아, 안 돼요. 그들이 창문으로 들어오면 어떡해요?" "보세요. 결국 그들이 말하던 그 멋없는 창문을 넣기로 정했잖아요." "보세요. 밖에 눈이 와요" 등 다양한 의미를 나타낼 수 있다. 청자로서 내가 할 일은 이 가운데 상대가 뜻하는 바가 무엇인지를 알아내는 것이다. 인간의 공감 능력은 이러한 식의 마음 읽기를 탁월하게 해낼 수 있도록 발달되어 있다. 철학자 그라이스Herbert Paul Grice는 사람들이 어떻게 자신이 말할 수 있는 것 이상의 의미를 전달하는지 설명하는 '함축implicature' 이론의 한 축으로 이러한 능력을 다루었다. 창문을 가리키는 것과 마찬가지로 단어를 통해 말할 때도 우리는 실제 말한 것 외에 추가 해석을 알아서 보충하도록 대화 상대에게 기댈 수 있는데, 이는 화자가 전달하려는 의미가 무엇일지 청자가 정보에 입각하여 추론하기 때문에 가능하다. 이러한 능력이 중심이 되어 인간은 새로운 기호들을 만들어 기존에 가능했던 것 이상을 말할 수 있게 되었고, 결과적으로 보다 풍부한 표현력을 갖춘 언어들을 발전시킬 수 있었다.

이번에는 의도가 어떻게 묘사되는지 생각해보자. 영어에서 의도를 나타내는 일반적인 방법은 전치사 'for'를 사용하는 것이다.

(1)

ㄱ. She's going to the cash-machine **for** money.

그녀는 현금지급기에 돈을 찾으러 갔다.

ㄴ. He cut the branch **for** a slingshot.

그는 새총을 만들기 위해 나뭇가지를 잘랐다.

ㄷ. He's waiting **for** his appointment letter.

그는 임용 편지를 기다리고 있다.

ㄹ. They're searching **for** a unicorn.

그들은 유니콘을 찾고 있다.

ㅁ. She moved around the ballroom looking **for** a dance partner.

그녀는 댄스 파트너를 찾기 위해 무도장을 돌아다녔다.

ㅂ. He planned a surprise party **for** his wife.

그는 부인을 위해 깜짝 파티를 준비했다.

만화가가 되어 (1)의 문장이 나타내는 장면을 그리거나, 배우가 되어 저장면을 몸으로 연기한다고 가정해보자. 이 의도들을 독자나 관객에게 어떻게 전달할 것인가? 갈망이나 욕구를 표현하는 몇몇 전형적인 신체 동작을 제외하고 생각하면 이는 상당히 어려운 일이다. 의도는 눈으로 볼 수 있는 것이 아니기 때문이다. 만화에서라면 생각 풍선에 의존할 수도 있을 것이다. 그러나 사람들의 행동을 주시할 때는 생각 풍선을 볼 수 없다. 이 경우 우리는 사람들의 행동 방식에 대한 세부 지식에 의존하게 되는데, 이 지식이란 공유된 일련의 통상적 틀, 우리가 정성을 들여 습득한 그 문화적 관례에 어느 정도 근거하고 있다. 영어에서 위의 모든 경우에 대해 동일한 단어 for를 사용함으로써, 실제로는 우리가 관찰하는 사람이 무엇을 하려는지 파악하기 위해 매우 다양한 표현 방식을 활용한다는 사실을 잊게 된다.

비슷한 영어 문장들을 카야르딜드어로 번역해보면, 상황마다 목적 또는 의도를 지시하는 단어나 구에 다른 격 접미사를 붙여야 함을 알 수 있다(표 4.1 참조).[10] 카야르딜드어를 배우려면, 목적을 이루어가는 다양한 방식에 대해

접미사	의미	예제	번역
-marutha	-를 위하여	Ngada waaja wangarra gumbanmarutha.	I sing a song **for** you. 나는 너를 위해 노래를 부른다.
-janiija	찾고 싶어하고, 그래 야만 하는 무언가를 발견하기 위하여	Niya kalajalaja makujaniija.	He's going around looking **for** a woman. 그는 한 여자를 찾기 위해 돌아다니고 있다.
-marra	다른 것으로부터 변형 될 수 있는 무언가를 사용하기 위하여	Niya kalatha jari thungali wangalmarr.	He cut the tree root **for** a boomerang. 그는 부메랑을 만들기 위해 나무뿌리를 잘랐다.
-iiwatha	해당 장소에서 예상대 로 찾을 수 있는 무언 가를 찾기 위하여	Makuwalada warraja bijurriiwatha.	The women are going **for** cockleshells (e.g. to a sandbank known to contain them). 그 여자들은 (새조개가 있다고 알려진 모래톱 으로) 새조개를 찾으러 가고 있다.
-mariija	기다려야만 얻을 수 있는 무언가를 위하여	Makuwalada diija balungka wirrinmariija.	The women are sitting there in the west waiting **for** their pension money (which arrives at the post office on a known day). 그 여자들은 서편에 앉아 (정해진 날짜에 우 체국에 도착하는) 생활보조금을 받기 위해 기다리고 있다.
-kuru	마음으로는 바라지만 실제로는 존재하지 않 는 무언가를 대상으로	Dangkawalada janijanija Barrindindiwuru.	The men looked everywhere **for** Barrindindi (a mythical monster). 그 남자들은 (신화 속 괴물인) 바린딘디를 찾으려고 사방을 뒤졌다.

표 4.1 영어 'for'와 카야르딜드어의 의도 표현 방식

주목하도록 마음을 재프로그래밍해야 한다. 아울러 의도에는 미묘한 차이를 보이는 여러 하위 유형이 있다고 생각하는 영어식 사고방식도 깰 필요가 있다.

의도와 밀접한 개념으로 의지volition가 있다. 의지란 사람들이 자신이 수 행하는 행위를 의식적으로 통제할 수 있는지의 여부를 가리키는 개념이다. 인 간은 의지를 대단히 중시하기도 한다. 어떤 행위가 고의로 이루어진 것인가 아 닌가에 따라 살인과 과실치사의 판결이 달라질 수 있다. 좀 더 일상적인 면을 보자. 문밖에서 난 기침 소리가 그저 감기에 걸린 누군가가 지나가며 낸 소리 인지 혹은 예의바른 어떤 이가 자신이 왔음을 야단스럽지 않게 알리는 소리인 지 판단하는 것도 의지성 여부에 따라 달라진다. 그러나 영어는 말할 때마다 이 차이를 드러내라고 화자에게 강요하지 않는다. "I coughed(나는 기침했다)"

라는 말로 저절로 나온 기침이나 의도적으로 한 기침을 둘 다 표현할 수 있다. 물론 "on purpose(의도적으로)"나 "despite my efforts not to(안 그러려고 애썼지만)"라는 표현을 덧붙여 그 뜻을 분명히 할 수도 있지만, 핵심은 문법이 화자를 구속하지 않고 자유롭게 놔둔다는 것이다.

이와 달리 모든 행위가 의지성을 띠는지 그렇지 않은지 밝혀야 하는 언어도 있다. 티베트어와 동계성이 강한 네팔의 네와리어Newari가 그중 하나다.11 네와리어 동사는 의지적인 행위를 표현할 때 장음 종결형 −ā를,12 비의지적인 행위를 표현할 때 단음 종결형 a를 취한다. 예를 들어 jī jyā yānā(나는 일했다)와 jī thula(나는 깨달았다)로 종결 형태가 달라지는데, '깨닫는다'는 것은 기억이 그러하듯이 의식적으로 통제할 수 없는 것이기 때문이다. '만나다'와 같은 동사들은 그 행위에 고의성이 담겨 있는가의 여부에 따라 두 접사를 모두 붙일 수 있다. "나는 친구 마노주Manoj를 만났다"는 말을 어떻게 할까? 만약 계획된 만남이었다면 긴 종결 모음으로 jī mānaj nāpalānā라 말할 것이고, 우연한 만남이었다면 짧은 모음으로 jī mānaj nāpalāta라 말할 것이다(이에 더해 앞 자음 n도 t로 바뀐다).

모든 동사에 의지성에 따른 대조가 표시되어야 한다는 점, 그리고 우리에게 있어 다른 이의 행위에 담긴 고의성 여부를 판단하는 것은 오랫동안 판사와 배심원의 일이었다는 점 때문에 어떤 이들은 네와리어 화자들이 어떻게 타인의 행위에 의지성 판단을 하는지 의문을 가질 수도 있다. 그 답은 이러하다. 자기 자신의 행위에 대해 말할 때, 또는 chā a:pwa twan−ā lā?("[자발적으로] 그렇게 많이 마셨어요?")처럼 의지성을 직접 보증할 수 있는 대화 상대방에게 물어볼 때만 의지성 표시를 하고 그 외의 경우에는 −a형을 쓴다는 것이다. 이런 면에서 네와리어의 의지성 대조는 "스스로의 성찰을 통해 알 수 있는 의지성"(−ā) 대 "자기 성찰로 의지성이 보증될 수 없는 것"(−a)이라고 정의하는 게 더 적절해 보인다.

실제로 타인의 정신적·감정적 상태가 어떠한가에 대해서 화자가 말할 수 없는 언어가 많다. 예컨대 일본어와 한국어의 경우 '(−고) 싶다want, 춥다(feel) cold, 외롭다(feel) lonely'처럼 내면의 기분과 느낌을 표현하는 '사적私的 술어

private predicates'는 이를 직접 경험할 수 있는 사람에게만 제한적으로 사용된다.

영어는 이러한 부분에 대해 민감하지 않다. "I want to drink water" "I am cold" "I am lonely"는 물론 "he wants to drink water" "he is cold" "she is lonely"라고 말해도 괜찮다. 이 예들 가운데 'I' 구문을 일본어로 번역하는 것은 문제가 없다. 그러나 타인이 무엇을 바라고 어떻게 느끼는지는 백 퍼센트 확신할 수 없기 때문에 타인에 대해서는 이같이 단언을 내릴 수 없다. 대신 영어로는 'is acting'이나 'appears to be'의 의미에 가까운, 보다 신중한 구문을 사용해야 한다.

(2) ㄱ. 영어: I want to drink water

일본어: mizu   ga   nomitai

water   drink–desirable

물   마시고–싶다

ㄴ. 영어: I (feel) cold

일본어: samui desu

cold is

춥다

ㄷ. 영어: I feel lonely

일본어: sabishii desu

lonely is

외롭다

(3) ㄱ. kare wa mizu o nomita**gatte**iru

영어 직역: he evidently wants to drink

그는 물을 마시고 싶어한다

ㄴ. kare wa samu**gatte**iru

영어 직역: he appears to be cold

그는 추워한다

ㄷ. kare wa sabishi**soo**da

영어 직역: he seems to be lonely

그는 외로워 보인다

한국어도 이와 유사하며, 'like(좋다/좋아하다)' 같은 동사들로까지 이 '사적' 조건을 확장한다. 또한 사람들의 예정된 미래 행위를 표현하는 문장에 대한 번역도 미묘한 의미 차이를 보인다. 예를 들어 '추정형' 표현 "갈 거예요"를 자기 자신에게 쓰면 "나는 가겠다 I will go, I am going to go"를 뜻하지만, 다른 사람에 대해 이 표현을 쓸 경우 "그는 아마/분명히 갈 것이다 he will presumably go, he is sure to go"의 의미를 갖는다. 인간이 타인의 미래 행위보다는 자신의 미래 행위에 대해 더 확신할 수 있다는 사실을 인식한 결과다.

이제까지의 예들에서는 증거 구성 요소를 이루는 질문이라는 것이 '주관적으로 알 수 있는 것인가' 아니면 '모든 이에게 명백한 외적外的 증거인가'의 차이로 한정되었다. 그런데 어떤 언어들에서는 '모든' 진술에 있어 그 증거에 대해 꼼꼼히 주의를 기울여야 한다. 즉 화자가 자신이 하는 진술을 어떻게 알게 되었는지, 예컨대 자신이 직접 했는지, 보았는지, 다른 감각을 통해 감지했는지, 남들에게 들었는지, 추론했는지, 혹은 여타의 방법으로 알게 되었는지를 동사에 붙이는 문법 표지로 명세화해야 하는 것이다.

예컨대 지금은 캘리포니아 북부 일부 노인들 사이에서만 쓰이는 동부 포모어 Eastern Pomo가 그러하다.13 영어 문장 "it burned(그것이 불탔다)"를 동부 포모어로 번역하기 위해서는 동사에 결합하는 네 가지 접미형 가운데 하나를 선택해야 한다. 그 불길을 직접 느꼈다면 pʰa·békʰ−ink'e, 다른 직접적 증거가 있으면 pʰa·bék−a, 정황 증거를 보고 추론한 상황이라면 pʰa·bék−ine, 전해들은 말이면 pʰa·békʰ−·le가 된다. 정밀하게 구별된 동부 포모어 표현을 영어로 재번역할 수도 있다. 위의 네 문장은 각각 "I felt it burn me(나는 그것이 불타는 것을 느꼈다)" "I saw it burn(나는 그것이 불타는 것을 보았다)" "it must have burned(그것이 불탔음에 틀림없다)" "they reckon it burned(그들은 그것이 불탔다고 추정한다)"로 번역될 수 있다. 요점은 바로 영어에서는 이렇게 번역할 '필요가 없다'는 것이다. 즉 진술 근거 같은 것은 대강 무시하고 이 네 상황 모두 그저 "it burned"라고 말하면 된다. 반면 동부 포모어에서는 모든 진술마다 정보의 출처를 '명시해야' 하기 때문에, 화자들은 뭔가를 말할 때마다 그 증거를 신중하게 가늠해야만 한다. 볼리비아의 아이마라어Aymara 역시 증거 체계가 매우 발달된 언어인데, 아이마라어를 연구한 하드먼Martha Hardman에 따르면 부모들이 아이들을 세심하고 정확한 정보 전달자로 키우기 위해 다양한 증거 형태가 쓰이는 정확한 조건을 가르치는 데 공을 들인다고 한다.14

터키와 캅카스 지역, 히말라야, 뉴기니 고지대, 아메리카 등 세계 여러 지역에서도 증거 체계가 발달된 언어들이 발견된다. 지난 몇십 년 동안 언어학자들은 이들 언어에 나타나는 증거 체계들을 이리저리 맞춰보며 연구해왔다. 그 결과 증거 체계에 어떤 대조가 나타나는지, 예컨대 어떤 유형의 감각 증거가 구별되는지 혹은 가장 신뢰할 만한 증거로 여겨지는 것이 무엇인지, 그리고 어떤 증거가 여타 증거에 겹쳐질 수 있는지의 여부를 보여주는 탄탄하고 정교한 범언어적 틀(유형론)이 서서히 만들어지고 있다. 다시 동부 포모어로 돌아가보면, 이 언어를 구사하는 구술 연행자演行者의 이야기 속에는 동사 하나에 비시각적 증거를 표시하는 굴절 요소와 전언hearsay 증거를 표시하는 굴절 요소가 모두 나타나는 예가 종종 있다. (4)의 문장에서 화자는 노인이 누군가 걸어나가는 소리를 듣고 말한 내용을 구술 전통에 기대어 전하고 있다.

(4) bà-xa-khí   xówaqa-nk'e-e.
     then-they.say-he   outwards.move-NON.VISUAL.SENSORY-HEARSAY
     그때-그들.말하다-그   밖으로.움직이다-비시각적감각-전언
     그때 그가 밖으로 걸어 나가기 시작했다고 한다.
     (영웅이 걸어 나가기 시작하는 것을, 눈먼 노인이 들은 상황)15

증거 체계에 대한 범언어학적 이해가 안정된 형태로 윤곽을 갖추게 된 것은 언어학자 플렉David Fleck의 연구를 통해서였다. 플렉은 브라질과 페루 접

경 아마존 강 유역에서 사용되는 마체스어Matses(파노어Panoan 중 하나)를 연구하면서 이제까지 상상하지 못했던, 완전히 새로운 차원의 증거 체계를 발견했다.[16] 플렉은 원래 동물학자였다. 마체스 사람들이 마을 주변 정글에 있는 동물에 대해 연구하도록 그를 초빙한 것이다. 그런데 마체스어를 배우기 시작하면서 그는 제대로 된 분석력 없이 이 언어를 배운다는 것이 자신의 과욕이었음을 깨닫고 언어학자로 방향을 바꾼다. 그가 동료 동물학자들에게 전공을 바꾸었다고 하자, 동료들은 대부분 마체스어에 정말 박사논문감으로 충분한 자료가 있다고 생각하느냐고 물었다. 그들은 "원시 부족어는 아마 석사논문만으로 충분할걸"이라고 말했다. 그를 마체스 지역으로 데려다준 페루 군인들의 이야기는 또 달랐다. 그들 말에 의하면 마체스어는 "도무지 무슨 소리인지 알 수 없는 난감한 언어"였다. 그리고 마체스 사람들은 플렉에게 이렇게 말했다. "우리 언어에 대해 연구하게 되다니 행운이지. 우리 언어는 근사한 데다 복잡할 게 하나도 없거든."

　　마체스어에서 놀라운 점은 시간을 나타내는 선상에서 사건이 일어난 시점과 증거를 판단한 시점이 따로따로 다루어지며, 각각에 대한 기준도 별개라는 점이다. 정글에서 마을로 막 돌아온 사냥꾼이 '어떤 장소에 흰입페커리들이 지나갔음'을 마을 사람들에게 전한다고 가정해보자(그림 4.1 참조). 정글에서 보았던 흰입페커리 발자국을 가지고 추론한 이야기다. 흰입페커리는 마체스어로 shëktenamë, 동사 '지나가다'는 kuen이다. 동사 끝에는 그겟it/그것들they을 뜻하는 접미사가 오는데, 조건(이 논의에서 신경 쓸 필요가 없다)에 따라 şh나 k 형태가 된다. 이제 드디어 문제의 부분이 남는다. 사건이 일어난 시점부터 증거를 발견한 시점까지의 간격이 얼마나 되는가에 따라 화자는 접미사 ak(짧은 시간), nëdak(긴 시간), ampik(아주 긴 시간)을 선택한다. 또한 증거를 발견한 시점부터 말하는 시점까지 얼마나 오랜 시간이 지났는가에 따라 접미사 o(짧은 시간), onda(긴 시간), 또는 denne(아주 긴 시간)를 선택한다. 발견시까지의 시간적 간격을 나타내는 접미사가 먼저 오고, 그 뒤에 발화시까지의 시간적 간격을 나타내는 접미사가 온다. 예를 들면 다음과 같다.

그림 4.1 새로 잡은 페커리를 메고 돌아오는 마체스족 사냥꾼[17]

(5)

ㄱ. shëktenamë kuen**akoşh**.

(분명) 흰입페커리들이 지나갔다. (갓 생긴 발자국이 조금 전에 발견됨)

ㄴ. shëktenamë kuen**akondaş**h.

(분명) 흰입페커리들이 지나갔다. (갓 생긴 발자국이 오래전에 발견됨)

ㄷ. shëktenamë kuen**nëdakoş**h.

(분명) 흰입페커리들이 지나갔다. (오래된 발자국이 조금 전에 발견됨)

ㄹ. shëktenamë kuen**akdenne**k.

(분명) 흰입페커리들이 지나갔다. (갓 생긴 발자국이 아주 오래전에 발견됨)

대부분의 경험적 발견처럼 이 같은 체계가 가능하다는 사실은, 실제로 발견되고 나서야 비로소 명백해진다. 아마 마체스어가 존재하지 않았다면 언어 철학자 중 누군가가 이것을 지어내야 했을 것이다. 마체스어 체계를 알고 있는 지금, 우리는 표현 논리들이 증거 체계를 위해 발달했다는 것도 확인할 수 있고, 좀 더 일반적으로는 사회적 추론의 인지 모델이 단순히 증거 판단들을 유형별로 분류할 뿐만 아니라 그 시간상 위치도 찾아낸다는 것을 명확히 알 수 있다. 그러나 핵심은, 내가 아는 한, 그 같은 체계를 '실제로 가정했던' 언어학자나 철학자는 아무도 없었다는 것이다. 이처럼 지구상의 여러 언어에는 철학에서 지금까지 상상해왔던 것보다 훨씬 더 많은 것이 존재한다.

이제까지 서로 다른 언어들이 사회적 인지 영역에 무엇을 정교히 만들어 내는지 간략히 살펴보았는데, 그 핵심을 되짚어 그림 4.2와 같은 모델을 제시할 수 있다. 한 언어가 그 언어를 구사하는 화자들에게 무엇을 할 수 있도록 해야 하는지 보여주는 모델이다.

우선 표 왼쪽 위에서 보이는 바와 같이 언어는 모든 사회적 행위자social agents, 즉 자신의 사회 세계에 존재하는 사람들, 그리고 그들 간의 관계(예컨대 친족이나 씨족원 등)에 대한 작동 파일을 가지고 있어야 한다. 때로는 쿤윙즈쿠어에서처럼 복수의 관계가 동시에 삼각 구도를 형성해야 하기도 한다. 쿤윙즈쿠어에는 쿤–데르비어Kun-derbi라는 특별한 사용역register 체계가 있는데, 이

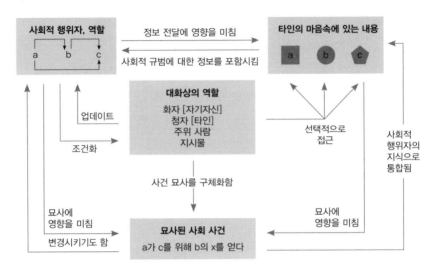

그림 4.2 문법 내 사회적 인지에 대한 포괄적 모델

체계에서는 친족을 두 관점에서 한꺼번에 바라본다.[18] 앤이라는 할머니가 손녀 발다와 함께, 자기 딸이자 발다의 어머니인 마리에 대해 이야기하고 있다고 가정해보자. 앤은 마리를 al-garrng("내 딸이자 네 어머니인 사람, 너는 내 딸의 딸인 존재")라고 지칭하고, 발다는 마리를 al-doingu("당신의 딸이자 내 어머니인 사람, 당신은 내 어머니의 어머니인 존재")라고 지칭한다. 이 표현에는 세 사람의 관계(a, b, c)가 동시에 명시되며, 그 관계가 화자-청자-지시물이라는 대화상의 특정 역할에도 연결된다. 호주 원주민어 가운데에는 이와 유사한 체계를 가진 언어가 많은데, 해당 언어를 구사하는 화자들은 이 체계를 제대로 구사하는 것이 최고로 품위 있고 세련된 언어라고 생각한다. 물론 이를 정확히 구사하려면 동시에 두 관점을 취하는 능력을 지니고 있어야 하며, 공동체의 모든 구성원 하나하나가 여타 구성원들과 어떤 관계에 있는지에 대한 백과사전 수준의 정보도 가지고 있어야 한다.

위 모델의 두 번째 구성 요소로 넘어가보자. 사회 세계의 각 개인은 자기만의 욕구, 믿음, 사고, 정보 등을 가지고 있다. 이상적으로 말하자면, 화자는 남들의 행동과 상호 작용을 예측하기 위해 이 모든 것을 꾸준히 파악하고 싶어한다. 그러나 앞서 살핀 여러 언어를 상기해보면, 타인에게 '사적'인 감정과 의도를 귀속시키는 데에는 한계가 있어 보인다. 그런 의미에서, 모델 오른쪽 위에는 화자가 아는 범위에서 각 구성원의 생각이나 감정이 어떠한가를 담은 정보 파일이 있다.

셋째, 구성원들 속에서 이야기되는 사건들에는 대부분 사회적으로 관련된 요소가 있다. 예컨대 기획된 의도 혹은 소유상의 변화를 담고 있을 수도 있다. 문법은 사건을 기술할 때 이러한 면들까지 표현할 수 있도록 해야 하는데, 여기에 해당되는 것이 위 모델의 맨 아래 구성 요소다.

끝으로, 발화 행위는 전체 모델의 중심에 놓인다. 위에서 말한 정보들을 확실하게 업데이트하고 전달하는 것이 바로 화행이기 때문이다. 대화가 가진 특별한 특징 가운데 하나는, 화자와 청자 간의 역할 교대 속에서 그 둘이 공유하는 무언가에 주의집중을 하도록 하는 훈련이라는 것이다. 이 훈련을 통해 청자인 나는 자기 내적 감정을 표현하는 상대방(화자)의 말을 공유하게 되고, 강렬한 공감대를 구축함으로써 타인의 마음이 어떤지 잘 알게 된다. 뿐만 아니라 여러 유형의 사회적 관계는 대화에 영향을 끼쳐 발화의 표현 방식을 결정한다. 실제로 여러 언어가 다양한 유형의 공손 표지나 존대 표지를 통해 이를 목록화하여 표시한다.

이 장을 마무리짓기 위해 이 주제들 몇몇을 한데 조합해보자. 달라본어에서는 지금까지 다룬 모든 사회적 관련 경험 영역이 굴절 단어 하나로 표현된다. 우비크어처럼 달라본어는 영어에서 문장으로 표현하는 것을 한 단어에 압축시켜 표현하는 포합어인데, 달라본어를 쓰려면 영어 문법이 지시하는 것과는 사뭇 다른 사회적 범주에 주의를 기울여야 한다. 다음의 단어가 그 예다.

(6) Wekemarnûmolkkûndokan.
"나는 촌수 관계가 홀수인 그들 두 사람이 핵심 인물에게 알리지 않은 채로 다른 누군가 때문에 갈까봐 걱정스럽다. (여기서 나는 단어형 선택을 통해, 행위자 중 한 명이 나의 장모 혹은 그와 동등하게 존경받는 친척임을 나타내고 있다.)"

달라본어로 이 단어를 구사하기 위해서는 다음과 같은 방법으로 단어를 만들어나가야 한다. 기본 의미인 '가다'에서부터 시작해보자. 달라본어로 '가다'는 흔히 bon[19]을 쓰지만, 장모나 그에 못지않게 존경받는 친척에 대해 이야기할 때에는 이 단어의 특수 공손형인 dokan을 써야 한다. 그러므로 가장 우선적으로 해야 할 일은 이야기하려는 대상과 나와의 친족 관계를 확인하는 것이다.

이제 해당 동사에 앞 장에서 논의했던 접두사 molkkûnh-('모르는 사이에')을 붙인다. 이 접두사는 위 문맥에서 그 행위에 대해 알아야 하는 누군가에게 알리지 않은 상태로 그 행위가 은밀히 진행되고 있음을 나타낸다. 따라서 화자라면 두 사람이 무엇을 하고 있는지뿐만 아니라, 두 사람이 그 행동에 대해 알려야 되는 사람들에게 제대로 알렸는지의 여부도 알아야 한다. 거기에 다시 '누군가를 위해, 누군가에게 불리하게, 누군가를 대신해'를 의미하는 marnû-를 붙이는데, 이 접두사는 문맥에 따라 그 사건이 제3자에게 긍정적 혹은 부정적인 영향을 끼침을 나타낸다.

다음으로는, 가는 사람이 둘 혹은 그 이상인지, 단둘이라면 둘 사이의 친족 관계가 어떤지 명시해야 한다. 위 단어의 경우 두 주체가 어머니와 딸, 또는 아저씨와 조카 사이라면 적합하지만, 만약 자매간이나 할머니와 손녀 관계라면 ke-를 barra-로 바꾸어야 할 것이다. 끝으로, 탐탁지 않은 상황을 묘사하기 위해 '우려'를 나타내는 접두사 we-를 덧붙인다. 여기서는 이를 "나는 … 을까봐 걱정스럽다I'm afraid that …might"로 번역했는데, 그 둘이 가지 못하게 하라고 혹은 그들이 가는 것을 알아야 될 사람들에게 알리라고 좀 더 권한 있는 누군가에게 권고하는 맥락이라면 "그러지 말도록so that they don't end up, lest"이라는 번역이 더 적절할 것이다.

(6)과 같은 단어는, 사회적 맥락이 전혀 없는 "원숭이들이 바나나를 먹는다" 부류의 문장으로부터 문법이 우리를 얼마나 멀리까지 데려갈 수 있는지 제대로 보여준다. "wekemarnûmolkkûndokan"라는 단어 하나를 생각하고 발화하고 해석하기 위해서는 앞서 제시했던 모델의 네 가지 요소를 모두 가져와야 한다. 대화를 시작하면서 우선 화자는 사건을 현시점이 아닌 가능세계에

위치시키고, 이를 탐탁지 않은 것으로 명시함으로써 화자 자신의 태도를 드러낸다. 다음으로, 묘사된 사건을 살펴보자. 접두사 marnû-를 사용함으로써 이 사건이 타인에게 어떤 이익이나 불행을 끼치는 사회적 파장을 가져오리라는 것을 나타낸다. 이번에는 우리 모두 전전긍긍하며 꾸준히 파악하려 애쓰는 것, 즉 사회 속 사람들의 마음에 대한 것을 살펴보자. 화자는 접두사 molkkûnh-을 사용함으로써 해당 사건과 관련된 누군가가 그 사건에 대해 모르고 있음을 표현한다. 사회적 관계에 관해 말하자면, 화자는 두 군데에서 친족 관계를 언급하고 있다. 접두사 ke-는 두 사람이 '홀수의 촌수 관계'임을 파악한 것이고, 좀 더 일반적인 동사 어근 bon 대신 dokan을 사용한 것은 대화에 등장하는 누군가가 화자 자신과 인척 관계임을 파악한 것이다.

이것만으로도 충분히 복잡해 보인다. 그러나 언어가 어떻게 그 문법을 이용하여 화자들의 사회 세계에서 끊임없이 펼쳐지는 모든 것을 구축하고 업데이트하는지 살피는 데 있어 이 단어는 단편적 사례에 불과하다. 달라본어와 이웃한 언어인 응갈라크어Ngalakan는 동사에 결합하는 특이한 '연민compassion' 접두사, 즉 기술되는 사건에 등장하는 누군가에 대한 화자의 연민을 나타내는 접두사를 가지고 있다. 아마존이나 뉴기니 고지대의 언어들에서는 자신이 하는 말의 근거에 주의를 기울여 그 증거의 출처를 명시해야 한다. 티베트어 또는 에콰도르에서 쓰이는 차피키어Tsafiki 화자라면 자신이 전하는 정보가 자신이 알고 있던 것인지 아니면 새로운 것인지 밝혀야 하며, 콜롬비아의 안도케어 Andoke 화자들은 말하기 전에 자신이 전하는 말이 상대가 이미 알고 있으리라 생각하는 내용인지 아니면 자기에게만 분명한 것인지 먼저 결정해야 한다.[20] 화자들이 자신이 하는 말의 사회적 중요성을 판단하고, 화자 자신과 대화 상대를 고려해 표현 방식을 정해야 한다는 점은 어느 언어에서든 마찬가지다. 그러나 말을 할 때 화자가 무엇에 주의를 기울여야 하는가 하는 세부 요구 사항, 그리고 대화 행위마다 사회 세계에 대한 심적 정보 자료가 업데이트되는 방식은 언어마다 철저히 다르다. 우리가 검토한 각각의 새로운 문법을 통해, 인간이 세계에 대해 어떻게 추론하는가를 보여주는 앞서의 복합적 모델은 좀 더 다채로워진다.

카야르딜드어를 구사하려면 여러 유형의 의도를 구분해야 하며, 달라본어를 구사하려면 사회 세계에 존재하는 모든 이의 친족 관계에 끊임없이 관심을 기울여야 한다. 일본어나 한국어로 말하려면 자기 성찰을 통해 알 수 있는 것과 외적 관찰에 의해 알 수 있는 것 사이의 경계를 면밀하게 따져봐야 하고, 네와리어로 말하려면 의도성을 염두에 두어야 한다. 마지막으로 동부 포모어나 마체스어를 구사하려면 말할 때마다 정보의 출처를 신중하게 따져 명시해야 한다. 물론 영어 화자라 해도 이 모든 것을 배울 수 있다. 특히 그 사회에서 족보학자(친족!), 심리학자(사적 술어!), 판사(의도성!), 또는 주석을 잘 다는 학자나 언론인(출처 제공!) 역할을 하려는 사람이라면, 혹은 좀 더 일반적인 경우로서, 감정이입을 잘하고 섬세하며 새로운 것에 밝아 그들이 뭐라 말하는지 면밀히 따져보는 사람이라면 이 각각을 잘 배워야 한다.

카야르딜드어, 달라본어, 네와리어, 일본어, 한국어, 동부 포모어, 마체스어 화자들이 영어 화자들보다 얼마나 더 빨리, 얼마나 더 일상적으로 이것에 대해 자각하게 되는가 하는 질문은 워프의 언어 상대성 가설과 관련된 질문으로서, 여기에 답하기 위해서는 언어학적 방법론과 심리학적 방법론의 결합이 필요하다. 이러한 유형의 방법론에 대해서는 제4부에서 다룰 텐데, 아직은 이 분야의 의미 있는 연구가 별로 진행되지 않고 있다.

그러나 이들 언어를 상세히 살펴보면서 분명해진 것이 있다. 언어가 해당 화자들에게 묵비 상태로 있지 말라고 요구하는 특정 범주들에 대해 계속 유의하지 않고는 그 언어를 결코 구사할 수 없다는 점이다. 수천 년 동안 점진적으로 형성된 각 언어의 발화 문화가 이러한 차이를 만들어냈을 것이다. 즉 과거 화자들이 주고받는 말 속에 특정한 구별이 자주 일어나면서 결국 그 언어의 핵심 문법 장치로 자리 잡게 되었을 것이다. 따라서 어떤 언어에 이 같은 차이들이 나타난다면 이는 곧 '각 범주의 학습 가능성과 사용 가능성을 보여주는 실재 증거', 즉 심리학자나 재판관, 족보학자뿐만 아니라 그 언어공동체의 평범한 구성원 전체가 쉽게 이 차이들을 익히고, 이것을 거의 평생 동안 관심 갖고 주시해야 할 사항으로 규정할 수 있다는 증거가 된다. 또한 어떤 단어 혹은 구성이 충분히 자주 사용되다 보면 문법 표지로 진화될 수 있다는, '진화 가능성을 보여주는 실재 증거'도 된다.

세상에 태어난 어린아이는 모어 습득 과정에서 이 모든 문법을 이해할 수 있는 마음, 어떤 범주든 늘 주의를 기울여 학습할 수 있는 마음을 가져야 한다. 또한 오르테가이가세트가 시사한 바와 같이, 인간의 모든 가능성을 밝히기 위해서는 세계 언어들의 섬세함과 예민함이 우리에게 말해주는 바를 과감하고 방대하게 통합할 필요가 있다.

1_ 유명한 이 속담에 대한 영어 번역은 다양하다. 그중 가장 보편적인 번역은 아마도 "새로운 언어, 새로운 정신"일 것이다. 문자 그대로는 "당신이 아는 언어 수만큼 당신은 여러 사람인 셈이다"라는 의미다.

2_ Ortega y Gasset(1983[1937]:444)

3_ 야콥슨Roman Jakobson의 명언 가운데에도 이와 비슷한 말이 있다: "각 언어가 본질적으로 다른 것은 '무엇을 전달할 수 있는가'가 아니라 '무엇을 전달해야만 하는가' 하는 점이다."(Jakobson 1992 [1959]:149)

4_ '의무deontic' 변형은 may, must, ought처럼 진술을 바람이나 도덕적 요건 틀에 끼워 넣는 것을 말한다.

5_ Crowley(1996)

6_ Crowley(1982:211)

7_ Osumi(1996)

8_ 사회적 관계에서 타인을 이해하는 능력과, 그 관계 속에서 적절하게 대처하고 행동하는 능력을 통틀어 가리키는 개념이다. — 역자 주

9_ 귀인이란 관찰된 결과의 원인을 이해하는 과정, 즉 어떤 행동을 보았을 때 수많은 가능 원인들 중 어느 원인을 그 행동에 귀속시켜야 할지 추론하고 결정하는 과정을 가리킨다. — 역자 주

10_ 앞 장에서 논의했듯이 카야르딜드 어에서 격 접미사는 필수 표지로서, 문장에서 언급되는 각 사물 또는 사람의 역할이 무엇인지 나타낸다.

11_ Hargreaves(2005)

12_ a 위에 붙은 ¯가 길게 발음됨을 나타내는 장음 기호다.

13_ McLendon(2003)

14_ Hardman(1986)

15_ McLendon(2003)

16_ Fleck(2007)

17_ 페루 북서쪽 갈베즈Gálvez 강 유역의 누에보산후안Nuevo San Juan 마을에서 찍은 사진이다. (페커리peccary는 아메리카 대륙에 분포하는, 멧돼지 비슷한 포유류 동물이다.—역자 주)

18_ Evans(2003), Garde(2003)

19_ 어근 bon(가다)은 이 언어명의 일부를 이룬다. dalû의 한 형태인 dala는 '입', 즉 '언어'를 의미한다. 따라서 Dalabon이라는 단어는 "'가다'를 뜻하는 단어가 bon인 입[언어]"라는 의미를 담고 있다. 인근 지역 사람들도 달라본어를 가리키는 나름의 명칭을 가지고 있는데, 그 명칭 역시 이처럼 '입'에 해당하는 자신들의 단어 뒤에 bon을 결합하여 만든 것이다. 즉 달라본어를 가리킬 때 쿠네어Kune 화자들은 자신들의 어근 dang(입)을 취하여 Dangbon이라고 부르며, 자워인어Jawoyn 화자들은 ngalk(입)를 사용해 Ngalkbon이라고 부른다.

20_ Landaburu(2007)

Naː–bí hiːli naː–bí wowaːci na–mu.

|

My language is my life (history).

|

나의 언어는 나의 인생(역사)이다.
— 애리조나 테와어 Arizona Tewa 속담

제3부

고대 단어들 속 희미한 흔적

: 언어와 심층 역사

제1차 세계대전의 무자비한 학살이 자행되던 시기에 체코의 젊은 교수 흐로즈니Bedřich Hrosný는 오스트리아–헝가리 제국의 군인으로 징집되었다. 다행히 그는 빈 출신의 느긋한 지휘관 카메르그루버Kammergruber 중위의 휘하에 있게 되었고, 이스탄불에 머물면서 점토판에 쓰인 설형문자 히타이트어Hittite 자료를 분석할 수 있었다. 방대한 양의 그 점토판은 빙클러Hugo Winckler가 터키 보가즈쾨이Boğaz Köy 근처에서 발견한 것인데, 아카드어Akkadian2 기록에 이용되던 설형문자로 씌어 있으면서도 이제껏 알려지지 않은 언어를 담고 있었다.

흐로즈니가 nu ninda an ezzatteni wadar-ma ekutteni라는 구절을 접하게 되면서 결정적인 계기가 찾아왔다. 그는 텍스트의 ninda 주변에 있는 수메르어 상형문자를 통해 ninda가 '빵bread'을 의미하며 텍스트의 대구 표현으로 보아 이 구절이 'bread X-ing, Y Z-ing'의 형식을 띤다고 추론했다. 영어 eat에 해당되는 고대 고지 독일어Old High German의 형태가 ezzan이라는 점, 어미 -tteni가 라틴어와 산스크리트어 같은 고대 인도–유럽어의 분사형과 비슷하다는 점에 착안하여 흐로즈니는 해당 문구가 'now you will eat bread, further you will drink water(이제 당신은 빵을 먹을 것이다. 이어서 물을 마실 것이다)'를 뜻하리라 추정했다. 이 구절에는 영어 단어 'now(지금)' 'water(물)' 'eat(먹다)'을 생각나게 하는 'nu' 'wadar' 'ezza'라는 표현이 있다. 다른 자료에서는 영어 -in' 분사의 흔적이 발견되기도 했다―'I'm comin' over'처럼 소위 'g 탈락'이 일어난 발음이 비난받곤 하지만 사실은 이 발음이 언어의 보수성을 지키고 있는 셈이다.

1915년, 흐로즈니는 그 점토판에 새겨진 언어가 영어와 동계의 언어임을 입증했다. 그의 해독 덕분에 그 언어가 기원전 1750년부터 기원전 1180년까지

아나톨리아[3] 지역을 주름잡던 히타이트 왕국의 언어임이 밝혀진 것이다. 히타이트어는 영어, 카메르그루버 중위의 모국어인 독일어, 흐로즈니의 모국어인 체코어가 모두 속해 있는 대大인도-유럽 어족의 일부를 이룬다. 실제로 히타이트어는 인도-유럽 어족 내에서 관련성이 가장 먼 언어다. 하다못해 히타이트어보다 벵골어Bengali, 아르메니아어, 러시아어 등이 친족성 면에서 영어와 더 가깝다. 현재 영어가 속하는 가장 큰 집단이 인도-유럽 어족이니, 히타이트어는 영어와 관련된 것으로 알려진 언어 중 가장 먼 언어라고 할 수 있다.

동계성 증명의 핵심을 이루는 여러 문법적 유사성 외에도, 3500년 전 기록인 히타이트어에는 쉽게 알아볼 만한 단어가 많이 있었다. 이미 살펴본 wadar(물water)와 ezzan(먹다eat—독일어에서는 essen, 체코어에서는 jíst) 외에 genu(무릎knee),[4] arrash(엉덩이arse—독일어에서는 Arsch)와 같은 것도 있다.

당시까지 학자들 중 누구도 중동 지역의 대문명에 인도-유럽어 화자 집단이 속해 있었으리라 생각하지 않았으나 히타이트어에 나타난 증거는 반박의 여지가 없었다. 긴 세월 속에서 영어, 독일어, 체코어에 소소한 음운 변화가 일어나기는 했어도 이 낯익은 히타이트어 단어들과의 친족성이 감춰지지는 않는다. 반대로 당대의 아카드어 혹은 오늘날 보가즈쾨이에 살고 있는 터키어 화자들의 단어와 히타이트어 단어는 전혀 다르다. 다음 표에서 보듯, 아카드어 단어들은 오히려 히브리어, 게즈어(에티오피아의 고대 언어), 아랍어 같은 셈어의 단어들과 비슷하다. 표에서 역사적으로 연관된 '동계어'들은 같은 음영으로 표시했다.

인도-유럽 어족				셈 어족				튀르크 어족
영어	독일어	체코어	히타이트어	아카드어	히브리어	게즈어	아랍어	터키어
water	Wasser	voda	wadar	mû	mayim	måy	mā?	su
knee	Knie	koleno	genu	birku	berek	bərk	rukbat	diz
arse	Arsch	prdel	arrash	šapūlu	šippūi	–	sāfilat	kıç

각 언어의 단어, 소리, 문법은 천 년을 거슬러 올라가 화자들의 과거 역사를 밝혀주는 수많은 실마리를 담고 있다. 이러한 보존 과정이 의도된 것은 아니다. 성서 속 히브리어를 지켜온 유대인들, 게즈어를 보존하고 있는 에티오피아 기독교인들처럼 고대의 언어 형태를 지켜온 문화에서도 그 목표는 특별한 종교 텍스트를 보존하자는 것이지, 과거에 대한 정보를 남기자는 것은 아니었다. 오래전 소실된 친족어 히타이트어와의 연결에 필요한 정보를 유지하겠다고 아이들에게 'arse'라는 말을 계속 쓰라고 우기는 사람은 없다. 언어들이 제공하는 역사적인 증거에 대해 우리가 전혀 의식하지 못한다는 사실이 도리어 과학에 도움이 된다. 어떤 이데올로기적 목적을 위해 역사를 다시 쓰려 할 때도 흔히 이러한 기록 부분을 건드리지 않기 때문이다. "언어학이 크게 유리한 점은 (…) 전체적으로 범주들이 (…) 늘 의식되지 않은 상태로 남아 있다는 사실이다. (…) 민족학 분야에서 비일비재한, 이차적 설명이라는 방해 요인 혹은 호도糊塗 요인 없이 범주 형성 과정이 이루어질 수 있는 것은 이 때문이다."5

제3부에서는 언어적 증거가 세계의 심층 역사, 즉 문자 기록 이전의 역사를 이해하는 데 어떻게 도움을 주는지 검토하고자 한다. 제5장에서는 고대로 되돌아가기 위해 사용할 수 있는 재구再構 기술reconstructive techniques의 범위를, 제6장에서는 재구 기술이 가져온 결실을 살펴볼 것이다. 재구를 통해 과거의 정신세계로 들어가보고, 오래전 이루어진 인류의 이주 과정을 추적하며, 멀리 떨어진 집단 사이의 뜻밖의 연결고리를 확인하게 될 것이다. 재구를 통해 복원된 고대 단어들이 고고학 유적지에서 발굴된 고대의 사물이나 곡물과 연결된다면, 그 재구 언어는 연대와 지역 추정이 가능한 물리적 증거 기반을 갖게 된다. 제7장에서는 현대어 자료가 종래 미해독 상태에 있던 기록 체계를 어떻게 풀어내 바벨 도서관의 잊힌 서가를 다시 여는지 살펴보면서 제3부를 마무리할 것이다.

1_ Kroskrity(1988)에서 인용, 번역.

2_ 메소포타미아 문명의 주요 중심인 고대도시 아카드에서 유래한 명칭으로 아시리아—바빌로니아어라고도 한다. 기원전 3000 ~ 기원전 1000년 전 메소포타미아 지역의 아시리아, 바빌로니아 사람들이 썼던 셈어의 하나다. 기원전 1세기 즈음 사멸했으나 19세기에 설형문자 점토판들이 판독되면서 알려졌다. — 역자 주

3_ 오늘날의 터키에 해당되는, 흑해와 지중해 사이의 반도 지역을 가리킨다. — 역자 주

4_ 더 이상 k를 발음하지 않는 knee보다는 라틴어에서 파생된 동사 genuflect(무릎을 꿇다)가 본래의 음을 더 잘 유지하고 있다.

5_ Boas(1911:70-71)

제5장

공통 연원에서 비롯된 언어

언어는 고고학의 수레다. 그 안에는 이미 사라졌거나
여전히 생생한 과거의 유물, 지금은 세상에 존재하지 않는
과거의 문명과 기술이 가득 차 있다. 지금 우리가 쓰는 언어는
인류의 노력과 역사가 켜켜이 쓰여 있는 양피지다.

— 러셀 호번Russel Hoban 1

세계의 언어 화자들은 자신의 언어를 다른 언어와 비교하면서, 흐로즈니가 히타이트어와 여타 인도-유럽어에서 발견한 것과 같은 유사성을 찾아내곤 한다. 이 유사성은 그저 우연의 일치일 때도 있다. 내 첫 언어학 스승 딕슨도 이와 관련하여 재미있는 이야기를 들려준 적이 있다. 딕슨 교수가 음바바람어Mbabaram의 마지막 화자에게 음바바람어 연구에 참여해달라고 청했을 때 그는 이를 쉽게 허락하지 않았었다. 몇 년의 기다림 끝에 드디어 연구를 시작하게 되면서 그가 한 첫마디는 이랬다. "'개dog'를 가리키는 우리 단어가 무엇인지 아나? dog일세."[2] 이는 순전히 역사적으로 생긴 우연의 일치였다. 음바바람어의 dog는 형태상 완전히 다른 조어祖語 gudaga에서 유래한 단어로서, gudaga〉gudwaga〉udwoga〉dwog(a)〉dwog〉dog의 단계를 거쳐 현재 형태에 이른 것이다. 유아기에 발음할 수 있는 소리가 제한된 탓에 비슷해진 단어들도 있다. 잘 알려져 있다시피, 세계적으로 '어머니'와 '아버지'를 가리키는 단어는 mama와 papa로 비슷하다. 하지만 이러한 점을 과장해서는 안 된다. 이를테면 조지아어와 피찬차차라어Pitjantjatjara에서는 mama가 '아버지'를 뜻하며, 피찬차차라어에도 papa라는 단어가 있지만 이는 '개'를 의미한다.

한 언어에서 다른 언어로 단어가 유입되면서 유사성이 생기기도 한다. 언어학에서는 이것을 '차용借用'이라고 하는데, 사실 그리 적절한 용어는 아니다. 빌려준 언어에 그 단어가 되돌아오는 일은 거의 없으며, 설령 되돌아온다 해도 대개는 옮겨갔던 언어 속에서 변화된 상태로 돌아오기 때문이다. '꽃을 피우다, 향기를 피우다'라는 뜻의 점잖은 프랑스어 fleurter는 영어에 '차용'된 후 음성이 flirt로 변하고 의미도 '추파를 던지다'로 달라졌는데, 이것이 다시 프랑스로 넘어와 flirter(환심을 사려 하다)라는 단어가 되었다. 프랑스의 일부 언어 순화주의자들은 이 단어를 영국으로 건너가기 전의 철자인 fleurter로 되돌려 쓰기도 한다.

차용은 어떤 언어들을 각각의 동족어보다도 비슷해 보이게 만든다. 경우에 따라서는 애국심에 찬 화자들이 새로 유입된 단어가 자기네 언어라고 주장하곤 한다. 내가 아는 방글라데시 사람 하나도 방글라어Bangla 단어인 Kindergarten(유치원)을 독일 사람들도 쓰더라며 흥분에 차 말한 적이 있다. '감'을 뜻하는 이탈리아어 cachi가 일본어에도 있어 놀랐다는 이탈리아 사람들의 말을 듣기도 했는데, 사실 이탈리아어 cachi는 일본어 kaki에서 온 차용어다.

이처럼 우리는 언어 간에 공통되게 쓰이는 일부 단어에 대해 지나친 해석을 내리지 않도록 주의해야 한다. 그렇다면 앞서 인용한 히타이트어 wadar, nu, ezzan, arrash가 인도-유럽어와의 관련성을 보여주는 결정적 증거라는 주장도 의심할지 모르겠다. 물론 따로따로 떼어 생각하면, 이 몇몇 단어가 우연히 비슷한 형태를 띠게 되었거나 차용된 단어일 수도 있다는 주장이 불가능한 것은 아니다. 이 장에서는 언어 간 관련성을 보다 정교하고 확실하게 진단하는 논리에 대해 다룰 것이다.

사람들은 꽤 오래전부터 언어 관계에 대해 추론해왔다. 언어적 유사성이 집단들 사이의 과거 관련성을 보여주는 지수라는 인식도 보편적으로 퍼져 있었다. 그럼에도 불구하고 언어 변화에 접근하는 과학적인 방법론이 개발되지 못했던 것은 개념상의 장벽 때문이었다. 그건 바로, 현재 여전히 사용되는 몇몇 언어가 가장 오래된 언어이자 기원이 되는 언어이며, 다른 언어들은 여기서 유래된 것이라는 생각이다. 언젠가 한번은 "웨일스어-유럽의 가장 오래된 언어"라는 득의양양한 문구가 새겨진 낡고 초라한 머그잔을 본 적이 있다. 토착어를 '오래된' 언어로 기술하는 예도 흔하다. 그러나 이것은 말도 안 되는 소리다.

피진어나 언어 혼합language-mixing을 거쳐 새로운 성장 단계에 있는 언어, 혹은 최근 새로이 생겨나고 있는 수화 등을 제외한 모든 언어는 똑같이 오래되었다. 모든 언어는 인류의 가장 초기 언어들에서 유래했으며, 미세한 변화가 끊임없이 이어지고 누적되면서 오늘날에 이른 것이다. 이런 맥락에서 '오래된'이라는 말은 기껏해야 '구식의archaic'라는 뜻에 가깝다. 다른 언어들보다 언어 변화가 더 서서히 진행되었다는 의미이기 때문이다. 프랑스어보다는 이탈리아어가 그 조어인 라틴어에서 덜 달라졌고, 히브리어보다는 아랍어가 그 조어인 셈어에 가까우며, 노르웨이어보다는 아이슬랜드어가 고대 스칸디나비아어Old Norse와 훨씬 유사하다.

이러한 사고의 장벽에 돌파구를 만든 사람은 영국인 판사 존스 경Sir William Jones(1746~1794)이다(그림 5.1 참조). 당시 표준적 전통이었던 라틴어와 그리스어 교육을 받은 그는 중국어와 구페르시아어 연구에 몰두해 '동양의 존스' 또는 '아시아의 존스'라는 별명을 갖기도 했다. 존스는 영국 통치하에 있던 인도 캘커타의 판사였다. 캘커타에서는 기존 힌두 제도에 따라 법 처리가 이루어지는 일이 흔했고, 존스는 자신에게 제출되는 논고論告들을 보다 잘 검토하기 위해 산스크리트어를 독학하게 된다. 1786년에 왕실 아시아 학회Royal Asiatic Society에서 한 그의 연설이 유명한데, 거기서 존스는 다음과 같이 밝히고 있다.

얼마나 오래됐는지와 상관없이 산스크리트어는 훌륭한 구조를 가지고 있습니다. 산스크리트어는 그리스어보다 완벽하고 라틴어보다 풍부하며, 이 두 언어보다 세련되게 정제되어 있습니다. 그런데 이 두 언어와 산스크리트어는 유사성이 강합니다. 우연히 일어난 일이라 보기 어려울 정도로 이 언어들은 동사 어근도 비슷하고 문법 형태도 비슷합니다. 하도 비슷해서, 이 세 언어를 모두 검토한 언어학자는 누구든 <u>이 세 언어가, 아마 더 이상은 존재하지 않는 공통 연원에서 비롯되었을 것</u>이라고 믿을 수밖에 없었습니다.[3](밑줄은 저자)

이 몇 마디가 일으킨 반향은 엄청났다. 이 말은 산스크리트어에 대한 관심을 촉발시켰고, 그 결과 수십 년 후 유럽인들은 파니니 문법 같은 고대 문법 저술에도 관심을 갖게 되었다. 이러한 영향은 르네상스 시대에 그리스 고전 작품의 재발견이 가져온 영향과 크게 다르지 않은데, 위대한 지적知的 발견이 유

그림 5.1 윌리엄 '오리엔탈' 존스 경

럽과 지중해 세계만의 전유물은 아니라는 깨달음이 그 영향력을 더욱 증폭시켰다. 현재 우리의 논의에 보다 직접적으로 관련되는 것은, '공통 연원이 더 이상 존재할 필요가 없다'는 존스의 통찰력이 가져온 급진적 파장이었다.

이 같은 생각을 통해 역사언어학자들은 19세기 전반에 걸쳐 서서히 연구를 축적해갔다. 이들은 주로 산스크리트어와 그리스어, 라틴어가 속한 인도-유럽 어족—나중에는 히타이트어도 이에 추가된다—의 여러 언어를 비교 연구하면서, 공통조어가 어떤 모습일지 재구하는 기술을 발전시켜 나갔다. 돌파구가 되는 두 가지 주요 진전이 이루어진 것도 이 시기였다. 하나는, 언어들 간의 '규칙적 음운 대응'을 과학적 설명의 가장 엄격한 기준으로 상정해야 하며, 그러기 위해 '예외 없는 규칙'을 만들어야 한다는 인식이다. 또 하나, 주변 다른 소리가 음성 변화에 영향을 미치므로 위 기준들에 맞추려면 때로 '조절 요인'을 상정할 필요가 있다는 점, 이에 따른 연동적 변화의 관계망이 모델화되어야 한다는 점도 명백해졌다.

이 기술들은 '비교방법론'이라 불리는 하나의 방법론으로 통합되었다. 우리는 비교방법론을 통해 후손 언어들을 비교함으로써 수많은 언어의 과거 모습을 추론할 수 있다. 전산적인 측면까지 가세하면서 현재 이 방법론은 다른 분야 연구들의 바탕이 되고 있다. 예컨대 미토콘드리아와 Y-염색체 DNA 내의 원래 게놈 배열을 재구성해내는 분자유전학, 더 일반적으로는, 유기체 간의 계통발생학적 관계를 가장 개연성 있게 추론하기 위해 진화 생물학자들이 사용하는 계통분류학 기법 연구 등의 근간이 되고 있다.

비교언어학과 진화생물학 사이에는 밀접한 연관 관계가 있다. 둘 다 지금은 사라져버린 개체 간의 전반적 유사성을 설명하려고 한다. 정보가 수평적으로 이동하는 당혹스러운 경우가 있다는 점, 수렴이나 병행 또는 전환에서 비롯되는, 형질 상태상의 거짓된 유사성으로 어려움을 겪는다는 점도 비슷하다. 언어학자들은 서로 다른 어휘부를 비교할 때 순환성을 피하고 오로지 획기적으로 달라진 것들 중 공통된 점을 강조해야 한다. 또한 그 획기적인 변화들도 중요도에 따라 가중치를 두어야 한다. 세포 내 분자를 분석하는

데도 단어의 형태를 분석하는 데도 동일한 어려움이 뒤따른다.[4]

이러한 연구 속에서, 점차 비교방법론은 인도-유럽어 언어학이라는 원래 영역에서 언어학 전체의 방법론으로 이식移植되었다. 이제 다른 어족의 연구, 하다못해 기록 문화가 없던 어족의 연구에도 이 방법론이 똑같이 적용된다는 사실을 모르는 사람은 없다. 1930년대 알공킨Algonquian 어족을 재구한 블룸필드의 뛰어난 연구가 그 좋은 사례다.

조심스럽지 못한 필사가들

역사언어학은 형편없는 자료를 최고로 활용하는 예술이라 할 수 있다.
— Labov(1994:11)

지금까지 살핀 것처럼 '지금은 사라진 공통 연원', 즉 더 이상 존재하지 않지만 거기서 유래된 수많은 현대의 단어형에 대한 정보를 담고 있는 공통 연원을 상정해야 한다는 아이디어를 학자들이 생각해내기까지는 오랜 시간이 걸렸다. 하지만 묘하게도 이 일반적인 기법은 관련 분야의 학자들이 이미 수 세기 동안 사용해온 것이었다. 에라스뮈스 같은 문헌학자들은 역사 속에서 곡해돼버린 본래의 기독교 교리를 바로잡는 데 관심을 두고 있었다. 이들은 진정한 원본을 추론한다는 목표로 성경이나 여타 정본 문헌의 여러 판본을 비교했다. '원본 신약 성경'이 없는 상황이므로, 진정한 원본을 찾기 위해서는 일련의 연역적 추론 단계를 밟아가야만 했던 것이다. 그러려면 필사가들 때문에 생긴 변화들, 수 세기에 걸쳐 축적된 그 변화를 하나하나 벗겨내야 한다. 원고를 일일이 옮겨 적는 과정에서 필사가들은 여러 가지를 '수정'하기도 하고 실수하기도 하며 빠뜨리기도 하고 덧붙이기도 한다. 이렇게 달라진 필사본을 다른 필사가가 다시 옮겨 적으면서 또 다른 변화가 추가된다. 어떤 필사가가 만든 '사본'이 다른 필사가들에게는 '원본' 역할을 하면서 생겨나는 일이다. 수도원이 새로 생겨나면서 혹은 어떤 국가에 기독교 복음이 전파되면서 필사본은 새로운 중심지로 이동하게 되는데, 그러다 보면 사본들이 새로운 '가족'을 형성하게 된다. 가족이 되는 사본들은 그 이차본에만 나타나는 특징들을 고스란히 담고 있을 것이다. 아이들이란 이들 조심스럽지 못한 필사가와 다르지 않다. 아이들은 부모의 말을 그대로 따라 한다. 물론 그 말이 완벽하게 똑같을 수는 없다. 나중에 그 아이들이 부모가 되면, 그들의 말은 다음 세대가 따라 하는 밑그림 역할을 하게 되고, 다음 세대의 모방 역시 불완전하게 이어진다.

다양한 문서를 비교하면 필사본의 가계도를 추론할 수 있다. 공통된 변화란 대개 하나의 '견본'에서 출발한 것이기 때문에, 이 가계도의 마디와 분지들은 어느 지점에서 다양한 변화가 시작되었는지를 밝혀준다.[5] 설령 원래의 필사본이 소실되었다 해도, 이러한 과정을 거치면 원래 견본에 무엇이 담겨 있어야 하는지를 개괄적으로 추론할 수 있다.

존스가 말한 "아마 더 이상은 존재하지 않는 공통 연원"이란 재구된 원래 견본들 중 하나일 것이다. 오늘날은 '조어祖語, proto-language'라는 개념을 쓴다. 존스가 논의한 언어들, 즉 산스크리트어와 고대 그리스어, 라틴어의 공통 조상이 되는 언어는 '인도-유럽 공통조어'라 불리는데, 이는 그 후손 언어들의 영역이 인도에서 유럽까지 뻗어 있기 때문이다(그림 5.2 참조).

산스크리트어나 라틴어 같은 언어의 경우, 이 언어에서 다시 여러 후손 언어들이 생겨났다. 힌디어, 벵골어, 스리랑카의 싱할라어Sinhala를 비롯한 인도 북부의 여러 언어들은 산스크리트어에서 비롯된 것이고, 이탈리아어, 프랑스어, 루마니아어 등은 라틴어의 후손이다. 이런 식으로 또 다른 '세대'를 추가하면 그림 5.2는 그림 5.3처럼 확대될 수 있다. 간단하게 이 두 어족에만 초점을 두면 더 오랜 시기를 가로지르는 그림을 얻을 수 있다.

이 계통도에 있는 마디들의 지위는 조금씩 다르다. 모든 현대어는 직접 증명되고, 산스크리트어와 라틴어의 경우 고대 문헌들을 통해 증명되지만, 인도-유럽 공통조어는 후손 언어들 간의 비교[6]를 통해 점차 수정되고 정교화된 가설적 구성체에 불과하다.

인도-유럽 어족의 제2세대 어족이 모두 산스크리트어나 라틴어 같은

그림 5.2 인도-유럽 공통조어와 일부 고대 후손 언어들

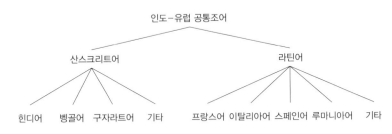

그림 5.3 인도-유럽 어족의 삼 세대

고전 언어를 가지고 있는 것은 아니다. 켈트 어족, 게르만 어족, 슬라브 어족의 경우, 가장 오래된 실제 문헌 자료라는 것이 기원후 만들어진 성경 번역본—각각 구아일랜드어, 고트어Gothic, 고대교회 슬라브어Old Church Slavonic로 되어 있다—이다. 특히 켈트 어족과 게르만 어족의 경우, 최초로 기록된 언어들이 이미 상당한 분화를 거친 단계의 언어이기 때문에, 이 언어들을 통해 해당 어족의 조어가 어떤 모습이었을지 추론하기는 어렵다. 예를 들어 고트어는 그저 게르만어의 동쪽 분지일 뿐이다. 영어, 덴마크어, 독일어는 게르만어의 서쪽 분지에, 아이슬란드어와 스칸디나비아어는 북쪽 분지에 속한다. 따라서 '게르만 공통조어'는 우리가 재구해내야만 한다. 그러려면 모든 현대 게르만어를 비교한 후, 가장 어린 분지들(예컨대 동부 게르만어)과 '인도-유럽 공통조어' 사이에 게르만 공통조어를 두어야 할 것이다. 그림Grimm 형제가 민간 설화를 통해 독일 방언 자료를 수집한 이유 가운데 하나는, 게르만 공통조어 재구에 도움이 되도록 현대 독일어의 변화형에 대한 데이터베이스를 구축하자는 것이었다.

이제 비교방법론이 어떻게 운용되는가에 대한 논의로 돌아가보자. 이미 언급한 바와 같이, 각 화자 세대는 부모 세대로부터 언어를 배워나가면서 자신이 베끼는 언어 '필사본'에 아주 미세한 변화를 만들어낸다. 각 세대에서 이루어지는 변화는 매우 경미하지만 이 변화들이 점차 축적되면서 결정적 시기가 도래한다. 예를 들어 나의 외할머니는 which(어느, 어느 것)를 [hwich]로 발음한다. 물론 전 세계 대다수 영어권 지역에서는 여전히 이 발음이 표준 발음이지만, 나는 이를 witch(마녀)와 동일하게 발음한다. 두 단어 모두 w로 발음함으로써 w:hw라는 대조를 '무효'로 돌려버린 것이다. 영어의 hw는, quod(무엇what), qui(누구who) 등 영어의 wh- 시리즈에 해당하는 라틴어 qu-와 연결되는데, 이는 다시 인도-유럽 공통조어의 *kʷ로 재구된다(역사언어학에서는 해당 형태가 가설적인 재구형임을 표시하기 위해 별표 *를 붙인다). 최소한 호주 영어에서는, 인도-유럽어의 재구음 *kʷ로부터 이어져온 특징이 내 세대부터 사라져가고 있다. 8000년 가까이 이어온 이 음소의 흔적을 우리 할머니의 말에서는 전사할 수 있겠지만, 내 말에서는 더 이상 이를 발견할 수 없다.

덧붙여, 이 애석한 사태는 개인이 언어 변화에 미치는 영향력이 얼마나 무력한지도 보여준다. 내가 만일 이 결정적 언어 유산을 보존하기 위해 정말 뭔가 해야겠다고 결심하고, which나 what을 말할 때마다 굳이 hw로 발음하기 시작한다고 치자. 동료들이 나를 외국인 취급하거나 또는 지나치게 규칙을 따지는 사람으로 보는 것을 견뎌낸다 하더라도, 인도-유럽 공통조어의 순구개음labiovelar을 보존하려는 나의 승산 없는 싸움은 내 아이들의 발음에 전혀 영향을 미치지 못한다. 아이들은 당연히 자기 또래의 언어 정체성을 중시하지, 일상 대화에서 민간 음성 박물관을 지켜가는 데 관심을 둘 리가 없다.

어휘도 다르지 않다. 어느 때든 소실되는 단어, 새로운 의미를 추가한 단어, 특정 의미를 잃은 단어, 그리고 새롭게 등장한 단어들이 있기 마련이다. 대개 사람들은 blog(블로그) 같은 새 단어가 생기거나 mouse(마우스)처럼 새로운 의미가 생기는 것은 쉽게 알아채지만, 오래된 단어나 오래된 의미가 사라져가는 것은 눈치 채지 못한다. 한번은 나의 아버지가 아이들의 숙제를 도와주고 계셨다. 아이들이 '모피, 동물 가죽'을 뜻하는 독일어 Fell 때문에 어려워

하는 것을 보고, 아버지는 어리둥절해하며 "영어 단어 'fell(짐승 가죽, 모피)'은 우리가 다 아는 말이잖니?"라고 하셨다. 나의 할아버지가 대공황 시절에 뉴질랜드에서, 죽은 양의 가죽과 털을 모으는 '모피공fell-monger'으로 일하셨으니 아버지로서는 당연한 생각이었을 것이다. 그 일이 있기 전까지 우리 가족 중 아무도 이 단어의 소실을 깨닫지 못했다. fell이라는 단어는 아버지와 내 세대 사이 언젠가 조용히 사라져버린 것이다.

옛 단어 되짚어보기: 비교방법론의 운용 방식

Trois frères unys. Trois licornes de conserve voguant au soleil de midi parleront. Car c'est de la lumière que viendra la lumière.

Three brothers joyned. Three Unicornes in company sailing in the noonday sunne will speak. For tis from the light that light will dawn.

세 형제가 모였다. 정오의 태양 아래 함께 항해하는 세 유니콘호가 입을 열 것이다. 왜냐하면 새벽을 밝히는 것은 빛이기 때문이다.

— Hergé(1959:61)

작은 변화가 축적되면, 예컨대 다음과 같은 일련의 효과를 가져온다. 영어 'my heart(내 마음)'가 덴마크어로는 mijn hart, 독일어로는 mein Herz, 라틴어로는 cordis meus, 이탈리아어로는 mio cuore, 러시아어로는 moje serdtse처럼 서로 달라진다. 영어 화자의 경우, 셰익스피어 시대의 발음 mine heart와 비슷한 덴마크어 mijn hart는 처음 듣는 말이라 해도 이해할 수 있을 것이다. 독일어 mein Herz를 듣는다면 처음에는 이해하지 못할 수도 있지만 이것이 동족어라는 것을 깨달으면서 쉽게 기억해낼 것이다. 다른 형태들은 모호하다. heart의 r, my의 m을 제외하고는 겹치는 소리가 없기 때문에 동일 어원의 단어라는 생각도 들지 않을지 모른다. 그러나 다른 단어들을 좀 더 살펴보면 패턴이 발견된다. heart의 첫 음에 초점을 맞춰보자.

표 5.1의 예를 보면, 영어나 덴마크어, 독일어 같은 게르만어에서 h로 나타나는 소리가, 라틴어에서는 c(발음은 [k])로, 러시아어에서는 s로 나타남을 알 수 있다. 따라서 '게르만어 h : 라틴어 k : 러시아어 s'라는 '대응 세트'를 설정할 수 있다. 동일한 대응이 반복됨을 발견한 19세기 언어학자들은 이를 '음성 법칙sound law"이라고 명명했다. 적절히 공식화하기만 한다면 자연 법칙처럼 규칙적이며 신뢰할 만하기 때문이다.

영어 / 덴마크어 / 독일어	라틴어	러시아어
heart / hart / Herz(마음)	cordis	serdtse
head / hoofd / Haupt(머리)	caput	[-]
hundred / honderd / Hundert(백)	centum	sot
OE hæft / - / Haft(감금)	captīvus	[-]
hound / hond / Hund(사냥개)	cane	[-]

표 5.1 게르만어 h : 라틴어 k : 러시아어 s

그러나 음성 법칙은 단순히 규칙적인 것이 아니라 더 큰 체계에 묶여 있다. 다른 음까지 논의를 확장하면, h : k : s 대응이 그저 게르만어에서 나타나는 더 광범위한 음성 변화의 일부임을 알 수 있다(표 5.2 참조).

게르만어(영어, 덴마크어, 독일어)		라틴어	
f	father, vader, Vater(아버지) foot, voet, Fuß(발)	p	pater pedis
θ/d	three, drij, drei(셋) thunder, donder, Donner(천둥) thresh, dorschen, dreschen(타작하다)	t	tre:s tonāre terere (문지르다rub)

표 5.2 게르만어와 라틴어 간의 또 다른 대응

p, k, t는 모두 성대 울림 없이 만들어지는 '무성 폐쇄음' 부류에 속한다. 이들이 거의 동일한 '조음점'(음성을 발음할 때 구강 내 동일한 부분을 이용한다는 의미)의 '무성 마찰음'으로 바뀐다는 점에 주목하자. '조음 위치'는 거의 그대로 이면서 '조음 방법'이 달라진다. 즉 공기의 흐름을 완전히 폐쇄하는 대신 조음 기관의 일부를 아주 좁힘으로써, 해당 소리를 규정하는 특정 유형의 마찰을 만들어낸다. (표 5.2의 예시처럼 덴마크어와 독일어에서는 θ음이 아니라 d로 달라진다. 그러나 '타작하다'라는 뜻의 고트어 thriskan이나 '천둥 신'을 나타내는 고대 스칸디나비아어 Thōrr처럼 다른 게르만어들은 th를 가지고 있다. 이런 점에서 영어가 덴마크어나 독일어보다 더 보수성을 띤다는 것을 알 수 있다.)

유명한 동화들을 수집해 책으로 낸 그림 형제의 형 야코프 그림Jacob Grimm이 발견한 이 음성 변화는 그림의 법칙Grimm's law이라 불리는 체계적 자음 추이推移의 일부를 이룬다. 이 음성 변화는 게르만 어족에 속하는 모든 언어를 규정하면서, 이 어족을 '획기적인 변화에 의해 규정된 하위 그룹'으로 만들어낸다. 단어뿐만 아니라 소실 언어 전체의 복잡한 구조를 재구할 수 있도록 도와주는 열쇠는 바로 이 같은 변화의 체계성이다.

모든 목격자는 이야깃거리를 가지고 있다

언어는 우리에게 들려줄 '이야기'를 갖고 있다. 이 이야기들을 찾고 그 의미를 풀어내는 것이 우리의 숙제다. (…) 방언은 자신들의 '이야기'를 감추기 더 어렵다. (…) 관련된 언어를 찾아라. 그 언어들이 우리에게 관련된 이야기를 들려줄 것이다.
— Hyman(2001)

살피는 언어를 추가할수록 과거의 흔적을 잡을 기회, 즉 보다 정밀하게 재구할 기회도 늘어난다. 과거로부터 전해진 요소들이 어떤 언어에서는 계속 빠져나가지만 다른 언어에서는 살아남기 때문이다.

영어에서는 지난 수 세기 동안 'man(남성)'을 가리키는 원 형태의 후대 단어들이 거의 사라진 반면, 'woman(여성)'을 가리키는 단어는 원 의미가 변형되는 파란만장한 운명을 겪었다. 라틴어 어근 vir와 파생어 virīlis(남성적인 virile)로 나타나는 인도-유럽어 어근 wir/wīr(남성)는 현재 거의 남아 있지 않다. 원래는 '남성-늑대'를 뜻했던 합성어 'werewolf(늑대인간)'에 보존되어 있을 뿐이다.

wir/wīr의 상대어에 해당되는 인도-유럽어 어근은 *gwunā(여성)다. 러시아어 zhena(아내)뿐 아니라, gynaecologist(부인과 전문의)에 남아 있는 그리스어 gunē(여성), 산스크리트어 jani(여성)와 연관되고, 고대 영어에도 cwēn(여성)으로 남아 있는 이 어근이 영어에서는 의미상 극명하게 갈려 분화되었다. '(한 나라의 지도자인) 여성'을 뜻하는 현대어 queen으로 발달했는가 하면, quean이라는 단어는 '매춘부, 창녀'라는 의미로 퇴락했고 이후에는 일상에서 잘 쓰이지 않게 되었다.

만약 영어의 역사에 대한 기록이 없는 상태에서 러시아어 zhena의 대응형이 영어에 있는지의 여부를 궁금해하는 상황이라면, 의미가 달라진 'queen'을 연결지으려는 것이 다소 억지스러워 보일 수도 있다. 또한 웨일스어 gwr(남성)의 대응형을 찾고 있다면, werewolf의 were-도 전혀 연결지을 수 없을 것이다. 그러나 그물을 좀 더 넓게 던져 영어 방언이나 여타 관련 언어까지 살피면, 연결을 확인할 수 있는 단어를 찾게 된다. 예컨대 스코틀랜드어와 몇몇 영어 북부 방언에는 quean(소녀)이 있으며, 스웨덴어에는 kvinna(여성)가 있다. 남성을 나타내는 어근 wir/wīr를 유지하고 있는 언어를 찾는 일은 더 어려울 것이다. 인도-유럽 어족에 속하는 현대 언어 전체에서 이 어근이 아예 사라졌기 때문이다. 그러나 크림 고트어Crimean Gothic 단어 목록 속에 있는 단어형 fers(어두 v가 f로 변화됨)를 찾아내면 대성공이다. 이 단어는, 크림 고트어가 사라지기 얼마 전인 1592년, 플랑드르 외교관 뷔스베크가 콘스탄티노플에서 기록한 단어 목록에 라틴어 번역 vir와 함께 실려 있었다.

그대로 묻혀버렸을 고대 단어들이 관련 언어나 방언에서, 혹은 합성어나 제의 언어 같은 특별 용법에서 발견될 수도 있다. 미국 캘리포니아와 오리건 지역에서 사용되는 아타바스카 어족 언어들의 사례를 보면 개별 방언이 얼마나 중요한지 새삼 느낄 수 있다.[7] 지리적으로 볼 때, 이 언어들은 캐나다와 알래스카에 있는 아타바스카어 주류 집단뿐만 아니라, 나바호어와 아파치어^{Apache}를 포함하는 남쪽 주류 집단과도 단절되어 있다. 이러한 고립성은 그 언어 집단들이 어떻게 캘리포니아까지 이르게 되었는지 궁금증을 불러일으킨다. 아마도 현재 우리가 아타바스카족으로 알고 있는 알래스카 북쪽 내륙 지역의 사람들, 활을 사용하고 눈신^{snowshoes}을 신고 다니던 사람들이 처음 로키 산맥에 정착한 후 점차 대륙 아래로 내려왔으리라 추론된다. '눈신'을 뜻하는 아타바스카 공통조어 *ash(⟨*ʔayh)가 발견되면서 이 시나리오를 뒷받침해주었다. 이 단어형은 아트나어^{Ahtna} ʔaas, 상류 타나이나어$^{Upper\ Tanaina}$ ʔoyh, 중앙 캐리어어^{Central} ^{Carrier} ʔaih 같은 알래스카와 그 주변 언어에 기초해 재구된 것이다.

일단 캘리포니아에 이르러 따뜻한 하류 지역에 편안히 자리 잡은 사람들에게는 더 이상 눈신도, 그와 관련된 단어도 불필요해졌다. 다른 집단들도 눈신을 가리키는 완전히 새로운 단어들을 만들어냈다. 이 과정에서 우리가 필요로 하는 언어 흔적은 사라져버렸다. 그러나 다행히도 논의에 결말을 지어줄 단어가 한 방언에서 발견되었다. 일 강 아타바스카어$^{Eel\ River\ Athabaskan}$의 방언인 '라시크어^{Lassik}'의 어휘로, 에센$^{Frank\ Essene}$이 루시 영$^{Lucy\ Young}$으로부터 채록한 단어였다.[8]

에센이 ũss라고 전사해놓은 단어는 ʔəʂ일 개연성이 큰데, 이는 아타바스카 공통조어 *aʃ의 라시크어 대응형이다. 한 방언에서 찾은 이 증거는, 아타바스카어 화자의 한 분파인 이들이 캘리포니아에 도착했을 때 여전히 눈신을 가리키는 옛 단어를 가지고 있었음을 결정적으로 보여준다. 아마 캘리포니아에 있는 여타 아타바스카어들도 이에 상응하는 단어를 가지고 있었을 것이다. 이 지역에 대해 연구하는 언어학자와 인류학자 대부분이 눈신을 가리키는 단어에 대해 질문하지 않던 반면, 에센은 수백 쪽의 노트를 채워가며 물질문화에 대한 용어를 수집하는 데 공을 들였다. 이를 보면 기록화 작업이라는 것이 언어학자들의 단골 작업이기는 하지만, 언어적 증거를 고고학적 증거에 연결하는 결정적인 단어들이 꼭 언어학자들에 의해 기록되는 것은 아니라는 점을

알 수 있다. 학제간 연구의 중요성을 한층 더 깨닫게 하는 사실이다.[9]

라시크어의 예는, 개별 언어나 방언이 어떻게 해당 하위 어족의 조어에 존재하던 단어의 유일한 목격자 역할을 하는지 설명해준다. 목격자로서 개별 언어가 갖는 중요성은 매우 크다. 해당 어족의 다른 모든 언어에서는 달라지거나 사라져버린 특정 음을 다루든, 음 연쇄를 다루든 다르지 않다. 공통조어의 각 후손들이 서로 다른 방식으로 바뀌기 때문이다. 하위 언어들 가운데 어떤 것은 모음 길이에 대한 정보를 간직하고 있고, 어떤 것은 자음군을 보존하고 있으며, 또 어떤 것은 악센트나 특정 폐쇄음을 생생하게 간직하고 있다. 이처럼 각 현대 언어는 자기만의 뚜렷한 고대 기록을 담고 있다.

북쪽으로는 추가치 에스키모어Chugach Eskimo에, 남쪽으로는 틀링기트어Tlingit에 둘러싸여 있는 에야크어Eyak를 생각해보자. 1889년 연어 통조림 회사가 설립된 이후, 환경이 파괴되고 알코올, 아편, 질병이 유입되면서 가뜩이나 인구가 적었던 에야크족은 완전히 유린되었다. 1960년대 초에는 에야크어 화자가 다섯 명 정도로 줄어들었다. 그나마 우리가 에야크어의 모습을 파악할 수 있게 된 것은, 뛰어난 재능의 에야크어 화자 안나 넬슨 해리Anna Nelson Harry의 노력 덕분이다(글상자 5.1 참조).[10] 크라우스는 에야크어가, 아타바스카어와 틀링기트어를 연결하는 증거를 제공하는 '잃어버린 연결고리missing link'라고 기술하고 있다. 역시 알래스카 지역에서 사용되는 틀링기트어는 나데네Na-Dene 어족에 속하는 언어다. "독립적이면서도 매우 보수적인 에야크어의 증거가 없었다면 나데네어와의 관련성에 대한 연구가 얼마나 좌절 상태로 남아 있었을까. 이를 생각하면 아직도 암담하다. (⋯) 에야크어가 없었다면 아타바스카어와 틀링기트어를 비교하는 논의는 그저 추측으로만 남아 있었을 것이고, 한쪽에서 얻게 된 통찰력으로 다른 쪽 언어의 역사를 설명하는 것도 불가능으로 남겨졌을 것이다."[11]

최근의 과학적 발전을 통해, 나데네어는 나아가 북중앙 시베리아의 예니세이어까지 연결되고 있다—이에 대해서는 다음 장에서 논의할 것이다. 이러한 주장을 입증하는 과정에서 에야크어가 가장 중요하게 기여한 것은 난해한 동사 접두사 체계 부분이었다. 그러나 이에 대한 설명은 너무 길어질 수 있으

니, 좀 더 단순한 예를 들어보자.[12]

고대의 음운군은 재구하기가 특히나 까다롭다. 고대의 음운군은 후대에서 단순화되는 경향이 있는데, 서로 완전히 다른 음으로 단순화되기 때문에 동일한 선조 언어의 음에서 유래했다고 보기 어렵다. 만약 '치아'를 뜻하는 영어 'tooth'의 말음을 독일어의 Zahn([tsahn]으로 발음)과 관련시키려 한다면, th와 n 모두의 기원이 되는 하나의 음이 있었으리라고 잘못 생각할 수도 있다. 그러나 덴마크어 tand를 보면 원래 nt 혹은 nd라는 자음군이 있었음을 알 수 있다. 즉 영어와 독일어는 두 자음 중 하나만 유지하고 다른 하나는 잃어버린 것이다. 게르만어 외의 단어, 예컨대 'dentist(치과의)'에 남아 있는 라틴어 dent, 'orthodontist(치과 교정 전문의)'에 남아 있는 그리스어 odont에서도 원래 자음군의 존재가 확인된다. 이처럼 두 자음을 다 간직하고 있는 언어들은 두 형태를 한데 연결해주는 실마리가 된다.

에야크어도 덴마크어, 라틴어, 그리스어와 비슷한 역할을 한다. 즉 아타바스카어와 예니세이어에서 나타나는, 위와 같은 유형의 동일 어원 단어들을 한데 묶어 설명해준다. 아타바스카 어족과 예니세이 어족은 매우 오랫동안 분리된 채 있었기 때문에 동일 어원의 단어가 많지 않으며, 음운 변화도 꽤 멀리까지 진행된 상태라 두 단어의 연관성이 뚜렷이 드러나지 않는다. 따라서 무언가 다른 도움이 절실히 필요하다. 다행히 여기에도 tooth/Zahn처럼, 예니세이어에서는 종결 폐쇄음이 사라지고 아타바스카어에서는 비음이 사라진 예가 있다. '간肝'을 나타내는 어근이 바로 그렇다. '간'이, 아타바스카어에 속하는 나바호어에서는 zid이고(종결 d), 예니세이어에 속하는 케트어에서는 se·ŋ이다(종결 비음). 그런데 에야크어에서는 sahd다. 에야크어 sahd에서 ah로 표기되는 기식 모음은 비모음에서 유래된 소리이며(an〉ah), 나데네 공통조어의 '간'이라는 단어에 있는 비음의 유일한 목격자로 추정된다. 이러한 추론은, 케트어 se·ŋ과도 쉽게 연결되는 나데네 공통조어 형태 *sənʔ를 상정하는 데 결정적이다.[13] 이처럼 에야크어는 최소한 이 음운군의 흔적을 보존하고 있어 증거들 간의 가교 역할을 하는, 매우 중요하고도 특별한 언어다.

에야크의 셰익스피어, 안나 넬슨 해리

1933년 코도바에서 언어 연구 작업에 참여하고 있는 안나 넬슨 해리(왼쪽에서 세 번째)
그 외에 왼쪽부터 갈루시아 넬슨, 조니 넬슨, 노먼 레이놀즈, 카즈 비르켓-스미스, 프레데리카 드 라 구나

해리는 1906년 알래스카 코퍼copper 강가에서 태어났다. 그녀는 열두 살에 같은 에야크족 남자 갈루시아 넬슨Galushia Nelson과 결혼했다. 그런데 갈루시아가 곧 기숙학교를 다니게 되면서—이는 에야크어가 이미 안전하지 않았음을 의미한다—, 그의 가정에서는 주로 영어를 사용하게 되었다. 그럼에도 불구하고 이 부부는 에야크 문화에 대해 많은 기록을 남겼다. 처음에는 인류학자들과, 다음에는 두 명의 언어학자와 함께 작업하다가, 1961년 크라우스가 에야크어에 대한 장기 연구를 시작한 후에는 이 연구에 참여했다. 당시 유창한 에

야크어 화자는 겨우 다섯 명뿐이었다.

안나 넬슨 해리는 에야크어의 복잡함을 한껏 즐기는 사람이었다. 1982년 그녀의 글을 담은 책이 출판되었는데,[14] 이 책 서론에서 크라우스는 그녀를 가리켜, 독창적인 언어를 구사하면서 인간미 넘치는 성격 묘사를 해내는 축소판 에야크의 셰익스피어라 묘사하고 있다. 안나 넬슨 해리는 1982년 2월 1일에 세상을 떠났다. 그녀가 죽기 얼마 전, 시인 다우엔하우어Richard Dauenhauer는 다음과 같이 썼다.[15]

Eyak language
Three speakers left
whose hearts have grown old,
whose speech will die forever
and the instance
of human voice
crystallize to text…

|

에야크어
세 명의 화자만 남았다
이들의 심장은 노쇠해지고
이들의 말은 영원히 죽어버릴 것이다
이들 목소리의
단편은
텍스트로 결정화될 것이다

공시론에는 독, 통시론에는 약

20세기 초 위대한 스위스 언어학자 소쉬르는 언어학을 과학으로 정립하는 데 커다란 기여를 했다. 그의 핵심적인 통찰력은, 언어에 대해 논할 때 '공시성synchrony'과 '통시성diachrony'을 구분해서 기술해야 한다는 것이었다. 즉 주어진 특정 시기의 언어 모습과 그 역사를 구별해야 한다는 것이다. 그는 언어를 체스 게임에 비유했다. 언어를 공시적으로 다루는 것은 체스를 두고 있는 사람이 당면한 문제와 비슷하다. 여기서 중요한 것은 체스판에 지금 어떤 말이 어디 있는가 하는 점이지, 왜 그 말이 거기 있게 되었는가 하는 점이 아니다. 언어를 통시적으로 다룬다는 것은, 각 말의 이동을 차례차례 나열하는 체스 게임 해설과 같다. 보다 최근에 촘스키는 공시성과 통시성을 구분하는 강력한 심리적 근거를 제시했다. 언어를 배우는 아이들은 현재 사람들이 하는 말에만 접근할 수 있으며 그로부터 문법을 추론해야지, 지금은 침묵하고 있는 선조들의 말에 접근할 수 없다는 것이다.[16]

한 언어의 공시적 특징 가운데 학습자가 헤쳐나가야 할 가장 도전적인 과제는 '어형 변화paradigm'다. 언어학에서 말하는 어형 변화란 정규 규칙을 적용할 수 없어 주로 암기해야만 하는, 표처럼 생긴 목록을 가리킨다. 이는 언어 학습자에게는 귀찮은 존재이며, 해당 언어가 현재 어떤 모습인가를 공시적으로 우아하게 설명하려는 언어학자들에게도 두통거리일 뿐이다. 반면 언어의 과거 모습을 찾으려 한다면 어형 변화가 매우 유용하다. 또한 어형 변화는, 비교방법론이 그저 외떨어진 단어나 소리에 초점을 두는 것이 아니라, 이 단어나 소리들이 수정처럼 맑은 체계적 구조에 편성될 수 있도록 하는 데 초점을 두어야 함을 보여준다. 그 체계적 구조는 관련 언어들을 주의 깊게 비교할 때 비로소 재구될 수 있다.

어형 변화표에서 특히 어려운 부분은 불규칙적인 칸, 심지어 'go/went' 처럼 논리적 기반이 전혀 없는 교체형을 보이는 '보충적suppletive' 칸이다. 이는 어른 아이 할 것 없이 모든 언어 학습자에게 걸림돌이 된다. 'bigger'와 'biggest'는 'big'에서 규칙적으로 만들어지지만, 이러한 패턴으로 'good'에서

'*gooder'와 '*goodest'를 만들 수 없고 'better'와 'best'를 보충 형태로 익혀야 하기 때문이다. 수천 년 동안 어린아이들이나 제2언어 학습자들은 이를 규칙형으로 바꾸려 애써왔지만—어느 세대든 일단 시도는 한다—, 성인 화자 공동체나 시간이 그 보충 형태를 불합리하더라도 '올바른' 형태라고 가르치면서 이들의 시도는 무위로 그치고 말았다. 동사 'to be'는 가히 보충 형태의 소굴이라 할 수 있다. 'to kiss, I kiss, you kiss, he kisses, they kiss, he kissed, they kissed'는 완전히 규칙적이지만, 'to be'는 'I am, you are, he is, they are, he was, they were'처럼 모두 다른 형태로 되어 있어 일일이 배워야 한다. 이외에도 'bring/brought', 'think/thought', 'run/ran', 'drink/drank/drunk' 등 많은 불규칙 동사가 있다.

비슷한 단어형에 근거해 언어 간의 연관성을 결론내릴 때는 두 가지 반론이 있을 수 있는데, 어형 변화에 눈을 돌리면, 특히 그 어형 변화에 위에서 살핀 것 같은 불규칙형이 포함되어 있다면 이러한 반론을 잠재울 수 있다.

하나는 영어와 음바바람어의 dog처럼 우연히 비슷한 형태를 갖게 된 것일 수도 있다는 것이다. 이러한 반론을 극복하기 위해서는 각 칸들이 체계적으로 일치하는 전체 어형 변화를 발견해야 한다. 두 언어에 비슷한 단어가 우연히 하나 있다는 것은 이상한 일이 아니지만, 2차원적인 어형 변화표상의 두 요소가 모두 일치할 확률은, 하나가 일치할 확률의 제곱수로 줄어들기 때문이다. 세 개, 네 개 이런 식으로 어형 변화표의 빈칸이 채워질수록 우연의 확률은 점점 줄어든다.[17]

또 하나의 반론은 유사성이 차용에 따른 것일 수도 있다는 것이다. 언어가 단어를 차용하는 것은 흔한 일이며 문법 형성소를 차용하는 일도 가끔 일어난다. 그러나 어형 변화 전체를 차용하는 일은 '언어 뒤얽힘language interwining'이라는 극히 이례적인 조건에서나 일어난다(글상자 5.2 참조). 이런 사실에 근거해 관찰하면 위와 같은 반론에 대응할 수 있다. 고더드Ives Goddard가 밝히고 있듯, 언어 관련성의 증거를 확립하려고 할 때는, "해당 언어의 기본 조직에 치밀하게 엮여 있어서 차용으로 간단히 설명될 수 없는"[18] 예를 찾는다. 비록 어형 변화의 자의성 탓에 언어 학습자나 문법가들은 어려움을 겪지

혼합 집단과 언어 뒤얽힘: 메티어의 사례

때로는 서로 무관한 집단들이 교류하면서, 불가능할 것 같은 방식으로 두 언어의 특징이 혼합된 독특한 언어가 새로 생겨나기도 한다. 캐나다 초원 지대의 메티어Michif가 그렇다. 사냥으로 살아가는 프랑스인들과 크리어Cree를 쓰는 부인 사이에서 자란 메티족Méti 혼혈 아이들은 이중 언어를 구사하면서 점차 언어 혼합code-mixing이라는 독특한 유형을 만들어냈다.

'이 소녀'를 예로 들어보자. 이를 가리키는 메티어 표현 awa la fij에는 크리어에서 유래한 한정사 awa와, 프랑스어에서 유래한 정관사 la가 혼합되어 있다. 크리어 한정사 awa는 '가까운 곳에 있는 유정물'에 사용되며, 프랑스어 정관사 la는 fille(소녀) 같은 여성명사에 사용된다. 이처럼 메티어 명사구에는 유정성과 근접성에 기반을 두는 크리어 체계와, 성과 수에 기반을 두는 프랑스어 체계가 결합되어 있기 때문에, 메티어 화자들은 말할 때 두 체계를 모두 염두에 두어야 한다.

이 문법적 뒤얽힘intertwining은 특정한 사회 변화 속에서 메티족이 프랑스인들과 인디언족 모두로부터 단절되면서 생긴 현상으로서, 모피 무역의 발

메티어 명사구에 나타나는 크리어 요소와 프랑스어 요소

전, 그리고 19세기 캐나다에서 일어난 민족 재편성과 밀접하게 연관되어 있다. 그 시점에서 메티족은 독립적인 별개의 사회 집단이 되었고, 혼합된 정체성의 증표로서 독특한 혼합 언어를 갖게 되었다. 어느 시점부터는 이 혼합 언어가 나름의 생명력을 띠게 되면서, 프랑스어도 크리어도 모르는 채 메티어를 배우는 화자들이 생겨났다.

메티어 같은 혼합어는, 어떤 언어가 가능한가에 대한 우리의 통념을 대부분 거스른다. 혼합어에는 나름의 독특한 음성 체계와 유형론적 특징을 가진 별개의 두 하위 문법이 병합되어 있기 때문에, '하나의 통합체 내에 있는 모든 것은 정합성整合性을 가진다'는 고정관념에 이의를 제기한다. 또한 이 장에서 설명하고 있는 비교방법론의 기본 가정에 반하여, 적절한 상황만 주어진다면 언어가 하나 이상의 '부모'를 가질 수도 있음을 보여준다. 그러나 혼합 집단의 미약한 사회적 지위 탓에 이 언어들은 전통 토착어보다 소멸되기가 훨씬 쉽다. 언어학자들은 1970년대에 이르러서야 메티어에 대해 진지하게 연구하기 시작했는데, 안타깝게도 메티어는 이미 소멸 위험에 처해 있다. 60~70대 노인만이 메티어의 마지막 화자로 남아 있기 때문이다.

만, 격자 모양으로 단단하게 매인 어형 변화 정보는 결국 역사 언어학자에게 언어 관련성을 증명하는 최고의 증거를 제공해준다.

이렇게 볼 때, good:better:best 대 gut:besser:beste, is:was 대 ist:war, bring:brought 대 bringen:gebracht, think:thought 대 denken:gedacht, drink:drank:drunk 대 trinken:trank:gctrunken로 이어지는 영어와 독일어의 대응처럼 동계同系의 불규칙 어형 변화를 발견한다면, 두 언어가 동족어라고 결론 내려도 무방할 것이다. 이제 다른 어족에 눈을 돌려, 이러한 어형 변화 정보와 불규칙 정보가 어족 관계 규명에 어떻게 도움이 되는지 살펴보자.

우선 북아메리카의 주목할 만한 사례에서부터 시작해보자. 비교적 잘 알려진 크리어와 오지브웨어Ojibwe 등을 포함하는 알공킨 어족은 거대한 그레이트플레인스Great Plains19 지역과 미국 북동부, 캐나다 동부에 걸쳐 분포한다. '하이어워사Hiawatha'20에서 『모히칸족의 최후The Last of the Mohicans』21까지, 아메리카 원주민이 서양인의 눈에 어떻게 비춰지는지 보여주는 작품들 속에는 알공킨 어족 사람들의 언어와 문화가 잘 묘사되어 있다. 위에서 언급했듯이, 알공킨 어족 언어들의 관련성을 밝힌 블룸필드의 연구는, 비교방법론이 인도-유럽어뿐만 아니라 문자로 기록되지 않은 언어에도 적용 가능하다는 것을 결정적으로 확인해주었다.

알공킨 제어에서 서쪽으로 훨씬 떨어진 북부 캘리포니아에서도 두 언어가 발견된다. 훔볼트 만灣 주변의 위요트어Wiyot, 클래머스Klamath 강 주변의 유로크어가 바로 그것이다(그림 5.4 참조). 위요트어의 마지막 화자는 1962년에 세상을 떠났다. 그러나 유로크어의 경우, 매우 고령의 화자 몇 명이 여전히 생존해 있으며 종족 구성원들도 언어를 되살리기 위해 애쓰고 있다. 20세기에 진행된 기록 작업 덕분에 여러 연구자가 수집한 텍스트 자료도 충분한 편이다 ─20세기 초, 인류학자 크로버가 유로크어 기록 작업을 위해, 어떻게 강 상류까지 카누로 무거운 알루미늄 디스크 상자를 운반했는가에 대해서는 제2장에서 언급한 바 있다.

위요트족과 유로크족의 문화는 그레이트플레인스 지역보다는 캘리포니

그림 5.4 알직 어족 언어

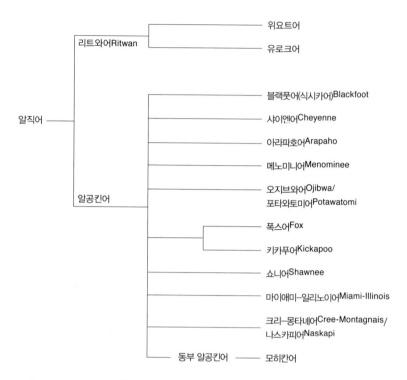

```
                                    ┌──────────── 위요트어
            리트와어Ritwan ──────┤
                                    └──────────── 유로크어
알직어 ──────┤
                                    ┌──────────── 블랙풋어(식시카어)Blackfoot
                                    ├──────────── 샤이엔어Cheyenne
                                    ├──────────── 아라파호어Arapaho
                                    ├──────────── 메노미니어Menominee
            알공킨어 ───────────┤            오지브와어Ojibwa/
                                    ├────────── 포타와토미어Potawatomi
                                    │      ┌───── 폭스어Fox
                                    ├──────┤
                                    │      └───── 키카푸어Kickapoo
                                    ├──────────── 쇼니어Shawnee
                                    ├──────────── 마이애미-일리노이어Miami-Illinois
                                    │            크리-몽타네어Cree-Montagnais/
                                    └────────── 나스카피어Naskapi
            동부 알공킨어 ─────── 모히칸어
```

그림 5.5 알직 어족의 계통도[22]

아 쪽에 가까우며, 이들의 언어도 방출 자음 같은 캘리포니아 지역 언어의 특
징을 많이 가지고 있다. 그럼에도 불구하고 이 언어는 알공킨어와 기묘한 유사
성을 보이는데, 이에 따라 언어학자들은 알공킨 어족과 이 언어들을 묶은 상
위 어족으로 알직Algic 어족을 설정하였다(그림 5.5 참조).

이렇게 그룹을 나누고 보면, 알직인들의 과거 이동에 대해 흥미로운 문
제가 제기된다. 캘리포니아가 알공킨어의 출발점이었을까? 아니면 위요트어와
유로크어가 오래전에 시에라네바다 산맥을 지나 서부로 향한 것일까? 이것도
아니면, 양쪽 모두 워싱턴 주처럼 아예 다른 곳에서 출발해 각자의 위치로 이
동한 것일까? 문제는 또 있다. 위요트어와 유로크어 화자들은 전통적으로 서
로의 언어뿐만 아니라 톨로와 아타바스카어Tolowa Athabaskan 같은 주변 지역의

	크리어	위요트어	유로크어
나의 이|my tooth	niːpit	dápt	ʔnerpel
너의 이|your tooth	kiːpit	khápt	k'erpel
그의 이|his tooth	wiːpit	wapáʔl	ʔwerpel
이|a tooth	miːpit	bápt	merpel

표 5.3 크리어, 위요트어, 유로크어 간의 유사성을 보여주는 소유격 어형 변화[23]

다른 언어들까지 유창하게 구사했다. 그런데도 이 두 언어와 인접한 이웃 언어들 간의 유사성이, 지리적으로 먼 알공킨어와의 유사성보다 그리 크지 않은 이유는 무엇일까?[24] 그러나 현재의 목표는 두 언어를 알공킨어와 연관시키는데 있어 어형 변화와 불규칙 형태가 어떤 역할을 했는가를 밝히는 것이므로, 이러한 논란에 대해 더 깊이 들어가지 않을 것이다.

이들 언어의 유사성을 확인하기 위해, 동일 어원에서 나온 '이齒'라는 단어의 소유격 어형 변화를 비교해보자(표 5.3 참조). 영어 my：your：his：a에 상응하는 n：k：w：m을 쉽게 포착할 수 있을 것이다. 위요트어의 일부 형태가 다르기도 한데, 이는 비음 n과 m이 대응 폐쇄음 d와 b로 변하면서 일어난 현상이다.

어형 변화만 공유하는 것이 아니다. 이 어형 변화에서 파생된 또 다른 문법 패턴도 동일하게 나타난다. 알공킨 공통조어로 재구된 *niːwa(내 아내my wife)와 *wiːwali(그의 아내his wife)를 보면, 크리어 접두사 'niː-(나의my)'와 'wiː-(그의his)'를 확인할 수 있다. 알공킨 언어에서는 '아내가 있다to have a wife' 같은 소유 동사를 만드는 것이 가능한데, 이상하게도 소유 동사는 어형 변화 표상의 3인칭 '그의his' 형태에 기반해 만든다. '나는 아내가 있다'처럼 그 소유물이 1인칭에 속하는 경우라도 마찬가지다. 따라서 '아내가 있다have a wife'를 나타내는 동사 어간은 wiːwi가 된다. '나는 아내가 있다I have a wife'라는 표현은 newiːwi가 되는데, 이 표현은 구성상 마치 '내게는 그의 아내가 있다I have his wife'를 의미해야 하는 것처럼 보인다.

이제 유로크어를 보자. ʔnahpew(내 아내my wife), ʔwahpew(그의 아내his wife)에는 표 5.3의 어형 변화 패턴 ʔn:ʔw이 드러나 있다. '결혼하다to marry (of a man)'라는 의미의 동사 어간은 –ʔwahpew다. 다른 알공킨어처럼, 유로크어도 3인칭 형태에 기반해 동사를 만드는 것이다. ʔneʔwahpewok(나는 결혼한 사람이다, 즉 나는 아내가 있다)에서 보듯이, 1인칭 주어에 쓰일 때도 이 어간이 사용된다. 외견상 비논리적이면서도 깊이 고착된 이 패턴은 유로크어와 알공킨어에서 동일하게 나타나는 독특한 특징이다. 이처럼 설명하기 어려운 불규칙성이 어형 변화를 배우는 학습자와 언어를 기술하려는 언어학자들을 괴롭히는 것은 사실이다. 그러나 그러한 불규칙성이 어떤 언어들에 공통적으로 나타난다면, 역사언어학의 추적 작업에 이보다 더 명백한 증거는 다시없을 것이다.

'차드 호의 물들waters of Lake Chad'이 준 힌트

어형 변화와 불규칙성이 어떻게 어족 관계 규명에 도움이 되는지를 보여주는 두 번째 예는 아시아–아프리카 어족이다. 언어와 종족을 연관 지어 생각하는 사람들에게는 이 거대한 어족의 화자성speakership이 충격으로 다가올 것이다. 나이지리아에서 에티오피아까지, 아프리카 북서부의 모로코까지, 동쪽으로는 이집트와 이스라엘까지 아시아–아프리카 어족 화자가 발견되기 때문이다(그림 5.6 참조). 캅카스 지역부터 서부 아프리카까지 아우르는 이 어족에는, 가장 세력이 큰 아랍어, 암하라어Amharic, 하우사어를 비롯해 관습적으로 구분된 6개 어파의 240개 언어가 있으며, 2억5000명이 넘는 화자가 있다.

이 지역에 대한 오랜 역사 기록을 보면, 베르베르어파Berber는 한때 훨씬 더 널리 퍼져 있었다. 16세기 혹은 17세기에 스페인어에 자리를 내준 카나리 제도Canary Islands의 구안체어Guanche, 이슬람의 영향 속에서 아랍어가 크게 확장되면서 사라진 리비아어도 베르베르어파에 속한 언어였다. 카르타고인들이 쓰던 셈어와, 단 하나의 언어로 어족을 이루는 이집트어 역시 아랍어의 폭발적인 확장에 희생되었다. 이집트어의 가장 현대적 형태인 콥트어는 19

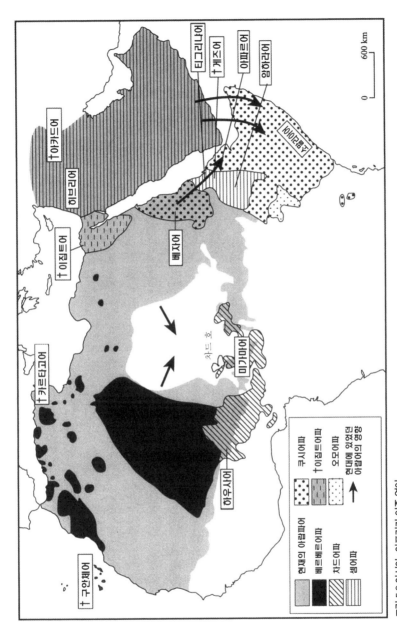

그림 5.6 아시아—아프리카 어족 언어

세기까지만 해도 일부 외딴 마을에서 쓰였을 테지만, 현재는 콥트 교회의 전례 언어로만 살아남아 있다. 특히 오모어파Omotic, 쿠시어파Cushitic, 차드어파의 많은 언어에 대해서는 아직 연구된 바가 거의 없으며, 역사적으로 중요한 많은 자료가 발굴되지 않은 채 남아 있다.

아시아-아프리카 어족의 여섯 어파 중 다섯은 아프리카에서만 발견된다. 반면 나머지 하나인 셈어는 아프리카(에티오피아와 에리트레아)와, 아라비안 반도, 레반트Levant 지역,[25] 비옥한 초승달 지대Fertile Crescent를 아우르는 서아시아 지역에 편재해 있다. 이들의 지리적 분포는, 지중해 문명 발전에 중추적 역할을 했던 셈족들이 아프리카에 뿌리를 두고 있음을 시사한다. 그러나 이러한 주장이 언제나 환영받아온 것은 아니다. 사실 언어와 민족이 상호 연관되어 있으리라는 암묵적인 가정 탓에 학자들은 오랫동안 아시아-아프리카 어족의 존재를 깨닫지 못했었다.[26] 당당한 아프리카의 중추로서 이 어족의 진면목이 받아들여지기 시작한 것은 그린버그Joseph Greenberg가 1950년대 아프리카 언어의 기본 분류를 통해 거미줄을 걷어버리면서부터였다. 이들 어족 중 여럿은 한때 지금의 사하라 지역에 걸쳐 널리 퍼져 있었던 것으로 보인다. 물론 사하라의 사막화가 시작되기 이전의 일이다. 약 7000년 전에는 아프리카 대륙 북부 중앙 지대에 큰 호수(차드 호Lake Chad도 지금보다 더 컸다)와 훌륭한 방목지가 많았다.

투우 경기에서는 투우사matador가 주역이지만 투우사가 나서기 전에 기마 투우사picador가 먼저 소를 흥분시킨다. 이처럼 언어 관계를 규명하는 작업에서도, 가끔은 비교방법론이라는 투우사가 링 안에 들어서기 전에 작은 실마리가 기마 투우사 역할을 한다. 일찍이 히브리어와 아랍어 교육을 받았던 그린버그는 하우사어에 대해 박사학위 논문을 쓴 학자다. 그는 구약 성경에 쓰인 히브리어처럼 하우사어와 여타 차드어에서도 '물Water'이 문법적으로 복수가 되는 이상한 사실에 호기심을 가졌다. 실제로 "the waters of Babylon(바빌론의 물)"이라는 익숙한 영어 번역은, 문법상의 이유로 복수형이 쓰여야 하는 히브리어 표현을 단순히 문자 그대로 번역한 것이다.

그러나 아시아-아프리카 어족 설정이 이 빈약한 실마리에 의지해 있다

언어(어족)	단수	복수
동부 셈 공통조어27	tšзji(이웃)	tšзjw(이웃들)
베르베르어	im-i(입)	im-aw-ᵊn(입들)
아파르어(쿠시어파)	alil(가슴)	alilwa(가슴들)
하우사어28(차드어파)	itàac-èè(나무)	itaaat-uuwà(나무들)

표 5.4 아시아 – 아프리카 어족 네 어파에 나타나는 복수 표지 -w의 예

는 말은 오해를 사기 쉽다. 수많은 어휘 항목이 재구된 것 외에도, 여러 문법 형성소가 증거로 작용했다. 예컨대 복수형을 만드는 접미사 w(표 5.4 참조), '완료:미완료'를 표시하는 독특한 방식, 즉 어근 내부에 a를 삽입하고 어근의 자음 중 하나를 반복하거나 증강하는 방식(표 5.5 참조, 표에서 a는 굵은 글씨로, 반복된 자음은 밑줄로 표시했다)도 아시아–아프리카 어족을 설정하는 데 결정적 역할을 했다.29

언어 변화는 변경하거나 멈출 수 없다. 또한 본래 무작위로 일어난다는 속성을 띠고 있다. 이는 시간이 오래 지날수록, 특정 양상이 단 하나의 딸 언어daughter language에만 남아 있을 가능성이 커진다는 것을 의미한다. 비록 딸 언어 중 어느 것이 마지막까지 이를 유지하고 있을지 예측할 수는 없더라도 말

셈어파	**아카드어** 무거워지다	ikbit 과거	ik**ab**ḅit 미완료
	티그리냐어 깨다	säbärä 완료	y-əsäbḅər 미완료
베르베르어파	**투아레그어**Tuareg 나가다	ifəɣ 과거	iff̱aɣ 습관
쿠시어파	**베자어** 모으다	ʔiidbil 과거	ʔiid**a**bil 현재
차드어파	**미가마어** 씻다	náʔápílé	náʔáp**à**il̲l̲á

표 5.5 아시아–아프리카 어족 네 어파 언어의 미완료형30
어근 자음 중 하나를 반복하고 모음 a를 삽입한다.
베자어의 경우 '자음 반복'이라는 장치는 사라졌지만 a 모음 삽입은 여전히 남아 있다.

이다. 예컨대 차드어파의 언어들은 대부분 미완료형을 만들 때 a는 삽입하지만 자음을 반복하지는 않는다. 그렇다면 차드 공통조어 때부터 이미 자음 반복이라는 패턴이 사라진 것일까? 소규모 집단에서 사용되는 미가마어Migama에 그 답이 있다. 차드어의 하나인 미가마어에서도 a 삽입 외에 자음 반복이 나타나기 때문이다. 차드 공통조어 역시 동일한 이중 방식을 사용했음을 입증하는 데에는 하나밖에 없는 이 목격자 언어가 결정적인 역할을 했다. 단서를 가진 단 하나의 목격자 언어가 언어학적 재구 작업 전체에 얼마나 중요한지 다시 한 번 일깨워주는 사례다.

알직 어족과 아시아-아프리카 어족의 예는, 언어 관련성에 대한 논의가 왜 단순히 어휘 목록에 기초해서는 안 되는지를 보여준다. 복잡한 어형 변화표 속에 가장 확실한 증거가 잠자고 있는 경우가 종종 있기 때문이다. 그 부분에 있어 유로크어는 기본적인 어형 변화표가 완성된 뒤에도 아직 해야 할 중요한 기술 작업이 남아 있음을 보여준다. 어형 변화에 기반해 만들어지는 파생 소유 동사 역시 결정적인 역할을 하지 않았던가. 확실한 통시적 결론을 끌어내는 데 필요한 기본적인 공시적 증거가 모두 갖춰졌다고 확신하기 위해서는, 한 어족 내 모든 언어, 모든 방언의 완전하고도 상세한 문법이 무엇보다 필요하다. 이에 더해, 편찬이 가능할 정도로 충분한 사전이 필요하다. 어느 언어, 어느 방언이 핵심적인 단서를 마지막까지 갖고 있을지 미리 알 수는 없기 때문이다.

문젯거리이자 유용한 자료원인 차용어

비교방법론을 적용하는 데는 문제가 하나 더 있다. 음성 변화는 역사적 사건이며 특정한 시점에 일어난다. 언어에서 음성 변화가 일어날 때는 오직 단어에만 영향을 준다. 게르만어의 체계적인 음성 변화가 일어난 후대 세기에 라틴어나 그리스어, 프랑스어에서 영어로 유입된 단어들은 해당 변화를 겪지 않는 대신, 다른 언어들에서 일어난 특정 변형의 흔적을 담고 있을 것이다. 예컨대 그림의 법칙 가운데 하나인 k〉h의 변화는 영어 '고유어native word'에만 영향을 준다. 'hundred(백)' 'hound(사냥개)' 'heart(심장, 마음)' 등은 영어 내부에서 면면히 이어진 변화 과정을 거쳐온 단어들이다. 그러니 그림의 법칙이 적용된 이후 게르만어 이외의 언어에서 차용된 동족어들이라면 어두음 k, p, t가 변하지 않은 채 나타날 것이다. 영어에 'heart'와 함께 'cardiac(심장의)'과 'cordial(다정한)'이, 'hound'와 함께 'canine(개의)'이, 'father(아버지)'와 함께 'paternal(아버지의)'이, 'foot(발)'과 함께 'pedal(페달)'과 'podiatrist(발 질환 전문가)'가, 'three(셋)'와 함께 'trinity(3인조)'가 있는 것은 이 때문이다.

이와 같은 차용어는 비교방법론에 골칫거리가 된다. 모든 차용어가 완전히 걸러져야 기본형을 식별해낼 수 있는데, 바로 이 차용어가 기본형 파악을 더 어렵게 만드는 탓이다. 그러나 궁극적으로 차용어는 매우 요긴한 존재다. 차용어에는 특정 음성 변화가 찍어주는 '날짜 도장'이 누락될 수밖에 없으므로, 이를 통해 개별 단어들이 언제 해당 언어에 유입되었는지 알아낼 수 있다. 일단 다양한 어족이나 어파에서 일어난 독특한 음성 변화의 윤곽이 밝혀지면, '이중어doublet'(혹은 삼중어triplet까지도)를 확인하는 것이 가능해진다. 이중어 가운데 하나가 해당 언어의 본류를 거쳐오면서 관련 변화를 모두 겪은 단어라면, 나머지 하나는 다른 어족과 관련된 음성 변화를 겪은 단어다. 영어의 삼중어 'hemp(삼/대마):canvas(캔버스):cannabis(대마초)'가 좋은 사례다. 이들은 모두 같은 어원에서 유래해 초기 인도-유럽어에서 널리 쓰였던 단어들로서, 삼cannabis sativa이라는 식물의 서로 다른 생산물을 가리킨다. 고대 영어 henep에서 온 'hemp'는 그림의 법칙과 따라 k〉h의 변화를 보이고 있다. 'canvas'는 노르만계 프랑스어 canevas에서 차용된 단어다. 프랑스어 특유의 음성 변화인 b〉v를 겪기는 했지만, 이 단어는 그림의 법칙이 적용되던 시기에 로맨스어에 숨어 있었기 때문에 k〉h의 변화를 비켜갈 수 있었다. 마지막으로 cannabis는 최근에 그리스어에서 차용된 말이다.

때로는 차용어가 문화 접촉에 대한 정보를 주기도 한다. 대개는 다른 문화의 새로운 개념이나 대상이 유입되면서 이를 가리키는 차용어가 함께 들어오기 때문이다. 차용어를 활용해, 어족과 어파의 문화사文化史 혹은 지리사地理史를 대략 살필 수도 있고, 새롭게 출현한 고고학 유물로부터 이끌어낸 추론과 연결 지음으로써 언어에서 일어난 특정 변화의 시기를 측정할 수도 있다.

과거를 보는 언어 렌즈

단어란 과거의 흔적을 나르는 꼬리표다. 단어의 기원을 추적하라. 그러면 그 단어가 무엇을 지시하든, 대상이든 행위든 생각이든 느낌이든, 그 역사적 변천을 밝혀낼 수 있다. 제도와 관련된 모든 단어를 추적하라. 그러면 그 제도의 존재를 밝혀낼 수 있다.

— Gewald(1994)

인류는 자신들의 과거를 알고 싶어하는 욕망을 갖고 있다. 이에 따라 자연스럽게 역사학이 발전했다. 중동 지역은 물론 중국, 술라웨시Sulawesi 섬, 메소아메리카에 이르기까지 세계 속 숱한 문자 사회의 왕이나 통치자들은 학자들에게 연대기를 작성하라고 지시했는데 이것이 역사학의 기원이 된 셈이다. 이러한 역사는 매우 엄밀하고 자세하게 기술되어 있기 때문에, 마치 이것이 과거를 아는 유일한 방법이라고 생각하기 쉽다. 그러나 그 역사 속에, 외래의 식민지 개척자들이 들어오면서 겨우 문자로 기록되기 시작한 사람들의 역사가 있는가? 콩고 지역의 식민지 이전 역사를 다루는 저서에서 반시나Jan Vansina는 이렇게 말하고 있다.

카이사르의 갈리아[31]와 브리튼 원정이 겨우 1세기 전인 1888년에 이루어졌다고, 그리하여 당신이 아는 역사가 그때 비로소 시작되었다고 상상해보라. 당신이 로마인이 아니며, 당신의 언어도 라틴어가 아니라고, 또한 당신이 소중히 여기는 관습 대부분은 역사적 정당성을 갖지 못한다고, 당신의 문화적 역사도 과거로부터 단절되어 있다고 상상해보라. 뭔가 불완전하고 뭔가 훼손된 것 같은 느낌이 들지 않는가? 카이사르가 점령하기 이전에 있던 당신의 문화유산이 무엇이었는지 궁금하지 않은가? 상상할 수 없는가? 이것이

자이르(콩고민주공화국)에 있는 소족^{So}의 상황이다. 이들에 대한 기록은 1877년 탐험가 스탠리$^{Henry\ Morton\ Stanley}$가 들어오면서 겨우 시작된 것으로 보인다.[32]

선조들이 무엇을 했는지 들려주는 구어 문화 전통은 틀림없이 있을 것이다. 그러나 어디까지가 역사이고 어디까지가 신화인지 알 도리가 없다. 일부 원주민의 신화 전통은, 지질학자들이 6000년 전 혹은 그보다 더 오래전에 일어났다고 추정하는 강 계곡의 범람, 해수면 상승에 따른 섬의 고립, 화산 분출 등에 대해 여전히 생생하게 설명하고 있다. 그러나 이 신화들 속에는 확인 가능한 지형적 자료도 있는 한편, 난해하거나 연대 추정이 불가능하거나 부정확한 요소들이 마구 섞여 있다.

이 장에서 간단히 살펴본 것처럼, 언어에 기반한 방법론은 역사 이전의 역사를 추론할 수 있게 해준다. 언어상의 증거를 도입할 경우 과거의 단절을 해소할 수 있으며, 역사를 문자 기록에 한정할 때 생기는 세계 지역 간 불균형도 해소할 수 있다. 그러나 비교방법론을 통해 이루어진 언어 재구가, 다른 학문 분야—특히 고고학과 유전학—에서 도출된 과거 모델에 닻을 내리고 있지 않다면, 실세계의 장소, 시간, 대상과 연결되지 못한 채 부유하는 위험에 처하게 된다. 다음 장에서는 이 연결이 어떻게 이루어질 수 있는지 살필 것이다.

1_ Haffenden(1985:138)

2_딕슨의 퀸즐랜드 북부 현지조사에 담긴 흥미로운 이야기들에 대해서는 Dixon(1984) 참조.

3_ Jones(1786)

4_ Cann(2000:1009)

5_ Dunning(2000)

6_ 이러한 비교 연구 속에서 조어보다 빠른 언어 변화를 보이는 언어는 없다는 발상을 하게 되었다.

7_ 캐나다의 호수 이름을 따 명명된 아타바스카 어족은 북방 아타바스카 어파(알래스카, 캐나다 북서부), 태평양 연안 아타바스카 어파(오리건·캘리포니아), 아파치 어파(애리조나·뉴멕시코·유타·오클라호마)로 나뉜다. 지리적으로 멀리 떨어져 있고 문화 영역도 다른 이 세 그룹이 언어상 동일 계통임이 밝혀진 것은 19세기 중엽의 일이다. —역자 주

8_ Essene(1945)에 부록으로 수록되어 있다("A comparative list of Lassik and Kato nouns").

9_ 이 사례와 관련 자료를 제공한 골라

Victor Golla에게 사의를 표한다.

10_ 안나 넬슨 해리보다 젊은 에야크어 화자 마리 스미스 존스Marie Smith Jones도 있었지만, 그녀 역시 최근에 세상을 떠났다.

11_ Krauss(1969)

12_ 자세한 내용은 Vajda(2008) 참조.

13_ 아프스트로피 '로 표시된, 여기서의 비음과 폐쇄음은 모두 성문음화된 소리인 듯하다. 케트어의 어말에 오는 연구개 비음이 나데네어의 성문 비음에 규칙적으로 대응되기 때문이다.

14_ Harry & Krauss(1982)

15_ '공현 대축일Epiphany'이라는 제목의 시다.

16_ 그리스에서 학생들에게 그리스어의 역사에 대해 상세히 가르치듯이, 어떤 문화에서는 정규 교육이 해당 언어에 대한 역사적 지식을 제공하기도 한다. 이 경우 해당 언어의 과거 모습이 아이들의 언어에 도로 나타날 수도 있다. Joseph(2006) 참조.

17_ 이러한 사례를 살펴려면 Nichols(1996)를 참조하는 것이 좋다. 예컨대 이 논문에서는 '인도-유럽어 성gender 어형 변화'가 발견될 가능성을 대략 200만분의 1로 계산하고 있다.

18_ Goddard(1975:249)

19_ 캐나다에서 미국 남부 텍사스까지 북아메리카 대륙 중앙, 로키 산맥 동쪽에 남북으로 길게 뻗어 있는 대평원을 가리킨다. —역자 주

20_ 롱펠로Henry Wadsworth Longfellow의 시에 나오는 아메리칸 인디언의 영웅을 말한다. —역자 주

21_ Mohican은 모히칸어Mahican의 영어식 표현으로, 전통적으로 매사추세츠 주와 버몬트 주와 뉴욕 주의 합류 지역에서 쓰이는 알공킨 어족 언어를 가리킨다. (『모히칸족의 최후』는 19세기 미국 작가 쿠퍼James Fenimore Cooper의 장편소설로 1992년에 「라스트 모히칸」으로 영화화되기도 했다. —역자 주)

22_ 이 계통도는 보다 자세하게 분류하고 있는 Campbell(1997:153)의 계통도를 단순화한 것이다.

23_ 표 5.3의 보기에 대해서는 Goddard(1975) 참조.

24_ 일부 학자들은 컬럼비아 강을 따라 발견된 고고학 유물의 유사성에 근거해, 기원후 900년 즈음에는 위요트족이, 1100년 즈음에는 유로크족이 캘리포니아에 유입되었다고 주장한다. 이 견해에 따르면, 위요트족과 유로크족은 목공 기술, 강 낚시, 그리고 부 의식 wealth consciousness을 캘리포니아로 들여온 이들이라 할 수 있다. Moratto(1984) 참조.

25_ 이탈리아 반도 동쪽, 지중해 연안 나라들(이집트, 시리아 등)이 있는 지역을 가리킨다. —역자 주

26_ Militarev(2002)는 레반트 기원설을 제안하고 있다. 이를 설명하려면, 셈어의 절반, 쿠시어, 오모어, 이집트어, 베르베르어, 차드어라는 6개 어족이 각각 별도로 아프리카에 이주해왔다고 가정해야 한다.

27_ 셈어의 어근은 대부분 자음으로만 이루어져 있기 때문에(제2장 참조), 자음만이 동부 셈 공통조어의 형태로 재구된다.

28_ 하우사어의 억부호grave는 저조低調를 표시한다. 하우사어는 다른 아프리카 어족의 성조 언어들과 접촉하면서 성조를 발달시켰다.

29_ 어떤 언어에서는 '완료:미완료'라는 대조가 '과거:습관', '과거:현재' 등으로 조정되기도 한다. 그러나 특별한 표지를 갖는 것은 늘 미완료, 습관, 현재와 관련된 값이다.

30_ 출처인 Hayward(2000)에 따라, 미가마어를 제외한 모든 언어는 삼인칭 단수 형태를 제시했다. 미가마어의 형태는 일인칭 단수형이다.

31_ 고대 유럽의 켈트인이 살던 지역을 말한다. 지금의 프랑스와 벨기에, 이탈리아 북부, 네덜란드 남부, 독일의 라인 강 유역, 스위스 등을 포함한다. —역자 주

32_ Vansina(1990:xi)

제6장

단어계에서의 여행: 고대 단어로 고대 세계 추리하기

오랫동안 이어져온 역사적 "텍스트"는 그저 당대 문자로 된 기록물이 아니다.
역사적 텍스트란 대지에 전파되어 깊이 침전된 물적物的 자취이며,
동시에 어휘부에 있는 동일 어족 단어들의 견본이고,
또한 오랜 세대에 걸쳐 구전되어온 토착 전통이다.
— Kirch & Green(2001:5)

앞 장에서는 음성 체계와 단어, 문법 구조를 통해 언어를 재구하는 기술에 주안점을 두었다. 이 방법론들은 우리를 과거의 단어계로 안내하며, 공통조어의 크고 작은 파편들을 상상할 수 있게 해주고, "그 사회 안팎에서 살았던 사람들의 역사를 보여주는 언어적 증거의 위대한 힘"[1]을 증명해준다. 이를 통해 사람들이 주위 사람들을 친족 범주 혹은 동년배 범주로 어떻게 구분했는지 알 수 있고, 고고학적 기록상 아주 단순해 보이던 사회에 숨겨진 복잡한 원리도 드러난다.[2]

아주 세부적인 고대의 문화 관습을 알아낼 수도 있다. 예를 들어 카야르딜드족은 육지에서 난 음식물과 해산물, 예를 들면 얌과 생선을 하나의 불에서 요리하지 않는 기본적인 금기를 가지고 있다. 혹시 생길지 모르는 치명적 급체나 위경련을 두려워해서다. 이 금기를 어겨서 생긴 병을 markuriija라고 하는데, 이러한 금기는 육상 생물과 해상 생물, 육지 음식과 해산물, 육지의 향기와 바다의 향기 등을 구별해야 한다는 믿음 체계에서 비롯된 것이다. 오래전 카야르딜드어에서 언어적·사회적으로 분화되어온 모닝턴 섬의 라르딜어 Lardil에는 이와 유사한 malkuri(현재 지역 원주민 영어로는 mulgri다)라는 개념이 있다. malkuri는 이 두 언어의 조어인 탕키크어 공통조어proto-Tangkic로 거슬러 올라가는 동족어 형태라 추정된다. 이런 식으로 우리는 고대에 공유되었던 개념, 오래전 공통 조상이 바라본 우주적 실재의 일부를 재구할 수 있다. 문자 기록이 없는 문화라면 암각화나 고고학·인종기술학·유전학상의 증거 같은 여타 유형의 증거들만 남게 되는데, 이것만으로는 과거의 사고 체계를 살피는 데 한계가 있다.

mulgri 같은 사례의 문제점은 이것이 단어계에 고립되어 있다는 것, 즉 반드시 필요한 시공간적 연결 없이 고대 단어계에 둥둥 떠 있을 뿐이라는 점이다. 역사언어학이 과거 세계를 이해하는 데 충분히 기여하기 위해서는 인류의 심층 과거를 연구하는 여타 학문, 특히 고고학이나 유전학, 인종기술학 등과 연결짓는 후속 단계가 필요하다. 언어적 증거와 타 분야들 간의 접점을 주의 깊게 모색함으로써 우리가 재구한 단어 세계를 특정 시기, 특정 지역, 특정 고고학적 문화와 특정 사람들로 좁힐 수 있다.

재구된 언어를 시기, 장소, 사람, 고고학적 기록과 연결하는 논리는 세 가지 접점에 따라 정해진다. 언어와 언어 간의 접점, 단어와 대상 간의 접점, 명칭과 장소 간의 접점이다. 이 장에서 다뤄지는 각 이야기 속에는 이 세 가지 기술이 서로 다른 비율로 결합되어 있는데, 우선 이 연결고리들을 하나씩 살펴보자.

언어에서 언어로: 계통도 내에서 언어의 위치 찾기

만약 우리가 완벽한 인류 계통도를 가지고 있다면, 현재 지구상에서 쓰이는 다양한 언어를 분류해내는 최적의 방법은 인종적 계통 배열을 이용하는 방법일 것이다. 사멸한 언어들, 그리고 서서히 변하고 있는 방언들까지 모두 포함하려 한다면 이 인종적 계통 배열이 아마도 유일한 길일 것이다.
— Darwin(1859:422)

다양한 단계의 공통조어는 세 가지 정보 유형에 따라, 여타 언어 혹은 공통조어와 관련한 시공간상의 위치가 정해진다. 세 가지 정보 유형이란 언어계통도family tree의 내부 분기, 차용어가 보여주는 증거, (지리상 인접해 있지만 아마 계통적 관련성은 없는) 이웃 언어와의 구조적 수렴성을 말한다. 다양한 층위를 가진 계통도에는 언어 분기에서 온 증거, 차용에 따른 증거, 접촉에 따른 영향을 보여주는 증거들이 켜켜이 중첩되어 있어 여러 단계에 걸친 시나리오를 만들어낸다. 언어학적 모델을 통해 나온 시나리오는 인류의 과거를 연구하는 여타 학문 분야, 고고학과 역사유전학을 통해 나온 시나리오들과 비교 검토될 수 있다. 유전학의 경우, 인간이 여행하면서 가져간 식물종, 인간이 이동하면서 함께 따라가게 된 동물종의 역사유전학을 자세히 살피다 보면 인간과 여타 동물의 계통도를 나란히 추적할 수 있는 행운을 얻기도 한다. 예를 들어 설치류들은 오스트로네시아 모험가들과 함께 우연히 태평양 연안으로 옮겨가게 되었는데, 덕분에 유전학자들은 인간 이외의 종의 계통도까지도 역사적 시기와 연관지어 그릴 수 있게 되었다.

본격적인 논의에 앞서, 간단히 언급했던 세 유형의 정보에 대해 좀 더 자세히 살펴보기로 하자.

1) 재구된 언어 계통도의 분기

나무 그림 모양으로 그려지는 언어 계통도의 각 층위에 있는 전체 '자매 언어군'의 위치는 그 모(母)언어가 사용되던 지점에 대해 시사하는 바가 있다. 독일 속담에 "사과는 나무에서 먼 곳에 떨어지지 않는다"는 말이 있다. 다른 것들도 마찬가지다. 계통적 다양성이 가장 심하게 나타나는 곳은 모(母)지역일 것이다. 왜냐하면 각 이주민들은 자신이 살던 지역의 변이어 중 일부만 가지고 이주할 것이며, 어디에서든 분화에는 시간이 필요하기 때문이다. 영어 방언이 어디서 가장 큰 변동성을 띠는지 생각해보라. 영어의 모지역인 영국이 북아메리카보다 심하며, 북아메리카는 좀 더 최근에 영어를 사용하게 된 오스트랄라시아[3]보다 심하다.

따라서 언어 관련성을 나타내는 계통도 개념은 언어적 증거를 역사와 관련짓는 강력한 도구가 된다. 동족 언어란 공통의 고대 언어공동체가 갈라져 서로 다른 길로 이동하면서 각자 독립적으로 분화된 것이다. 언어의 전파는 대부분 '인구 확산'에 의해 이루어진다. 즉 해당 언어 화자들이 자연스럽게 흩어지고 그들의 자녀가 그 언어를 배우는 식으로 계속 뻗어가고 늘어나는 것이다. 식민 지배를 통해 아즈텍어를 쓰던 토착민에게 스페인어가 유입되거나 개종을 통해 콥트어 사용자들에게 아랍어가 유입되는 등 때로는 다른 요인들이 부적절한 연결을 만들어내기도 하지만, 대개는 다윈의 '인류 계통'이라는 훌륭한 기준으로 언어 관련성의 수형도를 그릴 수 있다.

2) 차용어의 근원과 차용 시기

일반적으로 차용어는 이웃한 언어에서 온다. 대량의 차용어가 유입되는 경우는 특히 그러하며, 과거로 거슬러 갈수록 문자의 영향이나 대륙 간 교역의 영향이 제거되기 때문에 그 가능성은 더 커진다. 따라서 차용어를 통해 (1) 공통의 유산을 살펴 언어들 간의 관련성을 알아낼 수도 있고, (2)언어 집단 간 접촉의 측면에서 계통적 연관성이 전혀 없는 언어들 사이의 관련성을 찾을 수도 있다. 이 장의 뒷부분에서는, 동방 박사들이 별을 따라 아기 예수를 찾아 갔듯이 인도에서 유럽까지 길게 이어졌던 집시Gypsies, Roma들의 경로를 차용 어를 통해 추적하게 될 것이다.

3) 다른 언어들과의 접촉을 통해 흡수된 언어학적 특징의 패턴화

언어 집단들이 오래 접촉할수록, 그래서 이중 언어 화자의 수가 많아지 고 영향력이 커질수록, 소리나 문법, 의미 범주에서 일어나는 수렴의 정도가 더 커지는 편이다. 이중 언어 화자의 뇌는 두 언어가 공유하는 정보를 최대화 함으로써 저장 과정과 처리 과정을 절약하기 때문이다. 따라서 구조적 수렴을 보이는 증거가 있다면, 좀 더 이른 시기 어느 때인가 두 언어 집단 사이에 지속 적이고 친밀한 교류가 있었음을 추론할 수 있다.

단어와 대상: 어휘와 고고학 발굴물의 연결

문법은 잊어버리고 감자에 대해 생각하라.
— Stein(1973)

재구된 단어계의 양상이 시공간상의 실제 세계와 직접적으로 연결되기 위해서는 재구된 언어 상태를 구체적 유물, 즉 고고학자들에 의해 그 사용 시 기와 지역이 밝혀진 유물들과 엮어서 설명할 수 있어야 한다. 재구된 단어들 은 해당 언어의 역사상 특정 단계에 존재했던 문화적 자산이 무엇인지 알려주는 한편, 특유의 고고학 자료에도 연결될 수 있다. 공통조어들과 달리, 고고학자들이 이용하는 매핑mapping 기법과 연대 측정법 덕분에 재구 단어들은 시공간상에 직접적이면서도 확실하게 위치를 잡을 수 있다. 전통적으로 이 접근법을 독일어 표현인 Wörter und Sachen이라 일컫는데 그대로 번역하면 '단어와 대상'이라고 할 수 있다.

이 기술이 모범적으로 적용된 것은 반투인Bantu들이 남부 아프리카에 퍼져나간 시기를 추적하는 과정에서였다. 반투 제어는 아쪽적도대 아프리카 인구의 95퍼센트 이상이 사용하고 있는 언어로서 개별 언어의 숫자만 해도 수백 개에 이른다. 인도양 연안의 스와힐리어, 남아프리카공화국 끝단의 줄루어Zulu와 코사어Xhosa 등도 여기에 포함된다. 반투 어족은 게르만 어족보다 내적으로 훨씬 더 분화되어 있으며, 사실상 훨씬 더 고대에 북아프리카 사하라 사막지역에 중심을 두고 광범위하게 퍼져 있던 니제르-코르도판어Niger-Kordofanian 어족의 일곱 단계쯤 내려가는 하위 분지에 속한다고 할 수 있다. (이는 방대한 이 어족의 초기 양상을 가장 잘 보여줄 수 있는 언어가 코르도판어 분지의 언어들임을 의미한다. 누바Nuba 산맥 지역에서 사용되는 이 언어들에 대해서는 알려진 바가 거의 없는데, 최근 수단 지역에서 일어난 내전으로 이 언어들이 완전히 파괴되고 있다. 아프리카의 과거 언어 모습을 이해하는 데 있어 가장 시급한 일 중 하나가 바로 이 언어들에 대해 기술하는 것이다.)

더욱이 반투 제어가 아프리카의 남부 절반 지역에 유입된 것은 분명 최근의 일이다. 언어학적 관점에서 보면, 반투어 사용 이전에 이 방대한 지역에서 살았던 사람들 대부분은 완전히 수면 아래 덮여 있는 셈이다. 유전학적으로 반투인들과 뚜렷이 구별되는 피그미인만 해도 그렇다. 피그미 제어가 반투-우방기어가 대거 유입되기 이전의 일부 '기층' 단어를 유지하고 있기는 하지만, 현재 피그미인들은 모두 반투어나 우방기Ubangian 어족의 언어를 사용한다. 다행히 반투어 이전의 언어 상황에 대한 징후가 일부 지역에 남아 있는데, 나미비아, 보츠와나, 남아프리카공화국 지역의 다양한 코이산 어족, 탄자니아 지역에 동떨어져 있는 두 흡착어 하드자어Hadza와 산다웨어Sandawe, 그리고 흡착 자음이 있는 케냐 지역 두 아시아-아프리카어가 가장 중요한 의미를 띤다. 이러한 사실은 더 이른 시기 어느 때인가, 원래 훨씬 북쪽에 떨어져 살았던 흡착어 화자들과 이들 사이에 교류가 있었음을 말해준다.[4]

만약 반투어 화자들이 아프리카 아적도 지역에 새로이 들어선 사람들과 관련이 있다면 이들은 어디에서 왔고, 언제 오기 시작했으며, 어떤 기술적·사회적 동기로 이동하게 되었을까? 이 질문에 답하다 보면, 위에서 제시한 여러 언어학적 방법론을 고고학적 증거, 최근 들어서는 유전학적 증거까지 결합시킨 전형적인 사례를 만나게 된다. 우선 언어학자들은 오래전부터 반투어 그룹 속에서도 다양성이 가장 심한 지역이 아프리카 중서부의 카메룬 초지 부근이며, 반투 제어와 가장 가까운 언어들도 이 지역에서 발견된다는 사실을 알고 있었다. 이러한 사실은 반투 제어의 모지역이 그 근처라는 것을 시사한다.

비교방법론을 통해 우리가 재구한 반투어 공통조어의 개념어들을 토대로 추론해보면, 반투어 공통조어 화자들은 콩과 식물, 얌, 기름야자나무, 콜라 열매 등 서아프리카에 특징적으로 분포하는 곡물을 활용했으며(표 6.1 참조), 매년 자기들 밭 주위에 새 울타리와 덫을 치고, 전문적인 사냥인이나 어부와 교역했음을 확인할 수 있다. 이러한 추론은 5000년가량 된 카메룬 고고학 유적지에서 발견된 자료와 꼭 들어맞는다.

*-kúndè	동부콩
*-jùgú	밤바라 땅콩
*-bá	기름야자
*-bòndó	라피아 야자
*-bónò	아주까리 열매
*-kùá	얌

표 6.1 재구 가능한 반투어 공통조어의 농경 용어[5]

이들이 남쪽으로 확장하는 데 적도 정글지역이 장애로 작용했으리라는 점을 고려하면 다음 단계도 추정해볼 수 있다. 이 정글 속으로 농경을 들여오기 위해서는 나무를 베어낼 철제 도끼와 삼림 개간지에서 잘 자랄 바나나, 아시아 얌 같은 새로운 곡물이 필요했을 테니 이러한 사물을 가리키는 계통도 공통의 개념어가 어디까지 나타나는가를 살펴보면 된다. 곡물이나 야금冶金 제작물을 가리키는 재구 개념어는 반투 어족의 하위 분지마다 달리 나타난다. 카메룬을 떠나 적도 정글지역으로 남하하기 시작한 후, 반투 어족의 각 분지 언어 사용자들이 독립적으로 이 사물들을 받아들이고 각기 명칭을 붙인 것이다.

동부 지역 반투어 화자들을 아프리카 남쪽 끝단까지 이끌었던 세 요인 ─습윤기후 곡물, 철제 도구, 연령 단계에 따른 군대 조직─이 단번에 일어난 것은 아니다. 어느 한 분지의 경우, 기원전 1000년경 오늘날 우간다 지역에서 이웃한 나일-사하라 어족과 아시아-아프리카 어족으로부터 이 요소들을 들여오는 행운을 누렸다. 철제 도구와 습윤기후 곡물이 고고학 유물에서 나타나며, 이들은 '-bàgò(나무 다듬는 자귀)' '-sòká(조경용 도끼)' 같은 재구 단어에 바로 연결될 수 있다.[6] 이 두 단어는 열대우림 지역 반투어에 남아 있는데, 어족 분포상 이 지역은 반투 어족의 북쪽 끝단 지역에 해당된다. 연령 단계에 따른 군대 조직이 있었다는 것은 동년배층이 함께 입단해 강력히 결속된 무리를 이루고 그 무리를 기반으로 대규모 병력, 즉 일가一家 차원을 뛰어넘는 충성심으로 결속된 병력이 조직될 수 있었음을 의미한다. 이 군대 조직의 존재가 고고학적으로 직접 드러나는 것은 아니지만, '*-alik-(할례식에 들어가다)' '*-aluk-(할례식을 끝내고 칩거해 있다)' '*inkunka(할례 의식)' 같은 단어들의 재구를 통해 추론될 수 있다.[7]

반투어 사례 연구를 통해 살펴본 단어-대상 접근법의 가장 큰 과제는 고고학자들의 주요 관심 대상이 언어학자들에게는 그다지 중요하지 않을 수도 있다는 점이다. 고고학자들에게 있어 특정 문화군의 결정적인 물적 특징이란 신기한 유형의 맷돌이나 도구류, 독특한 토기 문양, 가지각색의 곡물 화석 등일 텐데, 언어학자들은 대개 이 방면의 어휘를 수집할 수준의 전문지식을 갖추고 있지 못하거나 이런 부분에 아예 무관심하다. 예를 들어보자. 사람들이 흔히 "뼈와 돌뿐"이라고 할 정도로 고고학 유물이 빈약한 호주 지역에서는 맷돌을 가리키는 단어가 사막생활에 대한 적응을 이해하는 데 열쇠가 된다. 사막 지역에서는 아카시아 씨앗을 가루로 빻는 것이 아주 중요하기 때문이다.[8] 그러나 많은 언어의 경우 단어 목록이 얼마 안 되기 때문에 이 항목들이 어족 계통도에 언제 등장했는지 알아내는 데 필요한 어휘들을 제공하지 못한다.

식물명을 기록화하는 데 나타나는 문제점도 다르지 않다. 어족의 확장은 주로 농경상의 획기적인 발전을 통해 이루어지기 마련이다. 따라서 어떤 지역이든, 최고 우선적으로 언어 자료와 고고학 자료 간의 일치를 다루어야 할 분야는 곡물이다. 그러나 곡물명 하나만으로는 그 곡물이 해당 어족의 토착 곡물인지 아니면 후에 유입된 것인지 명확히 판단하기 어렵다. 이를 위해서는 그 곡물과 관련된 전체 어휘 집합, 예컨대 식물 생장 양상, 식물의 일부, 씨를 뿌리기 위해 땅을 준비하는 방법, 음식을 요리하는 법 등을 나타내는 어휘들이 필요하다.

미 남서부에서부터 멕시코를 거쳐 엘살바도르까지 뻗어 있는 우토-아즈텍Uto-Aztecan 어족을 생각해보자. 이 어족의 지리적 범위는 이른 시기 옥수수 재배가 확산된 분포와 매우 유사하다. 옥수수 재배는 메소아메리카 지역에서 시작하여 기원전 1400~기원전 1100년경 미국 애리조나 주 투손Tucson 유역까지 퍼졌다. 이러한 사실을 볼 때, 옥수수 재배가 우토-아즈텍 어족의 가장 초기 분지인 우토-아즈텍어 공통조어와 관련 있으며, 이 어족이 중앙아메리카에서 북쪽으로 급속히 확장된 것은 '인구 확산', 즉 옥수수를 식용으로 섭취하는 우토-아즈텍인들이 북쪽으로 이동하면서 주변에 흩어져 살고 있는 수렵 채집인들을 몰아내는 역사 속에서 이루어진 일임을 알 수 있다. 하지만 이 시나리오는 최근까지도 문제가 있었다. 우토-아즈텍 어족의 북방 분지 언어들에는 옥수수와 관련된 동계同系 어휘가 없었기 때문이다. 이에 대해서는 또 다른 해석도 가능하다. 우토-아즈텍어 공통조어 화자들의 경우 옥수수에 기반한 농경생활을 하지 않았으며, 재구된 옥수수 용어가 많은 우토-아즈텍어 남방 분지의 화자들만 옥수수 재배를 했다고 보는 것이다. 이에 따르면 우토-아즈텍어 공통조어의 추정 시기는 옥수수 경작이 유입되기 이전으로 밀려나게 된다.

그러나 최근 힐Kenneth Hill과 에모리 세카콥테와Emory Sekaquaptewa가 주

도해 출간한 900쪽짜리 방대한 호피어Hopi 사전이 나오면서 상황이 바뀌었다. 호피어, 결과적으로 최소한 북부 우토-아즈텍어 중 하나는 남부 우토-아즈텍어와 동계의 옥수수 경작 개념어를 꽤 많이 가지고 있다는 사실, 그리고 그 단어형을 볼 때 이들이 차용어라기보다는 고유어에 가깝다는 사실을 보여준 것이다. 예를 들어 '옥수수속'을 가리키는 호피어 sönö는 '잎, 줄기 등 옥수수 부산물'을 가리키는 우토-아즈텍어 공통조어 *sono에서 온 것이다. 또한 '구이용 팬'을 가리키는 호피어 tima는 '토틸라, 타말리tamale'를 뜻하는 우토-아즈텍어 공통조어와 동일하고, 호피어로 '옥수수나 그 가루로 만든 네모난 케이크'를 가리키는 qömi는 '구이용 팬'을 뜻하는 우토-아즈텍어 공통조어 komal과 연관된다.

호피어 사전에 옥수수 관련 어휘가 상세하게 등재된 덕에, 보다 확고한 기반하에서 우토-아즈텍 어족의 분기를 특정 곡류가 제공하는 고고학적 시기에 연관시킬 수 있게 되었다. 호피어 사전은 토착 언어의 기록화 측면에서도 중요한 교훈을 남겼다. 개념어 연구가 아주 정밀하게 이루어지지 않는 한, 고고학자에게 의미 있는 어휘들도 나타나지 않을 것이라는 점이다.

식물 어휘의 핵심적인 역할은 주요 음식 개념어에 국한되지 않는다. 수렵채집인 인구의 위기는 풍요로운 시기가 아니라 기근이 닥쳤을 때 온다. 수렵채집인 사회의 안정된 인구를 결정하는 것은 가뭄 시기의 토지 수용력이다. 따라서 막 경작을 시작한 사회에서 선택되는 농작물은 주로 '구황救荒작물'이지만, 사람들이 다른 집단과 접촉한 후 가장 먼저 포기하는 것도 이 매력 없는 구황작물이다. 원주민 사회는 순식간에 외부의 것(교역한 밀가루나 쌀)을 받아들이기 때문에 구황작물에 대한 개념어들은 특히나 세대 간 전달에서 누락되기 쉽다. 그러니 언어학자들이 이 단어들을 제대로 찾아내 기록하기란 굉장히 어려울 수밖에 없다.

랜킨Robert Rankin은 미시시피 강 연안과 미국 동부에 분포한 수Siouan 어족의 역사를 상세히 연구해왔다. 수 어족의 언어적 역사를 시기 추정이 가능한 미시시피 협곡과 미주리 협곡의 고고학적 문화와 연결짓는 것이 그의 목표였는데, 이를 위해 그는 재구된 곡류 개념어들을 이용했다. 수 어족 화자들은 서서히 이루어진 재배종 박gourd의 출현을 목도한 이들이다. 야생종 박은 5400년 전에 나타났으나, 더 크고 과육이 많은 재배종 박의 경우 기원전 500~기원전 200년 전에는 존재하지 않았다. '박'이라는 단어가 과거 어느 시기까지 재구될 수 있는지를 살피면 고고학적 자료에 연결되는 결정적 단서를 찾을 수 있을 것이다. 그러나 랜킨은 식물 어휘를 채록하려는 언어학자들의 노력이 얼마나 미미했던가 하는 사무치는 후회를 다음과 같이 표현하고 있다.

> (나 자신을 포함해) 언어학자들이 지역 특유의 식물 어휘, 농업 관련 어휘를 제대로 수집하지 못한 문제는, 이 연구는 물론이거니와 여타 유사한 연구들에 악영향을 미칠 것이다. (아주 일반적인 개념어만 파악했을 뿐) 옥수수속, 옥수수술, 잎 등 옥수수 작물의 각 부분을 지시하는 개념어들도, 호박의 여러 변종에 대한 개념어들도 모른다. 내가 아는 한, 농경 시기 이전에 산천에서 흔히 채집했을 법한 구황식물과 관련된 개념어를 수집한 수 어족 연구자는 아무도 없다. 명아주Chenopodium, 당비름amaranth, 국화과의 섬프위드Iva annua가 특히 그러하다. 이 단어들 모두 다소 먼 친척어인 캐롤라이나 지역 카토바어Catawban와 수어 공통조어를 비교하는 데 유용했을지도 모른다. 그러나 이 식물들은 더 이상 채집되지도 않으며 지금 우리에게 이러한 비교는 그림의 떡에 불과하다.[9]

이러한 종류의 정보를 얻기 위해서는 언어학자와 타 분야 전문가 사이의 긴밀한 협조가 필요하다. 다이아몬드Jared Diamond는 인종생물학 분야의 인터뷰 기술에 관한 논문에서 파푸아뉴기니의 칼람어 화자들로부터 약 1400종의 명칭을 채록한 인류학자 불머Ralph Bulmer에 대해 이야기하고 있다.[10] 불머는 바위 명칭에 대해 칼람어 화자들에게 계속 물어봤지만 그들은 모든 유형의 바위에 대한 명칭은 하나밖에 없다고 했다. 그러나 그 이듬해 지질학자 친구와 함께 다시 왔을 때, 불머는 칼람어 화자들이 결이나 색깔, 소재지, 경도硬度, 용도에 따라 분류되는 여러 부류의 바위 명칭을 자기 친구에게 알려주는 것을 보았다. 그것도 한 시간 만에.

불머가 지난해에 이런 단어들을 왜 자신에게는 말해주지 않았냐며 섭섭함을 토로하자 칼람어 화자는 이렇게 말했다. "당신이 새와 식물에 대해 물었을 때, 우리는 당신이 새나 식물에 대해 많이 알고 있고 우리가 말하는 것을 당신이 이해할 수 있다는 걸 알았죠. 그런데 당신이 바위에 대해 묻기 시작하면서는 바위에 대해 당신이 아는 게 전혀 없다는 게 분명해지더군요. 당신이 이해하지도 못할 걸 우리가 왜 시간 낭비를 해가며 말해야 하죠? 당신 친구의 질문을 들어보니 그 사람은 바위에 대해 잘 알고 있더라고요."[11]

그러나 아무리 광범위한 민족지학적 관심을 가진 언어학자라 해도, 훗날 언젠가 단어-사물 간 연결에 이 방면의 단어류가 필요할 것이라 예측해가며 모든 방면에 걸쳐 어휘 기록화 작업을 해낼 수는 없다. 그래서 여타 전문가를 끌어들인 학제간 공동 연구가 필수적이다. 현지조사 과정에서는 종종 해박하고 깊이 있는 식견을 가진 토착어 화자들을 만나게 되는데, 전문가들은 이들의 훌륭한 대화 파트너가 되어 더 많은 조사를 가능케 해줄 것이다.

이러한 의미에서 단어-대상 접근법을 적용하여 역사언어학과 고고학을 연결하는 데에는 세 가지 필수 조건이 요구된다. 상세한 사전이 필요하고, 언어학자와 여타 전문가의 공동 현지조사가 이루어져야 하며, 최대한 많은 언어 및 방언을 대상으로 자료를 수집해야 한다. 이 조건이 갖추어져야 비로소 비교방법론이 재구 작업에 최적으로 활용될 수 있다. 꽤 어려운 주문이지만, 이 가운데 하나라도 부족하면 이 방법론이 과거 세계에 대해 설명해줄 수 있는 무한한 가능성은 위태로워질 것이다.

장소 명칭: 지명에 담긴 증거

국적과 무관한 DNA와 달리 지명은 공간에 고정되어 있다. 연이은 언어 집단들이 자신들만의 기록을 남겼다는 점에서 지명은 덧쓰기를 반복한 양피지본에 비유될 만하다. ―Sims-Williams(2006:1)

제3장에서, 인간이 문자를 발명하기 전에는 소멸한 언어들이 그 지나온 흔적을 남길 수 없었으리라는 사실을 강조한 바 있다. 사실 이 말은 좀 지나치게 부정적인 면이 있다. 사라진 언어 대신 사용되고 있는 현재의 언어에 이전 언어의 흔적이 일부 살아남을 수도 있다. 새로 등장한 언어에 해당 명칭이 없는 특수 어휘형이라면 그 가능성이 더욱 높다. 나는 캥거루와 웜바트wombat, 멀가mulga 앵무새, 빌라봉호billabong湖의 땅 호주에서 살고 있다. 다양한 호주 원주민어에서 유래한 이 단어들은, 이 대상들을 처음 접했을 대영 제국과 영어가 호주를 점령하기 훨씬 전에 만들어진 명칭이다.

그러나 이전 언어가 남긴 가장 중요한 흔적은 주로 지명 영역에 있다. 지명이 갖는 특별한 중요성은 세 가지 면에서 설명할 수 있다.

우선 지명은 양적인 면에서 다른 차용어에 비해 수가 압도적으로 많다. 호주 영어 가운데 호주 원주민에서 온 차용어는 최대 수백 개 정도인 데 반해, 이에 기원을 둔 지명은 캔버라Canberra에서 보가빌라Boggabilla까지 수만 개에 이른다. 전 세계 토착 집단들은 거의 "샛강의 여울마다 이름을 가지고 있다."12

언어학적으로도 지명은 중요하다. 지명 형성에서 예측할 수 있는 부분, 예컨대 'at' 같은 장소 접미사가 많이 나타나고 '호수'나 '강'처럼 자연적 특징을 지시하는 이름이 많을 것이라는 개연성을 통해 그 의미를 근거 있게 추리할 수 있는 사례가 많을 것이다.13 사실 이러한 기대감에는 전통 지명 어근에서 대부분의 요소를 추론해낸 펠라스기어Pelasgian나 리디아어Lydian 같은 고대 언어들에 대한 환상도 어느 정도 담겨 있다.

또한 지리학적 측면에서 지명은 한 언어의 단어들 중에서도 특이하게 특정 지역에 결부되어 있기 때문에 언어의 확장 지도를 그릴 수 있게 해준다. 물론 길을 잘못 들게 만드는 엉뚱한 지명도 가끔 있다는 점에 주의해야 한다. 예컨대 미국 테네시 주의 멤피스가 파라오 식으로 이름 붙여졌다 해서 그 지역에 고대 이집트인들이 살았던 것은 아니다. 하지만 대체로 보아 광범위한 지명 말뭉치를 종합하면 신뢰성 있는 초기의 언어 지도가 나올 수 있을 것이다.

예를 들어보자. 켈트어가 한때 유럽 대륙의 상당히 넓은 지역을 차지했

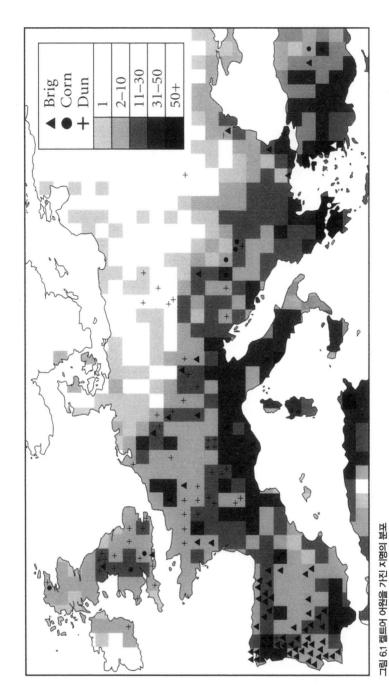

그림 6.1 켈트어 어원을 가진 지명의 분포

Sims-Williams(2006)의 자료를 취합한 이 지도는 켈트어 어원을 딴 것으로 입증된 지명이 개수를 보여준다. 흰색 지역에 표시된 기호들은 정확한 위치를 모르는 지명을 가리킨다. 그러나 그 지명들이 지도상에 표시된 지역이라도(혹은 지역이었으리라) 짐스–윌리엄스가 추정하는 데는 충분한 근거가 있다.

음을 알게 된 것은 주로 지명에 근거한 것이다(그림 6.1 참조). 켈트어에 대한 어떤 역사적 기록도 이를 따라가지 못한다. 수많은 지명에 등장하는 brig(방어 지역), corn(뿔), dun 같은 켈트어 요소를 추적하기 위해서 로마나 그리스 고전 작가가 남긴, 보다 고어형의 지명들을 연구할 수도 있다. 다른 언어에 이 켈트어 요소의 동족 형태가 있기도 하지만(예를 들어 brig는 영어의 bury, corn은 영어의 horn과 동족어다), 특정 형태의 켈트어 지명이 여전히 이용되기도 한다. 심스-윌리엄스Sims-Williams 등 학자들이 작성한 켈트어 어원 지명의 구획도를 보면, 현재 웨일스어, 게일어Gaelic, 브르타뉴어Breton를 고수하고 있는 최연안 지역까지 고대 켈트어가 고루 분포하고 있음을 알 수 있다.

구황작물 용어나 도기류, 창류spears 등 고도로 전문화된 기술 용어처럼, 지명도 언어 기록화 작업에서 관심 밖의 존재로 방치될 확률이 높다. 모든 사전에 광범위한 지명 목록이 담겨 있는 것도 아니다. 설령 사전에 지명이 실린다 해도 의미 해석에 절대적으로 필요한 정보, 예컨대 그 지역의 정확한 지형에 대한 정보나 어떤 나무나 바위가 있다는 식의 정보는 빠질 것이다. 또한 우아함에 집착하는 음운론적 설명에서는 누락되기 쉬운 것, 바로 특이한 강세 패턴이나 음성 등 더 이른 시기 언어의 음성 체계 흔적을 지명이 유지하고 있을지도 모른다. 주류 언어 기록화 작업의 관점에서는 명칭-장소 접근법도 단어-대상 접근법과 마찬가지로 그저 주변적인 요소가 되기 십상이다. 따라서 비밀을 풀어줄 이 정보들이 기록화 작업에서 빠지지 않도록 하는 것이 중요하다.

언어를 역사적 사실에 연결시키는 여러 기술에 대해 살펴봤으니, 이제 인류의 깊숙한 과거로 들어가는 세 가지 이야기로 방향을 틀어보자. 세 이야기는 광대한 아시아 대륙에서부터 각기 다른 방향으로 뻗어나간다. 하나는 타이완을 떠나 세계 대양의 절반을 건너간 오스트로네시아인들의 이주에 대한 이야기이며, 또 하나는 중앙시베리아 북쪽의 예니세이족으로부터 북아메리카로 갈라져 나온 나데네족 이야기, 마지막은 오랫동안 거의 알려지지 않았던, 인도에서부터 유럽까지 이른 집시의 대이주에 대한 이야기다.

두 대양의 모험가들

오스트로네시아 어족만큼 비교방법론의 가치를 확실하게 혹은 대규모로 방증해주는 어족도 없을 것이다(그림 6.2 참조). 오스트로네시아 어족의 명칭은 '남풍'을 가리키는 라틴어 auster에, '섬'을 가리키는 그리스어 nêso가 결합하여 만들어진 말이다. 1200개 이상의 언어가 속해 있어 수적인 면에서는 세계 최대의 어족이다. 몇몇 언어는 화자 인구도 꽤 많다. 자바어는 7600만 화자를 거느리고 있으며, 말레이-인도네시아어 Indonesian/Malay의 경우, 모국어 화자는 4000만 명이지만 제2언어 화자까지 포함하면 그 수는 2억 이상으로 늘어난다. 반면 바누아투의 나만어Naman처럼 사멸 직전의 언어들도 있고, 타이완의 시라야어Siraya, 뉴칼레도니아의 왐왕어Waamwang, 뉴질랜드 동쪽 채텀섬의 모리오리어Moriori같이 이미 절멸이 시작된 언어도 있다.[14]

오스트로네시아 어족의 지리학적 범위는 세계의 절반에 이른다. 아프리카 연안 마다가스카르 섬에서 시작하여 남아메리카까지 두 대양(태평양과 인도양)에 걸쳐 있어 서에서 동으로 거의 240°의 범위를 가지며, 북에서 남으로는 타이완에서 뉴질랜드까지 75°의 범위에 퍼져 있다. 15세기 유럽의 식민주의 팽창이 시작되기 전, 이처럼 오스트로네시아 어족은 세계에서 가장 광대한 어족이었다. 지구의 절반에 이르는 범위에 퍼져 있는 것을 보면, 오스트로네시아인들은 육상에서 농경생활에 적응하면서 인적·물적 토대를 제공하는 한편 어마어마한 항해를 계획하고 실행할 수 있는, 복잡하고도 적응력 강한 해양 탐험가 문화를 가지고 있었던 것으로 보인다. 이들은 어디를 가든 새로이 만난 사람들과 결혼하면서 새로운 곡물과 여타 그 지역의 문물을 추가적으로 받아들였다. 전문화된 천문 지식, 당대에 있어 탁월한 항해술, 수 세기를 거슬러 올라가는 계보 전통으로 무장한, 최고통치자 중심의 복잡한 사회가 이 모든 것을 지휘했을 것이다.

비슷한 규모의 대다수 문화 전통과 달리 오스트로네시아인들은 구어 문화를 가지고 있었다—인도와 아랍 문화로부터 문자를 받아들인 일부 동남아시아 지역은 예외다. 따라서 언어적 증거가 고고학이나 비교 민족지학, 유전학

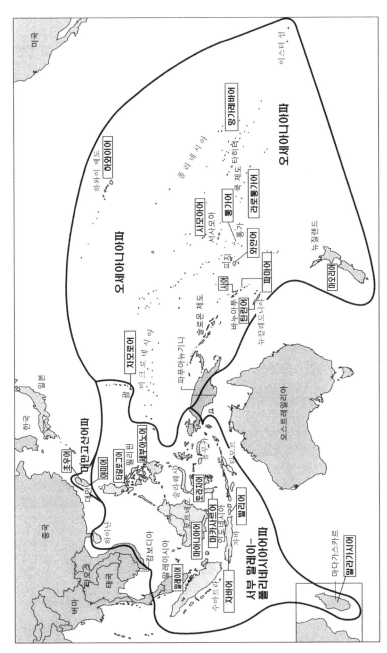

미국

오세아니아

폴리네시아

하와이 제도

하와이어

이스터 섬

오세아니아

몽골제노 타히티

망가레바어

통가어

통가

사모아어
사모아

라로통가어

뉴질랜드

요안어

피지

피지어

마오리어

파푸아뉴기니

솔로몬 제도

바누아투

뉴칼레도니아

팔라우어

소야어

마리아나 제도

차모로어

괌

대만고산어

대만

일본

한국

아미어

세부아노어

타갈로그어

필리핀

아체어

하이난

중국 Kio

인도차이나

타이

버마

캄보디아

자바어

술라웨시

순다어

인도네시아

보르네오

사바

티모르

오스트레일리아

말레이어

마다가스카르

말라가시어

서부말라이폴리네시아

시암어

수마트라

자바

발리어

바타크어

아거지어

마나도어

그림 6.2 오스트로네시아 어족의 분포

자료와 통합되어가는 상황 속에서도, 오스트로네시아인들의 복잡하고 역동적인 역사를 설명해내는 부담스러운 역할은 거의 언어적 증거가 담당해야 했다. 이러한 상황 탓에 오스트로네시아 어족은 심층 역사 연구에 여러 학문 분야가 어떻게 결합해야 하는지를 보여주는 교과서적 사례가 되고 있다. 이 설명 과정에 큰 도움이 된 것은 오스트로네시아인들의 이주가 단계마다 대부분 미개척 지역, 사람이 별로 살지 않는 지역으로 이루어졌다는 사실이다. 만약 그러지 않았다면 최초 거주에 대한 명백한 고고학적 연대 추정도, 유전학적 증명도 어려웠을 것이다.

오스트로네시아인들의 대이주에는 순차적인 특성이 있다. 특정 지역으로 껑충 옮겨간 후 수 세기에 걸쳐 다음 이동을 준비하는 단계가 뒤따른다. 예컨대 뉴기니 섬 동부로의 이주가 일어나고 거기서 다시 피지Fiji로의 이주가 이루어지는 식인데, 그 준비 단계 동안 음성 변화가 차곡차곡 쌓이게 된다. 머물렀다 이동했다 하는 식의 확장 양상 덕분에, 수 세대에 걸친 계통도 내에서 순차적으로 이루어지는 분기를 추적하기가 훨씬 쉬워진다(그림 6.3 참조).

어떤 언어들은 다른 언어들과 지속적으로 접촉하게 되면서 차용어를 받아들이고 흥미로운 방식으로 그 언어들에 구조적으로 수렴되었다. 베트남 연안 지역에서 쓰였던 참Chamic 어군은 동남아시아 제어 전체와 접촉하게 되면서 베트남어와 유사한 성조가 발달되었다. 마다가스카르 섬으로 다시 방향을 틀기 전 동부 아프리카 연안에서 꽤 오래 쓰였던 말라가시어Malagasy는 스와힐리어 같은 반투어 사용자의 영향을 받았다. 그리고 뉴기니 섬 연안을 따라 정착했던 여러 집단은 파푸아어 화자 집단에 점점 통합되었다.

이런 식으로 오스트로네시아어 내에는 비교방법론이 아주 잘 적용되는, 다세대에 걸친 계통도가 있다. 오스트로네시아 어족의 분기 중 몇몇은 좀 더 골치 아프게 언어 접촉의 영향을 따져 연구해야 하지만, 일부는 고고학적 자료와 깔끔하게 연결된다. 각 하위 분지에서 보수성을 띠는 대표형을 선택하는 한, 대체로 오스트로네시아 어족 그룹 내의 동족어들은 쉽게 알아볼 수 있다(표 6.2 참조). 현재 꽤 많은 수의 개념어들이 오스트로네시아어 공통조어로 재구되었다. 때로는 말라가시어의 hao와 maso처럼 실제로는 차용어인 가짜 유사

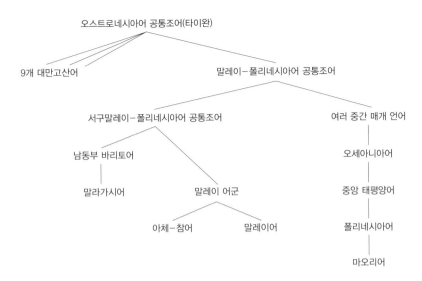

그림 6.3 오스트로네시아 어족의 계통도[15]

형태들에 주의할 필요가 있다. 이 두 단어는 오스트로네시아어 동족어처럼 보이지만 실은 스와힐리어에서 온 차용어다. 단어의 의미가 약간 변하기도 했는데 표에서는 이를 괄호에 넣어 표시했다. 예를 들어 말라가시어 sahiran은 '아프, 고통스러운'이라기보다는 '어려움에 처한'이라는 뜻을 가진다.

　오스트로네시아 어족 계통의 최상위 분기 층위는 이 어족의 모지역이 타이완Taiwan, Formosa임을 명백하게 보여준다. 계통도의 최초 분지 10개 중 9개가 타이완에서만 발견되기 때문이다.[16] 뿐만 아니라 열 번째 분지인 말레이-폴리네시아어Malayo-Polynesian를 대표하는 야미어Yami도 타이완 연안의 섬 지역에서 쓰이는 언어로서, 차후 이루어진 오스트로네시아어 확장의 시작점이 이 섬 지역이었으리라 추정된다. 요컨대 세계적으로 가장 방대한 부분을 포괄하는 어족의 90퍼센트 이상에 해당되는 계통적 다양성이 작은 섬 타이완에 집중되어 있다. (중국어 변종형이 이 섬에 들어온 것은 훨씬 이후의 일이다.) 오스트로네시아어의 역사를 이해하는 데 결정적 역할을 함에도 불구하고, 타이완의 복잡한 토착어에 대해 알려진 것은 폴리네시아어보다도 적은 게 사실이다. 어

어휘	초우어 Tsou (타이완)	야미어 (타이완)	타갈로그어 Tagalog (필리핀)	말레이어	차모로어 Chamorro (괌)	마오리어 Maori (뉴질랜드)	말라가시어 (마다가스카르)	오스트로 네시아어 공통조어
아이/자식	oko	anak	anak	anak	*patgon*	tamaiti	anaka	*aLak
이[蝨]	keū	kutuʔ	kutuʔ	kutu	hutu	kutu	*hao*	*kutu
가슴	nunʔu	ṣuṣuʔ	susuʔ	susu	susu	ū	*nono*	*susu
새로운	farva	vajuʔ	bagu	baru	*nuebu*	hōu	(vao)	*baqeRuh
길	eronɨ	raraʔan	daʔan	jalan	calan	ara	lalana	*zalan
눈[目]	meõ	mata	mata	mata	mata	mata	*maso*	*mata
아픈/고통	maʔeoŋo	miŋən	sakit	sakit	sageʔ	*māuiui*	(sahiran)	*sakit
셋	turu	tiluʔ,atlo	tatlo	tiga	tulo	toru	telo	*telu
다섯	rimo	lima	lima	lima	lima	rima	dimi	*lima
열	maskɨ	sapuluʔ	sampuʔ	səpuluh	*manot*	ŋahuru	folo	*sapuluʔ

표 6.2 7개의 현대 오스트로네시아어에서 발견되는 어휘의 예[17]
재구된 오스트로네시아어 공통조어 형태를 함께 제시했으며, 동족어가 아닌 차용어는 이탤릭체로 표시했다.

떤 이들은 초기 타이완 문화를 중국 본토 문화에 연결시키는 고고학적 증거를 들어, 아마 과거 어느 때에는 본토에서도 오스트로네시아어가 사용되었을 것이며, 중국 본토가 오스트로네시아어의 궁극적인 근원지일 수도 있다고 주장한다. 그러나 그 시기의 언어 흔적은 중국 본토에 전혀 남아 있지 않으며, 이를 입증할 만한 증거도 전혀 없다.

타이완으로부터 어떤 모험심 강한 집단 하나가 필리핀 북부 섬 지역을 향해 남하했으며 적어도 4000년 전에 그 여정의 반쯤에 해당되는 바타네스 Batanes 섬에 이르렀다. 이러한 사실은 바타네스 섬의 거주지에 대한 방사성 탄소 연대 측정 결과로 입증되었다.[18] 이 분지를 통해 타이완에서 뻗어나온 1200개의 오스트로네시아어를 통틀어 일반적으로 말레이-폴리네시아어라 한다. 이들 중 일부는 그 자리에 남아, 수천만 명의 화자를 거느린 타갈로그어나 세부아노어Cebuano는 물론, 필리핀에서 사용되는 여타 약 200개 언어의 근원이 되었다.

오스트로네시아어 화자 중 한 집단은 보르네오 섬을 거쳐 서쪽으로 이주했다. 1000년쯤 후에는 그 딸 분지에 해당되는 집단이 보르네오 섬 남동부에서부터 인도양을 건너 아프리카 연안의 마다가스카르까지 이르렀고 여기서 말라가시어가 생겨났다. 보르네오 섬에서 사용되는 마아니아어Maanyan 같은 남동부 바리토어South East Barito에는 말라가시어와 공유하는 특징이 많다.[19] 말라가시어와 바리토어가 공통으로 겪은 특이한 음운 변화가 바로 l 〉 d이다. '다섯'을 뜻하는 *lima가 마아니아어에서는 dime, 말라가시어에서는 dimy가 되었고, '피부'를 뜻하는 *kulit가 마아니아어에서는 kudit, 말라가시어에서는 hoditra가 되었다. 어휘들이 새롭게 변하면서 '기름'을 뜻하는 오스트로네시아어 단어 *miɲak도 새 단어로 바뀌어 오늘날의 ilau(마아니아어)와 ilo(말라가시어)로 이어졌다. 말라가시어를 남동부 바리토어의 먼 분파로 보는 이 주장은 최근 유전학 연구를 통해 입증되었다. 마다가스카르 사람들의 y염색체 하플로그룹 표지가 반자르마신Banjarmasin과 코타키나발루Kota Kinabalu에 있는 보르네오인의 표지와 일치한다는 사실이 밝혀진 것이다.[20]

인도양을 건넌 대이주가 언제 이루어졌을까? 말레이어를 통해 걸러진 산스크리트 차용어가 존재한다는 점에서 이 이주 시기는 7세기경까지 소급될 수 있는데, 이 시기는 수마트라 섬 남부에 인도의 영향을 받은 말레이 국가 스리위자야가 자리 잡은 시기였다. 마다가스카르 지역에 대한 고고학적 발굴에 따르면 8세기 이전에는 그 섬에 아무도 없었던 것으로 판단된다. 마다가스카르인에게 동남아시아와 아프리카의 유전적 혈통이 비슷한 수준으로 섞여 있다는 점, 또한 문법과 어휘 면에서 스와힐리 제어와 여타 반투어에서 유래한 특징들이 있다는 점을 볼 때, 오스트로네시아인들이 마다가스카르로 직접 이주한 것이 아니라 초기 얼마간은 아프리카 동부 해안에 머물렀던 것으로 보는 게 타당한 듯하다. 거기서 다시 동쪽으로 머리를 돌려 마다가스카르로 이주하기 전까지 오스트로네시아인들은 반투어 집단과 교혼交婚하면서 오스트로네시아–반투 혼성 문화를 발전시켰을 것이다.

필리핀 지역으로 논의를 되돌려보자. 오스트로네시아 어족의 한 그룹은 인도네시아 군도 전역에 흩어졌고, 또 다른 분지는 몰루카 제도를 거쳐 뉴기니 섬 북부 해안까지 내려왔다. 여기서 이들은 뉴기니 연안을 따라 존재하는 수많은 언어, 그리고 태평양 지역 모든 언어의 공통 조상인 오세아니아어 분지로 발전되었다.

기원전 1350년에서 기원전 750년에 이르는 뉴기니 체류 단계 동안, 비스마르크 군도에 살던 사람들은 라피타 도기Lapita Pottery21라는 독특한 스타일의 새 도기류를 개발했다. 여러 학자의 주장에 따르면, 뉴기니 지역에서 있었던 이주 중단 과정은 인근 태평양으로 이주해나가는 데 필요한 문화적 특성들, 말하자면 가축, 길 찾는 기술, 내구성 있는 도구들, 그릇류, 직물류 등을 꾸려내는 필수적 단계였다. 이 대상물을 가리키는 새로운 명칭이 이 시기에 오세아니아어 분지의 하위 언어들에 유입되었으며, 이 명칭들은 연대 추정이 가능한 고고학 유물과도 쉽게 연관된다.

또한 오세아니아어 공통조어 화자들은 파푸아 사람들과 교혼하여 차별화된 유전자를 지닌 채 다음 여행에 나서게 된다.22 이곳 뉴기니에서 한 분지는 솔로몬 제도를 거쳐 아래로 내려갔다. 그리고 다시 여기서 한 분지는 북쪽 미크로네시아 군도로 우회해서 들어갔고, 다른 분지는 바누아투를 거쳐 뉴칼레도니아로 남하했으며, 또 어떤 분지는 태평양으로 들어가 피지로 향했다. 솔로몬 제도를 떠난 이후 이들은 무인無人 지역이었으리라 여겨지는 곳으로 이주해갔다. 섬에서 섬으로 이어진 이들의 이주 진로는 수월하게 추적할 수 있다. 뚜렷이 차별되는 거주 양식이 라피타 도기 파편을 통해 쉽게 확인되기 때문이다.

이러한 방식으로 연대를 추정해보면 오스트로네시아인들의 이주는 기원전 1000년 무렵 피지에까지 이른 것으로 보인다. 여기에서 다시 휴지기를 갖게 되는데, 그 결과 놀랍게도 그 조그마한 피지 군도의 세 언어(로투만어Rotuman, 서피지어West Fijian, 동피지어East Fijian)는 서로 큰 차이를 갖게 되었다. 이 세 언어 간의 차이는 다른 모든 폴리네시아어와 비교해볼 때보다 그 정도가 더 심하다. 동피지어가 다른 피지어와 달리 폴리네시아어와 동계를 이룬다는 사실로 미루어볼 때, 폴리네시아 모험가들이 더 태평양 쪽을 향해 떠난 곳은 동피지어 사용 지역이었으리라 추론된다. 피지에서의 막간 휴식은 이중 현외 장치를 단 카누[23]의 개발을 가능하게 했다. 만약 카누가 없었다면 그 무모한 장거리 항해는 불가능했을 것이다. 폴리네시아인들은 전설적인 이 배를 타고 망망한 대양을 거쳐 사모아와 통가(기원전 800년경), 하와이(서기 500년), 이스터 섬(800년), 뉴질랜드(1000년 무렵), 그리고 그 사이사이 태평양에 점점이 흩어 있는 수많은 섬에 이르기까지 사실상 거의 모든 무인도를 발견하게 된다.

언어학, 유전학, 고고학, 인류학 분야는 물론 선체 건조학, 동물 유전학, 천문학에 이르기까지 수많은 학제간 공동 연구에 힘입어 이 오세아니아어의 모습은 아주 세밀한 수준까지 재구되어왔다. 19세기 선교사 시절 시작된 수준 높은 언어학적·인류학적 기록이 이 대규모 작업에 큰 도움이 되었다. 현재는 전 분야의 오세아니아어 공통조어 용어들이 세밀하게 재구되어, 카누 부품에서 낚시 도구까지, 별에서 세부적인 식물명까지, 심지어는 오세아니아어 공통조어 화자들이 코코넛 나무의 성장을 8단계로 구분하여 각각 뭐라 불렀는지까지도 알 수 있게 되었다.

이러한 성과는 '어휘적 재구lexical reconstruction'라는 새로운 첨단 방법론에 기반해 진행된 것이다. 어휘적 재구란 여러 낚싯바늘의 모양이나 배 디자인 등을 비교하는 '비교 인종기술학' 연구와 비교언어학적 방법론을 접목시켜, 언어학적으로 재구된 단어형이 가리키는 실제 세계의 대상이 무엇인지 추정하는 방법론이다. 이 접근법이 어느 수준까지 상세히 어휘를 재구해내는지 좀 더 살펴보자.

그림 6.4는 오세아니아어 공통조어 문물의 네 가지 물품과 그 재구된 명칭을 보여준다. 물품 자체를 재구하는 것은 고고학과 비교 인종기술학의 몫이

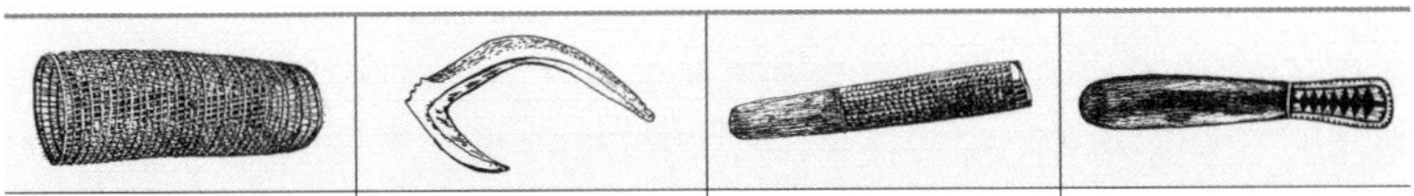

*puru 바구니식 낚시 도구	*bayan 견지낚시용 후림새나 갈고리	*ike 타파 방망이	*d(r)amut 라임 주걱

그림 6.4 오세아니아어 공통조어 문물의 네 물품과 재구된 명칭[24]

다. 물품들이 고고학 유물로 보존되어 있다면 고고학의 작업이 되고, 이미 증명된 역사적 문화에서 관련 물품의 세부 기록을 비교하는 것은 비교 인종기술학의 작업이다. 각 물품이 어떤 모양으로 생겼고 어떻게 만들어졌는지를 정확히 판단하려면 문물 목록에 대한 비교 작업이 필요하다.

한편, 명칭의 재구는 역사언어학자들의 몫이다. 후대 단어형들을 비교하여 그 명칭의 원래 어형을 추론해내고, 이 단어형이 어느 언어에 나타나는가를 보고 계통도에서 얼마나 거슬러 올라갈 수 있는지 추론하는 비교방법론이 이용된다. 일반적으로 어떤 단어가 계통도의 최상위 위치에 놓이면 그 하위의 서로 다른 두 분지에서 그 단어의 반영 형태가 규칙적으로 나타난다.

'나무껍질 옷'을 나타내는 *taba라는 단어에 이러한 논리가 어떻게 적용되는지 보자. '나무껍질 옷'이라는 뜻으로 쓰인 *taba가 가장 먼저 나타난 것은 중앙태평양어 공통조어이다. 이를 통해 태평양 외곽으로 이주하기 전 초기 피지어 화자들이 이 명칭을 처음 만들어냈다고 추리할 수 있다. 그러나 오세아니아 지역뿐만 아니라 인도네시아에서도 나무껍질 옷이 의류로 사용되었음이 증명되었다. 타파 방망이tapa beater를 가리키는 *ike가 오세아니아어 공통조어를 넘어 말레이–폴리네시아어 공통조어까지 거슬러 재구된다는 점을 볼 때 오스트로네시아인들이 이른 시기부터 광범위하게 나무껍질 옷을 이용했다는 사실이 논리적으로 설명된다. '타파를 두드리는 나무망치tapa-beating mallet'를 나타내는 동족어 ike가 인도네시아 술라웨시 섬 토라자어Toraja에 남아 있는 것이다. 비교 인종기술학 연구에 따르면, 무화과나무와 닥나무 종(닥나무, 빵나무, 뽕나무)으로 나무껍질 옷을 만드는 기술은 동남아시아에 기원을 두고 있으며 아마도 필리핀으로부터 들여온 것으로 보인다.

그러나 오스트로네시아인들이 태평양으로 나아가기 전부터 나무껍질 옷을 만들어 입었다 해도 *taba라는 명칭 자체는 중앙태평양어 공통조어 이상으로 거슬러 올라갈 수 없다. 비슷한 의미를 띤 반영형이 피지어와 폴리네시아어에 국한되기 때문이다(표 6.3 참조). 솔로몬 제도에서 발견되는 몇몇 반영형이 얼마간 관련 의미를 띠는 것을 보면, 원래 '가지, 잎, 양치류 잎'을 뜻했던 단어가 이후 피지어에서 '피부, 나무껍질'로 바뀌고 다시 폴리네시아어에서 '나

그룹	언어	단어형	의미
중앙태평양어	와얀어Wayan(서피지어)	taba	피부, 나무껍질
폴리네시아어	통가어Tongan	tapa	테두리, 가장자리 (더 오래된 의미로는 '날염이나 채색을 하지 않은 나무껍질 옷')
	사모아어	tapa	색깔 있는 나무껍질 옷의 흰색 가장자리
	망가레바어Mangareva	tapa	나무껍질 옷
	라로통가어Rarotongan	tapa	특정 나무의 속껍질로 만든 옷
	하와이어	kapa	나무껍질 옷

표 6.3 중앙태평양어 공통조어 *taba의 반영형[25]

무껍질 옷'의 의미를 획득한 것이라 추론된다.

오스트로네시아 어족에 적용된 비교방법론은 꽤 성공적이었다. 실재하는 고대 자료가 부족함에도 불구하고 이 방법론을 통해 오스트로네시아 어족의 선사先史를 여러 가지 면에서 파악할 수 있게 되었다. 인도-유럽 어족에 대해서도 이만큼 알고 있지는 못하다. 인도-유럽 어족과 달리 오스트로네시아 어족의 경우 연대상 전후 관계가 훨씬 더 확실하며 최초 모지역이 어디인지에 대한 학계의 논의도 완전히 합의되어 있다. 오스트로네시아어 비교언어학이 환상적으로 성공할 수 있었던 것은 수많은 요인이 뒷받침되었기 때문이다. 목격자 역할을 한 언어가 많았고 오스트로네시아어의 확장이 순차적으로 진행되었다. 또한 최초 정착마다 명백한 고고학적 족적이 남아 있었으며, 과거의 관습과 기술이 여러 화자 공동체에 1000년 넘게 보존되어왔다. 뛰어난 학자들의 끈기 있고 빈틈없는 연구도 한몫했다. 종합적으로 말하자면, 끈기 있으면서도 원칙에 입각한 현대어 비교가 여타 분야의 연구 성과와 신중히 연결될 때 얼마나 많은 심층 과거를 되찾을 수 있는지를 오스트로네시아어 사례가 보여준다.

[아메리카 언어에 대한] 우리의 지식이 불완전하니만큼 다음과 같은 놀라운 사실을 발견하는 것으로 충분해 보인다. 아메리카 언어들을, 뚜렷이 추적할 수 있는 근원 언어 아래 배열해보고, 아시아 인디언 언어에 대해서도 똑같이 배열해보면, 아마도 이 근원 언어들 중 스무 개는 아메리카 대륙의 언어이고, 하나 정도가 아시아의 언어일 것이다.
— Jefferson(1787)[26]

(현재로부터 가장 가깝게 이루어진) 아메리카 원주민의 언어적 분화는 이 신세계의 소규모 지역에서만 일어난 것이고, 아메리카 대륙을 차지한 아시아계(아마 남태평양계까지도) 이주자들이 거주 시절 초기부터 이미 유전적으로 무관한 여러 집단으로 분화되었다는 주장은 매우 개연성 있어 보인다. 이렇게 보면 아메리카 대륙 점령은 역사상 단 한 차례 일어난 것이 아니라 서로 다른 시기, 다른 방향으로부터 언어적으로 무관한 사람들이 잇따라 이주하면서 이루어진 것이라고 가정할 수밖에 없다.
— Sapir(1949b[1915]:454-545)

위에서 인용한 제퍼슨Thomas Jefferson과 사피어의 말은 아메리카에 대해 여전히 풀리지 않는 이 수수께끼를 얼마나 오래전부터 사람들이 인지하고 있었는지 보여준다. 아메리카 대륙에 사람들이 정착한 것이 여타 대륙보다 최근의 일이라면 아메리카에 왜 그토록 많은 어족이 존재하는 것일까? 캠벨Lyle Campbell의 추정에 따르면 아메리카 대륙에는 150개의 유전자 집단이 있다고 한다. 유라시아에 37개, 아프리카에 20개의 유전자 집단이 있는 것에 비하면 놀라운 수치다. (호주와 뉴기니 섬을 아우르는) 사훌Sahul 대륙붕에 있는 유전자 집단은 85~90개에 이른다. 그러나 아메리카의 최초 이주 시기는 일반적으로 대략 1만1000~1만3000년 전으로 추정되는 반면, 사훌 지역은 4만5000~6만 년 전에 이미 인간이 정착한 것으로 알려져 있다. 사훌 지역의 경우 티모르 섬과 몰루카 제도라는 구별된 두 경로를 통해 인간이 정착했다. 더욱이 아메리카 대륙이 역사 속 대부분의 시기 동안 베링 해협이라는 거대한 얼음 장벽으로 그 접근이 막혀 있었던 데 비해 사훌 지역은 그러한 장벽도 없었다.

아메리카에 있는 학자들이 어족 분류에 더 인색한 척도를 적용해온 것일까? 예를 들어 병합파 학자 그린버그는 전체 아메리카 언어를 에스키모-알류트어Eskimo-Aleut, 나데네어, 아메리카 원주민어라는 단 세 가지 부류로 분류했다. 이렇게 보면 아메리카 대륙을 최소의 다양성을 띤 대륙으로 처리해버릴수 있겠지만, 그린버그의 견해는 세계적으로 거의 인정받지 못하고 있다. 150개유전자 집단을 제안한 캠벨의 추정이 지나치다 싶겠지만 아메리카 원주민어에서 발견되는 엄청난 수준의 다양성을 볼 때 세 자리 수의 유전자 집단을 가정하는 것이 그다지 과장된 수준은 아닌 듯하다. 따라서 대부분의 학자는 이러한 가정이 그저 '세분파 학자들splitters'이 인위적으로 만들어낸 것이 아니라 실증이 필요한 현실적 문제임을 주장한다.

제퍼슨-사피어 난제conundrum를 설명하는 방법 가운데 하나는 아메리카 대륙에서 언어들이 더 빨리 분화되었다고 보는 것이다. 그러나 이러한 주장은 실증적으로 뒷받침되지 못한다. 마야어나 믹세-소케어Mixe-Zoquean처럼 시기 추정이 가능한 고대의 기록 형태가 남아 있는 어족을 대상으로 검증해보면 이러한 주장은 아예 효력을 잃게 된다.

다른 방법으로, 그간 고고학자들이 인간의 거주 시기를 추정하는 데 너무 보수적이었다고 설명할 수도 있다. 고고학자들이 고수하는 최근 거주 연대를 그대로 믿을 것이 아니라, 언어적 다양성이 무엇을 의미하는지 귀 기울이고, 베링 해협을 가로지른 이주가 훨씬 이른 시기에 진행되었다고 인정하며 마음의 문을 열어야 하지 않을까? 해수면이 지금보다 낮았던 시기의 증거가 태평양 연안을 따라 물속에서 잠자고 있는 것은 아닐까? 혹은 아마존 숲 아래 어딘가에 기적적으로 보존된 미지의 증거가 있지는 않을까? 그러나 이러한 주장 역시 믿음에 불과할 뿐 고고학 유물로 뒷받침되는 이야기는 아니다.

세 번째 설명법은 사피어가 조심스럽게 말한 주장을 따르는 것이다. 즉 아메리카 대륙의 언어 다양성은 대부분 훨씬 오래전부터 인류가 거주했던 아시아에서 이미 전개된 것이라는 설명이다. 이 경우 한 대륙 내에서 이상스럽게 빨리 진행된 언어 분화를 설명할 필요가 없으며, 성배聖杯처럼 아직 발견되지도 않은 유물에 호소할 필요도 없다. 그러나 이것은 또 다른 문제를 일으킨다. 아메리카 원주민어 가운데 아메리카 대륙에서 분화된 것은 없다고 보는 완전한 '외인주의자外因主義者, exogenist'27의 관점에서는 약 100년마다 한 어족씩 이주 집단이 꾸준히 이어서 유입되었다고 가정해야 한다. 그 비율을 보다 개연성 있는 수준으로 낮추기 위해서는, 이주 이후 일어난 계통 변화의 비중을 더 높이 잡는 내인주의자內因主義者, endogenist 입장에 서야 한다. 사피어 같은 외인주의자 입장은 역사언어학에 도전장을 내미는 것이다. 과연 비교방법론을 엄밀히 적용하면 아메리카와 아시아 양쪽을 아우르는 어족에 대한 증거를 찾을 수 있을까? 아메리카 대륙을 향한 이주의 경우, 짧은 시간 내에 서로 다른 집단들이 유입된 것으로 여겨지기 때문에 아메리카 북부 지역뿐만 아니라 남아메리카까지 '죽 이어지는' 연관성을 찾아야 한다는 점도 주의해야 한다.

사피어 자신도 이 문제를 해결하기 위해 중국–티베트Sino-Tibetan 어족이 아타바스카 어족에 연결된다는 증거를 찾으려 중국–티베트어를 샅샅이 파헤쳤다. 그러나 그의 증거는 설득력이 부족했다. 지금은 언어들의 성조 체계가 얼마나 쉽게 달라지는지 알기 때문에 두 어족이 공통된 성조를 가진다는 근거는 설득력이 없다. 그동안 아메리카의 어족과 아시아의 어족을 연결하려는 연구가 많이 있었지만 어느 것도 확실하지 않다. 오히려 베링 해협을 가로지른 에스키모–알류트어와 연결하는 주장이 설득력을 얻고 있다.

그런데 최근 들어 바이다Edward Vajda가 훨씬 개연성 있는 주장을 내놓아, 나데네 어족과 중앙시베리아의 예니세이 어족을 연결하는 데 큰 도움이 되고 있다(그림 6.5 참조). 나데네어는 지난 세기 동안의 면밀한 연구를 거쳐 하나의 그룹으로 묶인 어족이다. '잃어버린 연결고리missing link' 언어 에야크어의 마지막 화자들로부터 수집한 증거가 아타바스카 제어를 틀링기트어에 연결하는 데 어떻게 도움을 주었는지에 대해서는 이미 살펴본 바 있다. 제5장에서 논의했듯이, 나데네 어족은 원래 알래스카 내륙과 캐나다에 자리 잡았으나, 일부

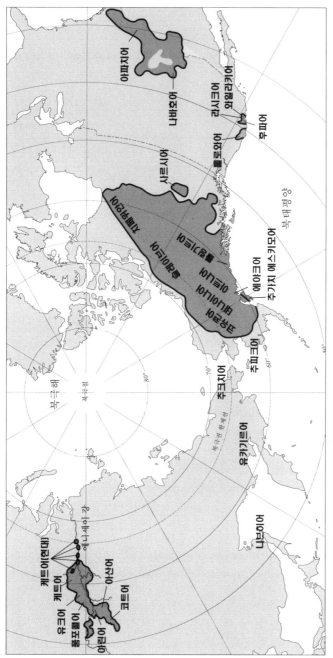

그림 6.5. 시베리아에서 아메리카로 들어오는 언어의 교차로를 나타낸 지도

북극해

북극점

80°

70°

60°

북극권 한계선

북대서양

유카기르어

니브히어

북태평양

아파치어

아사바스카어

나바호어

크리어

라시아어

할로웨어

우파어

카라사어

콜럼비아어

시벨랑아어

틀링기트어

틀링이어

이마리어

매니아니아

성렬군어

에야크어

추가치 에스키모어

추피아어

추크치어

캐트어(현대)

캐트어

유크어

홈포튤어

아린어

아산어

코트어

집단은 북부 캘리포니아와 오레곤 일부 지역으로 이주했고 나바호어, 아파치어 집단은 미국 남서부로 이주해 내려왔다.

나데네 어족의 먼 시베리아계 사촌 언어들로 논의를 옮겨보자. 케트어를 제외한 모든 예니세이어는 이미 소멸되었다. 북부 아시아의 유일한 수렵채집인인 예니세이인들은 시베리아인들의 강력한 동화 압력을 받았다. 남아 있는 케트어 역시 유창한 화자는 수십 명에 지나지 않으며 이들은 모두 중년이거나 그 이상 연배의 사람들이다(그림 6.6 참조). 따라서 예니세이 제어를 연구하기 위해서는 18~19세기 기록, 예컨대 제2장에서 언급한 바 있는, 제정 러시아 예카테리나 2세의 후원으로 진행된 팔라스 탐사 때의 기록 자료에 의존해야만 한다.

케트어는 지구상에서 가장 어려운 언어 중 하나다. 케트어의 구조는 수 세대에 걸친 연구 작업 끝에 최근에야 충분히 기술되기 시작했는데, 복잡성 면에서 나바호어와 함께 세계 최고 수준을 자랑한다. 흥미롭게도 케트어는 나바호어나 여타 아타바스카 제어와 공유하는 특이한 유형적 특징을 많이 가지고 있다. 가장 독특한 특징은 시시케밥 같은 접두 구조다. 즉 접두사를 곳곳에 삽입하여 문법적·어휘적 정보를 드러내는데, 동사에 따라 대명사 접두사의 위치도 다르다. 나바호어처럼 유정물인가 무정물인가에 따라 어근이 교체되기도 한다. 예를 들어 '[유정물]이 눕다'를 뜻하는 어근이 케트어로는 tn, 코트어로는 teːn인데, 두 단어는 동일한 뜻의 나바호어 tę로부터 재구된 아타바스카어 공통조어 *ten과 현저히 닮아 있다.

예니세이어와 나데네어 간의 어휘적 친족성을 보여주는 근거도 속속 정리되고 있다. (에야크어가 두 언어를 연결하는 데 어떠한 역할을 했는지에 대해서는 바로 앞 장에서 설명한 바 있다.) 케트어 동사에는 n-(둥근round, 둘러around), d-(길쭉한long, 따라along), hw-(지역area, 평평한 표면flat surface)처럼 모양을 분류하는 접사가 있는데, 일부 아타바스카어에도 이와 비슷한 접사가 있다. 즉 아트나어에는 접두사 n-(둥근round, 밧줄처럼 생긴 사물ropelike objects), d-(목재물wooden object), ko-(장소space, 시간time, 넓은 영역large area)가 있으며,[28] 나바호어에도 접두사 ho-(면적을 가진 사물areal object)가 있다.

그림 6.6 케트족 샤먼

예니세이어와 나데네어를 연결하는 증거는 아직 모든 언어학자를 설득할 만큼 충분하지는 않지만 빠른 속도로 그 윤곽을 드러내고 있다. 베링 해협을 가로지르는 연결이 입증되면서 데네-예니세이어Dene-Yeniseic는 (에스키모-알류트어에 이어) 아시아에 근원을 둔 또 하나의 아메리카 원주민어 사례가 되고 있다.

다음 단계는 재구된 데네-예니세이어 공통조어 어휘들을 유물들의 고고학적 연대 추정과 연결하는 작업일 것이다. 데네-예니세이어 공통조어를 구사하던 이들의 문화가 어떤 모습이었는지는 개념어들을 통해 이미 충분히 확인되어 있다. 이들은 눈썰매와 카누를 사용했으며, 자작나무 껍질이나 송진, 눈신도 널리 사용했다. 실제로 몇몇 썰매와 카누 부속물 명칭에 대해서는 공통 어휘가 정확히 재구된다. 또한 예니세이어 집단과 아타바스카어 집단 모두 천막과 보트, 그릇을 만드는 데 자작나무 껍질을 이용했다. 자작나무 껍질을 다루는 기술은 특히 중요했는데, 그 이유는 자작나무 껍질은 방수 기능이 있을 뿐 아니라 젖은 상태에서도 불을 붙일 수 있는 유일한 나무이기 때문이다—자작나무 껍질은 물기를 닦기만 하면 바로 불을 붙일 수 있다. 또한 고대 데네-예니세이 문화에 대해서도 어느 정도 알려져 있다. 시베리아 분지의 언어들과 아메리카 분지의 언어들 양쪽에서 무가巫歌와 샤머니즘에 관련된 동족어가 발견되는 것을 보면 이 문화에서는 특히 무가와 샤머니즘이 중요했던 것으로 보인다.

고고학자들은 아타바스카어의 조상들이 알래스카에 다다른 시기를 최고로 늦추면 4500년 전, 이르게는 7000~9000년 전으로 추정하고 있다.[29] 가장 최근이라고 보는 4500년 전이라 가정해도 제퍼슨-사피어 난제를 설명하는 데 중요한 발판이 된다. 지리적 위치상 아마 가장 최근에 유입되었을 것으로 추정되는 아메리카 최북단의 두 어족(에스키모-알류트어, 데네-예니세이어)이 아메리카에 이주한 이후 최소한 4500년이라는 시간이 남는다. 아메리카 대륙이라는 유리병의 아랫부분이 언제 채워졌는지 추정할 수는 없다 해도, 최소한 나데네어라는 코르크 뚜껑이 언제 덮였는지는 알 수 있다.

여타 아메리카 원주민 어족과 유라시아 언어들을 더 연결하려면 이보다 좀 더 이른 시기에 이루어진 연결고리를 찾아야 할 텐데, 남겨진 언어적 자취가 점점 줄어드는 탓에 이를 입증하기는 더 어려워질 것이다. 재구를 통해 아시아 언어와의 관련성을 입증할 수 있는 아메리카 원주민 어족은 한두 개 이상을 넘지 못할 것이고 95퍼센트가 넘는 나머지 아메리카 원주민 어족은 수수께끼로 남겨질 것이다. 언어적 증거를 취함으로써 인류의 거주 양상에 대해 이제껏 고고학자들이 입증했던 것보다 훨씬 더 오래전까지 거슬러 올라가 설명하고는 있지만, 아메리카 대륙의 나머지 지역에서 나타나는 다양성 층위는 그어느 때보다 더 큰 미스터리로 남겨져 있다. 이 모든 것은 현재 사라질 위험에 처한 언어들, 그 속에 담긴 증거에 달려 있는데, 이 취약한 사정은 베링 해협의양쪽 건너편인 시베리아나 아메리카나 마찬가지다. 이에 대해 바이다는 다음과 같이 말하고 있다. "불과 몇십 년 전만 해도 아메리카나 시베리아의 원주민기숙학교 아이들이 고어형 단어들을 입 밖에 내면 벌을 받았다. 그 단어들이두 대륙을 하나로 묶을 정도로 강력한 힘을 휘두르리라고 누가 상상이나 했겠는가."[30]

Lungo drom: 기나긴 여정

Syr te ryśół pałé pe dasavé dromá,
kaj dźdźónys chargá romá?
Dźvno jamaró isýz dźipén—paćén!
(⋯)
Dakicý berśá ándre véš kałó dźidźónys romá,
tradénys pe baré i tykné dromá.
Vymarénys kałé, sýva grajá cherénca gilá apré bará.

❙

Jak powrócić na takie drogi,
gdzie żyli dawno Cyganie

Dziwne nasze bylo żcie — wierzcie!

(…)

Tyle lat w lesie czarnym żyli Cyganie,

jeżdzili po wielkich i małych drogach.

Wybijały czarne, siwe konie nogami pieśi po kamieniach.

❘

How to turn back to those roads

which the Gypsies once lived along?

Strange was our life — believe me!

(…)

So many years the Gypsies lived in the dark forests,

travelling along the roads and byways,

the hooves of their black, grey horses beating out songs on the

roadstones.

❘

어떻게 해야

집시들이 걸어왔던 길로 돌아갈 수 있을까?

우리 삶은 낯설다 – 믿어다오!

(…)

수많은 세월, 집시들은 짙은 숲에 살면서

온갖 길을 따라 여행했다.

검은 잿빛 말들이 말굽소리를 내면서 함께 여행했다.

　　　　　　　　— 파푸차Papusza(브로니스라바 바이스Bronisława Wajs)31

　어떤 집단의 역사와 지리적 유래를 추론하는 데 차용어가 가장 지대한
영향을 끼친 사례는 아마도 로마니어Romani 연구였을 것이다. 이 단어의 기원
에 대해서는 뒤에서 다시 설명하겠지만, 로마니어는, 한때 집시라고 불렸고 현
재는 주로 영어로 Roma라 불리는 사람들이 쓰는 언어다. 인도에서 유럽까지

이어졌던 그들의 길고 더딘 여정을 지도화하는 데 결정적인 역할을 한 언어적 증거는 이들이 여행 중에 선택해 차용한 단어들이었다(그림 6.7 참조).

사람들은 흔히 집시의 운명이 유대인의 운명과 비슷하다고 본다. 둘 다 비유럽 지역에서 온 이방인으로 낙인 찍혀 고통받는다는 점에서 그렇다. 그러나 집시는 유대인과 다르다. 먼 옛날 있었던 자신들의 방랑과 추방에 대한 상세한 기록을 열성적으로 보존하는 '책 속의 사람들people of the book'이 아니기 때문이다. 결과적으로 이들의 역사는 흔히 잘못된 억측의 주제가 되곤 했다. 'Egyptian'이라는 단어에서 변용된 '집시Gypsies'라는 이름도 이들이 이집트에서 왔다는 엉터리 같은 오랜 믿음을 반영하고 있다.[32] 그러나 로마니어에 나타나는 여러 층의 차용어를 증거로 하여, 학자들은 2000년 넘게 이어진 이들 여행의 수많은 중간 기착지를 짜 맞추고, 종종 들어맞지 않는 역사적 증거에 대해 논박해왔다. 그리고 이 작업은 현재 유전학 연구로도 증명되고 있다.

논의를 계속하기 전에, 가지각색의 로마니어 변이형 탓에 연구에 특히나 어려움을 띤다는 점을 짚고 넘어갈 필요가 있다. 로마니어 변이형은 거의 모든 유럽 국가에서 다른 형태로 쓰인다. 집시들이 유럽에 이주하기 이전의 양상에 대해 논하려면 '공통 로마니어common Romani'에서 증거를 취해야 하고, 그러기 위해서는 그 많은 변이형에 해당 개념어가 발견되는지 살펴야 한다.

집시들이 가는 곳 어디서든 로마니어는 두 가지 상반된 방향으로 견인되었다. 하나는 주변 집단의 언어에 수렴되어 긴밀한 문법적 차용을 많이 들여오는 것이었고, 또 하나는 일탈적 어휘를 만들어내 이방인들이 자기네 언어를 이해하지 못하도록 하는 것이었다. 예를 들어, 로마는 u baro rašaj(대사제the big priest), 스위스는 kiralengro them(치즈 국가cheese country)처럼 지명은 어김없이 특별한 로마니어만의 이름을 가지고 있다. 히브리인이나 유대인의 성서聖書 전통 같은 기록이 있다면 이를 통해 언어의 수렴점을 찾거나 분화 집단의 언어적 공통성을 참고할 수도 있겠지만, 집시들에게는 이러한 기록도 없다. 하지만 다행히 1000개 가까운 어근이 로마니어 변이형에 공유되어 있어 이들을 공통의 원형 어휘부로 삼을 수 있다.

로마니어의 지리적 기원지인 인도로 돌아와, 우선 이들이 스스로를 가

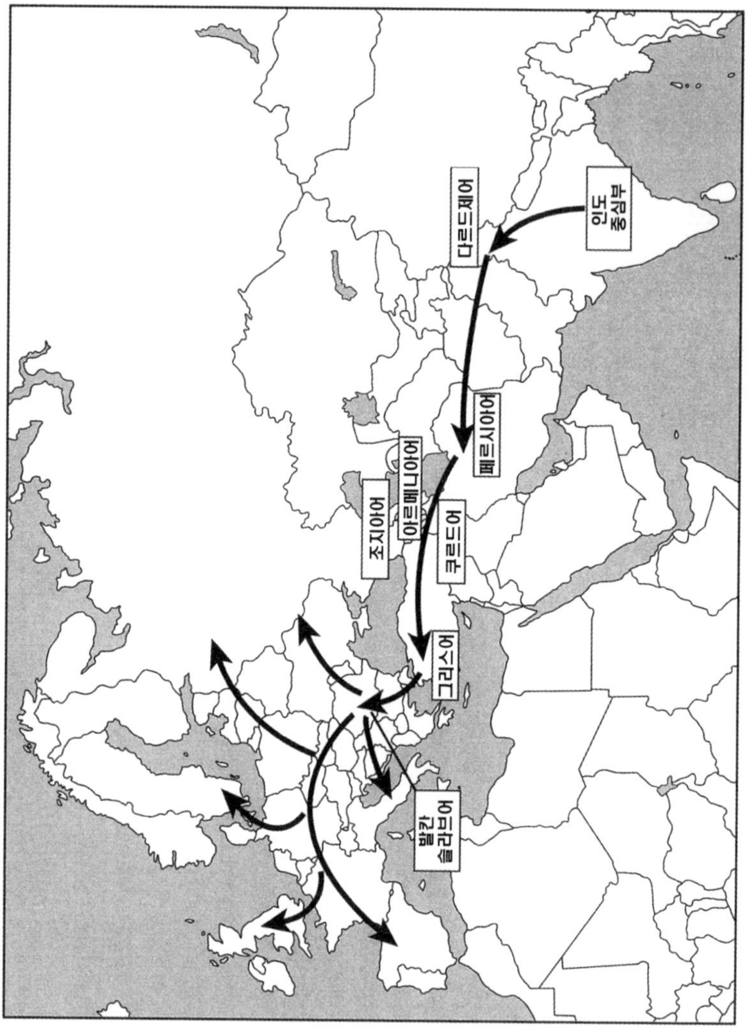

그림 6.7 인도에서 유럽까지 이어진 집시들의 이주

インド
북부

다르드제어

페르시아어

아르메니아어

조지아어

쿠르드어

그리스어

발칸
슬라브어

리키는 데 즐겨 쓰는 Rom이라는 명칭의 기원을 생각해보자. Roma는 복수형이고 그 언어를 가리키는 명칭은 Romaní 혹은 Romani čhib이다. 비슷한 명칭을 가진 집단들이 있는데, 도마리어Domari를 쓰는 중동 지역의 돔족 Dom,33 로마브렌어Lomavren라 불리는 특수 어휘를 가진 아르메니아의 롬족 Lom이 그들이다. 이 용어들은 모두 인도의 카스트 명칭과 관련이 있다. Ḍom은, 사는 지역에 따라 여러 인도-아리아어를 쓰는 음악가, 금속세공인, 청소부 계급을 가리킨다.

수많은 여타 언어와 접촉하면서 계속 덧씌워지고 형태적으로 변화해왔음에도 불구하고 로마니어가 본질적으로 인도의 인도-아리아어라는 증거는 충분하다. 공통 로마니어 어휘부의 약 650개 어근이 인도어 기원을 가진 것으로 확인된다. 이들의 지리학적 뿌리에 대해서도 자세히 설명할 수 있다. 이들이 인도 중심부에서 기원했고 북쪽으로 이동하여 인도 대륙 북서쪽의 다르드어Dardic 화자들 속에서 살았으며, 후에 이들과 함께 인도를 떠나 서쪽으로 이주했다는 증거가 있기 때문이다. 이들이 인도 중심부에 기원을 두고 있다는 사실은 로마니어가 인도 중심부 언어에 특징적으로 나타나는 여러 변화를 보인다는 점에서도 확인된다. 그중 하나는, 고어 연속자음 kṣ가 인도 여타 지역에서는 cch로 나타나는데 로마니어에서는 kkh로 실현된다는 점이다. 예컨대 산스크리트어 akṣi(눈eye)가 로마니어에서는 jakh로 실현된다. 또 하나는 sastipen(건강health) 같은 단어에 쓰이는 명사화 접미사 −ipen의 형태다. 이 접미사는 고대 인도어 접미사 −itvana에서 유래된 것이다. −itvana가 인도 중심부 지역의 북쪽과 남쪽에서는 −ittan이 된 반면 중심 지역에서는 −ippan으로 변했는데, 규칙적인 변화에 따라 −ippan에서 −ipen이 파생되었다.

한편, 로마니어의 여타 특징들은 인도-아리아어의 하위 언어인 다르드어에서 일어난 변화에 기댈 때 가장 잘 설명된다. 다르드어는 카슈미르Kashmir와 북부 파키스탄에서 사용되는 언어다. 그 변화 중 하나는 동사의 과거 굴절이다. 다르드어는 과거 시제를 표시하는 새로운 방법, 즉 대명사 변형 형태를 과거 분사에 덧붙이는 방법을 발전시켰다. 예를 들어 '내가 했다I did'라는 문장은 *kerdo-jo-me(done by me)가 되고, '그/그녀가 했다he/she did'라는 문장은 *kerdo-jo-se(done by him/her)가 된다. kerdjom('내가 했다'), kerdjas('그/그녀가 했다') 같은 현대 로마니어 형태는 새로 만들어진 다르드어 구조에서 유래한 것이다.

북부 인도를 떠난 집시들의 다음 이동지는 이란어가 사용되는 지역이었다. 70개에 이르는 페르시아어, 쿠르드어Kurdish 차용어가 이를 증명한다. 의미 심장하게도 아랍어 차용어는 발견되지 않는데[34] 이는 이슬람이 점령하기 이전에 집시의 조상들은 이미 페르시아를 떠났음을 보여준다. 이후 집시들은 아나톨리아에서 긴 시기를 보낸다. 아나톨리아가 여전히 비잔틴 제국에 속해 있고 사람들이 그리스어를 쓰던 시기, 셀주크투르크족의 공략을 받기 이전 시기다. 이러한 결론이 가능한 것은 터키어 변종 로마니어만 터키어 차용어를 가질 뿐 유럽어 변종 로마니어에서는 터키어 차용어가 전혀 나타나지 않기 때문이다. 아나톨리아에 머물던 시기 동안 그리스어와 쿠르드어로부터 금속 세공 분야, 짐 마차에 기반한 유목 생활 분야의 광범위한 차용어들이 유입되었다. 남부 캅카스 지역 언어에서 차용된 단어들도 일부 있는데, 이 때문에 몇몇 학자는 남부 캅카스 지역이 집시들의 중간 기착지라고 주장하기도 한다. 그러나 이 단어들은 아나톨리아 시기 동안 로마니어에 들어온 것으로 보는 것이 더 타당하다. 다중 언어를 쓰던 비잔틴 아나톨리아의 특성상 집시들이 아르메니아어, 조지아어, 오세트어Ossetian 화자들과 접촉할 기회는 충분했을 것이기 때문이다.

집시들이 공유한 역사에서 최종 기착지는 발칸 반도였을 것이다. 그 후 집시들은 수많은 유럽 지역으로 분산되었으며, 각각 여타 로마니어 방언과 공유되지 않는 자체의 차용어를 갖게 되었다. dosta(충분한enough), vodros(침대bed)처럼 발칸 슬라브어Balkan Slavic 어원을 가진 몇몇 단어가 전체 유럽 로마니어 방언에서 발견되는데 이는 집시들이 발칸 반도에서 거류했던 시기가 있었음을 증명한다.

이제까지의 각 체류 과정에서는 후대의 모든 로마니어에 전해지는 언어적 유산이 있었으나, 발칸 반도에 머물던 시기 이후부터는 현대 로마니어 방언 전체에 차용어를 제공한 유럽어가 더 이상 없다. 각 지역의 로마니어 방언은 그 나름의 지역 차용어를 가지고 있다. 불가리아 집시들이 쓰는 불가리아 차

어휘 층위	로마니어 단어	기원
인도층	trin(셋three)	trīni(산스크리트어)
	pandž(다섯five)	pañča(산스크리트어)
	štar(넷four)	čatvāras(산스크리트어)
페르시아층 (70개의 페르시아어 혹은 쿠르드어)	ámbrol(배pear)	amrūd(페르시아어)
	avgin(꿀honey)	angubīn(페르시아어)
	xulaj(신lord)	xuda/xula(페르시아어, 쿠르드어)
	xer(당나귀donkey)	xar(페르시아어)
	bi-(없이without)	bī(페르시아어)
	káko(아저씨uncle)	kak-(쿠르드어)
남부 캅카스층 (40개의 아르메니아어)	bov(오븐oven)	bov(아르메니아어)
	grast(말horse)	grast(아르메니아어)
	khilav(자두plum)	kʰliavi(조지아어)
	orde(여기here)	orde(오세트어)
아나톨리아층 (200개의 그리스어)	foro(마을town)	fóros(그리스어 시장market)
	drom(길road)	drómos(그리스어)
	kurko(주week)	kyriakí(그리스어 일요일Sunday)
	papus(할아버지grandfather)	pappús(그리스어)
	efta(일곱seven)	epta(그리스어)
발칸층	dosta(충분한enough)	dost(마케도니아어, 세르비아어, 크로아티아어)

표 6.4 공통 로마니어 어휘부의 어휘 층위[35]

용어 vreme(날씨weather), 폴란드 집시들이 쓰는 폴란드어 차용어 ježo(고슴도치hedgehog), 그리스 집시들이 쓰는 그리스어 차용어 thalasa(바다sea)처럼 말이다. 이 단어들이 여타 로마니어에서는 나타나지 않는 것으로 보아 해당 지역에 국한되어 비교적 근년에 차용된 것으로 추론된다. 이를 통해 중세 시대에 발칸 반도에서 있었던 전쟁의 영향으로 집시들이 유럽 전역에 흩어졌음을 알 수 있다. 이 지점에서 각 로마니어 변종의 개별 역사, 즉 언어적 증거를 통해 짜 맞출 수 있었던 집시들의 긴 여행의 마지막 지엽적 역사가 시작된다.

1_ Ehret(2000:295)

2_ McConvell(1985), Evans(2003c)

3_ 호주, 뉴질랜드와 남서 태평양 제도를 포함하는 지역을 가리킨다. — 역자 주

4_ 코이산 제어에 대한 우리의 이해는 여전히 초보적 수준에 불과하다. 그린버그의 연구를 포함해 초기 연구에서는 주로 이들을 하나의 어족으로 다루어왔다. 어떤 면에서는, 이 언어들이 모두 흡착 음소들을 가지고 있다는 점이 다른 차이에 대한 인식을 압도해버려 일어난 결과일 것이다. 또한 흡착성에 기반하여 하드자어와 산다웨어도 동일한 구조를 가진 언어로 분류되어왔다. 최근 들어서는, 귈더만의 연구를 통해 완전히 무관한 세 개의 어족이 존재한다는 사실이 분명해지고 있다(Güldemann 2006). 두 어족(투Tuu 어족과 주-콩아Ju-ǂHõa 어족)의 화자들은 원래부터 수렵채집을 하던 사람들인 반면, 나머지 한 어족(코에-콰디Khoe-Kwadi 어족) 사람들은 좀 더 나중에 아프리카 남동부로부터 무단으로 점유해 들어온 목축인들이다. 탄자니아의 산다웨어는 코에-콰디 어족에 연결된 것으로 보인다. 세 어족 모두 흡착음을 갖지만, 코에-콰디어의 문법은 다른 두 어족의 문법과는 완전히 다른 원리로 조직되어 있으며 오히려 동아프리카의 여타 언어들과 훨씬 더 비슷하다. 귈더만의 주장이 세부적인 측면까지 용인되든 되지 않든, 분명한 사실은 남부 아프리카에는 '코이산 어족'이라는 포괄적 용어가 호도해온 것보다 훨씬 더 깊은 언어적 다양성이 존재한다는 것이다(Traill & Nakagawa 2000).

5_ Ehret(1998:105)

6_ Ehret(1998:113)

7_ Ehret(1998:157)

8_ McConvell & Smith(2003)

9_ Rankin(2000:13)

10_ Diamond(1991)

11_ Diamond(1991)

12_ Collins(1998:262)

13_그 예에 대해서는 Dolgopolsky(1988) 참조.

14_ 시라야어에 대해서는 Adelaar(1997), 왐왕어에 대해서는 Haudricourt et al.(1979:17) 참조.

15_ 이 장에서 다뤄지는 언어들과 관련된 여러 층위의 분기를 보여준다. 쉽게 시각화하기 위해 많은 분지와 언어를 생략했다.

16_ 대만고산어파Formosan 계통의 수를 줄이려고 애쓴 학자들도 있지만, 9개의 토착 대만고산어파 계통을 가정하고 있는 Blust(1999)의 분석이 가장 설득력 있다.

17_ 대부분의 자료는 Tryon(1995)에서 인용했으며, 마오리어는 Williams(1971), 차모로어는 Topping et al.(1975)에서 보충했다.

18_ Bellwood & Dizon(2005)

19_ Adelaar(1989)

20_ Hurles et al.(2005) (반자르마신과 코타키나발루는 모두 보르네오 섬에 있는 도시로서. 반자르마신은 인도네시아 칼리만탄셀라탄 주의 주도州都, 코타키나발루는 말레이시아 사바 주의 주도다. — 역자 주)

21_ 고고학자들이 붙인 이 명칭은 두 가지 면에서 오해의 여지가 있다. 하나는 최초로 발굴이 이루어진 뉴칼레도니아의, 연대상 후대의 장소명을 딴 명칭이라는 점이고, 또 하나는 'l'이 아닌 유성연구개마찰음으로 시작하는 이 단어를 잘못 전사했다는 점이다. Xaapeta[ɣaːpeta]라는 말은 하베케어Haveke로 '그들이 파헤치고 있는 땅'(즉 고고학자들이 발굴하고 있는 곳)이라는 뜻이다. 이에 대해서는 Rivierre et al.(2006)을 참조할 수 있다. 이 자세한 내용을 알려준 클레어 모이즈-포리Claire Moyse-Faurie에게 감사한다.

22_ 이들의 유전자, 그리고 이들의 배로 함께 이동한 들쥐나 생쥐에서 발견되는 유전자 표지는 이주계통학 분야의 종 간 대조

cross-species check에 활용된다.

23_ 배의 전복을 막기 위해 배의 양 옆 쪽으로 부재浮材를 단 카누를 가리킨다. ― 역자 주

24_ 이 그림들은 Ross et al.(1998:77, 96, 218, 220)에서 인용한 것인데, 라임 주걱 그림 원본은 Nevermann(1934:226)에 있다.

25_ Ross et al.(1998:96-97)

26_ Golla(2005:3)에서 재인용.

27_ '외인주의자' '내인주의자'라는 개념은 Golla(2005)에서 인용한 것이다.

28_ Kari(1990:33)

29_ 소위 북부 고대 전통Northern Archaic Tradition의 타이 호 단계Taye Lake Phase와 연관시키는 이론에서는 전자의 시기로, 고고학적 단계와 연관을 덜 시키는 이론에서는 후자의 시기로 추정한다. 북부 고대 전통에 대한 자세한 논의는 http://www.nps.gov/akso/akarc/interior.htm를 참조할 수 있다.

30_ Vajda(2008)

31_ 폴란드 정서법에 따라 쓴 로마니어와 폴란드어 번역문이 실린 Ficowski(1956: 108-109)의 텍스트를 번역한 것이다. 바이스의 글을 구해준 마트라스Yaron Matras와 폴란드어 이해에 도움을 준 데브스키Robert Debski에게 감사의 인사를 전한다. (브로니스라바 바이스Bronisława Wajs는 폴란드계 집시 시인이며, 파푸차Papusza는 바이스의 로마니어 이름이다. ― 역자 주)

32_ 유럽 제어에서 이들을 가리키는 또 다른 명칭은 tsigane(프랑스어형)의 변이형이다. 위의 시에서는 폴란드어 Cyganie로 나온다. 이는 튀르크어 chighan(집 없는 사람 homeless)에서 차용된 단어로 보인다.

33_ 예루살렘에 사는 소수의 중장년층만이 도마리어를 알 뿐 도마리어는 팔레스타인 아랍어Palestinian Arabic로 대체되고 있다. 한편, 이 고령의 화자들을 대상으로 언어 연구를 계속하고 있는 마트라스Yaron Matras는 도마리어가 집시 이주의 한 분파라기보다는, 이들과 별개로 인도에서 이주한 이들의 언어라 보고 있다.

34_ 최소한 1차적 차용어는 없다. dzet (기름oil, 아랍어 zēt는 올리브유)처럼 궁극적으로는 아랍어 기원을 가진 단어가 몇 개 있는데, 그 형태를 볼 때 이 단어들은 페르시아어나 아르메니아어를 통해 차용된 것으로 보인다.

35_ 이 자료는 주로 Matras(2002)를 근거로 편집한 것이다.

제7장

문자 해독의 열쇠: 살아 있는 언어가 어떻게 사라진 문자를 풀어내는가

Un funud fach cyn'r elo'r haul I'w orwel,
Un funud fwyn cyn delo'r hwyr I'w hynt
I gofio am y pethau anghofiedig
Ar goll yn awr yn llwch yr amser gynt.
Camp a chelfyddyd y cenhedloedd cynnar,
Anheddau bychain a neuaddau mawr,
Y chwedlau cain a chwalwyd ers canrifoedd,
Y Duwiau na wyr neb amdanynt 'nawr.
Mynych ym mrig yr hwyr, a mi yn unig,
Daw hiraeth am eich 'nabod chwi bob un.
A oes a'ch deil o hyd mewn cof a chalon,
Hen bethau angofiedig teulu dyn?

I

A moment before the sun sets
A moment before night takes over from day
To remember the unforgettable things,
Now lost in the dust of past times.
The wonder and culture of early nations,
Small habitations and large arenas,
The elegant fables destroyed centuries ago,
And Gods long bereft of their followers.
These come to me alone at the end of days,
And loss and longing from knowing you all.
Will you always have covenant in memory and heart
Old things unforgettable to the family of man?

I

태양이 지는 순간
밤이 낮을 삼켜버리는 순간
잊을 수 없는 것들을 기억하기 위해,
지금 과거의 먼지 속에서 방황하고 있다.
초기 민족들의 경이로움과 문화,
작은 주거지와 넓은 광장,
훌륭한 이야기들은 수 세기 전 사라졌고
신들은 오래전 숭배자들을 빼앗겼다.
당신을 알게 됨으로 오는 갈망과 상실감
이들은 인생의 마지막에 홀로 된 나에게 온다.
당신의 기억과 가슴속에
인류가 잊을 수 없는
오래된 것들을
간직해주지 않겠는가?
— 월도 윌리엄스Waldo Williams[1]

이제까지는 구어口語에서 얻는 증거, 그 구어를 통해 이루어지는 재구에 초점을 맞춰 논의했다. 그러나 고대부터 전해 내려온 수많은 기록 역시 과거를 이해하는 또 다른 수단이 된다. 그 기록 가운데 일부는 아직 해독되지 않은 채 남아 있기는 하지만 말이다. 일단 어떤 문화가 문자를 수용하면 말이 사라진다 해도 그것이 언어 자체의 죽음으로 이어지지는 않는다. 또 구전口傳이 없어진다 해도 지식마저 영영 사라지는 것은 아니다.

앞서 두 장에서 언급했던 재구와 달리, 텍스트는 왕이나 신, 법률 등의 세부적 이름까지 당시의 실제 상황을 직접적으로 드러내준다. 텍스트가 언제 만들어졌는지도 알 수 있다. 해당 텍스트가 나타난 고고학적 배경에 기대어 추정할 수도 있고, 더 정확하게 텍스트 자체에 실제 날짜가 기입되어 있기도 하다. 긴 구절로 되어 있기 때문에, 해당 언어의 통사가 어떻게 이루어지는지에 대해 비교 재구법보다 더 많은 아이디어를 줄 수도 있다. 그리고 당연히 훌륭한 읽을거리이기도 하다.

고대 문어文語는 비교방법론이 재구해낸 것을 확인하는 데 이용되기도 한다. 소쉬르의 인도-유럽어 후두음 가설이 히타이트 명문銘文을 해독하면서 증명된 일화는 유명하다. 당시로서는 이에 대응하는 음성을 가진 언어가 하나도 없었음에도 불구하고, 소쉬르는 '공명 계수sonant coefficients'라는 모호한 개념하에 고대 인도-유럽어 모음 체계에 나타나는 추상적인 특정 패턴 일치를 설명하기 위해 후두음을 가정했다. 직접적 증거가 없는 상황에서 대담하게 이를 인도-유럽어 공통조어의 재구에 기술해놓았던 것이다. 이후 제2차 세계대전 시기에 흐로즈니가 히타이트 명문을 해독하면서 소쉬르의 가설을 입증해주는 후두음들 중 하나를 나타내는 기호를 발견했다(182쪽 참조). 소쉬르가 다소 추상적인 대칭 패턴을 토대로 재구했던 음성에 대해, 이제껏 알려지지 않았던 언어가 직접적인 증거를 제공한 셈이다.

야만적 정복자보다 한 수 앞선 조치

정복자들은 대개 자신들이 멸망시킨 문화의 모든 흔적을 지우는 데 몰두했다. 그러나 숨겨진 기록물들은 흔히 간과되기 마련인데, 바로 이 기록물들이 그들이 없애고 싶어한 역사를 보존해낸다. 소멸해버린 탕구트어Tangut를 생각해보자. 탕구트어는 자국어로는 'phiow-bjij-lhjij-lhjij(희고 높은 대국The Great State of White and Lofty)', 중국어로는 서하西夏, Xīxià라 불린,[2] 한때 번성했던 중앙아시아 불교 제국의 언어다(그림 7.1, 7.2 참조). 이 언어에 대한 현재 수준의 지식은 살아남은 후대 언어의 증거를 통해 알게 된 것이 아니다. 불교 대역 텍스트처럼 두 개의 언어로 기록된 명문 덕분이다.

티베트 산맥에 인접한 서하 제국은 티베트와 중국에서 불교를 들여왔다. 하지만 그 북쪽으로는 칭기즈 칸이 거느린 몽골족이 있었다. 칭기즈 칸 생전에는 탕구트어가 몽골 법령이 공포한 여섯 언어 중 하나였으나, 칭기즈 칸이

그림 7.1, 7.2 카라코토 지역의 북서쪽 모퉁이에 있는 탕구트 불탑과 고대 서하 음운론 저서의 탕구트어 제목. 중국어로는 '同音'[3]

탕구트 제국을 무너뜨린 후 수년 사이에 탕구트어는 더 이상 사용되지 않는 언어로 전락해버렸다.

탕구트어는 불교 기록물과 세속 작품을 포함하여 풍부한 문필 전통을 지니고 있다. 나아가 『동음이의어The Homophones』 같은 음운론 관련 논저도 있다(그림 7.2 참조). 1125년에 처음 출판되고 1187년에 개정 완성판으로 출간된 이 책은 후세의 해독자들에게 하늘이 주신 선물이나 마찬가지였다. 탕구트어 음운론에 대한 직접적인 정보를 담고 있기 때문이다.

러시아제국지리학회Imperial Russian Geographic Society가 식물학 탐사를 위해 쓰촨에 코즐로프Pyotr Kuzmich Kozlov 대령을 파견한 1908년 이전까지는 이 중앙아시아 기록 유산이 소실되었다고 생각했다. 탐사 과정에서 코즐로프 대령은 하천 부지 둑에 자리 잡은 카라코토Khara-Koto라는 옛 도시의 불탑 안에 숨겨진 대규모의 탕구트어 필사본을 발견했다. 이후 이 필사본 대부분이 성공적으로 전사되고 번역되면서 역사학자들은 서하 제국의 모습을 세세히 알게 되었고, 언어학자들은 그 풍부한 텍스트를 통해 고대 티베트-미얀마어가 문법적으로 어떻게 쓰였는지 이해할 수 있게 되었다. 흥미롭게도 탕구트 문자는 중국 문자와 비슷해 보이지만, 이후 기록들을 보면 중국 문자와 달리 탕구트 문자는 상형문자의 기반을 완전히 벗어나 음소 문자의 조합체 성격을 띰을 알 수 있다.

이 기록물을 숨긴 불교 수도승의 신중성과 선견지명, 그리고 중앙아시아의 건조하고 서늘한 사막 공기 덕분에 우리는 그들이 세운 왕국과 그 문화 및 언어에 대해 생생하고 상세한 기록을 갖게 되었다. 이 오래된 기록들이 없었다면 거의 아무것도 알 수 없었을 것이다. 그러나 이러한 사례는 특별한 경우일 뿐 과거의 텍스트를 해독하는 데는 수많은 장애물이 존재한다.

두 번째 죽음

우리가 공동 작업을 시작할 때 그는 다소 역설적인 경계의 말을 했다. ontaraq beru나 jangang-jangang 기록에 있는 마카사르어 문장을 읽기 위해서는 우선 그 기록이 무엇을 말하고 있는지 알아야 한다는 것이다.

— 커밍스William Cummings가 자신의 언어 선생, 조한 다엥 살렝케Djohan Daeng Salengke에 대해 언급하면서 한 말4

원칙적으로 글은 마지막 화자가 사라진 후에도 언어 자료를 보존해낼 수 있지만, 실제 기록물 자체는 물리적으로 파손되거나 부패되거나 혹은 사람들이 보관해둔 곳을 알아내지 못하면서 두 번째 죽음을 맞기 쉽다. 돌에 새겨진 명문은 침식되고, 신탁을 새긴 뼈(갑골)는 중국 약재로 빻아지고, 필사본은 불타거나 쥐가 갉아먹거나 썩어 분해되고, 직물은 없어지거나 재활용된다. 셈어를 이해하고 일부 성서를 해석하는 데 결정적인 역할을 한 우가리트어Ugaritic를 보자. 원래 우가리트어에 대해서는 알려진 바가 전혀 없었다. 1928년 시리아 알라위트족Alawite 농부가 밭을 갈다가 우연히 고무덤을 발견했고, 그제야 세상의 빛을 보게 된 점토판들을 통해 사람들이 우가리트어를 주목하기 시작했다. 분명, 완전 미지의 고대 언어들이 담긴 수많은 기록물이 우리가 모르는 사이에 돌이킬 수 없이 사라져갔을 것이다.5

지금이야 값싼 종이가 당연하게 느껴지지만, 초기 기독교 시대에는 양피지 한 장—네 쪽으로 접을 수 있는 종이 한 장—을 만들려면 양 한 마리 분량의 가죽이 필요했다. 문고판 책 한 권을 필사하기 위해서는 꼼짝없이 90마리 정도의 양을 도살해야 했던 것이다. 가장 부유했던 시절에도 교회는 모든 필사가가 바빠 필사본을 베낄 만큼 충분한 양피지를 보유하지 못했다. 일부 성난 필사가들이 필사본 여백에 양피지가 부족하다고 불평하는 기록을 남기기도 했다. 그러니 재정난에 처한 필사가 수도사들이 해석되지 않는 고자료를 지우고 그 위에 다시 쓰는 일이 횡행할 수밖에 없었다. 그 과정에서 '덧쓴 양피지본palimpsest'이 생겨났는데, 여기에는 보다 나중에 기록된 필사층 아래 (다른 언어로 된) 원래 기록이 남아 있다. 때로는 캅카스알바니아어 경우처럼 이 희미한 흔적들이 고대 문어의 유일한 기록, 유령 같은 존재가 되기도 한다. 이에 대한 이야기는 이 장 뒷부분에서 다시 다룰 것이다.

앞의 여러 문단에서는 고대 기록물의 물리적 온전성에 초점을 두었다. 그러나 기록물을 읽고 해석하는 방법에 대한 지식이 전수되는 문화의 중요성도 잊어서는 안 된다. 많은 문자 체계의 불완전성을 고려할 때 '읽는 전통'은 '말하는 전통'보다 훨씬 더 무너지기 쉽다. 읽는 전통은 구어가 꾸준히 전수되고 기록 텍스트에 대한 학습도 함께 이루어져야 비로소 가능하기 때문이다.

문화가 조역을 담당함으로써 천 년 넘게 텍스트를 읽고 주해하는 명맥이 이어지는 사례가 소수 있기는 하다. 성서나 여타 유형의 고전 저작을 읽고 공부하고 거기에 주석을 다는 히브리어, 콥트어, 산스크리트어, 중국어 전통이 그러했다.

그러나 이러한 전통은 쉽사리 붕괴될 수 있다. 론타라Lontara라 불리는, 술라웨시 섬 마카사르어 기록의 예를 보자.[6] 이 기록에는 각 음절의 첫 CV(자음+모음)만 나타나며 단어 간 띄어쓰기가 없다. 이 문자 체계에서는 음절을 끝내는 '종성coda'의 표기를 아예 생략해버린다. 그렇다고 생각만큼 황당한 것은 아니다. 마카사르어의 음절은 ma처럼 종성이 없거나, 파열음이나 비음만 종성으로 가능하기 때문이다. 명시되지 않은 파열음과 비음은 후행음에 따라 각각 조음이 달라지지만, 단어 끝에서라면 파열음은 성문 파열음으로, 비음은 ng으로만 실현된다. 즉 ⟋⟋(KA)는 ka, kang, kaʔ로 읽을 수 있고, 연속된 철자 ⟋⟋ ⟋⟋(KA KA)는 kaka, kakang, kakaʔ, kakka, kakkang, kakkaʔ, kangka, kangkang, kangkaʔ처럼 아주 다양하게 읽을 수 있다. 좀 더 현실적인 예를 들어보자. ⌃⌄⌃⟋⟋⌃⟋⟋와 같은 연쇄를 로마자로 옮겨 적으면 BA LA DA TO KA가 되는데, ballaʔ datoka(중국 사찰Chinese temple)로 읽힐 수도 있고 balanda tokkaʔ(대머리 네덜란드인bald Dutchman)로 읽힐 수도 있다. 이외에도 (3^5에서 2를 뺀) 총 241개의 또 다른 읽기가 가능한데, 이들 대부분은 아무런 뜻을 가지고 있지 않지만 어쨌든 음운상으로는 가능하다.

따라서 론타르 기록을 제대로 읽어내기 위해서는 세대에서 세대로 이어지는 구어상의 전승이 매우 중요하다. 기억된 발음으로 문자 표현을 보충하기 때문이다. 그래야 기억과 결합된 정확한 읽기, 글자 그대로를 벗어난 읽기가 가능해진다. 즉 "문장의 주어를 알아야만 문장을 읽을 수 있다. 마카사르족의 말마따나 기록물은 소리 내어 말할 때 비로소 마카사르어가 '된다.'"[7] 그러나 현재 마카사르족 젊은이들은 주로 인도네시아어로 읽고 쓰며, 마카사르어조차도 로마자로 기록된다. 론타르 기록은 한때 동남아시아에서 뛰어난 해상력을 가졌던 이들의 연대기로, 6세기에 걸친 역사가 상당한 분량으로 기록되어 있다. 마카사르족의 읽기 전통이 사라지면서 이 론타르 기록을 명확하게 읽어낼 수 있는 능력도 심각하게 줄어들고 있다. 이렇듯 '마지막 독자'는 '마지막 화자' 만큼이나 중요하다.

일단 읽기 전통이 사라져버리면, 특히나 두 언어로 된 주석이나 여타 기록을 남기기 전에 이 전통이 사라지면 아주 빈약한 단서들 속에서 이 지식을 힘들게 복원해야 한다. 해독을 통해 이 버려진 암호들을 푸는 일은 인류가 이제껏 해왔던 탐정 노릇 중 가장 힘든 부류의 작업이다.

이 과정에서 현재 사용되는 언어가 도움을 줄 수도 있는데, 그 언어들 자체가 대체로 무명의 상태이거나 절멸 위기에 처해 있다. 한때 강력한 국가를 호령하고 나름의 기록 전통을 가지고 있던 민족들 가운데, 그 후세들은 조상이 세웠던 폐유적 속에서 주변적인 소외 집단으로 살아가고 자신들이 쓰던 문자도 더 이상 쓰이지 않을 정도로 그 운이 쇠한 예가 많다. 몬족Mon만 해도 그렇다. 이들은 한때 동남아시아 최강의 왕국을 이루었으며, 이들이 기념비에 새긴 명문들은 이 지역 최초의 기록물, 나아가 오스트로–아시아Austro-Asiatic 어족 언어의 최초 기록 형태를 우리에게 남겨주고 있다. 그러나 현재 몬족은 미얀마 남부의 소수민족 중 하나일 뿐이다.

미지의 고대 언어를 푸는 선결 문제는, 고대어든 현대어든 현재 알려진 언어 가운데서 관련 언어를 찾아내는 것이다. 연결고리가 될 언어도 없고, 이중 언어로 된 대규모 텍스트도 없는 언어라면 아마 번역은 불가능할 것이다.
— Rilly(2005:2)

문자 해독을 훌륭히 해낸 천재들은 여러 자질과 다양한 분야의 지식을 갖춘 이들이었다. 대개 기록 자료의 첫 발견에서 완전한 해독 수준에 이르기까지는 여러 학자의 손을 거쳤다.

우선 이들은 용감하고 체력이 좋아야 했다. 엘람어Elamite, 바빌로니아어, 그리고 나중에 구페르시아어로 밝혀진 세 언어의 부조가 나란히 있는 절벽 꼭대기에서 베히스툰Behistun 설형문자를 베낀 롤린슨Henry Rawlinson 경은 그 글을 베끼기 위해 지상에서 500피트 되는 높이에 끈으로 매달려 있어야 했다. 이집트 시나이 산에서 발견된 덧쓴 양피지본을 연구한 알렉시제Zaza Alexidze의 경우도 별반 다르지 않다. 한 꺼풀 아래 숨어 있는 캅카스알바니아어를 보기 위해서는 자외선 불빛을 사용해야 했다. 알렉시제는 컴컴한 수도원 연구실에 몇 시간 동안이나 틀어박혀 어둠에 충분히 적응한 후에야 무릎에 놓인 문서와 왼손에 든 자외선램프 광량의 균형을 맞추고 오른손으로 양피지 문서에 있는 글자들의 모양을 베껴 쓸 수 있었다.[8]

여러 언어로 된 텍스트에서 가장 먼저 각 언어를 연결해주는 것은 주로 고유명사다. 이집트 상형문자를 해독할 때 샹폴리옹Jean-François Champollion은 만화의 말풍선처럼 생긴 카르투시cartouche[9]에 둘러싸여 있는, '람세스Rameses' 같은 고유명사의 일람표를 만드는 일부터 시작했다. 서로 무관한 언어에서라도 고유명사는 비슷하게 발음되었을 것이라는 그럴듯한 가정을 통해 그는 몇몇 그림문자glyph의 음가音價를 찾아낼 수 있었다.

목표로 하는 대상 문화에 대한 상식도 필수적이다. 마야어 해독에서는 복잡한 장주기Long Count 달력과 20진법 체계가 텍스트의 비밀을 푸는 열쇠였다. 과거 지중해 지역에서는 귀중한 선물에 '소유자 명문'을 기록하는 풍습이 있었다. 이를테면 mi titasi cver menache(나는 티타에게 선물로 전해졌다 I was offered to Tita as a gift), ecn turce selvansl([그녀가] 이것을 셀반에게 주었다 this [she] gave to Selvans)과 같은 에트루리아어 명문이 있는데, 이를 통해 '나(mi!)'나 '이것(ecn)'을 가리키는 에트루리아어 어휘를 예측해낼 수 있다.

또, 옛날 주사위에서 한 면의 숫자와 반대쪽 면의 숫자를 더하면 언제나 7이 된다는 지식이 있다면, 고고학 유적지에서 나온 주사위에 적힌 1~6까지의 에트루리아어 숫자가 mach+zal=7, thu+huth=7, ci+ša=7처럼 짝지어지리라는 것을 추측할 수 있다.[10]

기독교 전통을 가진 언어라면, '신神' '예수 그리스도'처럼 자주 등장하는 단어를 단어 첫 글자와 끝 글자로 축약하는 관습, 그리고 그 단어가 축약어라는 것을 표시하기 위해 해당 단어에 줄을 긋거나 그 위에 '티틀로 부호(ˊ)'를 써 넣는 관습이 있다는 지식이 도움이 된다. 카르투시처럼 이들은 해독의 첫 발판이 될 수 있다. 서로 다른 언어끼리라도 이 단어들의 형태는 음성학적으로 연관되어 있을 가능성이 높기 때문이다.

해독은 반복된 기호 조합에 대한 수학적 추리에 상당 부분 의존하기 때문에 특정 문화 지역의 표준 텍스트에 대해서도 정통해야 한다. 그 지식을 통해, 해당 문화 지역의 여타 언어로 된 상응 텍스트 중 어느 부분을 찾아봐야 할지 알게 된다. 알렉시제가 캅카스알바니아어를 해독하는 데 돌파구로 작용했던 것 중 하나는 시나이 산의 덧쓴 양피지본에 있는 특정 구절, 즉 가까이에 같은 단어가 아홉 번이나 반복되는 구절이었다. (알렉시제의 발견을 재현해보려면 그림 7.3에서 아홉 번 반복된 부분을 잘 찾아보라.) 알렉시제는 이 부분이 바울 사도가 고린도인들에게 보내는 서신의 구절(고린도후서 11장 26~27절)이라는 점을 간파하고는 긴 상응 텍스트를 활용하여 해독을 진전시킬 수 있었다.

예리한 독자라면 킹 제임스 번역본에는 'peril'이라는 단어가 아홉 번이 아니라 여덟 번 나타난다는 점을 눈치챘을 것이다. 루터의 독일어 번역본, 현대 프랑스어, 덴마크어 번역본 등 현대 유럽어로 된 여러 번역본에도 여덟 번 나온다. 좀 더 밋밋한 『현대인을 위한 복음 Good News for Modern Man』 번역본에는

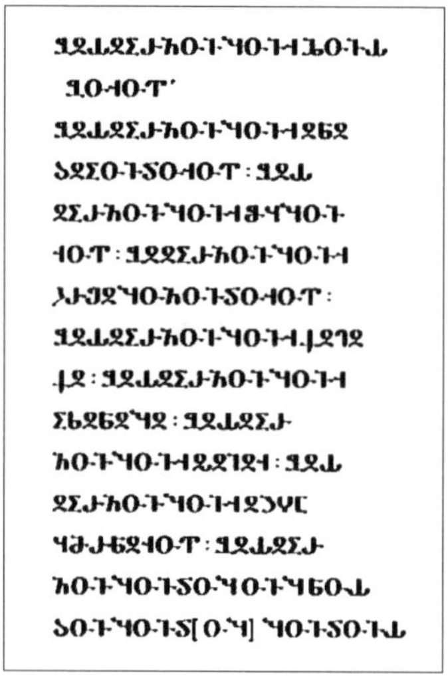

ᲣᲝᲚᲫᲔᲙᲙᲝᲝᲮᲝᲜᲥ�'�
ᲙᲝᲝᲮᲝᲜ·
ᲣᲝᲚᲫᲔᲙᲙᲝᲝᲮᲝᲜᲥᲚᲐ
ᲙᲫᲚᲝᲥᲙᲝᲝᲮᲝᲜᲥ : ᲣᲝᲚ
ᲚᲫᲝᲝᲮᲝᲜᲥᲚᲙᲝᲝᲮᲝᲜᲥ
ᲝᲝᲜᲥ : ᲣᲝᲚᲚᲫᲝᲝᲮᲝᲜᲥ
ᲙᲚᲫᲐᲝᲝᲮᲝᲜᲙᲝᲝᲮᲝᲜᲥ :
ᲣᲝᲚᲚᲫᲝᲝᲮᲝᲜᲥᲥᲣᲚᲐ
ᲙᲐ : ᲣᲝᲚᲚᲫᲝᲝᲮᲝᲜᲥ
ᲥᲐᲑᲙᲐᲥᲜᲐᲥ : ᲣᲝᲚᲚᲫᲝᲝ
ᲮᲝᲝᲮᲝᲜᲥᲥᲥᲐᲙᲝ : ᲣᲝᲚ
ᲚᲫᲝᲝᲮᲝᲝᲮᲝᲜᲥᲥᲐᲝᲥᲔ
ᲥᲥᲐᲥᲑᲙᲝᲝᲮᲝᲜᲥ : ᲣᲝᲚᲚᲫᲝᲝ
ᲮᲝᲝᲮᲝᲝᲜᲥᲝᲝᲮᲝᲝᲮᲐᲑᲝᲝᲚ
ᲙᲝᲝᲮᲝᲝᲮᲝᲜᲥ[ᲝᲜ] ᲝᲝᲮᲝᲝᲮᲝᲜᲥᲚ

²⁶In journeying often, **in perils** of waters, **in perils** of robbers, **in perils** by mine own countrymen, **in perils** by the heathen, **in perils** in the city, **in perils** in the wilderness, **in perils** in the sea, **in perils** among false brethren;
²⁷In weariness and painfulness, in watching often, in hunger and thirst, in fastings often, in cold and nakedness.

²⁶여러 번 여행하면서 강의 위험과 강도의 위험과 동족의 위험과 이방인의 위험과 시내의 위험과 광야의 위험과 바다의 위험과 거짓 형제 중의 위험을 당하고 ²⁷또 수고하며 애쓰고 여러 번 자지 못하고 주리며 목마르고 여러 번 굶고 춥고 헐벗었노라.

그림 7.3 'in perils'라는 표현이 아홉 번 나온 캅카스알바니아어 필사본 구절11

이 표현이 여섯 번밖에 나오지 않는다.

In my many travels I have been in <u>danger</u> from floods and from robbers, in <u>danger</u> from fellow Jews and from Gentiles; there have been <u>dangers</u> in the cities, <u>dangers</u> in the wilds, <u>dangers</u> on the high seas, and <u>dangers</u> from false friends. There has been work and toil; often I have gone without sleep; I have been hungry and thirsty; I have often been without enough food, shelter, or clothing. (밑줄은 역자)

그러나 캅카스 기독교 전통에서는 이 표현이 아홉 번 나온다. "in weariness and painfulness"를 "with perils and with troubles"로 번역했기 때문이다. 이를 볼 때 알렉시제가 조지아어 성경과 아르메니아어 성경에 정통하지 못했다면 해독의 핵심 단계는 불가능했을 것이다. 이 두 성경은 영어나 여타 서구 유럽어판에서는 발견할 수 없는 수 대응(9번)을 보여주고 있다.

마지막으로, 목표 대상 언어(혹은 아주 밀접히 연관된 언어)의 변종형이면서, 잘 알려져 있고 좀 더 최근 형태로 사용되고 있는 언어들도 문자 해독에 결정적이고 필수적인 역할을 해왔다. 저명한 이집트학 학자 샹폴리옹은 이러한 사실을 아주 일찍 깨달았다. 어렸을 때부터 이집트 상형문자 해독의 꿈을 품었던 그는 콥트어를 공부하려는 분명한 목표를 갖고 프랑스에서 제네바로 유학을 떠난다. 콥트어는 길게 이어지는 고대 이집트어 계통의 마지막 단계 언어로, 이집트 전역에 걸쳐 아랍어가 대세를 이루게 된 시기에 밀려나 사라졌다. 일상생활에서는 더 이상 쓰이지 않지만 콥트어는 이집트 콥트 기독교의 전례典禮 언어로 여전히 사용되고 있다. 샹폴리옹은 콥트어를 알면 이집트 상형문자 해독에 도움이 되리라 생각하고, 십대부터 콥트어를 배우기 시작해 콥트어로 수첩 메모를 쓸 만큼 이 언어에 능통했다.

　　예를 들어 샹폴리옹은 이집트 상형문자를 해독하면서 일부 단어가 레부스rebus 원리로 기록된 듯하다는 예감을 갖게 되었다. 레부스 원리란 꿀벌bee을 그려 영어 동사 'be'를 표현하듯이, 추상적인 대상을 표현하기 위해 동일 음가를 가지면서도 쉽게 그릴 수 있는 기호를 대신 사용하는 것이다. 카르투시 [○命Ⅲ] 가 '람세스'라는 단어를 나타내리라는 추측, 그리고 '태양sun'이 콥트어로 reː라는 지식[12]을 이용해, 샹폴리옹은 '태양을 나타내는 기호가 음가 rV를 표현하는 데도 쓰였을 것'이라는 가설을 세웠다(V는 엄밀한 모음 자질이 생략된 추상적 모음을 가리킨다). 람세스Rameses를 모음 없이 적으면 rmss가 되니, 다음 단계로는 m+s+s일 것이라 추정되는 다음 기호들을 밝혀야 한다. 다른 단어들을 살피다가 샹폴리옹은 한 카르투시에서 또 다른 상형문자 그룹 [🐦命Ⅲ] 을 보게 된다. 거기에는 따오기 그림 다음에, 그가 'm+s'를 나타낼 것이라 생각했던 바로 그 기호가 그려져 있었다.

　　'토트thoth'가 따오기신의 이름이라는 점을 아는 샹폴리옹은 이 카르투시가 Thoth-mes, 즉 마네토Manetho[13]가 말한 18번째 왕조 투트모세Tuthmosis의 이름을 나타내는 것이라 추론했다. 자신의 독해를 확인하기 위해 그는 다시 로제타석Rosetta stone을 확인했다. 로제타석에는 그리스어 genethlia(생일birthday)에 대응하는 그룹에 m+s 기호가 나타나는데, 이는 콥트어 mise(태어나다

give birth)에 연결된다. 그의 독해 방식이 옳다는 게 입증된 것이다. 이처럼 샹폴리옹이 젊은 시절 했던 콥트어 공부가 해독에 결정적인 추리를 가능케 했다.

샹폴리옹은 한 언어의 고대 변종형을 이용하여 훨씬 고대의 언어를 해독해냈다. 즉 1000년 전 일상생활에서 사라진 전례 언어 콥트어가 2000년 이상 전에 사멸한 고대 이집트어 해독을 도운 것이다! 이 장의 나머지 부분에서는 현대의 언어들이 어떻게 이와 유사한 역할을 하는지 살펴볼 것이다.

명백한 단서 읽기: 당시와 현재의 마야어

Varal xchicatzibah-vi, xhicatiquiba-vi oher tzih v ticaribal, v xenabal puch ronohel xban pa tinamit quiche, ramac quiche vinac.

|

Here we shall inscribe, we shall implant the Ancient Word, the potential and source for everything done in the citadel of Quiché, in the nation of Quiché people.

|

우리는 여기에 고대의 이야기를 새겨 기록할 것이다.
키체어Quiché의 거점, 키체인의 나라에서 일어난 모든 일의 연원이 된 고대의 이야기를.
— 『포폴 부』의 키체어 버전과 영어 번역[14]

토착민들의 현대어가 고대 문자 체계의 비밀을 풀어준 첫 번째 사례는 고대 마야어 기록의 해독이었다. 코Michael Coe의 명작 『마야 문자 해독Breaking the Maya Code』에는 이 과정이 상세히 설명되어 있다. 마야 문자를 해독하려는 시도는 수 세기 동안 지지부진했다. 영국 고고학자 톰슨Eric Thompson이 마야 상형문자는 "마야의 단어나 구문을 나타내는 것이 아니라 세계관을 나타내는 것"[15]이라고 주장한 20세기 중반에 이르러서는 최악의 수렁에 빠져들어 있었다. 마야 상형문자가 언어를 직접 나타내는 것이 아니라면, 중앙아메리카의 400만 이상 인구가 사용하는 20여 개 현대 마야어 속에서 해독의 단서를 찾는 것은 시간 낭비가 된다. 독단적인 데다 완고하고 학문적 권한이 강했던 톰슨은 자신의 견해를 수십 년간 지배적인 것으로 만들었고, 결과적으로 학자들은 현대 마야어가 어떤 식으로든 도움이 되리라는 생각을 외면하게 되었다.

고대 마야 상형문자가 실제 언어를 표상하는 문자 체계라고 보고 연구의 흐름을 바꿔놓은 것은 언어학자 워프였다. 워프는 마야 상형문자에 대한 전문가는 아니었지만 마야어에 대해 충분히 공부해온 학자였다. 그는 유카테크 마야어Yucatec Maya처럼 많은 마야어가 특이하게 VOS(술어+목적어+주어) 어순—예를 들어 마야어화된 엉터리 영어 문장 wrote the story the scribe처럼—을 띤다는 점을 알고 있었다. 이 어순이 전 세계 언어의 3퍼센트에만 나타날 정도로 드물다는 점을 생각하면 워프가 이것을 변별적 증거로 삼은 것은 당연한 일이다. 드레스덴 고사본Dresden Codex에 나타나는 각 그림의 상형문자 뭉치를 연구하면서 그는 그 상형문자 역시 VOS 어순을 띠며, 주로 신이 마야어의 주어 위치인 마지막에 온다는 점을 보여주었다. 이는 마야 상형문자가 톰슨이 주장해온 것처럼 비언어적 사상을 나타내는 것이 아니라 한 언어의 단어를 직접적으로 가리킨다는 것을 암시한다.

수십 년 후 미국 뉴헤이븐에서 언어학 실습 방법론 과정을 가르치면서 유카테크어, 초르티어Chortí 화자들과 함께 마야 기록을 가지고 씨름하던 라운즈베리Floyd Lounsbury는 금석학 연구자 셸레Linda Schele, 매튜Peter Mathews와 작업하여 좀 더 상세한 마야어 표준 어순 원리를 제시했다. 현대 마야어의 어순은 전형적으로 다음과 같이 나타난다.

시간/날짜 :: 동사 :: 주어

고대 마야어도 이 어순을 띠리라 가정함으로써, 텍스트에서 날짜 표현을 솎아내고 한정된 동사군, 즉 왕의 일생에서 주된 세 가지 사건인 탄생-즉위-운명을 가리키는 '사건 상형문자event glyphs'를 찾아낼 수 있었다. 그러자 갑자기 "탄생에서 즉위, 죽음에 이르기까지, 연이은 여섯 팔렝케Palenque16 왕의 일대기가 펼쳐졌다. (…) 어떤 마야 유적에서도 볼 수 없었던 가장 완벽한 왕의 목록이었다."17

아마도 해독에 있어서 문헌학적으로 가장 어려운 과제는, 해석 후보들 가운데 어떤 해석이 주어진 구절에 가장 잘 들어맞는가를 결정하는 일일 것이다. 특정 문화에 대한 지식이 고대텍스트의 수수께끼를 푸는 데 어떻게 결정적인 역할을 하는지에 대해서는 이미 몇몇 사례를 통해 살펴보았다. 마야어 해독 과정을 통해 고전의 문화 스키마가 현대 마야어 화자들의 문화에 여전히 남아 있는 사례들을 많이 알게 되었고, 그러면서 해독 과정에 현대 마야어 화자들이 참여하는 경우도 늘고 있다. 5세기에 걸친 기독교화 과정에도 불구하고, 이들의 문화는 난해한 상형문자를 푸는 데 핵심이 되는 믿음 체계와 개념어들을 많이 유지하고 있다.

옛 마야 꽃병에 나타난 상형문자를 가지고 이를 설명해보자. 많은 마야 명문이 그러하듯, 큰 그림의 상형문자가 있고 그 옆에 텍스트로 된 설명이 있다. 꽃병에는 바다에 떠 있는 수련재규어Waterlily Jaguar가 그려져 있고, WATERLILY JAGUAR u way(a) SEIBAL ahau로 읽을 수 있는 텍스트가 옆에 나란히 있다(그림 7.4 참조). 음성학적 음절 기호의 의미는 소문자로 쓰고, 지명 SEIBAL 같은 표의문자의 의미는 대문자로 썼다는 점에 주의하자.

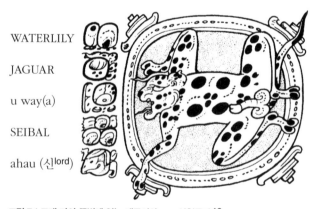

WATERLILY

JAGUAR

u way(a)

SEIBAL

ahau (신lord)

그림 7.4 고대 마야 꽃병에 있는 재규어와 way 상형문자18

대문자로 쓴 경우 그 발음은 확실히 알 수 없다. way(a)라는 단어에서 괄호 친 (a)는 발음될 수도 발음되지 않을 수도 있기 때문에, 해당 단어는 영어 'wire'처럼 발음했을 수도, 'why'처럼 발음했을 수도 있다. Ahau가 '신lord'을 의미한다는 것은 잘 알려져 있다. 그러면 u way(a)는 무엇일까? 이 단어가 u way로 발음되었을까, 아니면 u waya로 발음되었을까? 또 이 전체 구절은 무슨 뜻일까?

현대 마야어 화자들이 알려준 정보에 의거하면 이러한 질문은 쉽게 풀린다. 고대 올멕Olmec 문명 시기부터 메소아메리카 전통 문화에는 '동물 분신animal alter ego, animal counterpart'이라는 핵심 개념이 있다. 스페인어로는 '나구알nagual'이라고 하는데 아즈텍어에서 기원한 말이다. 모든 사람은 자신과 운명을 함께하는 나구알을 가지고 있다. 사회적 지위에 따라 나구알의 종류는 달라지는데, 고위 귀족이라면 재규어, 평민이라면 쥐를 나구알로 가진다.

way와 관련될 만한 단어도 현대 마야 제어에 나타난다. 유카테크어에서 way는 '마법 변신transform by enchantment'을 의미한다. 멕시코 남부 킨타나로오Quintana Roo 지역에 사는 마야어 화자들은 고양이나 거미원숭이로 변신할 수 있는 마법사 이야기를 마야 문명 연구자 그루베Nikolai Grube에게 들려주었는데, 자기가 변신할 수 있는 동물을 'u way(자기 나구알his nagual)'라고 부른다고 한다. 이는 꽃병에 있는 난해한 구절에 정확히 들어맞는다. 즉 이 단어를 음성학적으로 어떻게 읽는지 정확히 보여주며, 나아가 꽃병 텍스트 전체의 해석을 가능케 해준다. 이 꽃병의 텍스트는 다음과 같이 번역된다.

마야 어순 : water-pool Jaguar is the nagual of the Seibal Lord
번역 : the King of Seibal's nagual (animal counterpart) is water-pool Jaguar(세이발Seibal 왕의 나구알은 수련재규어다)

이 사례에서 핵심이 된 음성학적·의미론적·문화적 정보는 모두 현대 마야어 화자들, 자기 선조들의 유적지 근처에 살고 있는 이들로부터 얻은 것이다. 마야 도시국가가 멸망하고 500년에 걸친 스페인 식민정책이 그 전통을 부단히 유린했음에도 불구하고, 이들의 역사적 유물에 생생하게 묘사 기록된 고대 단어와 사상, 풍습이 오늘날 그들의 문화와 언어 속에 여전히 남아 있다. 마야어 화자들의 도움 속에서 흥미진진한 고대 마야어 텍스트를 더 엄밀히 읽어내는 연구가 아직도 계속되고 있다.

화염이 가져온 선물: 캅카스알바니아 문자의 사례

10세기 아랍 지리학자가 'Jebel Al-Alsan / Jabalu l-'alsân(언어의 산 mountain of tongues)'이라고 이름 붙였던 캅카스 지역은 오래전부터 놀랄 만한 언어 이질성으로 유명한 지역이다. 이 지역에는 약 40개의 언어가 있다(그림 7.5 참조). 언어 다양성은 단순히 무지막지한 언어 수에 그치지 않는다. 이들은 계통적으로도 무척 다양하다. 면적상으로는 프랑스보다 작으면서도 나머지 유럽을 합친 것보다 더 심층 수준의 언어 계통을 가지고 있다. 나머지 현대 유럽어들은 단 세 어족—인도-유럽 어족, 바스크Basque 어족, 피노-우그리아Finno-Ugric 어족(특히 헝가리어Hungarian, 핀란드어Finnish)—으로 나뉘는 데 반해 캅카스 지역은 다섯 어족의 언어가 있다. 이 가운데 망명émigré 어족이라 할 만한 인도-유럽 어족, 튀르크Turkic 어족을 제외한 나머지는 캅카스 지역에서만 발견되는 어족이다(표 7.1 참조).

어족명	언어 예
인도-유럽 어족	아르메니아어
튀르크 어족	아제르바이잔어Azerbaijani
남부 캅카스South Caucasian 어족 / 카르트벨리아Kartvelian 어족	조지아어
북서부 캅카스Northwest Caucasian 어족	압하스어Abkhaz, 카바르드어Kabardian, 우비크어
북동부 캅카스Northeast Caucasian 어족	아르키어, 아바르어Avar, 체첸어Chechen, 잉구시어Ingush, 레즈긴어Lezgian

표 7.1 캅카스 지역의 어족

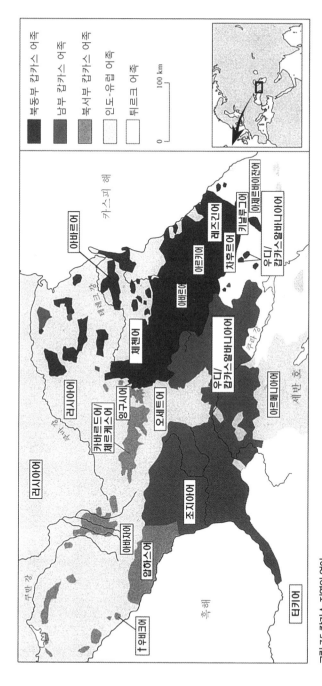

그림 7.5 캅카스 지역의 언어

지도 범례:
- 북동부 캅카스 어족
- 남부 캅카스 어족
- 북서부 캅카스 어족
- 인도-유럽 어족
- 튀르크 어족

0 ─── 100 km

카스피 해

아바르어

테레크 강

체첸어

아르군 강

레즈기어

라크어

차후르어

에르지어

카발르디언어

압하스알바니아어

우디/
캅카스알바니아어

카바르드어/
체르케스어

잉구시어

오세트어

쿠반 강

아르메니아어

러시아어

압하스어

조지아어

리온 강

아르메니아어

†우바크어

흑해

세반 호

아르메니아어

튀르키예어

아제르바이잔어

카날루그어

우디/
캅카스알바니아어

과거 중앙아시아의 호전적인 대군大軍이 몇 차례 휩쓴 와중에도 이렇게 많은 소규모 집단이 산악 요새에서 언어를 고수해온 것은 기적에 가깝다. 이 언어 집단들은 흔히 마을 하나 수준으로 작은 규모다. 침략자들이 이동 과정에서 저지低地 문명을 고루 퍼뜨렸음에도 불구하고, 캅카스 산맥 지역만은 니콜스Johanna Nichols의 말마따나 "잔류 구역residual zone"으로 남겨졌다. 유럽과 아시아의 길목인 이곳에는 고대 언어가 모자이크처럼 유지되고 있어, 신석기 유라시아의 언어 양상이 어떠했을지를 전형적으로 보여주는 듯하다.

제2장에서 보았듯이 캅카스 지역의 두 기독교 왕국 조지아와 아르메니아는 기독교주의로 개종한 최초의 국가들에 속한다. 5세기에 아르메니아의 필사筆師이자 수도사, 선교사였던 메스로프Mesrop는 아르메니아어를 기록하는 독특한 문자 체계를 개발했는데, 일부 학자들은 조지아 알파벳을 창안한 것도 메스로프라고 추정하고 있다. 결과적으로 아르메니아어와 조지아어는 유서 깊은 기록 전통을 자랑한다. 그러나 대부분의 여타 캅카스 언어들은 19세기 혹은 그보다 더 늦은 시기까지도 기록되지 않은 상태였다. 북서부 캅카스 어족과 북동부 캅카스 어족 전체를 통틀어 남아 있는 고텍스트가 없기 때문에, 기죽을 정도로 복잡한 이 언어들의 역사와 변천 과정에 대해서 우리가 알아낼 수 있는 것은 제한적일 수밖에 없다.

세 번째 알파벳 역시 메스로프가 창안했다고 여겨지곤 한다. 세 번째 알파벳이란 일반적으로 '캅카스알바니아인'이라 알려진 사람들이 사용했던 문자를 가리키는데 이 문자는 오래전 사라져버렸다.[19] 고대 아르메니아어 필사본 「알바니아인의 역사History of the Albanians」에 보면, 메스로프가 "[아나니안Ananian 주교와 번역가 벤자민Benjamin의] 도움을 받아 후두성이 강하고 귀에 거슬리며 조잡하고 거친, 가가라치크족Gargarac'ik 언어를 기록하는 알파벳을 창안했다"는 기록이 있다.[20] 가가라치크족은 현재 아제르바이잔 쿠라Kura 강 중심의 남쪽 지역에 있던 알바니아 왕국 사람들 중 하나다. 이 알파벳은 적어도 12세기까지는 사용되었다고 알려져 있다. 그러나 (그들이 따랐던) 단선주의Monophysite[21]를 신봉하는 기독교 정파에 대한 탄압과 아랍인들의 침략 등이 연달아 일어나면서, 그들은 결국 아르메니아 (조지아) 정교正敎로 개종한다. 파편화된 소수민족으로 전락하면서, 그리고 그들의 본래 기독교주의가 이단으로 매도되면서 그 문자도 점점 쓰이지 않게 되었다.

최근까지 캅카스알바니아 문자의 자취는 극히 일부만 남아 있는 것으로 여겨졌다. 1947년에 고고학자들이 발굴한 촛대나 기와, 받침대 등에 기록된 몇몇 짧은 명문, 그리고 알바니아 문자를 다른 문자들과 비교한 목록이 실린 15세기 아르메니아어 필사본 정도였다. 게다가 이후 연구를 통해 거기 쓰인 '알바니아' 문자 중 많은 부분이 틀렸거나 음가音價 면에서 오해의 소지가 있다는 것이 밝혀졌다. 캅카스알바니아인들의 언어에 대해서도 그 초기 역사를 조금 알 뿐이다. 예를 들어 헤라클레이데스가 쓴 2세기 파피루스에 '턱수염beard'을 나타내는 알바니아어 mile:kh가 나오고, 중세 아르메니아 필사본에 일부 알바니아어 월月 명칭이 나와 있다.

'턱수염'이라는 단어는 현대 캅카스어 어디에도 연관시키기 어렵지만, 일부 월 명칭은 우디어Udi에 연관될 만한 단어가 있다. 우디어는 4000명쯤 되는 아제르바이잔 북부 니즈Nizh, 오구즈Oguz 마을 사람들과 200명쯤 되는 조지아 동부 옥톰베리Okt'omberi 마을 사람들이 사용하는 언어다(그림 7.5 참조). 예를 들어 8월을 나타내는 캅카스어 명칭이 필사본에 Toulen 혹은 Towlēn라 기록되어 있는데[22] 학자들은 이것이 양조釀造用 포도를 가리키는 우디어 t'ul과 연관될 수 있다고 본다. 조지아어로 8월이 stulisay인데 이 단어가 '포도 수확의 (달)(month) of the vintage'이라는 뜻이기 때문이다. 실제로 8월을 가리키는 현대 우디어는 동일 어근에 기반한 t'ulaferek'alxaš인데, 이 단어의 의미를 직접 풀면 '양조용 포도를 봉헌하는 달month of the consecration of the wine grape'이다. 우디어는 북동부 캅카스 어족의 레즈긴어파에 속하며, 아르메니아어나 조지아어와는 완전히 무관하다. 흥미롭게도 대부분의 여타 동부 캅카스어 화자들이 이슬람교도인 반면, 우디어 화자들은 오늘날까지도 기독교도다.

이러한 언어적 유사성에 근거해, 알바니아인들이 초기 형태의 우디어를 구사했으리라는 가설이 19세기부터 제기되었다. 그러나 문자로 된 텍스트 자료가 충분하지 않아 이러한 가설을 확인할 수 없었다. 그러다가 1975년 멀리 이집트 시나이 산에 있는 성캐서린 정교회 고대 수도원에 화재가 일어났다(그

그림 7.6 이집트 시나이 산을 등지고 있는 성캐서린 정교회 수도원[23]

림 7.6 참조). 교단에서 화재로 입은 손실을 사정하던 중에 예배당 마루 밑에 숨겨진 지하방이 발견되었다. 거기에는 1000여 점의 고대 필사본이 가득 차 있었는데 그중 하나가 캅카스알바니아어의 비밀을 풀어주었다.

화재 이후 20년 동안 학자들은 차근차근 이 필사본들의 목록을 작성했다. 대부분은 그리스어로 된 것이었으나 100여 점 이상은 캅카스 언어인 조지아어로 된 자료였다. 6세기에는 조지아 수도사들이 이 수도원과 연緣이 닿아 있었던 것이다. 1990년 그 자료들을 분류하고 평가하기 위해 조지아어 학자 알렉시제와 카브타리아Mikhail Kavtaria가 수도원을 방문했다. 그들의 임무 중 하나는 덧쓴 양피지본의 1차 기록층이 어느 언어, 어느 문자인지를 판단하는 것이었다―특히 단골로 사용된 재생 양피지는 고대 그리스어 필사본과 에티오피아어 필사본이었다. 마지막 날, 알렉시제는 옛 조지아 문자로 쓰인 기록층 밑에 거의 읽을 수 없는 원 기록층이 있는 양피지를 발견했다. 그는 거기 쓰인 다소 생소한 문자들이 에티오피아어가 아닐까 생각했다.[24] 그러나 짧은 방문 일정 탓에 분석을 끝낼 수 없었고, 화재의 혹독한 열기 속에서 딱딱하게 굳어진 양피지 기록물도 너무 많았다. 그 후 1994년에 두 번째 조사단이 조직되었다. 이번에는 한 덩어리가 되어버린 각 페이지를 세심히 분리하기 위해 보존 전문가가 함께 참여했다. 이들 덕에 읽을 수 있는 자료들이 늘어났고, 이를 통해 덧쓴 양피지본에 있는 문자들이 조지아 문자나 아르메니아 문자와 비슷하다는 사실이 드러났다. 에티오피아 문자까지 셈하면, 이 수수께끼 같은 텍스트는 최소 세 언어에서 추출한 문자를 망라한 것 같았다(그림 7.7 참조).

1996년 세 번째 조사에서 알렉시제는 위에서 언급한 바 있는 15세기 아르메니아 필사본의 알바니아 문자 사진, 그리고 고고학자들이 발굴한 명문에 쓰인 알바니아 문자 사진들을 가지고 갔다. 이들 자료와 비교하면서 알렉시제는 덧쓴 양피지본의 1차 기록 텍스트가 캅카스알바니아어임을 깨달았다. 세 문자, 즉 에티오피아 문자, 아르메니아 문자, 옛 조지아 문자가 섞여 있는 것은 알바니아 문자를 고안할 때 이 세 문자 체계의 글자들을 뽑아 썼다는 사실을 반영하는 것이다. 52개에 이르는 음소를 표현하기 위해 알바니아 문자 고안자는 최대한 많은 기호를 확보해야만 했다. 초기 기독교 시기에는 캅카스 지역

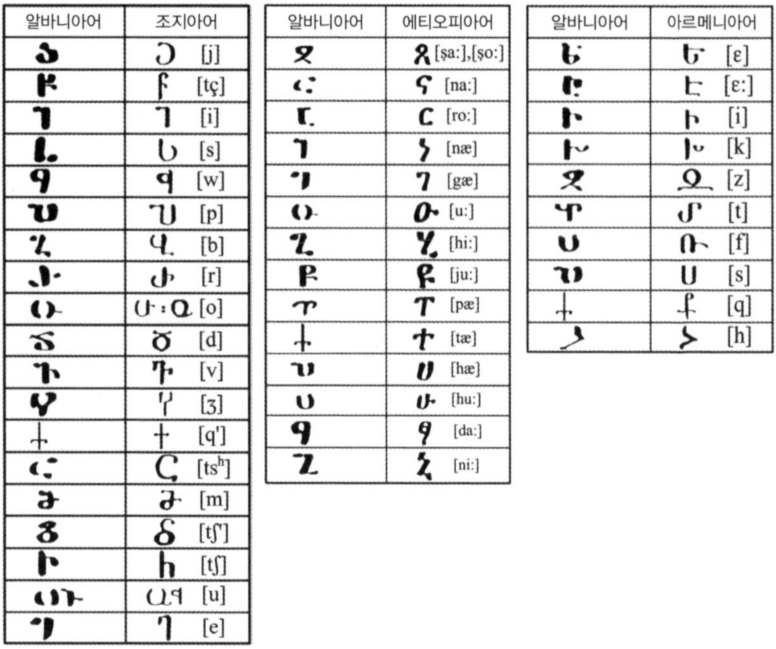

알바니아어	조지아어	
		[j]
		[tɕ]
		[i]
		[s]
		[w]
		[p]
		[b]
		[r]
		[o]
		[d]
		[v]
		[ʒ]
		[qʼ]
		[tsʰ]
		[m]
		[tʃʼ]
		[tʃ]
		[u]
		[e]

알바니아어	에티오피아어	
		[ʂaː],[ʂoː]
		[na:]
		[ro:]
		[næ]
		[gæ]
		[u:]
		[hi:]
		[ju:]
		[pæ]
		[tæ]
		[hæ]
		[hu:]
		[da:]
		[ni:]

알바니아어	아르메니아어	
		[ɛ]
		[ɛ:]
		[i]
		[k]
		[z]
		[t]
		[f]
		[s]
		[q]
		[h]

그림 7.7 캅카스알바니아 필사본의 문자와 이에 대응하는 조지아, 에티오피아, 아르메니아 문자[25]

왕국들과 에티오피아 간의 접촉이 있었으며, 콘스탄티노플에 있는 범세계적 수도원에는 이 모든 지역에서 온 학자들이 어울려 있었다.

일단 덧쓴 양피지본의 언어가 캅카스알바니아어라는 점이 분명해지자 해독 작업은 더 명백해졌다. 위에서 언급했듯이 이전 학자들은 6000명 미만의 소수 인원이 사용하는 우디어가 고대 캅카스알바니아 왕국 후손들의 언어라 가정했다. 그러나 이 가정을 유지하려면 네 가지 사항이 필요했다. 시나이산에서 발견된 덧쓴 양피지의 텍스트가 무엇인지 설명할 수 있어야 하며, 신뢰할 만한 우디어 문법서와 사전이 필요했다. 또한 캅카스알바니아어의 후대 언어가 그 지역의 다른 언어가 아닌 바로 우디어라는 점을 보여주기 위해 여타 다게스탄 언어[26]에 대한 정보도 충분히 있어야 하며, 지난 2000년 동안 그 언어가 어떻게 바뀌어왔는가 하는 역사적 재구도 필요했다.

이 장의 앞부분에서 알렉시제가 텍스트를 정확히 짚어내기 위해 아홉 번 반복되는 'in perils of '라는 구를 어떻게 활용했는지 살펴보았다. 샹폴리옹처럼 알렉시제도 Korintha(고린도/코린트Corinth), Ebra(히브리인Hebrews, 유대인Jews), Epesa(에베소/에페수스Ephesus), Paulos(바울Paul) 같은 특이한 고유명사에 집중하여 특정 구절이 무엇인지 알아내려고 했다. 수개월의 정교한 추적 작업을 통해 그는 그 필사본이 초기의 '성구집聖句集'—교회력敎會曆에서 정해진 날 읽는 전례 설교가 들어 있는 교회 예배서—이며, 주로 신약의 구질과 구약 시편으로 이루어져 있다는 결론에 도달했다.27

그에 못지않게 해독 과정에 필요한 것이 현대 우디어에 관한 정보였다. 제정 러시아 시대와 소비에트 시절에는 (모스크바와 트빌리시Tbilisi28 모두에서) 칩카스 지역의 언어들을 연구하는 훌륭한 전통이 있었다. 실제로 제정 러시아의 우슬라르Baron Petr Karlovich Uslar 장군은 칩카스인 장군들을 포로로 삼은 후 자신의 언어 교사로 활용했다. 그 결과 우슬라르 장군은 6개 칩카스 언어에 대한 저술은 물론 19세기 레즈긴어에 대한 훌륭한 저술을 남길 수 있었다—이 공적에 대해 하스펠머스Martin Haspelmath는 자신이 저술한 레즈긴어 문법서에 농담조로 "아마 역사상 가장 위대한 전과戰果일 것"이라고 쓰고 있다.29

좀 더 북쪽, 칩카스 산맥의 고립 마을에서는 키브리크Alexandr Kibrik와 음성학자 코자소프Sandro Kodzasov의 전설적인 2인조 팀이 10여 명의 대학원 학생과 함께 매년 여름 '언어학 탐사'를 벌였다. 대형 군용 트럭을 타고 산맥으로 몰려든 이들은 그 마을 학교에서 지내면서 팀을 나누어 팀별로 특정 연구 주제를 맡아 기술 작업을 했다. 낮에는 제보자들과 함께 작업하고 밤에는 함께 모여 토론하고 분석했다.30 아르키어, 키날루그어Khinalug, 차후르어Tsakhur와 그 외 칩카스 언어의 훌륭한 문법서가 이 팀에서 만들어졌다.

이러한 과정을 거쳐, 현재 칩카스 지역 대부분 언어의 어마어마한 음운론과 형태론, 그리고 언어들 간의 역사적 연관성을 파악하게 되었다. 우디어의 경우 1863년 언어학자 시프너Schiefner가 문법서를 출간했으며, 그 후 근 150년 사이에 다방면에 걸친 저작이 간행되었다. 여기에는 독일 학자(기페르트Jost Gippert와 슐체), 미국 학자(해리스Alice Harris)는 물론 러시아, 조지아, 우디 언어학자들(구카샨Voroshil Gukasyan, 제이라니실리Evgeni Jeiranishili)이 만든 우디어−러시아어 사전, 우디어-조지아어 사전도 포함된다. 이 연구에 힘입어 사전과 문법서에 있는 증거들을 해독 과정에 이용할 수 있게 되었다.

앞서 언급했던 고린도후서의 발췌 구절을 보자. 캅카스어 원본에 가까운 버전이다.

> In journeyings often, **in peril** by rivers, **in peril** by thieves, **in peril** by (my) tribesmen, **in peril** by the Gentiles, **in peril** in the city, **in peril** in the wilderness, **in peril** in the sea, **in peril** by false brethren.

여기서 이러한 추론이 가능하다: 이 반복 구절에는 단어 'peril'이 여러 번 등장할 것이고, 모종의 장소 지시어가 나올 텐데, 우디어와 여타 레즈긴어파 언어에서라면 이 장소 지시어가 격 접미사로 나타날 것이다.

그러나 앞서 보았듯이 고지식하게 영어 구조에 직접 상응하는 표현을 찾는 것은 피해야 한다. 조지아어에서 'in peril(s) of'는 흔히 'seeing trouble[s] of'로 번역된다. 예컨대 'seeing trouble[s] of robbers' 같은 식이다. 캅카스학 연구자 슐체가 분석했던 것처럼, 이 구절에 대한 음역音譯과 분석에 초점을 맞춰 살펴보자.[31] 첫 번째 줄은 시나이 산에서 발견한 덧쓴 양피지 본을 대상으로 알렉시제가 제시한 음역 표기이고, 두 번째 줄은 실질 의미를 분석한 문법 주해, 세 번째 줄은 동일한 형태소로 이루어진 현대 우디어 대응 표현을 나타낸다.[32]

문자	ꗖꗖꗖꗖꗖꗖꗖꗖꗖꗖꗖ	ꗖꗖꗖꗖꗖꗖꗖꗖꗖꗖꗖ
음역 표기	mar–ak'esown–owx	abazak'–owĝ–oxoc
문법 주해	trouble–seeing–dative2	thief–plural–ablative
	(곤경–봄–제2여격)	(도둑–복수–탈격)
우디어 대응 표현	ak'sun–ux	abazak'–uĝ–oxo
영어 번역	in danger of thieves	
	(도둑의 곤경에 처해)	

현대 우디어 구조는 (영어와는 좀 다른) 원본 텍스트의 구조는 물론, 숱한 특정 어형들에 대해서도 매우 명확한 통찰력을 준다. 탈격 −oxoc가 현대 우디어에서는 −oxo로 실현되며, 제2여격과 복수 접미사 면에서도 두 언어 간의 유사성이 쉽게 확인된다. 캅카스알바니아어에서 ow로 쓰인 것은 우디어에서 u로 발음하는데, 사실 캅카스알바니아어에서 음성 u를 ow로 표기하는 것은 그저 그리스어의 영향을 받은 관례일 수도 있다. 킵카스알비니아어와 현대 우디어 간의 이 같은 유사성 때문에, 원본 텍스트의 형태소들을 매우 쉽게 식별할 수 있으며, 나아가 각 어형이 무엇을 뜻하는지 추론해낼 수 있다.

이러한 방법으로 알렉시제, 기페르트, 슐체를 비롯한 학자들은 시나이산에서 발견된 필사본을 거의 완전하게 해독해냈다. 종교 역사학자들에게 이 필사본들은 흥미로운 자료가 된다. 기독교 전통에서 발견된 가장 초기 성구집 중 하나이기 때문이다. 언어학자들은 이 필사본을 통해 기존에 알고 있던 것보다 1500년 더 오래된 우디어 변종 언어의 문법을 직접 알게 되었다. 이러한 성과는 결과적으로 캅카스 다게스탄 지역 여타 언어의 역사적 변천을 이해하는 데도 도움을 줄 것이다.

그러나 이는 단순히 과학과 학문만의 사안이 아니다. 우디족과 토착 정교 전통 간의 연결고리는 1000년 이상 전에 이미 끊어졌다. 아르메니아 조지아 정교 혹은 이슬람교로 개종을 강요당하면서 일어난 일이다. 현재 우디족들은 자기네 교회 어휘들을—아마 문자까지도—복원하여 현대 종교 의식에 포함시키려고 노력하고 있다. 수십 년 사이, 이 해독 덕분에 우디족들은 잊힌 소수민족, 이상한 소수민족에서 벗어나 캅카스 지역의 주요 역사 문화를 이어받은 직계 계승자로 부상했다.

소케어와 후기-올멕 문자

ʔineʔwe jeʔtzuʉ kiʔpsi

The stones that he set in order were thus symbols.

그가 순서에 맞춰 놓은 돌들은 기호였다.
— 라 모하라 석비[33]

메소아메리카로 한데 묶여 논의되는 여러 고고학적 문명 가운데 올멕 문명이 가장 오래된 것으로 보인다. 멕시코 걸프 연안에 있는 베라크루스 Veracruz 주의 습윤 저지대에서 유적이 발굴되었는데, 이 유적은 주변 옥토에 대한 체계적 농경을 기반으로 유지되었던 기원전 1500년의 복잡한 도시 문명을 세상에 드러내주었다. 이 지역은 돌이 드물었음에도 불구하고, 사람들은 아주 먼 거리를 (아마 배로) 운반해온 큰 돌덩어리로 부드럽고 두툼한 석상을 조각했다(그림 7.8 참조). 올멕 조각물은 주로 땅속 동굴에서 아이를 팔에 안고 나오는 부모의 모습을 하고 있는데, 이는 새롭게 출현한 도시 문명이 스스로를 바라보는 생각, 즉 자신들이 이전 시기의 미완적 생활양식에서 벗어났다고 보는 속내를 표현한 듯하다.

올멕인들은 석상만 조각한 것이 아니다. 그들은 명문銘文을 조각하기도 했고, 모든 메소아메리카 문자 체계의 어머니라 여겨지는 후기-올멕Epi-Olmec 문자를 개발하기도 했다. 이제까지 알려진 실재 명문은 네 개에 불과하다. 그중 가장 오래된 것은 소위 '라 모하라 석비Stela 1 of La Mojarra'라 불리는 명문인데(그림 7.9 참조), 이 명문은 1986년 라 모하라 마을 근처 아쿨라Acula 강

그림 7.8 멕시코 타바스코 주 빌라헤르모사Villahermosa의 라벤타La Venta 공원에 있는 올멕 석상

의 진흙탕 속에서 건진 것이다. 여기에는 465개의 상형문자가 두 단으로 단정하게 배열되어 있으며 통치자의 모습이 그려져 있다. 상형문자는 기존에 알려진 여타 메소아메리카 문자 체계와 다르게 생겼으나, 더 잘 알려진 마야 체계에서도 발견되는 장주기長週期 달력을 사용하고 있기 때문에 텍스트 내용의 시기, 그리고 놀랍게도 유물 자체의 시기도 확인할 수 있다.³⁴ 후기-올멕 문자로 된 명문은 약 5세기에 걸쳐 나타난다. 기원전 300년으로 거슬러 올라가는 질 그릇이 있는가 하면, 긴 텍스트를 담고 있으며 보존 상태가 훌륭한 툭슬라 석상Tuxtla statuette35도 있는데 이는 서기 162년의 것이다.

로제타석도 없고, 여타 알려진 메소아메리카 문자 체계와 나란히 기록된 이중 언어 명문도 없었다. 그러나 메소아메리카학 연구자들에게는 앞서 논의했던 마야어 해독 과정처럼 확실한 전략이 아직 하나 남아 있었다. 이들이 취한 전략은 협업 작전이었다. 이 지역에서 아직도 사용되고 있는 토착어로부터 체계적으로 증거를 추출하면서 해독 과정은 신속히 진행되었다. 현존 언어를 활용하여 단일 언어로 기록된 고대 텍스트를 해독한 사례 중 가장 성공적인 예를 꼽으라면 단연 올멕 문자 해독일 것이다.

후기-올멕 문자의 해독은 언어학자 코프먼Terry Kaufman과 금석학자 저스티슨John Justeson이 주도한 장기 프로젝트를 통해 이루어졌는데, 다음과 같은 여섯 단계로 진행되었다.

1) **지질학적 위치 추정**: 이들은 다음과 같은 추정으로 작업에 착수했다. 해독해야 할 텍스트의 언어는 그 지역에서 여전히 사용되는 토착어, 즉 멕시코 지협 주변의 10여 개 믹세-소케 어족 언어의 고어형일 확률이 높다는 예측이었다(그림 7.10 참조). 믹세-소케어 중 믹세어Mixe는 화자가 18만 8000명 정도 되지만 타파출테코어Tapachulteco처럼 사멸되었거나 사실상 사멸된 거나 다름없는 언어도 있다. 믹세-소케어의 취약성을 잘 보여주는 사례가 올루텍어Olutec다(올루타 포폴루카어Oluta Popoluca라 부르기도 한다). 올루텍어는 그 보수성 때문에 재구 작업에서 특히 빛을 발하는 언어인데, 이 언어에 대해 자세히 알게 된 것은 최근 진행된 자발라Roberto Zavala의 현지조사 덕분이다(글상자 7.1 참조).

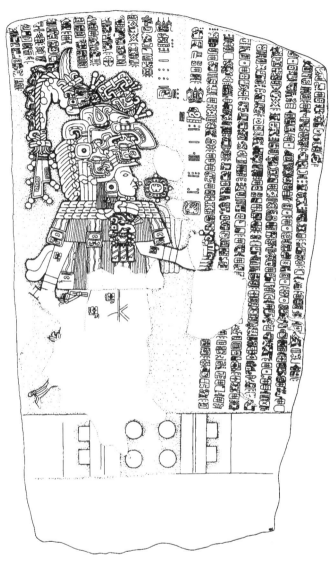

그림 7.9 라 모하라 석비 36

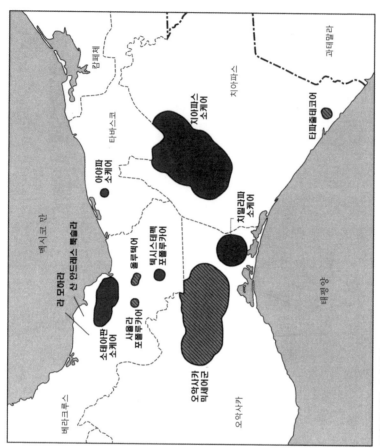

그림 7.10 믹세-소케 언어

2) **언어학적 재구:** 해당 지역 각 언어와 어족의 어휘와 문법, 음성 체계를 최대한 많이 재구했다. 그 작업에는 믹세-소케어뿐만 아니라 마야어, 오토망그어Otomanguean, 우토-아즈텍어, 토토나크어Totonacan, 그리고 싱카어Xinca나 렝카어Lenca처럼 격리된 소규모 언어까지 포함되었다. 누구나 동의하다시피, 재구를 하려면 무엇보다도 모든 언어가 잘 기술되어 있어야 한다. 앞서 여러 장에서 살핀 것처럼 언어가 많을수록 재구의 정확성과 그 범위가 증가하기 때문이다. 믹세-소케어들은 거의 제대로 기술되어 있지 않다. 사라져가는 소규모 언어일수록 상황은 더욱 심하다. 1960년대에 이루어진 코프먼의 연구 이후 잠정적인 연구 결과들이 나오기는 했지만, 이 과정은 아직 갈 길이 멀다. 그러자면 각 언어를 대상으로 한 세심한 현장 조사가 필요하다.

3) **차용의 방향 결정:** 첫 번째 단계를 통해 올멕인들이 믹세-소케어의 고어형을 사용했으리라 판단하고, 이를 확인하기 위해 모든 메소아메리카 언어를 대상으로 식물 품종을 가리키는 단어, 올멕 고고학 문화와 관련된 대상물을 가리키는 단어의 어원을 수집했다. 제6장에서 논했던 '단어와 대상' 접근법을 이용한 사례라 할 수 있다.

고고학적으로 입증된 사물에 적합하게 재구될 만한 단어들이 어떤 언어에 있는지, 나중에 그 단어들을 차용한 언어는 어떤 언어인지를 살피겠다는 의도다. 이를 통해 서로 다른 여러 공통조어 가운데 올멕 유적지 발굴물의 고고학적 특징에 가장 잘 맞아떨어지는 공통조어가 어느 것인지 알 수 있을 것이다. 예컨대 '코코아'를 뜻하는 믹세-소케어 공통조어 *kakawa가 재구되고 올멕 유적지에서는 카카오가 발견되는데, 이는 믹세-소케어 공통조어를 구사하던 이들이 카카오를 처음 경작한 이들이거나 혹은 처음 경작한 이들 중 하나였으리라는 점을 시사한다.

차용어는 다양한 방법을 통해 확인될 수 있다.

판별 기준 중 하나는 분석 가능성segmentability이다. ʔason 같은 단어는 여러 마야어에서 '구름'이라는 뜻으로 쓰이는데 해당 언어들의 문법으로는 이 단어를 더 이상 분석할 수 없다. 그러나 이 단어의 차용 출처로 보이는 소케어

글상자 7.1
올멕어의 흔적 올루텍어

안토니오 아시스텐테

멕시코 베라크루스 주의 소도시 올루타ᵒˡᵘᵗᵃ에는 작은 체구의 짓궂은 80대 노인 안토니오 아시스텐테Antonio Asistente(사진 참조)가 누이동생 알프레디나Alfredina와 함께 산다. 둘 다 자녀를 둔 적이 없으며, 그들보다 연배가 낮은 마을 사람들은 이제 모두 스페인어를 쓴다. 두 사람처럼 여전히 올루텍어를 구사하고 있는 사람은 몇 명 안 되는데, 올루텍어의 보수적 특성 때문에 이들은 믹세-소케어 공통조어를 재구하는데 특히 중요한 제보자가 된다.

1960년대 이미 올루텍어는 소멸해가는 언어로 기술되고 있었다. 1990년대 초반 코프먼의 요청으로 젊은 멕시코 언어학자 자발라가 올루타 마을을 방문했다. 올루텍어를 기억하는 사람이 아직 생존해 있는지 알아보기 위해서였다. 자발라는 올루텍어 화자를 여럿 찾아냈다. 아시스텐테를 비롯한 올루텍어 화자들을 대상으로 연구한 결과, 자발라는 올루텍어 문법을 상세히 기술하고 전체 어휘집을 만들 수 있었다. 이 작업이 올멕 문자 해독 프로젝트에 반영되었음은 물론이다. 만약 이 작업이 몇 년만 더 지연되었다면 우리는 올루텍어에 대해 거의 아무것도 알지 못했을 것이다.

공통조어의 단어 *nas-oʔnaʔ(안개)는 'earth-cloud'로 분석된다. 이를 통해 이 단어가 마야어에 유입된 소케어 차용어임을 알 수 있다.

또 하나의 기준은 차용어가 그 언어의 음운상 적합한가 하는 점이다. 영어 고유어라면 slow, small, stick처럼 sl, sm, st로 시작할 수 있지만 shl, shm, sht로는 시작할 수 없다. 지구의 언어를 연구하는 화성인 언어학자라면 shlemiel, shmuck, shtick 같은 단어가 차용어, 그중에서도 이디시어에서 들여온 차용어라는 것, 나아가 schmaltz라면 독일어에서 차용한 단어라는 것을 금세 판단할 수 있을 것이다. (실제로 영어의 철자 체계는 차용어의 출처를 파악하는 데 도움을 준다. 예를 들어 발음이 같더라도 독일어에서 온 단어들은 schm로 쓰고 이디시어 파생어는 shm로 쓴다.[37] 그러나 문자로 기록되지 않은 언어들에서는 이러한 호사를 기대할 수 없다.) 믹세-소케어와 마야어 간의 차용 방향을 확인하는 데는 두 공통조어의 차이, 즉 마야어 공통조어 어근은 대개 단음절이지만 믹세-소케어 공통조어는 2음절인 예가 많다는 점이 도움이 된다. 마야 제어에서 '토마토'를 가리키는 (š)koːyaːʔ는 2음절이니 믹세-소케어 파생어일 가능성이 높은데, 실제로 '토마토'를 가리키는 믹세-소케어 공통조어 단어로 *koːyaːʔ가 또렷이 재구된다.

이런 유형의 논의를 종합하여, 캠벨과 코프먼은 믹세-소케어 공통조어가 메소아메리카 원原문화의 발전을 가져온 매개체carrier 언어였다는 설득력 있는 주장을 폈다. 획기적인 여러 기술과 문화적 우월성 덕에 주변 언어에 차용어를 마구 퍼뜨렸다는 것이다. 고고학적 추정이 가능한 항목을 대상으로 이들이 재구해낸 믹세-소케어 공통조어의 단어 목록 역시 올멕 유적지의 유물에 그대로 나타난다. 예를 들면 코코아, 토마토, 호박, 콩, 고구마, 구아바, 파파야, 사포테zapote(사포딜라sapodilla plum), 카사바cassava/manioc, 칠면조, 용설란 같은 식재료나, 제분과 침출을 포함하는 옥수수 조제 단계, 그리고 향(코펄), 직물 매트, 도끼 같은 제의 물품, 주요 역법曆法 개념 등이 그것이다.

4) 문자 체계 유형의 확인: 1~3단계와는 별도로 해당 문자 체계가 기본적으로 어떤 유형을 띠는지 확고히 해야 했다. 이것은 주로 반복되는 요소와

그 맥락을 통계적으로 접근함으로써 가능하다. 후기-올멕 문자는 CV-음절 기호 표기와 의미를 직접 나타내는 표의적logographic 표기를 섞어 사용했던 것으로 보인다.

이런 식의 표기 체계는 마야어와 유사한데, 잘 알려진 현대 문자 체계 중에도 이런 예가 있다. 예를 들어 일본어에서 '산'을 나타내는 단어를 두 음절 문자 やま(yama)로 쓸 수도 있고, 하나의 한자, 즉 상형기호 山으로 쓸 수도 있다. 그런데 山이라는 기호는 동일한 뜻을 띠면서 발음을 달리할 수도 있다. 예컨대 글자 그대로라면 '산과 물'을 가리키지만 '풍경'의 의미를 나타내는 山水 (sansui)의 山은 san으로 발음한다.[38] 또 다른 식의 표기도 가능하다. 사람들이 잘 모르는 문자를 쓸 때 혹은 일본어 입문서에서 주로 사용하는 방법으로, 문자 위에 작은 활자로 음절 기호를 적어 어떻게 발음해야 하는지 알려주는 것이다(이를 후리가나furigana라고 한다). 마야 문자 체계나 후기-올멕 문자 체계, 그 외 음절문자와 어표문자를 혼합해 사용하는 여러 문자 체계에서도 이와 유사한 이중 표기를 채택하곤 한다. 이 경우 어표문자가 어떻게 발음되는지 알려주기 때문에 해독에 요긴하게 활용된다.

やま
山 (상형기호 위에 후리가나 yama를 표기)
さん すい
山 水 (상형기호 위에 후리가나 sansui를 표기)

마지막으로, 일부 중국-일본어 기호가 門(문), 森(숲)처럼 형태를 통해 의미를 쉽게 예측할 수 있듯이, 일부 후기-올멕 기호도 꽤 사실적이어서 그 뜻을 그럴듯하게 추론할 수 있다. 가 '바다거북'을 뜻하리라 추정하는 것은 터무니없는 일이 아니다. 바다거북을 가리키는 현대 믹세-소케 언어의 단어들로부터 재구해보면 그 기호의 발음은 tuki였으리라 추론된다.

5) 통계, 그리고 음절 간 결합에 나타나는 특징: 위의 가정으로 무장한 후 다음 단계는 여전히 사용되고 있는 현대 언어들이 어떻게 운용되는지를 살피는 것이다. 특정 요소가 텍스트에 얼마나 자주 쓰이는지와 그 요소들이 어

떤 부류의 단어들과 결합하는지를 보고, 그 결과를 토대로 과거 어떤 음절이 가장 흔하게 쓰였을지 추적하는 작업이 요구된다. 어족 내 모든 언어를 대상으로 그 요소들을 비교하면 그 이전 시기에는 그 요소들이 어떤 형태를 취했을지 알 수 있다. 텍스트에 나타나는 형태소 빈도에 대한 통계는 현대 언어 말뭉치를 통해 얻을 수 있다.

이러한 논리가 어떤 식으로 이루어지는지 보자. 만약 구어체 영어만 알고 있고 이를 표기한 문자 체계를 해독해야 하는 상황이라면, the에 초점을 두고 시작하는 것이 좋을 것이다. 우선 the를 표현하는 음절의 빈도가 압도적으로 높을 것이다. 그리고 the가 명사와는 쉽게 결합하지만(the dog) 형용사나 동사, 고유명사와는 잘 결합하지 않는다는(?the small, ?the eat, ?the Henry) 결합적 특징을 고려하면, 해당 표현이 결합하는 단어들의 범주를 추론할 수도 있다. 이처럼 후기-올멕 문자 체계에 나타나는 음절 기호의 통계적 분포와 현대어의 음절 분포를 맞춰가다 보니 우선 몇몇 기호의 음가를 추론할 수 있었고, 그 후부터는 음가를 추론할 수 있는 기호의 수가 점점 늘어났다.

이 단계에 천우신조라 할 만큼 유용한 믹세-소케어의 특징이 있다. 믹세-소케어의 문법 접사는 주로 1음절로 되어 있어 이 접사들이 음절 기호와 일대일 대응된다는 사실이다. 아시스텐테의 언어, 즉 올루텍어에 변화 없이 남아 있는 두 개의 음절 형태소가 이를 잘 보여준다. 하나는 3인칭 소유격(his, her, its, their) 접두사 ʔi-이며,[39] 또 하나는 '독립 미완료 동사 접미사' -pa이다. 예를 들어 ʔi-는 ʔiʔawok(그의 아들 his son)처럼 쓰이며, -pa는 taniːmotowüpak(그들은 내게 복종한다 they obey me)의 예처럼 주절에서 진행 중인(미완료) 동작을 표현하는 데 사용된다. (이 문장에서 보듯 올루텍어 동사는 매우 복잡하며, 믹세-소케어 공통조어로부터 진화되는 과정에서 수많은 접사가 아예 동사에 융합되었다. 그러나 핵심적 접미사 -pa는 건재함을 자랑한다.)

텍스트상의 어떤 기호가 어떤 음절에 대응되는지 밝히기 위해 코프먼과 저스티슨이 거쳤던 모든 복잡한 단계에 대한 설명은 생략하고, 후기-올멕 텍스트에 자주 등장하는 몇몇 접사만 살펴보자. (1)은 후기-올멕 텍스트의 표기이며, (2)는 (1)에 대응되는 믹세-소케 공통조어의 재구어다. (1ㄱ)과 (1ㄴ)

모두 ?i로 발음되는 가 첫(맨 위) 요소로 나온다.

(1) ㄱ. (그림)　　　　ㄴ. (그림)

(2) ㄱ. ?isaj　　　　ㄴ. ?ikuwna?ki?psi
(그의 어깨^{his shoulder})　(그가 남겨둔 기호^{his set-aside symbol})

마찬가지로 (3)에 제시한 세 단어의 후기-올멕 표기와, (4)에 제시한 믹세-소케어 공통조어의 재구형을 비교해보자. 쉽게 확인할 수 있듯이, (3ㄱ)~(3ㄷ) 모두 마지막(맨 아래) 요소로 미완료를 표현하는 pa 발음의 (그림) 혹은 (그림)가 있다(여기서는 미완료성을 영어 접미사 -s로 번역했다).

(3) ㄱ. (그림)　　　ㄴ. (그림)　　　ㄷ. (그림)

(4) ㄱ. kajpa　　　ㄴ. wejpa　　　ㄷ. wanetzukpa
(그가 기절한다^{he faints})　(그가 소리친다^{he shouts})　(그가 노래한다^{he sings})

이런 식의 추론을 통해 코프먼과 저스티슨은 후기-올멕 문자에 나타나는 음절 기호 표를 다음과 같이 제시했다(그림 7.11 참조).

이론상으로는 가능한 음절이 일부 비어 있다는 점에 주목하자. 어떤 언어든 몇몇 음절이 다른 음절들보다 덜 쓰이기 마련이므로, 이 빈칸을 채우려면 좀 더 많은 텍스트 자료가 필요할 것이다. 여전히 이 프로젝트 연구원들은 이에 맞는 음운 구조를 가진 관련 단어를 수집하는 데 최선을 다하고 있다. 발음상 그 음절들(언어마다 다른 음운 규칙이 적용되면서 바뀐 음절들)을 포함할 만한 모든 단어 목록을 작성한 후, 믹세-소케어 제어에 이에 대응하는 실제 단

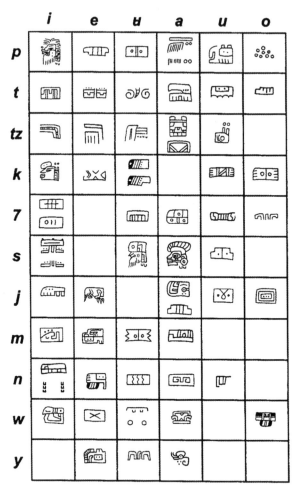

그림 7.11 후기-올멕 음절 문자 표[40]

어가 있는지 각 언어 화자들에게 질문하는 방식으로 연구가 이루어지고 있다.

6) **독해를 통한 확인**: 마지막 단계이자 작업 전체의 핵심이 되는 작업은, 앞선 분석을 통해 파악한 음가音價, 의미가意味價를 가지고 새로운 텍스트를 읽어 이 분석이 어느 정도 타당한지 확인하는 것이다. 툭슬라 석상에 기반하여 해독 작업을 처음 시작한 코프먼과 저스티슨은 베라크루스 주 할라파Xalapa의 인류학 박물관에 전시된 라 모하라 석비를 대상으로 해독 작업을 이어나갔다. 두 학자의 해독은 『사이언스Science』지에 요약되어 있으며, 라 모하라 석비에 대한 전체 해독은 온라인으로 볼 수 있다. 다음과 같은 처음 몇 줄만으로도, 웅장한 문체의 왕정 역사 기록 '라 모하라' 텍스트의 정취를 느낄 수 있다. "장주기로 8.5.3.3.5인 17번째 달 3일, 13 Snake날이었다. 일식이 일어났고, 금성이 저녁 일찍 빛났다. 대관식과 성수 의식을 치른 자들이 귀족들, 그리고 전쟁을 일으킨 찬탈자들에 맞서 싸웠다."[41]

일단 이런 식으로 텍스트를 읽을 수 있게 되면 과거에 대한 지식의 정확성도 급격히 높아진다. 즉 왕의 음성으로, 아니면 적어도 필사가들의 음성으로 이들이 우리에게 직접 말하기 시작하는 것이다. 물론 접근할 수 있는 텍스트 자료가 빈약하고 믹세-소케어에 대한 우리의 이해도 아직 초기 수준에 머물러 있기 때문에 해석에는 여전히 공백인 부분이 많다. 특히 표의(어표語標) 기호의 해석이 그러하다. 표의 기호가 완전히 혹은 부분적으로나마 음절 표기와 함께 나타나는 행운이 있다면 모를까, 음절 기호와 달리 표의 기호는 믹세-소케어 재구형에 직접 연관될 수 없기 때문이다. 당연히 후기-올멕 문자에 대해서는 아직 만장일치된 해독에 이르지 못하고 있다. 명백한 해독이 확정되기까지 넘어야 할 장애물 중 하나는 하나의 텍스트를 통해 얻어진 독해법이 새롭게 발견되는 텍스트까지 해석해낼 수 있어야 한다는 점이므로, 새로운 텍스트 자료를 찾는 것이 가장 중요하다.

실은 결정적 역할을 할 수도 있는 새 텍스트가 이미 발견되었으나 현재까지는 소장자 개인 소유로 되어 있어 해독을 위한 정밀 조사가 막혀 있는 상황이다. 그러나 세부적인 여러 문제점에도 불구하고 해독의 중요한 고비는 넘겼다. 후기-올멕인들의 문자가 담긴 돌들은 근 2000년이 지나 다시금 해석 가능한 기호가 되었고, 아메리카 역사의 핵심적인 순간을 조준하는 깨끗한 새 렌즈 역할을 하고 있다. 오늘날의 화자가 제공하는 현대 믹세-소케어의 증거 가 없었더라면 이 모든 것은 불가능했을 것이다.

우울해지는 이야기

이 장에서는 오늘날 모든 것을 빼앗긴 채 살아가는 이들 속에서 겨우 살 아 있는 언어가 과거 이야기를 풀어낼 열쇠를 쥐고 있는 세 가지 사례를 집중 적으로 살펴보았다. 이들의 언어는 한때 강력했던 선조들이 돌에 새기거나 양 피지에 기록한 과거 역사를 밝혀준다. 음성에서부터 문법적 접사, 은유, 의미 론적 압축에 이르기까지 선조들이 구사했던 언어에 대한 지식이 무수한 세대 의 입과 귀를 통해 그럭저럭 전해 내려왔다. 선조들의 사회가 다른 이들에 의 해 붕괴되고 해체되고 정복되고 문화적으로 개조되는 위험천만의 1000년을 거쳐서 말이다.

남부 아시아의 인더스 문자에서부터, 자포텍Zapotecan 문자처럼 여전히 신비에 싸인 여타 메소아메리카 문자까지 세계 속 수십 개의 고대 문자는 일 부 혹은 전체가 해독되지 못한 채 남아 있다. 단언컨대 이 가운데 많은 문자는 영원히 그 비밀을 풀 수 없을 것이다. 그 문자가 기록되었던 이른 시기의 언어 들이 사라져가고 있기 때문이다. 구어 전통도 함께 사라져가고 있다. 용케 언 어가 남아 있다면 살아남은 현대 언어 자료를 갖가지로 활용하여 암호를 풀 가능성도 있다. 그러나 해당 지역 언어에 대한 우리의 무관심 탓에 이러한 해 독 시도도 계속 늦춰지고 있다. 수단 북부 지역에 있던 쿠시Kush 왕국의 메로 에Meroitic 문자는 현재 해독을 눈앞에 두고 있다. 이 해독을 시작한 릴리Claude Rilly는 이 문자가 나일-사하라Nilo-Saharan 어족 북동부 수단어파Northeastern Sudanic의 초기 언어를 기록한 것이라고 주장한다. 그러나 북동부 수단어를 재 구하는 데 실마리가 될 후세 언어들—아피티어Afitti, 타마어Tama, 나라어Nara,

니마어Nyima 등 거의 알려지지 않은 언어들─은 점차 아랍어로 대체되고 문화마저 아랍 문화에 동화되는 한편, 내전으로 위협받고 있다. 이제 우리에게 캅카스알바니아 문자와 후기-올멕 문자를 해독하던 식의 기회는 더 이상 주어지지 않을지도 모른다.

1_ 「Cofio」(영어로는 Remembering/기억)라는 이 시는 동료 고고학자 존스Rhys Jones의 장례식 때 낭독된 것으로 그 조카 에번스Dylan Evans가 웨일스어로 번역한 것이다. 그의 동의를 얻어 그 번역본을 여기에 재수록했는데, 내가 일부 수정한 부분도 있다. 웨일스어 버전은 Parry(1962:503)에서 인용했다.

2_ 서하는 11세기 초 중국 서북부에 탕구트족이 세운 국가로서, 1227년 몽골에 멸망당하기 전까지 2세기 동안 실크로드의 중계무역을 장악하며 번성했다. 동서 교역의 중심에서 양쪽 문화의 영향을 고루 받아 독자적인 문화를 꽃피웠는데, 한자에 자획을 더한 6000여 개의 탕구트 문자도 이 가운데 하나다. ─역자 주

3_ Cook(2007:6)

4_ Cummings(2002:xii)

5_ 드물지만, 탕구트어나 이 장 뒷부분에서 다룰 캅카스알바니아어처럼 기록 자료가 발견되고 해독이 이루어지기 전에 이미 해당 언어와 그 문자 체계의 존재가 알려진 예도 있다. 그러나 토카리아어Tokharian(중앙아시아의 고대 인도-유럽어)처럼 기록이 발견되기 전까지 문자 체계는커녕 해당 언어의 존재조차 몰랐던 경우가 대부분이다.

6_ '론타라'라는 명칭은 이 기록물들이 론타르Lontar 야자나무 잎에 썼기 때문에 붙여진 것이다. 론타라를 Lontaraq로 쓰기도 하는데, 여기서 q는 어말 성문파열음을 가리키므로 실은 lontaraʔ를 나타낸다. 모음이나 성문파열음, ng 외의 음으로 끝나는 차용어가 마카사르어에 유입되면 '공명모음+성문파

열음'이 뒤에 추가된다. 예컨대 dollar라는 단어가 들어오면 dolaraʔ로 바뀐다. 이러한 변화는 차용어를 구별해주는 유용한 표지가 된다. 예를 들어 lontaraʔ라는 단어는 말레이어 lontar의 차용어임을 추론할 수 있다. 뿐만 아니라 마카사르어로부터 호주 북부 해안의 원주민 언어로 들어온 인도네시아어 차용어와 말레이어 차용어를 구별하는 데도 유용하다.(Evans 1992b 참조)

7_ Cummings(2002:xii)

8_ 2005년에 MuSIS 분광기를 이용하여 그 덧쓴 양피지본의 사진을 찍었는데, 이를 통해 자외선 사진으로 확인할 때 잘못 읽었던 줄들까지 상세하게 보정되었다고 한다. (슐체 Wolfgang Schulze와의 사적인 대화에서 들은 내용.)

9_ 고대 이집트 비문에서 상형문자를 감싸고 있는 타원형의 윤곽선을 말한다. ─역자 주

10_ 각 숫자의 정확한 의미를 좁히는 데는 또 다른 단서가 필요하다.

11_ 여기서는 슐체의 원본을 좀 더 깔끔하게 음역하였다. 원본이 어떤 모습인지 보려면 웹사이트에 있는 알렉시제와 블레어 Betty Blair의 설명을 참조할 수 있다(http://www.azer.com/aiweb/categories/magazine/ai113_folder/ 113_articles/113_zaza_secrets_revealed.html). 독자들이 읽기 친숙한 킹 제임스판도 옆에 제시하였다. 캅카스알바니아어 텍스트를 좀 더 정확히 가져오자면 이렇다. "in peril by rivers, in peril by thieves, in peril by (my) tribesmen; in peril by the

Gentiles, in peril in the city, in peril in the wilderness, in peril in the sea, in peril by false brethen, with perils with troubles."(한국어 번역은 대한성서공회의 개역개정판을 따른 것이다.-역자 주)

12_ Davies(1990:127-128)

13_ 마네토는 기원전 3세기 초 이집트 프톨레마이오스 시대의 신관神官이자 역사가로서, 그리스어로 된 세 권의 이집트 역사서를 저술했다. ― 역자 주

14_ 키체어 버전은 Jena(1944:2)에서, 영어 번역은 Tedlock(1996:63)에서 인용

15_ 톰슨의 이러한 입장은 그의 저서 『마야 상형문자Maya Hieroglyphic Writing』에 대한 언어학자 힐Archibald Hill의 리뷰(1952)에서 인용한 것이다.

16_ 멕시코 남부, 치아파스 주 북부에 있는 마야 유적지이며, 7세기 번성했던 마야 도시국가의 이름이기도 하다. ― 역자 주

17_ Coe(1999:205)

18_ Houston & Stuart(1989)

19_ 이름이 비슷해서 혼동될 수도 있지만 이들은 발칸 반도의 알바니아인Albanian과 전혀 무관하다는 점에 주의할 필요가 있다. 캅카스 지역에서 사용되는 '알바니아'(그리스어로는 Albania/Albanis, 아르메니아어로는 Alowank') 라는 용어의 정확한 어원은 알 수 없다. 어떤 이들은 이 단어가 샤흐다그Shah-Dagh 산맥의 한 마을 이름 Alpan에서 왔다고 보기도 하고, 이슬람교가 유입되기 전 레즈기스탄Lezgistan 사람들이 믿었던 신 이름 Alpan에서 온 것이라 보기도 한다.

20_ 이 필사본 중 일부는 7세기 때의 것이나, 여기 인용된 결정적인 부분은 좀 더 최근, 즉 9~10세기 무렵의 것으로 보인다. (슐체와의 사적 대화를 통해 알게 된 내용이다.)

21_ 기독교 단성론자들은 네스토리우스Nestorian 교파가 주장하듯 그리스도가 인성과 신성을 모두 갖는 것이 아니라, 신성만을 갖는다고 믿는다.

22_ 열두 달의 명칭에 대한 논의는 Gippert(1987) 참조.

23_ Forsyth & Weitzmann(1973)

24_ 에티오피아어는 Ethiopic 혹은 게즈어Ge'ez라고도 하는데, 5세기 이후 전례典禮 목적으로 기록되어온 고대 에티오피아의 언어로 남부 셈 어족Semitic 언어에 속한다.

25_ Alexidze & Blair(2003)

26_ 다게스탄Daghestan은 러시아 남부 카스피 해 연안 서쪽에 위치한 러시아 연방 자치공화국이다. 다게스탄 언어란 이 지역 사람들이 사용하는 아르키어, 아바르어, 레즈긴어, 차후르어 등을 가리킨다. ― 역자 주

27_ 다른 필체와 문체로 기록된 또 다른 필사본에는 요한복음이 포함되어 있다.

28_ 캅카스 산맥 남쪽에 있는 도시로 현재 조지아의 수도다. ― 역자 주

29_ Haspelmath(1993:23)

30_ Borshchev(2001)에는 이 탐사 기록이 생생히 묘사되어 있다. 좀 더 짧고 쉽게 접근할 수 있는 영어판으로는 Kibrik(2006)가 있다.

31_ Schulze(2003). 슐체의 이 논문은 http:/www.lrz-muenchen.de/~wschulze/Cauc_alb.htm에서도 볼 수 있다.

32_ 이 '현대 우디어'는 설명의 편의를 위해 여러 출처의 자료를 종합한 것이다. 예를 들어 '도둑'을 뜻하는 abazak'는 원래 캅카스알바니아어에 유입된 아르메니아 차용어로서 19세기까지는 우디어에도 남아 있었으나 (시프너의 텍스트에 나타난다) 현재는 기원을 알 수 없는 다른 단어로 대체되었다. 적어도 바르타셴Vartashen 지역 방언에서는 그러하다. 현대 우디어와 관련하여 여러 문제점을 토론해준 해리스와, 캅카스알바니아어 원본 구절을 제공해준 슐체에게 감사한다.

33_ 후기-올멕어 전사와 번역은 Kaufman & Justeson(2001)에서 인용한 것이다. 이들은 전사하면서 후두파열음에 '?' 대신 '7'을 사용했다. 나머지 부분은 이들의 설명을 따랐다.

34_ 장주기 달력Long Count date은 기원전 3114년을 시점으로 매일매일 따져나가는 계산법이다. 누가 어떤 사건을 계기로 이 셈법을 시작했는가 하는 수수께끼를 고고학자들은 아직 풀지 못하고 있다.

35_ 툭슬라 석상은 1902년 멕시코 베라크루스 주 툭슬라 산맥의 서쪽 기슭 산에서 발견돼 한 뼘 크기의 작은 조각상이다. 녹옥으로 만들어진 이 조각상은 오리 부리와 날개를 가진 인간의 모습을 하고 있으며, 75개의 상형문자가 새겨져 있다. — 역자 주

36_ Kaufman & Justeson(2001)을 토대로 스튜어트George E. Stuart가 그린 그림이다.

37_ 물론 이디시어는 로마자가 아니라 히브리 문자로 기록된다. 그러나 이디시/히브리 문자 ʦ는 sh로 전사하는 것이 일반적인 음역 표기 관례다.

38_ 'yama'는 일본 고유어인 반면 'san'은 중국어에서 차용된 단어로 합성어 형성에 쓰인다.

39_ ʔi-는 특정 조건하에서 동사와 결합하여 'he, him, she, her, they, them'을 표현할 수도 있다(그 조건을 여기서 설명하기엔 너무 복잡하다). 이 절 맨 앞 인용 구절에 있는 ʔineʔwe의 시작 부분 ʔi도 이 접두사와 관련이 있다. 이는 동일 접두사의 이른바 능격ergative 용법이라 할 수 있는데, 여기서 ʔi는 'he (acting upon something or someone else)'를 뜻한다.

40_ Kaufman & Justeson(2001)

41_ Justeson & Kaufman(1997). (저 스티슨과 코프먼이 해독한 영어 원문은 다음과 같다. It was the third day of the seventeenth month, the long count was 8.5.3.3.5, and the day was 13 Snake. A sun-eating moon [solar eclipse] takes place. Piercingly the bludgeon star [Venus] had shone earlier, as a late-in-the-day one [i.e. as evening star]. Coronated ones hallowed by sprinkling fought against noble[s and] war-leader-type succession-supporters [would-be successors/usurpers]. — 역자 주)

die Sprachen [sind] nicht eigentlich Mittel [···], die schon erkannte Wahrheit darzustellen, sondern weit mehr, die vorher erkannte zu entdecken.

Languages are not actually means of representing a truth already known, but rather of discovering the previously unknown.

언어는 이미 알고 있는 진실을 표현하는 수단이 아니라 잘 몰랐던 것을 발견하는 수단이다.
— Humboldt([1903−36]:L,IV:27)

문법은 잠시도 가만히 있지 않고 새로운 것을 받아들인다.
— Stein(1973:60)

제4부

상호 상승 작용

: 언어, 문화, 사고의 공동 진화

언어 다양성은 인간 경험의 가소성可塑性과 밀접히 관련되어 있다. 비평가 블룸Harold Bloom은 "인간이 독서하는 것은 충분히 많은 사람을 알지 못하기 때문"이라 말한 바 있다.[1] 마찬가지로 인간이 충분히 많은 삶을 살지 못하기 때문에 다른 언어를 연구한다고 할 수 있을 것이다.

그러나 이러한 통찰력의 가치는 우리가 얼마나 서로 다르게 세상을 경험해왔는가를 깨닫는 데 그치지 않는다. 인류라는 종種을 규정하는 결정적 특징이 바로 '문화적 적응enculturation'에 대한 관대함이라는 사실이 진화생물학 분야에서 점점 분명해지고 있다. 아무리 복잡한 무늬의 태피스트리라 해도 인간의 문화와 언어는 어린아이의 마음속 베틀로 이를 훌륭히 엮어낸다. 하지만 본능의 지배에 충실했던 고대의 청사진을 무조건 폐기하는 것은 진화론이 내거는 도박에 너무 성급하게 빠져드는 것이다. 모든 게 제대로 이루어지기 위해서는, 자신이 속해 성장해가는 문화가 무엇이든 그 문화로부터 배우려는 마음이 인간에게 필요하며, 반대로 문화도 언제든 우리를 가르칠 수 있도록 풍부하면서도 적합화된 양식을 가지고 있어야 한다.

그런 면에서 인류의 진화란 아주 조화로운 두 파트너가 춰온 춤인 셈이다. 한 파트너는 매 스텝 인류의 유전자적 변화를 가져온 '물리적 진화'이며, 또 다른 파트너는 복잡하면서도 구조화되어 있고 끊임없이 변화하는 사회제도, 즉 세대 간 전달 과정에서 더 풍부해지거나 사라지거나 재구조화되는 사회제도가 안무해낸 '문화적·언어적 진화'다. 달리 말해 인류의 진화는 유전자와 생리라는 하드웨어와, 언어와 문화라는 소프트웨어 간의 치열한 상호 작용을 수반해왔다고 할 수 있다.

컴퓨터 기술의 최근 발전상을 생각해보면 이 '공동 진화coevolution' 개념을 쉽게 이해할 수 있다. 하드웨어와 소프트웨어는 끊임없이 서로의 발전을 촉진한다. 새로운 소프트웨어는 마우스, 광섬유, 위성 네트워크 같은 하드웨어상의 획기적인 진전을 가져오는 동시에, 그 진전을 통해서만 실현될 수 있다. 하드웨어의 진화만, 혹은 소프트웨어의 진화만 추구하고 연구하는 것은 부질없는 짓이다. 인간의 진화를 살필 때도 마찬가지다. 불행히도 우리 조상들의 언어 대부분은 기록되지 않은 채 사라졌고 결과저으로 소프트웨어 측면에 커다란 공백을 남겼다. 그러나 제멋대로인 언어 다양성 덕에, 복잡한 언어 체계로 진화되는 과정에 나타나는 숱한 자연발생적 실험을 여전히 활용할 수 있다.[2]

초기 유인원 조상들이 본능에 따른 행동 통제에서 점차 해방됨에 따라 세대 간 정보 전달 라인이 하나 더 추가되었다. 모든 종種이 공유하는 유전자 전달이라는 태곳적 궤도 외에 문화라는 새로운 궤도가 생겨났고, 이 문화 궤도는 점점 언어를 매개로 하게 되었다. 세계에 대한 관찰 결과나 새로운 기술들이 느려터진 유전자 선택 과정을 기다릴 필요 없이 인류 공유의 레퍼토리에 신속히 추가될 수 있게 되었고, 유전자 전달 경로에 문화적 전달 경로가 더해지면서 세대에서 세대로 전달될 수 있는 정보의 대역 너비도 급속히 넓어졌다.

특정 딸기류의 식용성 여부 문제를 선조들이 어떻게 해결해왔는지 생각해보자. 통칭 '먹고 죽으면서 학습하기eat, die and learn'[3]는 두 가지 방법으로 이루어질 수 있다. 유전자 전달에 의존할 경우, 본능적으로 해당 식재료를 피하는 게 '학습되기' 전까지 수많은 사람이 이것을 먹고 죽어야 한다. 그러나 일단 문화라는 것—이왕이면 언어를 포함해서—이 생기고 나면 한 사람의 죽음만으로도 변화를 가져올 수 있다. 서서히 진행되는 유전자 선택을 기다릴 것 없이, '키리우크키리우크Kirriwuk-kirriwuk 베리[4]를 먹으면 죽는다'는 정보가 그 집단 내 다른 구성원에게 문화적으로 전달될 수 있는 것이다.

인간의 문화와 언어는 세상 모든 것에 대한 수천 가지의 관찰을 신속히 통합할 수 있기 때문에 거대한 기억 저장고 역할을 한다. 세대를 거듭하면서 추가되는 정교화 과정은 인간 문화를 더욱 세련되게 한다. 그 모습을 토마셀로Mike Tomasello는 다음과 같이 제시했다.

새로운 형태의 이 문화적 학습은 톱니 효과ratchet effect를 가능케 했다. 인류가 자신의 인지認知 자원을 동시대인들과 공유할 뿐만 아니라, 시간을 초월해 다른 이의 인지적 성과를 쌓아갈 수도 있게 되었다. 이 새로운 문화적 진화는 역사와 함께 수많은 인공의 산물과 사회적 관행을 만들어냈으며, 결과적으로 매 신세대들은 사회 집단 전체가 과거와 현재에 축적한 지혜 속에서 성장하게 되었다.[5]

한편, 문화의 힘이 인류의 적응 범위를 넓히고 지역 문화의 분화를 추동함에 따라 인류는 훨씬 더 구별된 생태 환경 영역에서 살아가기 시작했고, 이러한 경향은 갈수록 더 가속화되었다. 사람들이 의식적으로 다각화를 추구했다는 의미다. 이는 자기 지역 집단의 구성원 자격을 뚜렷이 표시하는 한편, 신뢰할 수 없고 공짜로 끼어들려고 하는 외부 호사가好事家들을 자기 집단에 들이지 않기 위한 전략이었다. 그러나 이 땅에서 살아온 내내 인류는 이종족끼리의 교혼交婚과 입양을 반복해왔기 때문에 아이들이 늘 똑같은 문화와 언어 속에서 성장할 수 있는 것은 아니었다. 따라서 아이들은 늘 어느 문화와 언어든 배울 수 있는 '유전자적 유연성'을 가지고 있어야 했다.

이 문화적 조정modulating은 유전적·본능적 지배를 받는 행위의 비율이 줄고 '발달 가소성developmental plasticity'이 커져야만 비로소 가능하다. 결정적 정보가 유전적이 아니라 문화적으로 전달될 수 있어야 하는 것이다. 인간이 부모와 집단 구성원을 통해 소속 사회의 문화를 내면화하기까지 오랜 의존기를 필요로 하는 것은 이 때문이다. 또 하나, 인간이 매우 다양한 문화에 대처하는 특출한 학습 기술들, 특히 제3장에서 다루었던 '삼중 사상寫像 문제'를 해결하는 기술들을 필요로 하는 것도 마찬가지 이유에서다. 이러한 학습 기술이 복잡한 인간 사회에서 요구되는 '마음 읽기mind-reading' 기술 혹은 '의도 귀속intention-attribution' 기술에 의존한다는 사실이 점점 명백해지고 있다. 아이는 부모의 말을 들으면서 그 말이 무엇을 가리키는지 알아내려고 노력한다. 그러기 위해서는 부모가 무엇에 '주의를 기울이고' 있는지 추적해야 하는데 여기에 이 기술들을 활용하는 것이다. 문화 전달 궤도가 제공하는 노다지 정보를 제대로 활용하기 위해 인간은 탁월한 학습 능력과 사고-모델화 능력을 발달시키는 방향으로 진화되어야 했고, 그 결과 이제는 이 능력을 '유전적 재능'으로 타고나게 되었다.

가장 많이 알려진 공동 진화 접근법들은 유전적 발달 경로와 문화적 발달 경로 간 상호 작용에 초점을 둔다. 예컨대 소 사육을 받아들이게 된 (문화적) 변화와, 우유로부터 이득을 보기 위해 유당 내성lactose tolerance을 기우게 된 (유전적) 변화가 주고받은 상호 피드백에 관심을 둔다. 언어의 역사도 같은 시각으로 바라볼 수 있다. 뇌와 음성기관이 보다 정교한 언어 체계를 배워 이득을 보는 데 최적화되도록, 점진적으로 발달해가는 음운·문법 장치[6]들이 다음 세대의 유전적 선택을 끊임없이 압박했을 것이다.

그러나 공동 진화는 문화와 유전자 간 상호 작용만으로 제한된 것이 아니다. 폭넓은 문화 궤도 내에는 언어와 여타 문화 간의 공동 진화 관계도 있는데, 다음 두 장은 바로 여기에 초점을 둘 것이다. 제8장에서는 언어와 습관적 사고방식 간의 관계를 살피고, 제9장에서는 일상의 '무의식적' 언어와 주의 깊게 선정된 '시적詩的' 언어—이 언어 사용이 가장 소중하고 강력한 개별 문화를 창조해낸다—간의 관계를 살펴볼 것이다. 종 다양성이 생물학에서 진화론의 발전을 가능케 했듯, 언어 다양성이 제공하는 여러 사례 연구를 통해 두 공동 진화 관계의 인과적 진화 모델을 각각 점검하게 될 것이다.

언어 자체의 기록화를 통해서만 연구가 가능했던 제2부, 제3부의 논의와 달리, 이제는 여타 공동 진화 요인으로 관심을 넓혀야 한다. 물론 순수 언어학 연구는 기본적으로 필요하다. 이를 통해, 낯선 요소들이 함께 발견되는 언어 체계, 혹은 구조적 특징이 잘 조합되어 있어 특정 가설을 검증해주는 언어 체계를 찾아낼 수 있다. 그러나 이를 넘어서, 연구 대상 문화에 대해 우리가 해야 할 질문은 급격히 늘어나고 있다. 이제는 사람들이 어떻게 생각하는지, 어린아이가 어떻게 배우고 주의를 기울이는지를 보여주는 심리학적 증거를 끌어들여야 한다. 또한 탁월한 창의성을 가진 개인이 어떻게 언어를 조합해내는지, 그리고 그들의 창작이 어떻게 다시 일상 언어 체계로 편입되는지를 이해하기 위해 시학이나 음악학에서 증거를 가져와야 한다.

언어학 부문에서도 데이터를 수집하는 기술이 발전되었다. 반통제 도출 semi-controlled elicitation 게임, 발화에 수반되는 제스처의 기록화, 주의를 모니터 하는 시선 추적eye-tracking, 대규모 말뭉치를 대상으로 한 세밀한 음성학적 분석 등이 그것이다. 예를 들어 대규모 말뭉치의 분석은 포착하기 힘든, 새로운 문법 범주의 초기 발달을 탐지할 수 있게 해준다. 세상의 무수한 언어를 가지고 고군분투해온 역사 속에서 흔히 그랬듯, 새로운 질문은 현장 언어학자들에게 관심 영역을 훨씬 더 확대하라고 요구하고 있다.

1_ Bloom(2001)

2_ 피진어pidgin와 크레올어creole가 언어 진화에 제공하는 증거에 대해서는 McWhorter(2001) 참조. 이 주제를 이 책에서 논의하기에는 지면이 부족하다.

3_ Webb(1969)

4_ 키리우크키리우크는 서부 아넘랜드 빙잉군웍어의 단어로서, 린네식 분류법으로는 로자리콩Abrus precatorius으로 알려진 아름답고 붉은 베리류를 가리키는 명칭이다. (지역 영어로 'jungle beads'라 하기도 한다.) 실에 꿰어 목걸이를 만들기도 하는데 치명적인 독을 품고 있다.

5_ Tomasello(1999a:527)

6_ 음운 · 문법 장치라는 것도 처음에는 언어를 잘 다루는 무명의 인물이 우연히 만들어낸 것일 확률이 높다.

제8장

마음의 격자^{格子}:
언어가 사고를 어떻게 훈련시키는가

Prise en elle-même, la pensée est comme une nébuleuse
où rien n'est nécessairement délimité.

Without language, thought is a vague, uncharted nebula.

언어 없이는, 사고란 그저 어렴풋하고 목록화되지 않은 성운星雲에 불과하다.
— Saussure(1979:155)

Мысль не выражается в слове, но совершается в слове.

Thought is not merely expressed in words;
it comes into existence through them.

사고란 단순히 단어로 표현된 것이 아니라, 단어를 통해 존재하는 것이다.
— Vygotsky(1962 [1934]:307)

언어마다 세계를 분할해내는 범주가 서로 얼마나 다른가에 대해서는 이미 여러 차례 살펴보았다. 세계 모든 언어 화자가 똑같이 가지고 있는 가상의 '정신어mentalese'를 상정하고, 개별 언어란 그저 정신어로 동일한 개념들이 각기 다른 명칭을 가지고 있는 것뿐이라고 단순화하는 것은 옳지 않다. 세상을 이해하기 위해 사용하는 수많은 개념은 바로 말을 배우는 과정 속에서 만들어지며, 그 결과 언어 환경에 따라 개념이 뚜렷이 달라진다.

서로 다른 언어는 서로 다른 사고방식을 낳는다. 어쩌면 뻔해 보이는 수준까지도 달라지기 때문에 어떤 언어를 말하고 이해하기 위해서는 마음속에 적절한 개념들이 준비되어 있어야 한다. '위든 아래든 두 세대 차이 나는 모계상의 친척'이라는 개념을 제대로 갖기 전에는 쿤윙즈쿠어의 단어 kakkak를 쓸 수 없다. kakkak는 예컨대 윗세대로 외할머니(어머니의 어머니), 혹은 외할머니의 오라비나 남동생, 아랫세대로는 여성의 경우 외손(자기 딸의 아이), 남성의 경우 누이의 딸의 아이를 모두 아우르는 개념이다. 제4장에서 살펴본 달라본어를 기억해보자. 촌수 관계의 짝수/홀수 여부를 구별하는 개념을 제대로 갖지 못하면, 문장을 만드는 데 아주 기본적이면서도 불가피한 주격 대명사조차 올바르게 구사할 수 없다.

제3장에서 살핀 아람바어처럼 친족 관계에서부터 수 개념까지 6에 기반한 수 체계를 가진 언어를 쓰려면 '6'의 각 거듭제곱에 통달해 있어야 한다. 예를 들어 217을 216+1=6^3+1로 볼 줄 알아야 한다. 남부 뉴기니 제어의 자연스럽고 일반적인 수 단위는 6의 네제곱인 1296이다. 예컨대 케라키어Keraki 화자들은 한 가족당 한 해 얌 수확이 최소한 1dameno는 되어야 한다고 하는데 여기서 1dameno가 바로 1296개다.[1]

마찬가지로 일본어를 하기 위해서는 영어에서 흔히 이용되는 천 단위보다는 만万 단위로 수를 묶어 암산할 수 있어야 한다. 영어에서 'ten million(십백만)'으로 표현하는 10,000,000을 일본어에서는 만 단위를 써서 '천만(1000,0000)'으로 표현한다.

이 개념들 중 짧은 시간에 도저히 계산해낼 수 없을 만큼 복잡한 개념은 없다. 그러나 어떤 단어를 말하거나 이해하려고 할 때마다 이를 계산하는 것은 간단한 일이 아니다. 마음속에서 언제든 사용할 준비가 되어 있어야 한다. 이 특이한 개념들을 유창하게 사용하는 데에는 아이들의 게임이 종종 큰 역할을 한다. 쿤윙즈쿠족 아이들의 게임 하나를 보자. 한 사람이 누군가의 친척명을 부르면, 호명당한 사람은 그 친척과 kakkak 관계에 있는 친척명을 바로 외쳐야 한다. 나는 아넘랜드 중심부에 있는 이카라칼Yikarrakkal이라는 곳에서 하룻밤 머물 때 아이들과 이 게임을 하면서 면목 없게도 연달아 진 경험이 있다. 반복 학습이 이미 이루어진 아이들은 속사포처럼 바로바로 대답했다. 그러나 나는 kakkak라는 개념이 무엇인지, 이들의 친족 체계가 어떤지 이론상으로는 알고 있었지만 매번 계산을 통해 생각해내야 했다.

화자의 마음속에 있는, 언어마다 다른 특정 개념language-specific concept의 구심성球心性은 여러 방식으로 드러난다. 무엇보다도 이 개념들은 같은 언어와 문화권의 구성원들이 같은 방식으로 사고하도록 만드는 역할을 한다. 심리학자 셸링Thomas Schelling이 고안한 '수렴 과제convergence task'라는 실험이 있는데, 이 실험은 다른 이들이 무엇을 생각하는지 예측하는, 즉 타인의 '마음을 읽는' 인간의 능력을 설명해준다. 그 테스트는 이런 방식으로 진행된다. 예를 들어 "잘 모르는 도시에서 파트너를 만나야 한다고 생각해보십시오. 어디서 만날지는 아직 약속하지 않았습니다. (어디서 만날까요?)"와 같은 질문에 두 피실험자가 따로따로 무언가 말해야 한다. (휴대폰이 나오기 전의 일이다). 두 사람의 공동 목표는 의사소통이 없는 상태에서 각자 상대가 뭘 추측할지 추측하는, 다시 말해 두 사람의 생각을 수렴하거나converge 조정하는coordinate 것이다. 셸링의 실험 대상자들은 대부분 성공했는데 이는 그다지 이상할 것이 없는 결과였다. 피실험자들의 답이 '중앙 기차역에서 가장 큰 벽시계 밑' 같은 상투적인 장소였기 때문이다. (셸링의 실험은 유럽인을 대상으로 한 것이었는데, 유럽인들은 기차역의 기능에 대해 비슷한 생각을 가지고 있다.)

셸링의 또 다른 질문은 '파트너와 똑같은 큰 수를 생각하십시오'라는 것이었다. 아나나 다를까 (유럽) 사람들은 천a thousand, 백만a million, 10억a billion이라고 비슷하게 답했다. 하지만 만약 이 테스트를 일본에서 했다면 사람들은 '만10million'이나 그 거듭제곱인 '억100million'이라고 대답했을 것이다. 둘 다 영어나 여타 유럽어 화자들을 대상으로 한 실험에서는 거의 나오지 않는 수다.

파푸아뉴기니의 공용어인 톡피신어의 'wantok(one talk)'이라는 단어는 이러한 생각을 고스란히 담고 있다. 같은 말을 쓰는 사람들끼리는 같은 사고방식을 가지며, 따라서 그들은 믿을 수 있고 그들에게 뭔가 부탁할 수도 있다고 생각하는 것이다. 지금까지 살펴본 아람바어, 일본어, 쿤윙즈쿠어의 예를 보면, 문화나 언어마다 다른 특정 개념은 화자에게 있어 무엇이 가장 중요한지를 결정할 뿐 아니라, 나아가 화자의 예측이 화자의 wantok들에게도 중요하도록 만든다. 다시 말해 공동 진화된 문화와 언어가 그 구성원들 사이에서 강력한 수렴 매개체가 되는 것이다.

언어 상대성 가설과 그 선구자들

같은 사회적 실재를 나타낸다고 볼 정도로 서로 비슷한 언어는 없다.
— Sapir(1949[1929]:162)

언어적 차이가 사고에 가져오는 결과는 어느 정도까지일까? 다른 언어를 쓰는 화자들은 실제 사고도 다르게 할까? 말하지 않는 상황, 혼잣말조차 하지 않는 상황에서도 그럴까? 우리가 지금 이야기하고 있는 것이 사고의 외부에 있는 무언가일까, 아니면 그저 습관화된 무언가일까? 아무튼 역사상의 천재들은 대개 자기 언어를 사용하는 사람들의 일상적 사고방식을 벗어나 사고했다. 어른이 되어 새로운 언어를 배울 때 사고 모드도 새로 배워야 하는 걸까? 이중 언어 사용자들은 사용 언어를 바꿀 때 사고 모드도 바꿀까?

비코, 헤르더, 훔볼트 등 낭만주의 사상가들도 이 질문들에 관심을 가졌다(제2장 참조). 그러나 언어 상대성이라는 개념을 20세기 전반의 논쟁거리로 만든 사람은 미국의 언어학자 사피어와 워프였다. 이들은 완전히 다른 개념 세계를 가지고 있는 누트카어Nootka, 쇼니어, 호피어 등 북아메리카 제어의 사례들을 통해 자신들의 우주론적 사색을 부풀려나갔다.

워프는 이 개념을 '언어 상내성 원리'로 정리했다. "현서하세 나른 문법을 사용하는 사람들은 바로 그 문법 때문에 서로 다른 방식으로 관찰하고, 비슷하게 관찰한 것도 서로 다르게 평가하며, 결과적으로 서로 다른 세계관에 이르게 된다."[2] 이 문제에 대한 워프의 관심은 호피어 화자 어네스트 나콰유마Ernest Naquayouma를 만난 1930년대에 좀 더 구체화되었다. 그 후 워프는 뉴욕에 살면서 나콰유마를 대상으로 호피어 연구를 시작했으며, 1938년에는 애리조나 주의 호피족 보호 거주지에 현지답사를 가기도 했다. 이 연구에 기반하여 워프는 다음과 같이 주장했다.

> 호피어는 우리가 '시간'이라고 부르는 것, 즉 과거, 현재, 미래 혹은 지속성이나 영구성 등을 직접 가리키는 단어도, 문법 형태도, 구문이나 표현도 없는 듯하다. (…) 따라서 호피어는 명시적이든 함축적이든 '시간'이라는 지시물이 없다. 그러면서도 호피어는 실제 운용 면에서 세상의 관찰 가능한 모든 현상을 제대로 설명하고 기술할 수 있다.[3]

시간을 선적 개념으로 이해하는 대신, 워프는 호피어에 '동인성eventuating'—세상의 연속적인 상태를 변화시키는 과정—개념을 상정했다. 이 개념은 주관성에 기반을 둔 여러 개념으로 확장되었다. 대강 비교하자면 미래에 대한 심적 투사로 '소망hoping'을 상정하는 것과 같은 식이다.

워프가 한 논의의 정취를 제대로 느끼려면, 내 설명보다는 그의 글을 직접 읽어보는 것이 좋을 듯하다. 현대 언어학자들의 기준으로 보면 유감스럽게도 그의 글은 실제 예문이 너무 적다. 그래서 워프가 제시한 것보다 많은 호피어를 알지 않는 한, 새로운 우주론이라는 그것이 손이 미치지 못하는 저만치에 있다는 감질나는 느낌을 주는 것도 사실이다. 그러나 그의 글을 읽다 보면, 시공간이라는 기층 존재론적 개념까지, 우리가 기존에 알고 있는 것과 완전히 다르면서도 나름의 정합성을 가진 물질세계 모델이 당연히 존재하리라는, 환각에 가까울 정도로 강력한 느낌을 받게 된다.

얼마나 가까이 연결된 것인가

Como lingüista conoce sólo las lenguas de los pueblos, pero no sus pensamientos, y su dogma supone haber medido éstos con aquéllas y haber hallado que coinciden.

As a linguist he only knows the languages of peoples, not their thoughts, and his dogma supposes the measurement of the latter to coincide with the former.

언어학자로서 그는 사람들의 언어만 알 뿐 사람들의 사고를 알지 못한다. 사고를 측량한다는 것은 언어를 측량하는 것과 같은 거라는 것이 그의 신조다.
— Ortega y Gasset(1983[1937])[4]

호피어 시간에 대한 워프의 논의가 매력적이기는 하나, 그의 연구는 경험적 결함과 절차적 결함이라는 두 가지 문제를 안고 있다.

경험적 결함이 드러난 것은 워프의 주장이 있은 지 몇십 년 후에 출판된 말로트키[Ekkehart Malotki]의 저서에서였다. 그는 호피어에서 시간에 대해 말하는 다양한 방법을 세부적으로 설명하는 책을 출판하면서 대담하게 책날개에 다음과 같은 호피어 문장을 인용했다.

pu' antsa pay qavongvaqw pay su'its talavay kuyvansat pàasatham pu' paw piw maanat taatayna[5]

|

then indeed, the following day, quite early in the morning at the
hour when people pray to the sun, around that time then he woke
up the girl again.

|

그리고 다음 날 이른 아침, 사람들이 태양을 향해 기도를 드리는 시간 즈음
에 그가 소녀들을 다시 깨웠다.

말로트키는 호피어가 아주 익숙한 문법 구조를 보인다는 사실을 제시하
여 호피어에 대한 환상을 산산조각 냈다. 호피어가 문법적 시제로 미래와 비미
래를 구별하며 좀 더 정확한 시간 지시 부사가 이를 보충한다는 것이다. 말로
트키 입장에서 보면 워프의 호피어 우주론이란 외부 입장에서 환상을 갖고 접
근한, 부적절한 현지조사가 빚어낸 허구에 불과했다.

워프 방법론의 절차적 결함은 훨씬 더 심각한 것으로 오랫동안 이 분야
에 후유증을 남겼다. 언어가 사고에 영향을 끼친다고 말하기 위해서는 각각 독
립적인 척도가 필요하다. 그렇지 않으면 특이한 언어 사례를 가지고 과장된 결
론에 이를 수 있다. 언어학적으로는 그 사례들을 이용해 그 언어가 어떻게 운
용되는지 설명하고, 심리학적으로는 사고의 직접적인 지표로 그 특이 사례들
을 취하는 식으로 말이다. 이러한 순환론적 절차는 기존에 주장된 언어와 사
고 간의 상호관계를, 다시 한번 똑같은 것을 측정하는 도구로 쓰는 꼴이다.

지난 몇십 년 동안 사피어-워프 가설은 정신분열증적인 운명에 시달려
왔다. 철학과 심리학 분야의 일부 심한 공격자들은 이 가설이, 눈을 가리키는
에스키모 단어의 수가 몇 개라는 둥의[6] 이야기를 들은 낭만주의적 대학생들
을 잠시 감염시키는 일종의 선열腺熱 같은 것이라고 폄하했다. 그러면서 결국
이 철없는 대학생들은 곧 냉철하고 정연한 세계로 돌아와 포더에게 동조하게
될 것이라고 보았다. 포더는 상대주의라면 질색하여 "섬유유리 모터보트 빼고
는 가장" 싫다고 한 철학자다.[7] 또한 최근의 저명한 과학도서, 핑커의 『언어 본

능The Language Instinct』에서는 사피어-워프 가설이 "완전히 잘못된 것wrong-all wrong'이라며, "언어가 그 언어 사용자의 사고방식을 빚어낸다는 과학적 증거는 없다"고 단언한다.[8]

그 대척점에서는 수많은 포스트모더니즘 학자와 인류학자가 극단적 상대주의를 파고들어 워프를 넘어서려 하고 있다. 이들은 시간, 공간, 인과성 등 존재론적 범주 면에서 반복적으로 나타나는 전 세계 단어들 간의 유사성을 별로 고려하지 않은 채, 다른 담론들이 궁극적으로 부적합하다고 주장한다. 언어가 사고를 형성한다는 믿음은 포스트모더니즘 학자들끼리의 학문 영역 밖에서도 건재하다. 정치 분야나 전반적 사회 정책 부문에서 일고 있는 언어 순화 추세만 봐도 그렇다. 예를 들어 '태아foetus'를 '태어나지 않은 아이unborn child'로, '맹인blind'을 '시각장애자visually impaired'로 바꾸거나, '의장'을 chairman 이라 하지 않고 단순히 chair라 표현하는 것은 언어가 사고를 형성한다고 믿기 때문일 것이다.

분명 사피어-워프 가설은 아직 논쟁의 여지가 있다. 그러나 그 가설이 제기하는 질문에 답하기 위해서는 언어학적 방법론을 넘어서서 심리학에서 개발된 실험방법론으로 눈을 돌려야 한다. 언어학적 방법론은 사람들이 무엇을 말하는지만 알 수 있을 뿐 어떻게 사고하는지는 알 수 없다. 심리학의 실험방법론은 언어의 간섭에서 벗어난 사고 그 자체를 포착하기 때문에 언어와 사고를 별개로 측정할 수 있게 해준다. 실제로 심리학자들은 더 나아가, '사고'를 표현representing, 범주화categorizing, 기억remembering, 추론reasoning과 같은 여러 범주로 나누고 있다. 즉 "언어 상대성이 제기하는 질문은 과연 배우는 언어에 따라 그 유도 기반이 달라지고, 이에 따라 화자들이 (부분적으로) 서로 다른 경험 범주에 의거해 표현하고 범주화하고 기억하고 추론하는가 하는 점이다."[9] 이런 방식으로 이 문제를 요소화해 나눌 경우, 실험을 통해 추적할 수 있고 보다 구체적인 심리학적 절차에 집중하기 쉬워진다. 이 장에서는 이 방법들에 대해 다룰 것이다.

이 책을 약간 남쪽으로 옮기시오

Bujuku kurrij, jirrkaanmaruth, ngudija riinki miburi.

Crane looked from the north, from the east he cast his eye.

왜가리가 북쪽으로부터 쳐다보았고, 동쪽으로부터 시선을 돌렸다.
— 카야르딜드어 화자 두갈 궁가라Dugal Goongarra가 들려준 이야기에서[10]

오랜 시간 굳어진 서구의 철학·심리학 전통에서는 공간에 대한 인간의 사고방식을 인류 보편적이며 타고난 것이라고 본다. 왼쪽:오른쪽, 앞:뒤, 위:아래처럼 신체 차원에서 구조화된 자아 중심의 좌표라는 것이다. '슈퍼마켓 문을 열고 들어가면 오른쪽에 냉동 생선이 있을 것'이라는 말 속에는 이러한 관점이 담겨 있다. 상상 속에서 자기 자신을 슈퍼마켓 입구에 있는 상대에게 투사하는 것이다. 그러나 최근 연구에 따르면 일부 언어에서는 공간 정보를 기호화하는 데 완전히 다른 언어 전략을 취한다. 심리학적 실험을 결합한 연구를 통해, 인간이 공간을 인지하고 다루는 방법에 있어 언어가 얼마나 깊이 영향을 끼칠 수 있는지 입증되었다.

우선 한 일화를 들어보자. 팻 가보리, 다윈 무두누티Darwin Moodoonuthi 등에게 카야르딜드어를 배우기 시작했을 때, 나는 돌연 완전히 새로운 공간 사고방식을 하나 추가하여 계속 여기에 신경 써야만 했다. 누군가의 말을 알아들으려면, 또 사람들이 알아들을 수 있는 식으로 내가 말하려면, 깨어 있는 매순간 나침반 방향에 맞추는 '절대 추산법absolute reckoning'을 이용해야 했다. 카야르딜드어에서는 처음 만났을 때부터 이 추산법이 이용되기 시작된다. 카야르딜드어에는 '안녕hello'이라는 말이 없다. 대신 "jinaa nyingka warraju?"라고 묻는데, '어디 가세요?where are you going'라는 뜻이다. 이에 대한 전형적인 대답은 "ngada warraju jirrkurungku", 문자 그대로 풀면 '북쪽으로 가요I'm going northward'라는 말이다.

나침반 방향에 맞추는 강박관념은 일상 대화에서도 계속된다. 불 속의 장작을 약간 남쪽으로 옮기라고 말해야 하며, 어둠 속에서 다가오는 낯선 사람에게는 "riinmali!"라고 외친다. '어이, 동쪽으로부터 다가오고 있는 너!hey you approaching from the east'라는 뜻이다. 이 방향 관념은 회상이나 꿈에서도, 심지어 상상 속 장면을 말할 때도 마찬가지로 적용된다. 지금은 고인이 된 또 한 명의 내 카야르딜드어 선생 두갈 궁가라가 내게 자기가 방금 만든 작살에 대해 자랑했을 때였다. 그 작살은 무시무시한 미늘이 몇 줄씩이나 있었다. 그가 말하기를, 그 작살로 민어를 찌르면 두 번째 미늘 부분까지 꿰뚫고 바다거북 지느러미를 찌르면 네 번째 미늘 부분까지 꿰뚫는다고 했다. 그리고 듀공을 찌르면 burrija bathinyinda thawurri, 즉 (작살) 서쪽 끝이 목을 뚫고 나온다the western end (of the spear) would come out of its throat고 했다. 그 작살은 새로 만든 것이라 아직 그런 일은 일어나지 않았던 터이니, 분명 그는 상상 속 상황을 묘사한 것이다. 그러나 그의 머릿속에서 듀공의 목은 여전히 나침반 방향에 맞춰져 있다. 이 말도 그렇거니와 카야르딜드어 화자들과 비슷한 대화를 나눠본바, 나는 이들이 생각할 때도, 상상할 때도, 꿈꿀 때도 마음속 장면을 나침반 방향에 맞춘다고 믿어 의심치 않는다.

물론 '오른쪽' '왼쪽'을 가리키는 단어도 있다. '오른쪽'은 junku이며 '왼쪽'은 thaku이다. 주로 두 단어는 나침반에 기반해 판단할 경우 코드값이 계속 바뀌게 되는 신체상의 위치를 표현할 때 사용된다. 예컨대 신체 왼쪽 부위에 통증이 있다는 식의 표현은 가능하다. 그러나 '오른편에 있는 책the righthand book' '왼쪽 길the path to your left'처럼 물체나 장소의 위치를 나타낼 때는 절대로 이 단어를 쓰지 않는다. 따라서 카야르딜드어를 구사한다는 것은 풍경으로 존재하는 세상이 나 자신보다 더 중요하고 객관적이라는 걸 배우는 것이다. 카야르딜드어 문법은 문자 그대로 모든 것을 제자리에 두고 판단한다. 표 8.1은 어근 ri-(동쪽)에 기반해 만들어진 카야르딜드어 파생어들이다. 나머지 네 방위에 대해서도 이에 상응하는 단어류가 있다.

내가 카야르딜드어를 배우기 전에 나침반에 맞추는 사고를 전혀 안 해본 것은 아니다. 이따금 오리엔티어링 경기[11]를 하거나 격자형으로 길이 나 있는

riya	동쪽east
rilungka	동쪽으로to the east, eastward
riyananganda	∼의 동쪽으로to the east of
rilumbanda	동부 사람easterner
riinda	동쪽으로부터의 이동moving from the east
riliida	동쪽으로 향함heading ever eastward
riliji	동쪽 멀리far to the east
rinyinda	∼의 동쪽 끝에at the eastern extremity of
ringurrnga	지리적으로 단절된 곳 너머의 동쪽east across a geographical discontinuity
riinkirida	동쪽에서 발화 지점 쪽으로 올 때 만나게 되는 경계선 at the boundary you meet moving from the east towards the point of speech
rimali	어이, 동쪽에 있는 당신!hey you in the east!
riinmali	어이, 동쪽에서 오는 당신!hey you coming from the east!
rilumali	어이, 동쪽으로 가는 당신!hey you going eastward!
rilumirdamirda	동쪽 듀공 서식지in the dugong grounds to the east
rilunganda	동풍easterly wind
rilurayaanda	동쪽에 있는 전날 밤 야영지previous night's camp in the east
rilijatha	동쪽으로 돌다turn (self) round to the east
rilijulutha	무언가를 동쪽으로 옮기다move something to the east; 머리를 동쪽에 두고 자다sleep with one's head to the east
rimarutha	동쪽을 바라보다look to the east
riinmarutha	동쪽으로부터 쳐다보다look from the east

표 8.1 어근 ri–(동쪽)에 기반한 카야르딜드어 파생어

도시를 운전할 때면 마치 보이스카우트가 된 듯 나침반 방향을 생각하곤 했다. 누군가 갑자기 북쪽이 어느 쪽이냐고 물으면 창밖으로 해나 그림자를 확인한 후 대답할 수도 있었다. 그러나 카야르딜드어를 구사하는 것은 전혀 다른 경험이었다. 늘 나침반 방향을 생각하고 거기에 주의를 기울여야 했으며, 마치 아내 이름이 기억나지 않거나 상대가 남자인지 여자인지 알아보지 못하는 것 같은 당황스러운 상황에 직면해야 했다.

이러한 심적 재프로그래밍 효과는 심리언어학자 슬로빈Dan Slobin이 말한 '발화를 위한 사고thinking for speaking'에서 기인한 것이다. 우리는 분명 단어 없이도 많은 생각을 할 수 있다. 그러나 우리가 어떻게 생각하든, 그 생각을 다른 이들에게 전달하려면 결국 그 생각을 단어로 만들어야만 한다. 바로 그 지점에서, 레벨트Pim Levelt가 '개념화 장치conceptualizer'라고 명명한 우리 마음속 비언어 부문이 언어화 전 단계의preverbal 메시지를 '표현장치formulator'로 보내야 한다. 표현장치의 임무는 그 메시지를 단어로 담아내는 것이다. 이 작업을 하도 반복하기 때문에, 마치 "메시지가 어느 정도는 목표 대상 언어에 '맞춰 조정되어야tune' 하는" 것처럼 보인다.[12] 다시 말해, 특정한 방식으로 말하고 들어야 하는 필요성이 거듭거듭 우리의 마음을 훈련시켜 현실의 특정 측면에 끊임없이 주의를 기울이도록 만든다는 것이다.

그러나 외부인 언어학자가 그 언어를 충분히 배우지 않은 상태에서 작성한 자기성찰 수준의 연구 보고서는 기껏해야 무언가를 시사해줄 뿐이다. 언어 구조가 어떻게 사고에 영향을 끼칠 수 있는지를 실제로 살피기 위해서는 일련의 심리학적 방법론을 도입해야 한다. 카야르딜드어를 대상으로 이 방법론을 시도했다면 환상적이었을 것이다. 그러나 불행하게도 잘 짜인 실험을 할 수 있게 된 1980년대에는 모든 게 이미 너무 늦어버린 상황이었다. 생존해 있는 화자는 너무 적고 나이도 너무 많았다. 일반적으로 심리학적 실험은 기술언어학 연구에서 요구하는 것보다—기술언어학적 연구는 그 시절에도 가능한 수준이었다—더 큰 규모, 더 다양한 연령층의 화자 공동체를 필요로 한다. 그러나 한편 운 좋게도 이러한 '절대' 체계는 카야르딜드어에만 국한된 것이 아니었다. 센트럴 오스트레일리아의 아렌테어와 케이프요크의 구구이미티르어 같은 또 다른 토착 언어들을 대상으로 보다 엄격히 통제된 조건 속에서 이 문제들에 대해 면밀히 살필 수 있었다. 이들 언어는 카야르딜드어와 비슷한 체계를 지니고 있는데, 카야르딜드어와 달리 아직도 실재 언어공동체에서 일상적으로 사용되고 있다.

퀸즐랜드 주 북동부 쿡타운 지역의 구구이미티르어는 가장 먼저 기록된 호주 원주민 언어다. 1770년 kangaroo라는 단어를 영어에 남긴 언어이기도 하다. 당시 쿡James Cook 대령과 함께 왔던 선원이 커다란 흑색 혹은 회색 캥거루종을 지시하는 gangurru라는 단어를 전사해놓은 것이다(세계 도처에서 전해 들은 도회풍 낭설에 따르면 이것이 '나도 모른다I don't know'는 뜻이라지만). 루터교회 선교사들이 그 언어에 호의적이었던 것이 얼마간은 긍정적으로 작용했던지, 호주의 토착어들이 소멸해버린 우울한 추세에 맞서 구구이미티르어는 영어가 들어온 지 3세기째인 지금도 근근이 살아남아 있다.

각각 1970년대와 1980년대에 구구이미티르어 현지답사를 위해 오지에 들어갔던 언어인류학자 해빌런드John Haviland와 레빈슨Steve Levinson은 구구이미티르어 화자들의 일상 대화와 이야기 속에 스며 있는 절대 추산법, 즉 카야르딜드어 화자들과 거의 같은 방식으로 공간을 인식하는 데 매료되었다. 두 학자는 모두 잭 밤비Jack Bambi라는 구구이미티르어 화자가 이야기를 하는 장면을 녹화로 남겼다. 녹화 시기는 달랐지만 그가 들려주는 이야기의 내용은 같았다. 상어가 우글거리는 바다에서 배가 전복되었는데 간신히 거기서 벗어났다는 이야기였다. 운 좋게도 두 상황에서 잭 밤비는 다른 방향을 보고 앉아 있었다. 녹화 자료에 대해 전사 작업을 하던 해빌런드와 레빈슨은, 두 장면에서 잭 밤비가 완전히 다른 방향으로 앉아 있었으면서도 이야기할 때의 손동작은 정확히 동일한 나침반 방향을 향하고 있다는 사실을 발견했다(그림 8.1, 8.2 참조). 유럽 사람들 시각에서 보면 구구이미티르어의 대화 스타일은 당혹스러움의 연속이다. 레빈슨이 아주 당황스러웠다고 회상하는 상황을 보자. 한 구구이미티르어 화자는 레빈슨이 45킬로미터 떨어진 가게의 냉동 생선 코너 위치를 잘못 알고 있다고 말하면서 오른손을 두 번 탁탁 쳐 '이쪽'이라고 손짓했다. 레빈슨은 그가 '가게에 들어가면서 당신 오른쪽'이라고 알려준 것이라 생각했지만 막상 가게에 가보니 냉동 생선 코너는 왼쪽에 있었다. 사실 구구이미티르어 화자는 '북동쪽'이라고 손짓한 것이었다. 그는 당연히 상대가 자기 손짓의 절대 방향을 주목하고 그 방향을 기억해두리라 생각했을 것이다.

추측항법dead-reckoning과도 같은 구구이미티르어 화자의 절대 추산 능력을 다양한 방식으로 확인한 결과, 이들은 관목으로 덮인 오지를 다닐 때도 늘 절대 추산법으로 공간과 방향을 인식하는 것으로 보인다. 해빌런드와 레빈슨

Dagugulnguynhayun, miidaarrinyarrbagurray.

Well, the boat was lifted up; it went like this.

"글쎄, 배가 치올라갔지. 이렇게 말이야."

Miidarrinyarrbath … thambarrin.

It lifted it up like that – and threw it.

"배가 이렇게 치올라갔어. 그러곤 떨어졌지.

그림 8.1, 8.2 상어가 우글거리는 바다에서 배가 전복되었던 이야기를 하고 있는 잭 밤비13
두 상황에서 잭 밤비의 몸은 다른 방향을 향하고 있다. 그러나 그의 손동작은 동일한 절대 방향을 향하고 있다. 첫 번째 사진(1980년) 속의 잭 밤비는 서쪽을 향해 앉아 있는데, 서쪽으로 전복된 배를 설명하기 위해 앞쪽으로 굴리는 손짓을 하고 있다. 북쪽을 보고 앉아 있는 두 번째 사진(1982년)에서는 비스듬하게 튼 방향의 손동작으로 서쪽으로 넘어간 배를 표현하고 있다. 들려진 그의 오른손을 보면 이 점이 분명히 드러난다.

은 관목으로 덮인 길을 가다가 도중에 차를 멈추고는, 사람들에게 잘 알려진 여러 장소를 골라 구구이미티르어 화자에게 거기가 어디쯤인지 가리켜달라고 물었다. 그리고 그곳을 가리키는 사람들의 손동작을 녹화했다. 120회 이상 진행된 실험에서 실제 방향에서 벗어난 곳을 가리킨 평균 오류율은 4퍼센트 이내였다. 근처 호프베일Hopevale 사람들을 대상으로 한 실험도 있었다. 마을 사람들 중 10여 명이 250킬로미터 남쪽으로 떨어진 도시 케언스Cairns에서 열린 토지권 회의에 참석하고 돌아왔는데, 그로부터 한 달 이상 지났을 즈음 그들에게 당시 묵었던 호텔 방과 회의실—방과 회의실에는 모두 유리창이 없었다—의 배치에 대해 질문했다. 회의실에 발표자와 칠판이 어느 방향에 있었는지, 호텔에 식당이 어느 위치에 있었는지 물었을 때 이들은 즉시 정확하게 대답했고 모든 이의 대답도 완전히 일치했다.

각기 다른 언어를 사용하는 화자들을 체계적으로 비교할 수 있는 실험상의 균형성을 확보하기 위해, 레빈슨이 이끄는 막스 플랑크 심리언어학 연구소 '언어와 인지' 팀 연구원들은 일련의 실험을 고안해냈다. 사람들이 공간적 배치를 어떻게 지각하고 범주화하고 기억하며 이에 대해 말하는지를 확인할 수 있는 실험들이다. 그중 하나가 바로 회전 실험이다. 실험실 탁자에 일렬로 늘어놓은 플라스틱 동물 인형—돼지, 양, 소—을 피실험자들에게 보여주고 그 배치를 기억하라고 한다. 그러고는 이들을 똑같은 탁자, 똑같은 동물 인형들이 있는 다른 방, 실제로는 방의 배치를 180도 돌려놓은 방으로 데리고 가 인형들을 아까 본 것과 동일하게 배치하라고 한다(그림 8.3 참조).

피실험자들의 인형 배치 방식은 둘 중 하나인데, 상황을 어떻게 지각하고 기억에 저장하는가, 즉 '상대적 틀'을 따르는가 '절대적 틀'을 따르는가에 따라 배치 결과가 달라진다. 전형적인 영어 화자라면 '돼지가 맨 왼쪽에 있고, 그 뒤에 양, 그 뒤에 소가 있다'는 식으로 기억할 것이다. 공간 배치를 자신의 신체 방향에 상대적인 틀로 코드화한 후, 그 방식대로 새 탁자에 동물 인형을 늘어놓을 것이다. 그러나 구구이미티르어 화자는 '돼지가 양의 남쪽에, 양이 돼지 북쪽에 있다'는 식으로 절대적 공간 배치를 기억하여 거기에 맞게 동물을 늘어놓는다. 180도 돌려놓은 방이라 자기 왼쪽에 있던 돼지가 새 방에서는 자기 오른쪽에 오게 되지만 이들에게는 그것이 전혀 문제되지 않는다. 그림 8.3 에서 '질대 체계' 응답이라고 표시한 쪽이 바로 그런 배치다. 이외에도 노미노처럼 늘어놓은 카드 배치를 기억하는 실험, 상대적·절대적 성향에 따라 채우는 방법이 두 가지인 미로 퍼즐의 빠진 부분을 채우는 실험 등 여러 실험이 이루어졌다.[14]

절대 전략과 상대 전략을 대표적으로 드러내는 세계 여러 언어를 대상으로 이와 유사한 실험을 반복했다. (또 하나, '내재적intrinsic' 전략도 있다. 차의 앞과 뒤처럼 그 물체 자체의 배치로 방향을 잡는 것인데, 여기서는 더 이상 다루지 않을 것이다.) 언어 면에서 둘 중 하나의 전략이 우세하면 실험에서도 예외 없이 동일한 방식으로 코드화된 결과를 보여주었다. 호주의 아렌테어, 나미비아의 하이콤어Hai//om,[15] 멕시코의 첼탈어Tzeltal, 솔로몬 제도의 롱구어Longgu 등 절대 전략이 우세한 언어의 화자들은 한결같이 절대 체계에 상응하는 응답을 보였다(그림 8.4 참조). 반면 네덜란드어, 일본어, 영어처럼 상대적인 코드화가 이루어지는 언어의 화자들은 상대 체계의 응답이 많았다.

이 실험들은 피실험자로 참여한 화자들의 인지활동과, 그들이 사용하는 언어의 코드화 유형 간에 강한 상호연관성이 있음을 보여준다. 그러나 필연적으로 언어와 사고 간에는 인과관계가 있는 것일까? 혹시 둘 다 그저 현저한 문화적 관행에서 기인한 것은 아닐까? 절대 체계로 바라보고 방향을 가늠하는 것이 중요하다는 것에 젖어 있는 문화에서라면, 사람들이 그저 아무렇지도 않게 절대 방향 체계로 생각하는 것을 배우고, 그런 식으로 말하는 빈도가 커지면서 언어 구조에까지 영향을 끼친 것은 아닐까? 그렇다면 이는 워프식의 효과라기보다는 (문화가 사고와 언어에 나란히 영향을 끼친) 병렬 인과관계의 사례에 해당될 것이다.

관련 조건들을 따로따로 분리해서 분석하기는 쉽지 않다. 그 방법 중 하나는 언어 체계에 나타나는 기이한 공백을 찾는 것이다. 예를 들어 멕시코 테네하파Tenejapa 주변에서 쓰이는 첼탈어의 한 변종 언어에는 지형地形을 공간 배치에 투사하는 방식의 절대 체계가 있다. 이 언어에서 북쪽은 '내리막downhill', 남쪽은 '오르막uphill'이다. 반면 동쪽과 서쪽은 둘 다 그냥 '건너편

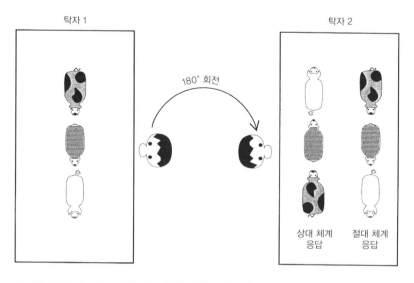

그림 8.3 절대 체계, 상대 체계의 공간적 성향을 식별하는 회전 테스트[16]

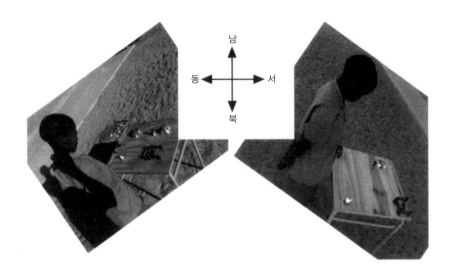

그림 8.4 공간 기억 실험에 참여한 나미비아의 아홉 살짜리 하이콤어 화자 리시아스 고보세브 Licias Goboseb

아이에게 탁자에 늘어놓은 농장 광경의 배치(왼쪽)를 기억하라고 한 뒤, 25미터 떨어진 곳에 방향을 90도 틀어놓은 탁자(오른쪽)로 아이를 데리고 가 기억한 대로 농장 광경을 재배치해보라고 했다. 세팅된 탁자를 보여주는 장면(왼쪽)에서는 아이가 남쪽을 향해 서 있으며, 재배치하는 장면(오른쪽)에서는 서쪽을 향해 서 있다. 하이콤어는 카야르딜드어나 구구이미티르어처럼 나침반에 기반한 절대 방향 체계를 사용하는데, 아이는 농장 광경을 정확히 나침반 방향에 따라 재배치했다. (예를 들어 축사가 서쪽 방향에 있다.) 자기를 기준으로 하거나, 탁자의 긴 쪽과 짧은 쪽을 기준으로 하면 그 배치는 확연히 달라졌을 것이다. (예컨대 암탉은 두 탁자에서 모두 북동쪽 모서리에 있는데, 아이를 기준으로 보면 원래 아이 왼쪽에 있던 암탉이 새 탁자에서는 오른쪽에 놓인다.)

across'이다. 오르막–내리막 대비는 어떤 상황에서든 완벽히 투사된다. 예컨대 집에서 멀리 떨어진 호텔에 남편과 묵고 있는 첼탈어 여성 화자가 남편에게 이렇게 물을 수 있다. "온수 수도꼭지가 오르막 꼭지예요?" 집에서라면 오르막(남쪽) 방향에 놓여 있을 수도꼭지를 가리키고 있는 것일 것이다.

이 특이한 첼탈어 체계의 결정적인 틈은 구체적 명시가 덜 되는 '건너편'에 있다. 기야르딜드어나 구구이미티르어처럼 나침반에 절대적으로 기반한 체계에서는 나타나지 않는 약점, 즉 혼동의 여지가 있다는 점이다. '건너편'이 동쪽도 될 수 있고 서쪽도 될 수 있기 때문에 'X가 Y 건너편에 있다X is across from Y'는 말은 정확한 방향을 명시하지 않는다. 첼탈어 화자를 대상으로 회전 기반의 추론 테스트를 한 결과,[17] 사람들은 사물의 위치가 '강한' 축선(오르막/내리막, 즉 남쪽/북쪽)으로 구체화될 수 있는 경우에는 절대 전략을 더 많이 구사했으며, '약한' 축선을 이용하여 방향을 맞추어야 하는 경우에는 상대 전략을 더 많이 사용했다. 문화가 언어와 사고에 영향을 준다는 단방향의 인과관계에 기대서는 이와 같은 결과를 설명하기 어렵다. 언어 체계에 특이한 비대칭성이 있으면 자연스럽게 인지적 선호가 달라진다는 사실을 보여주기 때문이다.

언어와 사고에 나타나는 동작의 흐름

And from the first declension of the flesh
I learnt man's tongue, to twist the shapes of thoughts
Into the stony idiom of the brain,
To shade and knit anew the patch of words
Left by the dead who, in their moonless acre,
Need no word's warmth.

▍

육체의 첫 번째 탈선으로부터
사고의 형태를 돌 같은 두뇌 속으로 쑤셔 넣기 위해

나는 인간의 언어를 배웠다.
말의 따스함이 너 이상 필요하지 않은
달빛 없는 곳에 있는 죽은 자가 남겨놓은
말을 새롭게 만들고 변화시키려고
나는 인간의 언어를 배웠다.
— Dylan Thomas(1988)

언어가 사고에 끼치는 영향을 살펴온 우리의 논의를 매듭짓기 위해 사건 세계와 연관된 세 가지 다른 분야를 고찰해보자. 사건이란 워낙 불명료한 것이기 때문에 언어마다 다른 방식의 사건 경계를 가질 확률이 높다. 이것이 바로 언어가 만들어내는 사건 경계다.

볼리비아와 페루, 칠레가 맞닿는 안데스 산맥의 아이마라어 화자들을 대상으로 한 최근 연구에서 아주 특이한 시간 은유 체계가 발견되었다. 영어도 그렇지만 세계 대부분의 언어는, 미래가 앞에 있고 과거는 뒤에 있다고 보는 공간-시간 은유를 사용한다. 예를 들어 카야르딜드어에서 '작년last year'을 뜻하는 buthanji yari는 '뒤behind'를 나타내는 어근 buda에 기반한 것이다. '봄의 끝자락으로 접어들고 있다we're coming to the end of spring'처럼 관찰자가 공간 속을 움직이는 은유를 사용하든, '봄의 끝자락이 다가오고 있다the end of spring is approaching'처럼 시간 그 자체가 관찰자를 향해 흐르는 은유를 사용하든, 미래가 앞에 있고 과거가 뒤에 있다는 범언어적 은유 체계는 그대로 유지된다.

그러나 아이마라어에서는 은유적인 시간의 흐름이 반대 방향으로 흐른다. 과거 표현은 '눈eye, 시야sight, 앞front'을 가리키는 Nayra에서, 미래 표현은 '뒤back, 뒤에behind'를 뜻하는 qhipa에서 파생된 것이다(표 8.2 참조).

시간을 바라보는 이 특별한 사고방식은 아이마라어가 가진 또 하나의 재미있는 특징, 즉 '정보 출처 표시data-source marking' 혹은 '증거evidentials'라는 특별한 문법 범주의 사용과 관련된 것으로 보인다. 제4장에서 살펴본 것처럼, '증거'란 화자가 자기 말의 정보 출처를 드러내도록 하는 문법적 주석 장치를 말한다. 언어인류학자 미라클Andrew Miracle과 모야Juan de Dios Yapita Moya가 아

어근	표현	의미	문자 그대로의 의미
Nayra	nayra mara	작년last year	앞의 해front year
	ancha nayra pachana	먼 옛날a long time ago	먼 앞의 시간at time far front
	nayra pacha	과거past time	앞 시간front time
qhipa	qhipüru	미래 어느 날a future day	뒷날behind day
	akata qhiparu	지금부터from now on	지금부터 뒷날day back from this
	qhipa pacha	미래future time	뒤 시간behind time

표 8.2 아이마라어의 과거·미래 표현

이마라어 화자들에게 "콜럼버스가 아메리카 대륙을 발견했다Columbus discovered America"라고 쓰인 텍스트를 보여주었을 때 그들은 의심에 찬 반응을 보였다. 아마 그들은 비웃듯이 "이 책의 저자가 정말 크리스토퍼 콜럼버스랑 거기 있었답니까?"라고 물을지도 모른다. 아이마라어에서 이러한 진술은 저자가 사건을 직접 목격했을 때만 가능하다. 그렇지 않고 다른 증거를 통해 알게 되었다든지 누군가에게 전해 들었다면 '발견했다discovered'라는 단어에 특별한 증거 표시 접미사를 붙여야만 한다.

증거란 시간과 무관할 수 없다. 과거의 일은 확신할 수 있지만 미래에 대해서는 확신이 불가능하기 때문이다. 또한 사람들은 대개 직접 본 것에 대해서만 확신한다. 따라서 눈앞 공간이란 확실히 알고 있는 (과거) 사건들이 일어난 곳이다. 다시 요약해보면, 사람은 과거 사건만 볼 수 있으므로(미래란 추측이나 추론이다), 보고 있는 눈, 눈앞의 공간과 과거 사이에는 명백한 연관성이 있게 된다. nayra라는 아이마라어 단어가 '눈eye'과 '앞front'을 동시에 의미하니 그 연관성은 분명해 보인다.

그러나 이러한 어원상의 연관성이 심리학적으로도 실제로 존재할까? 이러한 쓰임이 단지 아이마라어 화자들이 무의식적으로 사용하는 '죽은 은유'인 것은 아닐까? 영어 화자들 중에서 after라는 단어를 사용하면서 배의 선수-후미fore-and-aft와 시간 사이의 관련성을 생각하는 사람은 거의 없듯이, 아이마라어의 용법도 역사적 산물에 불과할 뿐 시간에 대한 화자의 사고방식과는 무관한 것 아닐까?

　이 문제를 해결하기 위해 누녜스Rafael Núñez와 칠레 연구원들은 18개월 동안 칠레 북부의 아이마라인들을 인터뷰하면서, 그들의 손동작을 분석할 수 있도록 이를 비디오테이프에 담았다. 인터뷰 첫 부분에서는 그들 사회에 앞으로 곧 있을 일들과 과거 관습에 대해 묻고, 두 번째로는 시간 표현에 대해 이야기하도록 주문했다. 화자의 손동작은 화자 자신의 인지 모델을 직접 드러내기 때문에 그 손동작이 아이마라어의 실제 단어와 관련이 있는지의 여부를 확인할 수 있을 것이라고 누녜스는 추론했다.

　스페인어 필수 교육도 그렇거니와, 스페인어로 언어를 바꿔야 경제 성장이 될 거라는 생각이 만연해 있어 아이마라어 화자들 간에도 언어 교체가 한창 진행 중이다. 인터뷰 대상자의 연령을 다양하게 하고, 어떤 언어를 더 우세하게 사용하는가 하는 변수도 다양하게 선택함으로써, 아이마라어만 쓰는 화자부터, 아이마라어와 스페인어를 각각 다른 비중으로 사용하는 이중 언어 화자들, 아이마라인이지만 스페인어만 쓰는 화자들까지 전 범위에 걸쳐 조사를 진행했다.

　누녜스 일행은 최소한 언어 교체 과정의 양 극단에 있는 화자들의 경우, 우세하게 사용되는 언어의 시간 은유 체계를 손동작이 그대로 보여준다는 점을 발견했다.

　아이마라어를 주로 쓰는 노년층 화자는 과거에 대해 말할 때 끊임없이 앞쪽을 가리켰으며(그림 8.5 참조) 미래에 대해 말할 때는 어깨 너머 뒤쪽을 가리켰다. 아이마라어 은유 체계와 일치하는 손동작이다. 반면, 나이가 좀 더 젊고 스페인어를 더 많이 쓰는 화자의 경우는 스페인어 (혹은 영어) 화자처럼 미래를 말하면서 앞쪽을 가리키고, 과거를 표시할 때는 뒤쪽을 가리켰다(그림 8.6 참조).

　흥미롭게도 '과거가 앞'인 손동작 체계는 나이가 많은 화자들에게 유지되고 있는데, 설령 이들이 스페인어를 구사할 때라도 손동작은 달라지지 않는다—이들의 스페인어란 본질적으로 아이마라어 틀에 스페인어가 유입된 '안데스 스페인어Andean Spanish'다. 과거에 대한 은유 방식이 몸에 깊이 배어 이들이

01:13:11	01:13:14	01:13:17
(a)	(b)	(c)

그림 8.5 노년층 아이마라어 화자의 손동작18
스페인이 들어오기 이전 시절의 선조들을 언급하면서 앞으로 뻗는 손동작을 하고 있다.

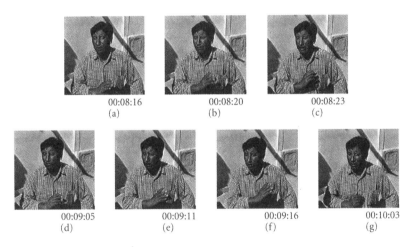

00:08:16	00:08:20	00:08:23
(a)	(b)	(c)

00:09:05	00:09:11	00:09:16	00:10:03
(d)	(e)	(f)	(g)

그림 8.6 좀 더 젊고 스페인어를 쓰는 아이마라 사람의 손동작19
자기네 문화의 천 년 역사를 이야기하면서 뒤로 향하는 손동작을 하고 있다.

다른 언어를 구사할 때도 그 은유가 유지됨을 시사한다.

누녜스 일행의 연구는 새로운 여러 가지 문제를 제기한다. 좀 너 균형 잡힌 이중 언어 화자들은 어떨까? 두 손동작 체계 속에서 앞뒤를 바꾸는 사람도 있을까? 말을 전혀 하지 않는 비언어적 추론 작업에는 이 손동작 체계가 어떻게 영향을 끼칠까? 이미 명백한 사실은, 아이마라어의 특이한 시간 개념이 단순한 단어-은유를 넘어서서, 비언어적 인지 체계까지 훨씬 더 구석구석 스며 있다는 것이다. 그들의 손동작만 봐도 알 수 있다. 아이마라어 단어에 대한 정보를 넘어 실제 그들의 손동작을 본 이상, 그들이 시간에 대해 어떻게 사고하는지는 더욱 확실하게 말할 수 있다.

마지막으로 제3장에서 다루었던 언어 간의 차이, 즉 언어가 동작 사건을 분할하는 방식의 차이를 다시 떠올려보자. 제3장에서 다룬 탈미의 원래 논의는 다만 언어 구조에 대한 것이었으나, 슬로빈[20] 등의 최근 연구에 힘입어 (언어) 구조적 차이가 어느 정도까지 사고에 영향을 끼치는지 알게 되었다.

영어 같은 언어들은 구르기rolling, 깡충깡충 뛰기skipping, 비틀거리며 걷기staggering, 뛰놀기gambolling 같은 '방식manner' 정보를 절의 핵(동사)에 둔다. '경로path' 정보는 (1)처럼 불변화사나 전치사 같은 '위성 단어'로 표현되는데, 이러한 이유로 영어 같은 언어를 '위성형satellite-framed' 언어라 한다. 반대로 경로 정보를 동사로 표현하는 언어들을 '동사형verb-framed' 언어라 하는데, 이 경우 방식 정보는 부가되는 동명사 표현으로 구체화된다. 예를 들어 스페인어에서는 (1)의 문장이 각각 'he descended the roof (rolling)' 'the bottle entered the cave (floating)'으로 표현된다.

(1) ㄱ. He rolled down the roof.
        (그가 지붕을 굴러 내려갔다)
     ㄴ. The bottle floated into the cave.
        (병이 둥둥 뜬 채 동굴로 들어갔다)

슬로빈의 심리언어학적 연구는 기본 구조 틀이 어떻게 결정되는가에 따라 여러 인지적 차이가 비롯된다는 점을 보여준다. 스페인어나 터키어 같은 언어에서는 방식 표현과 경로 표현이 통사적으로 분리되어 있을 뿐 아니라, 흔히 별개의 절로 나오는 방식 표현('rolling')이 수의적으로 나타난다. 이 같은 경로형path-framed 언어의 화자들은 방식 표현을 더 늦게 띄엄띄엄 배우며, 방식에 대해 덜 주목하고 덜 기억한다. 또한 글을 읽을 때 심상도 상대적으로 덜 풍부한 편이다. 기타Sotaro Kita와 외쥐렉Aslı Özyürek의 실험에서 보듯이 손동작마저도 다를 수 있다. '길 아래로 굴러 내려가는 사람someone rolling down the street'을 묘사하는 영어 화자의 손동작은 전형적으로 아래로 향하는 손동작과 구르는 손동작이 통합되어 있다(그림 8.7). 그러나 방식과 경로를 별개의 절로 분리하는 터키어나 일본어 화자들은 손동작도 말하는 것처럼 두 단계, 즉 구르는 단계와 움직이는 단계로 나눠서 하는 편이다(그림 8.8~8.11 참조).[21]

Blicking the dax: 서로 다른 언어가 다른 사고를 키워가는 방식

존재론은 언어학philology을 되풀이한다.
— 제임스 그리어James Grier[22]

우리는 모든 아이가 표현하려고 하는 기본적인 의미 개념들이 있을 것이라는 기대로 연구를 시작했다. (…) 우리는 학습자가 자기 언어에 따른 차이에 얼마나 충실한지를 발견하면서 재차 놀랐다. (…) 그러다 보니 나름의 표현 세계를 형성하는 데 관여하는, 개별 언어의 강력한 역할에 새롭게 주목하게 되었다.
— Berman & Slobin(1994:61)

만약 서로 다른 언어를 구사하는 성인이 다른 범주를 사용하여 사고도 달리한다면 어떻게 그 단계에 다다르는 것일까? 또 언어 습득 과정에서 그 단계는 얼마나 이른 시기에 찾아오는 것일까? 이 질문에 답하기 위해서

(a) 영어: He rolls down the street into a bowling alley.
그는 거리를 굴러 내려와 볼링장으로 들어갔다.

(b) 터키어: Yuvarlana yuvarlana gidiyor
rolling rolling goes
(고양이가) 구르면서 간다

(c) 일본어: koo nanka   kaiten−shi−nagara booru−mitai−ni   korogari−ochi−te−t−te
like somehow rotation−do−as   ball−like−DATive roll−fall−CONNective−go−CONNective
이렇게 뭐랄까, (그가/그녀가) 구르면서 공처럼 굴러떨어져가고

그림 8.7 ~ 8.11 영어, 터키어, 일본어에서 구르는 이동 사건을 표현할 때 나타나는 손동작23

는 영어와는 다른 방식으로 세계를 범주화하는 의미 구조를 가진 언어들을 찾아내고, 그 언어를 배우는 아이들의 언어 습득 과정을 살펴, 언제 그리고 어떻게 아이들이 실재reality를 파악하는 나름의 범주들을 갖게 되는지 알아내야 한다.

누군가 자기가 모르는 언어의 단어를 듣고 그게 무슨 뜻인지 알아내려고 할 때 맞닥뜨리게 되는 논리적 문제를 떠올려보자. 이 문제는 철학자 콰인이 『단어와 사물Word and Object』이라는 저서에서 제기한 것이라 흔히 '콰인의 난제'로 알려져 있다. 하얀 토끼가 나타난 것을 보고 잘 모르는 언어의 Gavagai라는 단어를 들었다고 가정해보자. 이 단어의 뜻이 '야! 토끼다!'인지 '토끼'인지 '동물'인지 '흰색'인지, 아니면 '토끼의 특정 움직임'인지 어떻게 알 수 있을까?

언어를 배우는 아이들이 겪게 되는 상황에 가깝게 다시 예를 들어보자. 엄마가 자기를 데려가면서 blick[24]이라고 말하는 걸 들었다고 가정해보자. 이 단어의 의미가 영어의 'carry'처럼 일반적인 옮김의 뜻인지, 특별 장치를 이용하여 아이를 옮긴다는 뜻인지, 아니면 첼탈어의 동사 pet이 가리키듯(표 8.3 참조) 두 팔로 안아 옮긴다는 뜻인지 어떻게 알 수 있을까? 분명 아이는 갖가지 다른 상황 맥락에서 반복적으로 나타나는 그 단어에 대한 기억을 종합하여 각 상황에 공통적이었던 요소가 무엇이었는지 살펴야 할 것이다.

'carry'와 같은 예는 특정 어휘 범주에 속하므로 이를 해결해봐야 단어

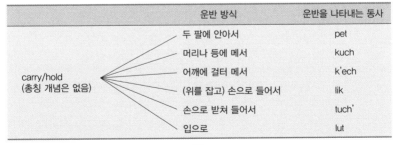

	운반 방식	운반을 나타내는 동사
	두 팔에 안아서	pet
	머리나 등에 메서	kuch
	어깨에 걸터 메서	k'ech
carry/hold (총칭 개념은 없음)	(위를 잡고) 손으로 들어서	lik
	손으로 받쳐 들어서	tuch'
	입으로	lut

표 8.3 첼탈어에서 운반을 표현하는 여러 가지 방식[25]

하나의 용법을 알 수 있을 뿐이다. 하지만 아이들은 좀 더 일반적인 문제들도 해결해야 한다. 예를 들어 물질substance과 사물object 간의 기본적인 구분이 있을까? 다시 말해, 아이들이 가산명사count noun와 비가산의 물질명사mass noun로 단어를 구별할 필요가 있을까? 가산명사라면 영어의 'two apples'처럼 직접 그 수를 표현할 수 있고, 물질명사라면 'two sheets of paper, two slices of bread'처럼 이들을 계량하는 특정 단어와 함께 써야 한다. 사물과 물질 간의 경계가 있다면 그 경계는 어디일까? 왜 스푼에 콩 두 개two chickpeas 를 올려놓을 수는 있으면서, 삽에 두 자갈two gravels을 올려놓을 수는 없을까?

알려진 바대로 영어는 문법적으로 사물과 물질을 아주 뚜렷이 구별한다. 사물은 'two candles'처럼 복수 접미사(–s)를 취할 수 있고 수 표현과 직접 결합하는 가산명사로 표현되며, 물질은 물, 옥수수죽, 자갈처럼 물질명사로 표현된다. 문법적으로 물질 부류의 개체는 직접 셀 수 없고 이들을 계량한 다음 two buckets of water(물 두 양동이), three spoonfuls of mush(옥수수죽 세 스푼), four spadefuls of gravel(자갈 네 삽) 등으로 표현해야 한다. 콰인은 아이들의 문법에 나타나는 가산명사 대 물질명사라는 문법적 차이가 사물과 물질 간의 존재론적 구별을 이끄는 것이라고 생각했다.

그러나 모든 언어가 영어 같은 것은 아니다. 유카테크어와 일본어는 계통상 아무런 관련이 없지만 두 언어 모두 명사의 복수 굴절이 없고, 사물을 나타내든 물질을 나타내든 상관없이 모든 명사에 'two slices of bread'에 해당되는 구성을 이용한다. 일본어의 경우 모든 명사에 '수＋분류사' 구성이 쓰이며 분류사가 대단히 많아 명사 부류에 따라 달리 사용된다. 예를 들어 동물에는 hikiひき[匹], 새에는 waわ[羽], 신발에는 sokuそく[足], 편지에는 tsuuつう[通], 책에는 satsuさつ[册], 긴 원통 모양 물체에는 honほん[本]을 쓴다.

분류사 선택 그 자체가 사물과 물질의 차이에 대한 단서를 줄 것이라 생각할 수도 있다. 예를 들어 다음 문장에서 보듯이 수 표현 뒤에 잘 붙는 hon은 연필처럼 길고 가는 사물에 결합한다.

(2) enpitsu ga   ni-hon   arimasu

pencil Subject.marker   two-long.thin.cylindrical   be

연필 주격 표지   둘-길고 가는 원통 모양   있다

연필이 두 자루 있다.

그러나 hon은 길고 가는 모양으로 만든 물질(버터 스틱), 길고 가는 모양의 용기에 담긴 물질(튜브에 담긴 물)에도 결합할 수 있다. 콰인의 입장에서라면, 유카테크어나 일본어의 문법은 물질과 사물의 존재론적 차이를 습득하는 데 필요한 체계적인 언어학적 단서를 아이들에게 주지 않는 셈이다[26]. 두 언어 속에서 자라는 아이들이 물질과 대상 간의 구별을 개발해나가는 데 이러한 사실이 영향을 미칠까?

심리학자 이마이Mutsumu Imai와 겐트너Dedre Gentner는 일본어와 영어의 서로 다른 문법 양상이 각 언어 화자들에게 영향을 끼치는지 알아보기 위해 두 언어 화자들을 대상으로 실험을 했다.[27] 일본어 화자와 영어 화자들이 새로운 단어를 접했을 때 물질/사물 구별을 어떻게 적용하는지 알아보기 위한 실험이었다. 2세 이상의 화자를 대상으로 피실험자들에게 새로운 물건을 보여준다. 그리고 "Look at this dax!(이 dax를 보렴)" 혹은 "Kore wa dakusu [dax] desu(이게 dax란다)"처럼 문법적으로 올바른 문장에 'dax'라는 명칭을 넣어 피실험자들에게 제시했다. 피실험자들에게 보여주는 새로운 제시물은 다음 세 가지 중 하나로 했다.

- 복합 사물: 명백한 내적 구조 때문에 '사물로 추론할' 가능성이 높은 것
- (무형의) 물질: 헤어 젤이나 모래처럼 '물질로 추론할' 가능성이 높은 것
- 단순 사물: 콩팥 모양으로 빚은 찰흙처럼, 단일 재료로 단순한 모양을 만든 것

실험 설계에서 결정적인 것은 마지막 범주인 단순 사물이다. 이들은 단서로서 애매하기 때문이다. 즉 존재론적 경계가 어디에 그어지는가에 따라 물질로 분류될 수도 있고 사물로 분류될 수도 있다.

아이들에게 여러 유형의 제시물을 보여주고, "dax가 있는 쟁반이 또 어떤 건지 가리켜볼까?"라는 질문을 통해 또 다른 예를 찾아보라고 했다. 쟁반에는 같은 재료로 만든 다른 사물을 놓기도 하고, 다른 재료로 만든 동일한 사물을 놓기도 했다. 만약 dax가 물질 이름이라고 생각한다면 같은 재료의 다른 사물을 고를 것이고, 반대로 dax가 사물 이름일 것이라 추론한다면 재료는 달라도 같은 모양의 사물을 고를 것이다. 만약 인간의 존재론이 언어와 별개의 것이라면 영어 화자나 일본어 화자의 범주화는 다르지 않아야 한다. 반대로 언어가 존재론을 구조화한다면 두 화자의 범주화에 차이가 날 것이다.

dax 실험의 결과는 애매모호했다. 일본어권 아이들과 영어권 아이들은 전반적으로 범주화에 있어 큰 차이를 보이지 않았다. 두 그룹 모두 복합 사물은 사물로 판단했다. 물질과 사물 간의 기본적인 범주화가 언어와 무관하게 존재함을 방증한다. 그러나 단순 사물과 물질을 판단하는 데는 두 그룹이 나뉘었다. 영어권 아이들은 단순 사물을 제시했을 때 똑같은 모양의 다른 dax를 골랐고, 물질을 제시했을 때의 반응은 일정치 않았다. 반대로 일본어권 아이들은 제시물이 물질이었을 때 동일 물질로 된 다른 dax를 골랐으며, 단순 사물을 제시한 경우 일정치 않은 반응을 보였다. 이러한 결과는 워프식 견해에 좀 더 가까운 것이었다. 즉 가산명사에 맞춰진count-noun-oriented 영어 문법이 단어 학습에 있어서 사물 추론을 선호하게 하고, 가산명사와 물질명사의 차이를 염두에 둘 필요가 없는 일본어 문법이 물질 추론을 선호하게 한다는 것이다.

원래의 dax 실험은 아이들이 새로운 단어의 의미를 배우는 데 있어 언어 자체와 연관된 영향이 존재하는가의 여부를 확인하려는 것이었다. 그러니 이 실험은 언어를 쓰지 않을 때도 아이들이 정말 세계를 다른 식으로 추론한다는 사실을 보여주지 못한다. 이를 밝히려면 만들어진 단어를 전혀 개입시키지 않고 단순히 아이들에게 '동일한' 물체를 고르라고 하는 방법이 적당하다. 그래서 이마이와 마주카Reiko Mazuka는 다른 방식의 '무단어 실험'을 시도했다.[28] dax 같은 명칭을 사용하지 않고 단순히 피실험자들에게 제시물과 '같은 종류의' 것을 고르라고 주문한 것이다.

연구 결과는 대단히 흥미로웠다. 단어를 제시하지 않은 실험에서 영어권의 4세 아이들은 영어권 성인이 아닌 일본어권 아이들과 유사한 결과를 보여주었다. 이를 볼 때, 영어권 아이들이 더 어렸을 때는 재료에 주의를 기울이다가 영어 학습을 통해 점차 모양과 사물 추론에 집중하는 성향을 갖게 되는 것으로 보인다. 재료에 대한 집중은 일본어권 4세 아이들과 영어권 4세 아이들 모두에게 나타나는데, 이 집중이 일본어 화자의 경우 성인까지 유지되지만 영어권의 성인 화자에게는 발견되지 않는다. 이러한 사실은 또 다른 의문을 제기하게 한다. 배우는 언어에 따라 얼마간 달라질 수 있다 해도, 어쨌든 모든 아이가 처음 갖게 되는 '본래적wild type' 주의 집중이라는 것이 존재하는가 하는 점이다.[29]

이 연구들은 언어 학습이 세상 전체를 바꾸지는 못하더라도 확실히 범주화에 영향을 끼친다는 것을 보여준다. 영어 화자와 일본어 화자들은 모두 물질과 사물을 구별하며, 명백한 사례들에 대해서는 동일한 방식으로 범주화한다. 두 화자의 선택이 달라지는 건 불명확하고 모호한 사례의 경계를 그을 때인데, 각 언어들이 세계를 달리 조각해내는 영역도 바로 이 무른soft 영역이다. "주어진 개체의 지각적 행동 유도성perceptual affordance이 개체의 지위를 강하게 시사할 때는 사람들의 자동적인 추론에 언어가 영향을 끼칠 여지가 거의 없다. (…) 개체의 지각적 행동 유도성이 약하고 모호할 때 (…) 언어는 최대한의 영향력을 발휘한다. 인간의 인지란 전적으로 보편적인 것도, 전적으로 다양한 것도 아니다."[30]

위 연구에서 가장 어린 피실험자 어린이는 3세였다. 바워먼Melissa Bowerman과 최순자Soonja Choi는 일련의 연구를 통해 이보다 더 어린 시기에 언어가 사고에 어떤 영향을 끼치는지 밝혀냈다. 사물의 배치placement와 제거removal를 가리키는 단어의 의미장을 소재로 한 실험 연구였다.

영어 단어 'put'은 다른 사물에 대한 특정 사물의 공간적 위치를 명시하는 동사인데, 총칭성이 매우 강하다. 따라서 흔히 'in'이나 'on' 같은 전치사가 뒤따라 결합하는데, '넣음containment'이라는 범주에 주목하면 전치사 in을, '떠받침support'이라는 범주에 주목하면 전치사 on을 쓴다. 펜을 상자에 넣거나put a pen in a box, 나무못을 구멍에 넣는put a peg in a hole 것은 넣음의 예이며, 책을 다른 책 위에 놓거나put a book on another book, 레고 조각을 다른 조각 위에 올리는put one lego piece on another 것은 떠받침의 예다.

한국어에서는 동사들이 다른 관계에 초점을 맞춘다. 예를 들어 '끼다'[31]라는 동사는 밀착성tightness, snugness에 초점을 두어 '이동하여 다른 것에 꼭 들어맞게 되다'라는 뜻을 가진다. 여기에 영어의 in 대 on으로 표현되는 '넣음' 대 '떠받침'의 구별은 없다. '빼다'는 꼭 맞는 상황에서 꺼내는 반대 의미를 띤다. 영어 'put on'과 'put in', 한국어 '끼다'가 각각 사건 공간을 분할하는 모습을 개략적으로 그리면 그림 8.12와 같다.

'끼다'/'빼다' 같은 동사가 있다는 것은 한국어 화자들이 영어 화자들보다 꼭 맞는 밀착성에 더 주의를 기울여야 함을 시사한다. 이것을 실험으로 증명할 수 있을까? 만약 가능하다면 아이들은 얼마나 이른 시기에 이러한 차이를 알게 되는 것일까?

새로운 실험 기술을 통해 아직 말을 못 하는 유아의 관심을 추적할 수 있게 되었다. 특별한 장비를 갖춘 유아 전용 실험실에서 비디오 모니터를 통해 아기들에게 자극을 제시한 후, 동공 추적 장치로 아기들의 시선 방향을 모니터링하는 것이다. 아기들은 방금 본 범주가 반복되는 장면을 더 오래 응시하기 때문에 그들의 범주 구조를 관찰하는 것이 가능하다.

아기들이 영어의 'put in'이나 한국어의 '끼다'와 같은 범주를 언제 갖기 시작하는지 어떻게 확인할까? 우선 아기들에게 'put in' 범주와 '끼다' 범주에 모두 맞는 상황과 둘 다 맞지 않는 상황을 대비할 수 있는 '융합 쌍conflated pair'의 그림을 제시한다(그림 8.13 참조). 그리고 영어권 아기에게는 "where's she PUTTING IT IN?"이라고 묻고 한국어권 아기에게는 "어떤 그림에서 <u>끼고</u> 있어요?"라고 묻는다. 두 번째로 '분리 쌍split pair'의 그림을 제시하면서 똑같이 묻는다. 하나는 큰 그릇에 작은 사물을 넣는 그림처럼 'put in' 상황은 유지되지만 '끼다'로 기술될 수 없는 그림이고, 다른 하나는 딱 맞게 죄는 원형 고리를 나무못에 끼우는 그림처럼 '끼다' 상황은 유지되지만 'put in'으로 기술될 수 없는 그림이다. '융합 쌍' 그림과 '분리 쌍' 그림의 제시 순서는 무작위로 하고 충

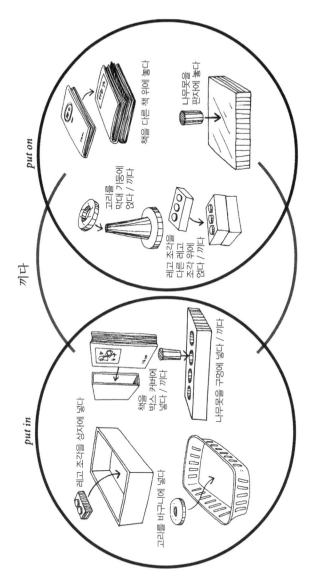

그림 8.12 영어와 한국어의 배치-사건 범주화 비교32

분히 많은 수의 피실험자를 확보하는 등 모든 관련 변수를 통제한다.

만약 아기들이 이미 모국어에 적절한 개념을 배우고 있다면, 쳐다보기 좋아하는 그림 쌍이 서로 달라야 한다. 한국 아기들은 '끼다' 범주가 연속되는 장면 변화(그림 8.13의 2번 다음에 3번)를 더 오래 응시하고, 영어권 아기들은 'put in' 범주가 연속되는 장면 변화(그림 8.13의 2번 다음에 4번)를 더 오래 응시해야 한다. 바로 이것이 바워먼과 최순자가 발견한 결과다. 아주 놀랍게도 이들은 18~23개월의 아기들이 이미 자기 언어의 각 범주를 알고 있다는 사실을 알아냈다. 아기들이 이해하기는 하지만 아직 말하지는 못하는 언어학적 범주가 아기들의 개념 형성을 추동하고 있었던 것이다.

최순자와 동료 학자들은 후속 실험에서 아기들의 연령을 더 낮추어, 각각 영어와 한국어를 모국어 환경으로 가진 9개월, 11개월, 14개월 아기들이 편견 없이 양 차원에 다 주의를 기울이는지 조사했다.[33]

이번 실험에서는 단순히 아기들이 어떤 사건들을 유사한 것으로 판단하는지를 알아보기 위해 언어적 명칭 없이 자극을 제시했다. 아기들에게 우선 한 범주의 사례들을 연속적으로 보여주고 다음에 새로운 변수를 보여주었다. 실험을 통해, 어떤 모국어 환경을 갖든 이 정도 월령의 아기들은 두 대조군 모두 쉽게 학습한다는 것이 확인되었다. 9~14개월의 아기들은 양쪽 가능성에 모두 열려 있다. 자기 언어에서 나중에 필요로 하게 될 대조 차원이 어떤 것인가에 대한 판단이 유보되어 있는 것이다. 이와 대조적으로 성인은 이러한 포용성open-mindedness이 없다. 영어권의 성인 화자는 반복된 실험 속에서도 딱 맞는 것과 헐렁하게 맞는 것을 구별하지 못했다. 재미있게도 이 대조에 대한 영어 화자의 감응성은 생후 36개월 즈음, 의미론적 차원에서 끼어드는 영어 어휘들(put in, put on)을 습득하게 되면서 거의 사라진다.

인간이라는 독특한 종의 성인으로 발달해가면서 일부 유전자 코드가 꺼지듯이, 한 언어에 익숙해지면서 유아기 시절 가지고 있던 다양한 갈래의 주의력은 위축된다. 그런 차원들은 다른 언어 화자들이나 신경 쓰라고 내팽개치는 셈이다. 바워먼과 최순자의 연구가 보여주듯, 특정 언어가 독특하게 가진 의미 범주에 온 관심을 집중하는 이 과정은 생후 2년 동안 이미 반쯤 진행된다. 음

꼭 맞게 안에 넣는 상황을 제시하는 '융합 쌍'

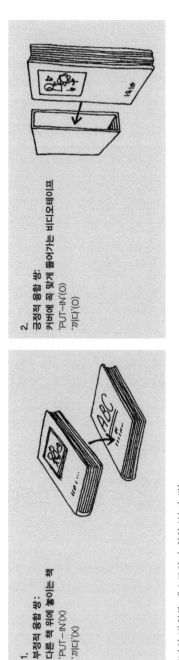

1.
부적절 융합 쌍:
다른 책 위에 놓이는 책
'PUT−IN'(X)
'끼다'(X)

개념의 범위를 테스트하기 위한 '분리 쌍'

3.
대롯에 꼭 조게 연하는 마개
'PUT−IN'(X)
'끼다'(O)

2.
긍정적 융합 쌍:
커버에 꼭 맞게 들어가는 비디오테이프
'PUT−IN'(O)
'끼다'(O)

4.
우목한 용기에 넉넉하게 들어가는 물체
'PUT−IN'(O)
'끼다'(X)

그림 8.13 유아들이 'put in'과 '끼다' 개념 이해를 테스트하는 데 사용한 그림 쌍34

성 변이형을 알게 되는 거의 그 시기, 그만큼의 주의를 집중하면서 아이들은 점점 자기 언어의 변종 의미들을 터득하게 된다.

언어와 사고: 급성장하고 있는 분야

깔끔한 패턴을 보여주는 자기네 연구 주제 너머의 것을 보지 못한다고 흔히 비난받는 언어학자들은 자기 학문이 인간의 행동을 해석하는 데 무슨 의미를 띠는지 깨닫는 것이 특히 중요하다.
— 사피어[35]

1990년대 초반 웃음거리가 되었음에도 불구하고 사피어와 워프, 언어 상대성 가설은 재기再起하고 있다. 문법을 통해서든 어휘를 통해서든 언어가 만들어낸 세계 해석이, 주변에 일어나고 있는 일들에 대해 주의를 기울이고 이를 표현하는 방법에 강력한 영향을 주는 것으로 판명되고 있다. '말을 위한 사고thinking for speaking', 즉 인간이 자신을 표현하는 데 필요한 범주들과 각종 정보를 특정 언어에 이미 가지고 있다는 확신에서 출발한 논의는 결국 '사고의 창조적 습성'으로 마무리되었다. 우리가 말을 하든 안 하든, 사고가 우리의 기억을 형성하고 우리가 무엇에 주의를 기울여야 할지 이끌어준다는 것이다. 결국 "우리는 경험을 마음속에 코드화해야 한다. 나중에 그 경험들을 우리 언어가 요구하는 용어로 말할 수 있도록",[36] 그리고 우리와 비슷하게 자기 경험을 코드화해왔을 우리 wantok에게 말할 수 있도록.

언어적 차이는 여러 면에서 사고에 영향을 준다. 한국어 '끼다'에서 보듯, 언어적 차이는 경험이라는 반죽 덩어리에서 우리가 사용할 범주들을 만들어내는 쿠키칼cookie-cutter 역할을 한다. 그리고 서로 다른 현실 국면에 주의를 기울이도록 우리를 이끈다. dax 실험에서 보았던 물질과 사물 사이의 경계도 그중 하나다. 또한 아이마라어에서 아주 특이하게 이루어지는 시간 개념화 방식처럼 서로 다른 은유와 유추를 제시함으로써 우리의 추론을 서로 다른 방향으로 몰고 간다. 제4장에서 살펴보았던 사회 세계의 표현과 같은 인지 영역은 여전히 미답으로 남아 있지만, 점점 더 많은 경험 영역—공간, 시간, 수, 색채, 인과관계, 사건 구조, 물질 대 사물 구별—에서 이 영향이 증명되고 있다.

이러한 기본적인 문제들을 제대로 조사하기 위해서는 심리학자와 언어학자들이 짝을 이루어 연구해야 한다. 그러나 통상 이 둘은 서로에게 불편한 동료다. 심리학자들은 대개 낯선 언어에 거의 관심이 없으며, 주의 깊게 세어된 실험 환경에서 수많은 피실험자를 대상으로 하는, 잘 짜인 실험 설계를 좋아한다. 소규모의 무질서한 공동체를 대상으로 하는 현지조사는 안타깝게도 두 설계 조건 중 어느 것도 충족시킬 수 없다. 언어학자, 특히 현장 언어학자들은 주로 통계학에 약하고 단서가 되는 텍스트나 화자를 통해 자신의 직관을 펼쳐 나가는 걸 행복해하며 까다로운 실험 설계라는 구속을 견디지 못한다. 따라서 오지의 현장에서 공동 작업을 하는 건 차치하고, 언어학자들과 심리학자들이 서로 이야기를 나누고 중요한 실험을 계획하도록 주선한다는 것은 주선 당사자에게 악몽과 같은 일이다. 그러니 그동안 의미 있는 공동 연구가 제약되어온 것은 놀랄 일도 아니다.

두 분야의 공동 연구가 반드시 필요한 문제들이 산적해 있음에도 불구하고, 현장에서 이용할 수 있을 정도로 휴대하기 쉬운 기술 장비는 아직 없다. 아무리 기술적으로 진보했다 해도 소수의 고령 화자, 자기 언어를 자기들만의 방식으로 가르치는 건 기꺼이 할지 몰라도 실험자의 지시에 뜻을 굽히지 않는 화자들만 남은 언어를 대상으로 통계적 실험을 수행하는 것은 아직 불가능하다. 이 장에서 다룬 핵심 사례 연구들이 주로 터키어, 일본어, 한국어처럼 접근하기 쉬운 대규모 언어를 사용한 것은 그 때문이다. 동공 추적 장치 같은 고도의 전문 장비가 요구되는 초기 언어 습득을 연구할 때는 특히 그러하다.

이러한 이유들 때문에 실제의 온갖 언어 다양성이 가진 잠재적 영향력 전체를 우리는 아직 느낄 수 없다. 상대적으로 자료화가 잘된 언어만을 이용해도 이렇게 큰 효과를 볼 수 있었는데, 구구이미티르어나 첼탈어, 아이마라어 등 수천 개의 다른 언어 화자들이 어떻게 사고하는지 정말 알게 된다면 그 효과가 얼마나 더 커지겠는가?

하지만 이 장에서 간단히 살펴본 연구만으로도 '단순 생득설simple nativism', 즉 우리 마음속에 언어와는 별개로 미리 결정되어 있는 범주들이 존재하며 공동체의 언어를 습득할 때는 그저 그 범주에 언어마다 특별한 이름표를 붙이는 것뿐이라는 이론이 얼마나 순진무구한 생각인지 확인되었다. 정확히 말하면, 언어 학습 과정은 특정 사고세계를 구성하는 과정, 통합된 문화 관습의 망網을 구성하는 과정과 함께 이루어지는 것이다. 서로 뚜렷이 다른 사고세계들은 양립 불가능한 것도, 따로따로 밀폐되어 봉인된 것도 아니다. 포용성 있는 아기들에게는 현실 속 수많은 대조 요인이 유효하다. 그 가운데 일부를 주어진 언어가 선택하는 것이다. 그러나 모국어에서 필요로 하는 게 아니라고 판명된 순간, 세계 속 수많은 차원에 대한 우리의 주의력은 시들어간다. 이중 언어나 다중 언어 환경 속에서 그 차원들이 유지되지 않는 한 말이다.

1_ Williams(1936:227)

2_ Whorf(1956:227)

3_ Whorf(1956:57~58)

4_ 오르테가이가세트가 언어학자 메이예Antoine Meillet의 논문을 논평하면서 쓴 표현이며, 갬블Elizabeth Miller Gamble이 영어로 번역했다. 논문에서 메이예가 문법으로는 아무것도 표현할 수 없다고 주장하자, 오르테가이가세트가 반상대주의적 입장을 맹비난한 것이다. 그러나 아이러니컬하게도 다른 각도에서 보면 그의 방법론적 경고도 똑같이 적용될 수 있다. Ortega y Gasset(1983[1937]:442) 참조.

5_ Malotki(1983)

6_ 또한 이 망상 바이러스는 반증에 대해 특별한 저항력을 보여주고 있다. 에스키모인들이 눈에 대한 단어를 10여 개 가지고 있다는 흔한 오해는 인류학자 마틴에 의해 한풀 꺾였다(Martin 1986). 좀 더 최근에는, 출처를 충분히 확인하지 않은 채 무비판적으로 인용하고 원 출처의 내용을 멋대로 꾸며대면서 오해 속 단어의 수가 점점 부풀려졌다는 게 확인되기도 했다(Pullum 1991). 그러나 신화가 사라지기는 아주 어려운 것이, 내가 꽤 박식한 어떤 이에게 언어와 사고에 대한 내용을 집필 중이라고 말하자 그의 첫 반응은 이랬다. "아, 그래요? 눈을 가리키는 에스키모인들의 단어 같은 것 말이죠?"

7_ Fodor(1985)

8_ Pinker(1994:58)

9_ Papafragou et al.(2002:216)

10_ Evans(1995a:612~613)

11_ 지도와 나침반만을 가지고 몇 개의 정해진 지점을 거쳐 목적지를 찾아가는 스포츠를 가리킨다. — 역자 주

12_ Levelt(1989:71)

13_ Haviland(1993)

14_ 실험이 어떤 방법으로 이루어졌는지 자세히 보기 위해서는 Levinson(2003), Majid et al.(2004) 참조.

15_ 언어명에 있는 // 기호는 측흡착

음을 나타낸다. 말을 더 빨리 달리게 하려고
내는 '이랴' 소리 같은 것이다.

16_ Levinson(2003:156)

17_ 이 '이행적 추론 테스트'에서는 우
선 피실험자에게 첫 번째 탁자에 있는 물체 A
와 B의 상대적 위치를 보여주고, 두 번째 탁
자(돌려놓은 탁자)에 있는 B와 C를 보여주었
다. 다음에 피실험자를 다시 첫 번째 탁자로
데려와 C를 어디에 두어야 하는지 물었다. 자
세한 사항은 Levinson(2003:163-168) 참조.

18_ Núñez & Sweetser(2006:430)

19_ Núñez & Sweetser(2006:436)

20_ 특히 Slobin(1996, 2000, 2003) 참조.

21_ Kita & Özyürek(2003). 영어와 스
페인어에서 나타나는 이와 유사한 차이에 대
해서는 McNeil & Duncan(2000) 참조.

22_ 이 문장은 콰인의 저서 『단어와 사
물』(1960)의 제사題辭로 쓰인 문장으로서, '개
체 발생은 계통 발생을 되풀이한다'라는 옛
내분비학자의 명언을 장난스럽게 비틀어놓은
것이다. 40년 전 콰인은 이 절에서 개략적으
로 다루는 발달 연구의 취지를 예견했던 것이
다. (흔히 '존재론'으로 번역되는 학문상의 '온톨로
지Ontology'란 우주 안에 어떤 종류의 실체들이 존
재하는가에 관한 연구를 뜻하며, 정보학이나 전산
학 분야에서는 특정 자연언어로 정의되는 사물, 사
건 및 관계 등과 같은 개념들의 집합을 말한다. —
역자 주)

23_ Kita & Özyürek(2003)

24_ blick은 아동 언어 실험에 흔히 쓰
이는 단어이다. 실험에서 아이들에게 여러 종
류의 자극stimuli을 보여주고 인형 하나를 다
른 인형에 blick하라고 시킨다. 이를 통해 아
이들이 그 단어를 무슨 뜻으로 이해하는지 파
악한다.

25_ Brown(2001:529)

26_ 이 책에서는 대충 얼버무리고 있지
만 유카테크어와 일본어는 중요한 차이점이
있다. 일반적으로 유카테크어는 동일한 물질
이 서로 다른 모양으로 있을 때 이를 어휘적으
로 구별하지 않는다. 예를 들어 Che(나무wood)
는 같은 재료를 지시할 뿐 아니라 나무, 막대
기, 판 등 나무로 만든 여러 사물을 지시하기
도 한다. 분류사 선택에서도 마찬가지로 '막대
기 하나one stick'를 'one 1-dimensional.unit
che'로 표현한다. 반면 일본어는 영어와 비슷
하게 동일 재료로 만들어진 다른 사물에 대해
구별된 단어를 쓴다. 유카테크어, 일본어, 영
어를 비교함으로써, 세 가지 다른 언어-실험
조건을 만들 수 있다(유카테크어: 어휘에 따른 구
별이 없는 분류사, 일본어: 어휘에 따른 구별이 있는
분류사, 영어: 분류사 없이 어휘적으로만 구별). 이
는 형태와 물질을 구별하는 아이들의 학습에
문법(분류사)과 어휘부가 상대적으로 어떤 도
움을 주는지 조사할 수 있음을 의미한다. 자세
한 논의는 Imai & Mazuka(2003) 참조.

27_ Imai & Gentner(1997)

28_ Imai & Mazuka(2003)

29_ 그러나 정확히 이것이 무엇인지는
아직 분명하지 않다. 예를 들어 영어권 어린
이 화자와 (문법적으로 일본어와 유사한) 유카테
크어를 쓰는 어린이 화자를 비교한 Lucy &
Gaskins(2001:274)는 유카테크어 화자 아이
들이 어려서는 모양에 집중하다가 점점 재료
에 집중한다는 점을 보여주고 있다. 7세 때는
재료에 주의를 기울인 사례가 10퍼센트에 불
과했는데, 이 수치가 점점 높아져 15세에 이
르면 60~70퍼센트까지 이른다. 15세의 영어
권 아이들은 20퍼센트 수준이다. 이들의 연구
결과가 이마이와 마주카의 연구 결과와 왜 다
르게 나왔는지는 아직 알 수 없다.

30_ Imai & Mazuka(2003)

31_ 원저에서 'kkida'도 제시되는 이
단어는 '끼우다'의 준말형이다. — 역자 주

32_ Bowerman(2007)

33_ Bowerman & Choi(2001)의 자료
를 편집한 그림이다.

34_ McDonough et al.(2003), Choi(2006)

35_ Mandelbaum(1949:166)에서 인용.

36_ Gumperz & Levinson(1996:27)

제9장

시와 언어 예술이 무엇을 엮어내는가

chwilio am air a chael mwy

|

to search for a word and find more

|

단어 하나를 찾고, 또 더 많은 단어를 찾기 위해

— 이슬뤤Islwyn[1]

이 장의 제시題辭는 웨일스 시인 이슬뢴의 시 「시간의 구름 위를 보라Gwel uwchlaw cymylaw amser」에서 인용한 것이다. 이 시에서 이슬뢴은 주어진 복잡한 율격—그의 경우라면 구송시口誦詩 전통의 복잡한 각운과 두운 양식—에 맞게 시를 쓴다는 것이 얼마나 힘든지를 토로하고 있다. 자유 형식으로 글을 쓸 때의 여유로움과 달리 이 형식을 맞추려면 시인은 고도의 연상력을 필요로 한다.

사실 웨일스의 구송시 전통은 영어의 확장 추세에 맞서 웨일스어를 오늘날까지 견고하게 지켜내는 데 중요한 역할을 해왔다. 등급화되어 서열이 매겨져 있는 구송 시인들은 선망의 대상이 되며, '아이스테드바드Eisteddfodau'라는 시 경연 대회는 컹하네드cynghanedd라는 복잡한 두운 체계를 맞춰 창작할 수 있는 사람들에게 영웅적 지위를 부여한다.

이들의 창작 작업이 어떤 식으로 이루어지는지 두 가지만 간단히 살펴보자. '사활강斜滑降식 컹하네드'라고 할 수 있는 Cynghanedd draws는 각 행을 세 부분으로 나눈다. 세 부분 중 중립적인 중간 부분은 제외하고 앞부분과 뒷부분이 컹하네드의 대상이 되는데, 두 부분에 나타나는 자음이 마지막 자음을 제외하고는 모두 같아야 한다. (1)이 그 예인데, 두운 처리된 자음을 대문자로 표시했다.[2]

(1) ㄱ. DaGRau GWaéd | ar | DeG eiRy GWyn

tears of blood on fair white snow[3]

눈부시게 하얀 눈에 떨어진 피눈물들

ㄴ. DRúd | yr adwaenwn dy | DRó

I recognised your vain deceit

나는 너의 헛된 속임수를 눈치챘다

또 하나는 '구조句調를 맞추는 컹하네드'라는 의미의 cynghanedd sain
로서, 두운을 내부 각운에 결합시키는 것이다. (2)에서 보듯이, 이 연쇄 구조
는 한 행의 앞부분과 두 번째 부분을 내부 각운으로 연결하고, 중간 부분은
다시 마지막 부분과 두운으로 연결한다.

(2) ㄱ. gwell bé*dd* | a GoRwe*dd* | GwíRion

better a grave and an innocent rest
무덤, 결백의 안식처가 더 낫다

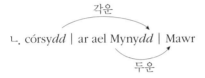

ㄴ. córsy*dd* | ar ael Myny*dd* | Mawr

fens on the brow of Great Mountain
대산맥 등성이의 늪지대

입사식入社式 과정에서 학습되거나 제의祭儀 상황에서 사용되는 특수 사
용역register―성인들이 특정 목적으로 배우는 독특한 말하기 방식―의 표현은
물론이거니와, 말놀이, 수수께끼, 각운 게임에서 시나 노래, 방대한 서사시에
이르기까지 각 언어는 고유한 특별 양식의 레퍼토리를 발전시켜왔다. 웨일스
의 구송시 전통을 보면 특별한 양식을 능숙하게 다루어 창작하는 능력을 전문
가 화자의 특징으로 꼽는 것이 일반인들의 보편적 가치 판단임을 알 수 있다.
사람들은 전문가 화자의 작품을 음미하고 모방하며, 이들의 열정적이고 아름
다운 창작을 문화의 정수精髓라 생각한다. 그런데 전문가 화자들이 다루는 형
식, 단단히 짜인 그 형식 구조는 기억과 전승에도 큰 도움이 된다.

평범하지 않은 언어

Aweten' "Sū!" atsoi'a.

"Solim' ūmā'kan," atsoi'am.

"Wīī'men–makan," atsoi'am.

"Kömā'ankano minsöm'," atsoi'am.

❙

"Now then, enough!" said Earthmaker.

"There will be songs —

there will always be songs,

and all of you will have them."

❙

"이제 충분하군!"

대지의 창조주가 말했다.

"노래가 있으리라.

늘 노래가 있고,

너희 모두 노래를 갖게 되리라."

— 마이두족Maidu 신화4

서부 아넘랜드 같은 일부 지역의 경우, 모든 소부족이 고유의 노래 양식을 적어도 하나씩 가지고 있다(그림 9.1 참조). 제1장에서 언어당 화자가 100명도 안 되는 지역으로 언급했던 워라무룽운지 중심 지역을 떠올리면 되는데, 이들은 각 부족 고유의 디저리두didjeridu5 반주가 따로 있으며, 세 언어(마웅어, 쿤윙즈쿠어, 쿤발랑어Kunbarlang) 간에 체계적으로 변환되는 연작 노래가 있기도 있다.6

장례식처럼 사람들이 운집하는 의식에서 각 노래가 연행演行될 때면, 각 부족 구성원들은 저마다 고유하게 달라지는 노래 형식을 통해 자신들의 언어 정체성을 공개적으로 확인한다. 또한 음악 공연이라는 틀 전체에 각 부족이

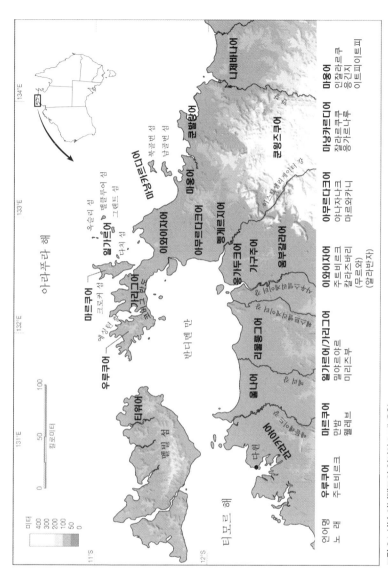

그림 9.1 서부 아넘랜드의 언어와 노래 유형

꼭 필요하기 때문에 지역을 아우르는 큰 행사에서 연행해달라는 요청을 받기도 한다. 언어가 소멸되어가는 위태로운 오늘날의 상황에서, 이러한 노래들은 젊은이들에게 자신의 고유 언어 전통을 익히게 하는 강력한 동기를 제공하기도 한다. 한 예로, 이와이자어 기록화 프로젝트가 진행되는 동안, 한때 자기 부족어를 쓰는 데 머뭇거렸던 크로커 섬 젊은이들이 자기 부족의 노래를 배우는 데에는 열정적인 관심을 보여주었다.

이 같은 이유로, 소규모 언어공동체 구성원들은 자기네 언어의 본질을 연구하겠다고 나서는 언어학자들이 당연히 이 고차원 형식에 특별한 가치를 부여할 것이라고 생각한다. 실제로 대언어학자 사피어와 야콥슨은 그러했다. 이들은 '시학', 즉 언어 메시지를 예술작품으로 만드는 것이 무엇인가에 대한 학문이 언어학과 분리될 수 없다고 공언했다. 야콥슨은 "어떤 언어 분야를 연구하든 언어학자라면 자기 연구에 시를 포함할 것이고 또 그래야만 한다"고 했다.[7]

그러나 현대 언어학자들은 대부분 너무 쉽게 구송시를 외면한다.[8] 모든 아이가 별 노력 없이 쉽게 배울 수 있는 일상어 같은 규칙적 능력의 영역을 벗어나 예술 영역으로 넘어가버린 이 고차원의 발화 형식은 더 이상 언어 연구의 주 관심사가 아니라고 치부하는 듯하다.

이 장에서는 '언어와 문화 체계가 어떻게 공동 진화하는가'라는 주제를 이어나가면서, 언어학과 시학이 서로 뒤얽혀 있다는 야콥슨의 확언을 따라가 볼 것이다. 언어 예술가가 형식, 의미적 미묘성, 그리고 난해한 문학적 구성 양식이 가진 힘에 관심을 보이는 것은 의식적인 것일 수도, 무의식적인 것일 수도, 아니면 반쯤 의식적인 것일 수도 있다. 그러나 이들은 늘 일상의 단어가 전달하는 것보다 더 많은 것을 담으려고 애쓴다. 정격正格 러시아 문학 작품 연구와 멕시코 타라스칸 지역 시인들의 즉흥 작품에 대한 연구를 거듭한 인류언어학자 프리드리히Paul Friedrich는 『언어 시차The Language Parallax』라는 책에서 이에 대해 다음과 같이 말하고 있다.

시라는 매체는 개인적 진술과 일반적 진술, 주관적 진술과 객관적 진술을 동시에 할 수 있도록 만들어주기 때문에, 다른 매체로 간결히 다루기에는 너무 미묘하거나 너무 복잡하거나 너무 다차원적인 상황이나 현실을 다룰 수 있다. 즉 산만한 진술보다 시가 더 잘할 수 있는 일 중 하나는 핵심을 짚어내는 것이다.[9]

문자가 없는 전통에서는 동일한 작품을 반복 연행함으로써 서서히 '구술 원고oral drafts'를 만들어간다. 포합어 화자들이 전체 문장에 해당되는 내용을 하나의 복합 단어로 만들어내는 흥미로운 사례에 대해 앞서 살펴보았지만, 최고로 정교하게 다듬어진 사례들은 바로 연행 텍스트, 즉 전문가 화자들이 수없이 개작하면서 계속 다듬고 고쳐온 텍스트에서 발견된다.

보르헤스의 '바벨의 도서관'을 다시 떠올려보자. 이제껏 이 책은 바벨 도서관 중에서 잘 알려져 있지 않은 언어들의 문법서와 사전이 놓인 칸, 혹은 어떤 언어의 계통과 역사를 끌어낼 수 있는 다양한 필사본이 놓인 칸을 탐색해왔다. 이제 다소 건조한 연구에서 벗어나, 소홀히 다루어졌던 언어들에서 창작된 작품들로 눈길을 돌려보자. 세르반테스, 두보杜甫, 바쇼Basho[10]에 필적하는 구술문학 작품을 전사해내고 적절한 주석을 준다면 이들도 바벨의 도서관 책꽂이에 제자리를 잡을 수 있을 것이다.

결에 따른 조각

시, 노래, 성가 등 일부 언어 예술 형식은 그 재료가 되는 언어의 형태론적·음운론적 특징, 심지어는 통사론적 특징에 따라 결정적으로 달라진다. 이러한 경우, 말 그대로 예술은 언어 없이 존재할 수 없다.
— Hale(1998:204)

기록 문학의 대작들과 마찬가지로, 구술문학 작품의 시가 양식은 해당 언어의 음운론을 충실히 따른다는 점에서 해당 언어의 형식에 단단히 묶여 있다고 할 수 있다. 원 재료가 되는 각 언어가 시의 구조화 방법에 영향을 끼친다. 각운脚韻으로 단어 끝의 운율을 맞출 것인가, 아니면 두운頭韻으로 단어 맨 앞의 운율을 맞출 것인가? 무엇을 기준으로 행을 짤 것인가, 강세? 음절 수 같은 수량? 아니면 음조? 물론 이 요소들을 각기 다른 방식으로 결합해서 할 수도 있다.

예컨대 중국 고전 시가는 '사詞'로 알려진 약 800개의 체體, pattern를 가지고 있다. 각 체는 성조와 각운으로 이루어진 율격으로서 고유의 주제나 분위기를 갖는데, 시인은 그 체에 맞춰 단어를 배치한다. 이를 '사詞라는 체를 채운다'는 의미에서 '전사塡詞'라고 한다. 동일한 운에 따라 편찬된 '운표韻表, rhyme tables'가 시인의 작시를 돕는 매뉴얼 역할을 하는데, 우연히도 이 운표 덕분에 초기 중국어의 음운론이 제대로 규명될 수 있었다. 1000년이 지난 오늘날 탕구트어의 비밀스러운 문자를 해독할 수 있게 된 것도 탕구트어 화자들이 자기 언어의 음성을 기술하기 위해 중국어의 운표 전통을 받아들인 덕이다.

범언어적인 시 형식을 논하는 것이 불가능할 정도로 시를 엮는 양식은 가지각색이지만, 그 양식이 복잡하다는 점, 언어 예술적 기교를 소중히 여긴다는 점은 다르지 않다.

소수 언어가 그러하듯, 수많은 무명의 부족 시인들이 창작한 언어 예술을 음미할 수 있는 청중도 소수에 불과하다. 크라우스가 '에야크의 셰익스피어'라고 꼽은 안나 넬슨 해리의 생생한 이야기는 이제 거의 남지 않은 에야크어 화자에게만 유효하다. '이와이자의 바쇼'라 할 수 있는 데이비드 민주막David Minjumak의 짧고 가슴 아픈 주트비르크Jurtbirrk11에 담긴 미묘한 노랫말도 기껏해야 100명 남짓 남은 이와이자어 화자들만 맛볼 수 있다. 그러나 이 작품들을 얼핏만 보아도 인류의 문학세계가 얼마나 풍부한지 알 수 있다. 이제껏 가장 포괄적이고 훌륭하게 편집되어 출판된 비교문학 모음집의 문학세계보다 훨씬 더 풍요롭다. 여기에는 생생한 비유 표현, 복잡한 운율 장치가 가득하며, 장르상으로도 하이쿠haiku만큼 짧은 것에서부터 호메로스 서사시만큼 긴 것까지 다양하다. 이 작품들은 대부분 즉흥적인 작시作詩와 연행의 열기 속에서 다듬어진다. 즉 연행자들은 자신의 창작 능력과 기억력을 동시에 발휘하여 우아한 옛 작품을 새로운 영감으로 윤색한다.

　이제까지 대충 얼버무리고 넘어갔던 문제 하나가 있는데, 이 장에서 다루고 있는 이 특별한 언어 형식을 무엇이라 부를 것인가 하는 용어상의 문제다. '구술문학Oral literature'이라는 용어는 노래, 노래로 연행되는 서사시, 전통설화 등 일반적인 문학 개념과 가장 비슷한, 구술 사회의 창작물 전반을 아우르는 데 흔히 사용되는 명칭이다. 그러나 구술문학이 완벽한 용어는 아니다. 이 장에서 다루는 언어 자료 중 일부가 '문학', 즉 기록된 것이라는 문자 그대로 의미의 문학인 것은 사실이다. 그러나 이를 주석하고 옮기는 전통은 구술 전통 방식으로 제한된다. 인도네시아 술라웨시 섬의 부기족Bugis, 그리고 제7장에서 살펴보았던 마카사르족의 서사시와 역사적 연대기가 바로 문자와 구술의 혼성물hybrid이라 할 수 있다. 훨씬 더 사라지기 쉬운 이 구술 전통 자료에 대한 기록화 작업이 시급하지만 '문학'이라는 용어 속에서는 이러한 측면이 흔히 간과되고 있다.

　또한 '구술문학'이라는 용어는 구술 전통이 문자로 기록되었을 때 미학이나 형식적 조직 측면에서 무엇이 달라지는가 하는 흥미로운 질문을 과감히 무시한다. 이러한 질문은 주로 '민족시학ethnopoetics'이라는 분야에서 연구된다. 바우먼Richard Bauman에 따르면 민족시학은 "구술문학 형식의 미학적 패턴, 그리고 연행에서 나타나는 풍부한 예술성을 놓치지 않는 방식으로 이 구술문학 형식을 번역하고 활자화하는 문제들"을 다룬다.[12] 이 장에서 다루는 작품들을 '언어예술verbal art'이라 칭하는 학자도 많다. 어떤 이들은 '비교문학comparative literature'이라는 용어를 쓰는데, 이 용어는 사람들에게 좀 더 친숙한 정격 문학과 나란하게 구술 전통의 가치를 높이는 장점이 있기도 하다. 그러나 무엇이 '문학'에 포함되는가에 대한 우리의 선입관 탓에 여타 종류의 특이한 언어적 쓰임을 보이는 예, 즉 분명 색다르고 솜씨 있게 만들어지긴 했지만 정확히 문학이라고도 예술이라고도 말하기 어려운 사례들은 무시될 가능성이 크다. 이 장의 마지막 부분에서 논의하게 될 특별한 입사入社 언어initiation language인 다민어Damin가 그러하다. 다민어는 문학적이거나 예술적이라기보다는 철학과 더 관련이 깊은데, 이것 역시 의식적으로 만들어낸 창작물인 것만은 분명하다.

별난 시인과 서사시 논쟁: 몬테네그로의 구송 시인들

ϖολλῶν δ᾽ἀνθρώϖων ἴδεν ἄστεα καὶ νόον ἔγνω,
ϖολλὰ δ᾽ὅ γ᾽ἐν ϖόντῳ ϖάθεν ἄλγεα ὃν κατὰ θυμόν
ἀρνύμενος ἥν τε ψυχὴν καὶνόστον ἑταίρων.

|

Many were the men whose cities he saw and whose mind he
learned, aye,

and many the woes he suffered in his heart upon the sea,

seeking to win his own life and the return of his comrades.

|

그는 많은 도시를 보았고 많은 사람들의 생각을 배웠다

그리고 자신의 목숨을 구하고 동료들을 귀환시키기 위해

바다에서 수많은 고통을 겪었다

— 『오디세이』(I:iii-v)

호메로스의 서사시, 『일리아드』와 『오디세이』는 서구 문학의 걸작이다. 그리스인들의 초기 언어학 연구를 발달시킨 동력 중 하나가 호메로스의 언어를 이해하고 이를 더 잘 보전하려는 것이었다. 이 두 대작을 안정화하고 보전할 수 있는 문자가 발달되어 있던 당시로서는 이미 이 서사시들이 고어풍을 띠었기 때문이다.[13] 그러다 보니 문학과 전설 간의 관습화된 경계에 자리 잡은 주요한 의문이 고대 시기부터 계속 제기되어왔다. 이처럼 복잡하고 치밀하게 만들어진 서사시가 문자 기록이 아닌 다른 방법을 통해 창작될 수 있었을까? 그 창작자는 정말 자신이 계속해서 이를 완성한 것일까?

이와 관련된 의문이 바로 원작자에 대한 것이다. 이 서사시의 창작 연대가 신뢰할 만한 최초 기록물보다 앞선다는 점 때문이다. 이 서사시들은 정말 단 한 사람, 호메로스가 서사시에서 밝히고 있듯 나이 많은 맹인 시인 데모도코스Demodocus가 쓴 것일까? 아니면 '호메로스의 정체란 단순히 수 세기에 걸쳐 새로운 에피소드와 인물을 추가해 넣은 여러 구술 창작자의 축적된 작업에 대해 관례적으로 갖다 붙인 이름일까? 후자 입장에 서면, 내용상 여러 가지 불일치되는 것이 있다는 점, 서로 다른 방언형이나 서로 다른 시기의 의고체가 나타난다는 점이 설명된다. 또한 호메로스 시가 만들어진 기원전 9세기경에는 그리스 문자가 없었다는 우리 지식과도 더 잘 들어맞는다.

그러나 만약 호메로스 시사시가 구술로 만들어진 것이라면 그 엄청난 길이의 분량은 인간 기억의 한계에 대한 설명을 요구한다. 핀란드 서사시 『칼레발라Kalevala』14 같은, 20세기 초까지 알려진 구술 전통 중 가장 긴 것도 호메로스 서사시에 비하면 턱없는 분량이므로, 전문가들은 호메로스 서사시가 구술 전통만으로 만들어지고 전승되었을 것이라는 주장에 대해 회의적이다.

1920년대 미국인 학자 패리는 호메로스 서사시가 그리스어 기록 문학에 앞서는 구술 전통을 보전하고 있다는 전제하에 연구를 시작했다.15 그는 우선 '정형구定型句, formulaic epithets', 즉 "어떤 본질적인 관념을 표현하기 위해 동일한 운율 조건하에서 규칙적으로 쓰이는 어구"16를 연구했다. 정형구는 구송口誦 시인들이 다음에 이어질 행들을 지어내는 동안 시간을 벌어준다는 점에서 구술 연행의 전형적인 특징으로 제기되어왔다. 패리는 호메로스 서사시 행 가운데 3분의 1 이상이 두 번 이상 나타난다는 사실을 발견함으로써 이 서사시를 구송시 전통으로 보는 견해를 뒷받침해주었다.17 위 제사題辭에 나타난 ἐν πόντῳ πάθεν ἄλγεα ὃν κατὰ θυμόν'도 정형구다.

패리의 박사학위 논문 지도교수는 저명한 캅카스어 학자 뒤메질이었다.18 뒤메질은 고대 인도-유럽인들과 유사한 관습을 보존하고 있으리라 여겨지는 캅카스 지역의 언어와 구술 전통을 현지조사하여 초기 인도-유럽어족 사람들의 우주관을 밝히는 데 관심을 두었다. 패리는 호메로스 서사시의 원작자 문제가 현지조사에 기반한 존재 증명을 통해서만 해결될 수 있음을 깨닫고, 고대 구송시 전통을 아직 유지하고 있는 지역들에서 현대판 호메로스를 찾기 시작했다.

이 연구의 목적은 구술 설화시의 형식에 정확히 집중하여, 구술 설화시 형식이 문자화된 설화시 형식과 어떻게 다른지 살피는 것이다. 이를 위해 문자화되지 않은 노래가 흥왕한 전통 속에서 연행하는 구송 시인들을 주시했고, 읽고 쓰는 작업 없이 작품을 배우고 연습해야 하는 과정 속에서 이들의 노래 형식이 어떻게 유지되는지 살폈다.[19]

패리는 애초에 중앙아시아에서 연구하기를 바랐으나 스탈린 통치 시기인 1930년대에 미국인 연구자가 중앙아시아에 갈 수 있도록 허가를 받는다는 것은 불가능한 일이었다. 결국 패리는 1933~1935년에 제자 로드와 함께 유고슬라비아 몬테네그로로 가서 녹음 작업을 시작했다. 현장에서 이루어지는 실제 연행을 데이터로 저장할 수 있는 기술이 막 개발되긴 했지만, 그 기술은 여전히 번거롭고 다루기 힘들었다. 500킬로그램이 넘는 알루미늄 디스크를 몬테네그로 산맥을 넘겨야 했으며, 디스크 한 장에 몇 분 정도만 저장이 가능했기 때문에 긴 연행을 끊지 않고 저장하기 위해 두 개의 턴테이블을 토글로 조정하는 특별한 저장 장치를 사용해야 했다. 패리는 당시 세르보–크로아티아였던 지역에 있는 수많은 구송 시인의 연행을 녹음했다.[20] 경우에 따라서는 한 사람의 같은 작품을 수차례 녹음하기도 했다. 그리고 시인들을 만나 그들의 인생 이력에 대해, 또 어떻게 그 노래를 배우고 외우고 지어냈는지에 대해 인터뷰했다. 패리와 로드는 때때로 터키 지배 시절의 분위기를 물씬 풍기는 칙칙한 소도시들의 커피숍에서 이루어지는 연행을 후원하면서 점점 많은 몬테네그로 구송 시인들을 알게 되었다. 그러던 어느 날 아브도 메제두비치Avdo Međedović를 만났다 (사진 9.2 참조). 그는 65세 정도 되는 문맹 소작농이었다.

아브도가 와서, 술탄 셀림Sultan Selim 시절 바그다드 점령을 내용으로 하는 이야기를 구송하기 시작했다. 우리는 점점 흥미를 갖고 이 작고 수수한 농부의 노래에 귀를 기울였다. 그의 목은 큰 갑상선종으로 보기 흉한 모양을 하고 있었다. 그는 벤치에 책상다리를 하고 앉아 '구슬라gusle'[21]를 켜면서 음악 리듬에 따라 좌우로 몸을 흔들었다. 아브도는 종종 멜로디를 무시하며 아주 빠른 속도로 노래를 불렀다. 활이 구슬라 줄을 가볍게 왔다 갔다 하는

그림 9.2 아브도 메제도비치

반면 그는 최고 속도로 읊어나갔다. 군중이 모여들었다. 마을의 몇몇 젊은 이가 계속 카드게임을 하면서 시끄럽게 굴었지만 그것도 결국 중단되었다. 며칠 사이, 뜻밖의 사실이 드러났다. 아브도의 노래는 우리가 이제껏 들었던 어떤 노래보다 길고 정교했다. 그는 하나의 노래를 며칠 동안 이어갈 수도 있었고 1만5000에서 1만6000행에 이르는 노래도 있었다. 다른 구송 시인들도 많이 만나보았지만 유고슬라비아의 호메로스, 아브도에 필적하는 이는 아무도 없었다.[22]

호메로스의 서사시와 견줄 만큼 긴 아브도 메제도비치의 연행은, 천부적 재능을 가진 구송 시인의 경우 놀랄 만한 기억력을 지니고 있음을 확실하게 증명해주었다. 그러고 보면 학자들이 인간의 기억력을 의심하는 것은 인간이 읽고 쓸 줄 알게 되면서 인간의 능력에 근본적인 구조 변경이 일어났기 때문인 듯하다. 책이 기존과 완전히 다른 사고와 세계를 우리 앞에 펼쳐 보이긴 했지만, 바로 그 책 덕분에 보존성과 접근성이 안정화되면서 기억이라는 것이 그만큼 덜 필요해진 것이다.

문자 사용 이전의 사회에서는 인간의 기억이 유일한 기록 보관소였다. 즉 우리가 잊어버린 것은 영원히 사라져버렸다. 인간이 문화를 만들어내면서 유전자가 정보 전달이라는 무거운 짐을 벗었듯이, 문자의 발명은 우리를 기억의 의무에서 해방시켜주었다—여기서 '우리'는 각 개인의 사고를 가리키기도 하고, 우리 사고 속 내용물에 생기를 붙어넣고 이를 정리하고 바꾸고 강화하는 문화를 가리키기도 한다. 그 과정에서 우리의 기억력은 급속히 쇠퇴되었다. 내 원주민어 선생들은 내가 뭔가 기억하지 못할 때마다, 예컨대 마이너리그의 경기 대진표나 자기가 한 달, 혹은 몇 년 전에 가르쳐준 이름을 내가 잊어버렸을 때 깜짝 놀라곤 한다. 그들은 내가 공인된 현역 언어학자 명단에서 제명이라도 되어야 한다는 듯이 "이거 내가 전에 알려준 거잖아요"라고 말한다. 한번은 아이의 기억력이 떨어질까 싶어 자기 딸에게 읽고 쓰는 걸 가르치는 게 내키지 않는다는 원주민 어머니의 말을 들은 적도 있다.

패리와 로드는 이러한 서사시 연행이 기억에 의존해서도 가능하다는 것을 입증했을 뿐만 아니라, 정형구를 사용한다는 점에서 아브도나 여타 구송 시인들이 호메로스와 놀랄 만큼 비슷하다는 것을 발견했다. 이들의 말을 빌리자면 "정형구란 노래로 불리는 운문과 사고가 결합해 만들어낸 산물"이다.[23] 정형구의 반복은 노래의 창작을 용이하게 만든다. 때로는 (3)처럼 약간 변이형으로 나타나면서 연행의 단계를 표시하기도 하고, 경우에 따라서는 (4)처럼 연행 시간을 늘렸다 줄였다 할 수도 있다. 다양한 정형구 변이형들은 구송 시인에게 큰 도움이 된다. 필요에 따라 한 행의 앞부분을 더 채울 수도(4ㄱ), 두 번째 부분을 채울 수도(4ㄴ), 모든 부분을 채울 수도 있기 때문이다.

(3) ㄱ. Jalah reče, posede đogina

   "By Allah," he said, he mounted the white horse.

   "맹세하지." 그는 말하며 백마에 올라탔다.

ㄴ. Jalah reče, posede hajvana

   "By Allah," he said, he mounted the animal.

   "맹세하지." 그는 말하며 동물에 올라탔다.

(4) ㄱ. a na kuli

   in the tower

   탑에서

ㄴ. na bijeloj kuli

   in the white tower

   하얀 탑에서

ㄷ. na bijeloj od kamena kuli

   in the white tower of stone

   하얀 돌탑에서

살아 있는 구송 시인을 대상으로 한 패리와 로드의 연구는 호메로스 서사시가 어떻게 만들어졌는가를 바로 통찰할 수 있게 해준다. 앞선 시인에게서 긴 분량의 시를 배우고, 스스로 자료를 더하고, 자기 나름의 풍부한 정형구들을 실시간 창작 시간인 연행 과정에 사용하여, 상황에 따라 이야기를 늘리거나 줄이거나 새롭게 바꾸는 것이다. 다시 말해 "구송 시인은 전통인 동시에 개인 창작자다."[24] 아브도 메제도비치가 보여주는 고도의 기교는 문학적 창조력에 대한 우리의 개념을 다시 생각하게 만든다.

출판된 책에 기반한 문화는 르네상스 이후 최근까지 우위를 차지하고 있다. 이 문화가 끝도 없이 풍부해지면서 오히려 버려야 마땅한 속물근성을 인류에게 물려주고 있다. 우리는 새로운 시각으로 전통을 바라보아야 한다. 즉 전통이라는 것은 화석화된 다량의 주제와 관례를 타성적으로 수용하는 것이 아니라, 받아들이고 전수된 것을 재창조하는 유기체적 관습으로 보아야 한다. 상대적으로 현대에 들어와 비평에서 말버릇처럼 쓰이는 '독창성 originality'이라는 개념도 재고되어야 할 것이다. 자의식 강한 소설의 특징이 되는 작가 고유의 개성이라는 식의 개념보다 더 좋은, 다른 방식의 독창성이 있을 것이다.[25]

패리와 로드의 연구는 역사적으로 딱 적합한 순간에 이루어졌다. 10년만 앞섰어도 그렇게 긴 연행을 녹음할 수 있는 기술이 없었다. 20세기 후반에는 이런 재능을 가진 구송 시인들이 더 이상 발견되지 않았다. 적어도 몬테네그로에는 없었다. 인간이 읽고 쓸 줄 알게 되는, 거스를 수 없는 추세는 인간의 뛰어난 기억 솜씨를 곤경에 빠뜨렸고 오락마저 세계화되면서 군소 지역 연행자에 대한 후원은 급격히 줄어들었다.

그러나 구송 시인 자신이 읽고 쓸 줄 모를 수도 있다는 패리와 로드의 입증에도 불구하고 예전의 입장을 고집하는 학자들이 여전히 있다. 연행자 개인이 읽고 쓸 줄 몰랐다 해도 서사시라는 실제 문학 형식은 적어도 그 지역 사람들이 읽고 쓸 줄 알아야 가능하다는 것이다. 피네건Ruth Finnegan이나 테드록 Denis Tedlock 같은 학자들의 입장에서라면, 문자를 사용하지 않는 세계에서는 절대로 서사시가 발견되지 않을 것이다.

아프리카나 아메리카 원주민은 물론, 중국처럼 음소문자나 음절문자가 없는 문화에서는 서사시가 발견되지 않는다. 오늘날 서사시가 발견되는 곳은 이슬람권 아프리카, 중앙아시아와 동남아시아, 발칸 반도 등 모두 음소문자나 음절문자를 이용하여 글을 읽고 쓰는 전통이 있던 지역이다. 구술본은 늘 기록본 아주 가까이에 존재한다. <u>설령 때로는 구술본이 읽고 쓸 줄 모르는 개인에 의해 언행된다 해도 말이다.</u>[26](밑줄은 저자)

이 글을 쓴 테드록이 편협한 유럽 중심주의 학자일 리는 없다. 마야어 민족 시학을 공부하는 학생이었던 그는 구술 연행의 매력을 기록 형태로 잡아내는 작업에 수반되는 문제점들에 대해 깊이 있는 글을 쓴 적도 있고, 마야의 우주와 철학을 담고 있는 서사시 『포폴 부Popol Vuh; Book of the Mat』[27]를 완벽히 번역하기도 했다. 아래의 발췌 부분을 보면 이 서사시의 장엄한 분위기를 느낄 수 있을 것이다.

V cah tzucuxic, v cah xucutaxic,

retaxic, v cah cheexic,

v mehcamaxic, v yuccamaxic.

"V pa cah, v pa vleu

cah tzuc, cah xucut",

chughaxic rumal ri tzacol, bitol,

v chuch, v cahau gazlem, vinaquirem:

abanel, guxlanel,

alay rech, guxlaay rech zaquil amaquil,

zaquil al, zaquil gahol;

ahbiz, ahnaoh chirech ronohel

ato, gol−vi cah,

vleu, cho, palo.

the fourfold siding, fourfold cornering,

measuring, fourfold staking,

halving the cord, stretching the cord

in the sky, on the earth,

the four sides, the four corners,

as it is said, by the Maker, Modeler,

mother-father of life, of humankind,

giver of breath, giver of heart, bearer, upbringer in the light that lasts

of those born in the light, begotten in the light;

worrier, knower of everything, whatever there is:

sky-earth, lake-sea

❙

(『포폴 부』에는…)

하늘과 땅을 어떻게 네 개의 각도와 방향으로 나누었는지, 어떤 식으로 하늘을 측량하였는지에 관한 이야기들이 모두 들어 있다.

그리고 (…) 우리가 숨을 쉴 수 있고,

생각할 수 있으며,

자식을 낳을 수 있는 것이

바로 생명의 아버지이며 어머니인 창조자 덕분이라고 쓰여 있다.

그리고 창조자는(…)

하늘과 땅, 바다와 호수에 사는 모든 피조물들을 인자하게 보살펴줄 뿐만 아니라

모르는 것이 없는 분이라고 적혀 있다.

—『포폴 부』**28**

『포폴 부』는 오늘날 과테말라 지역, 마야 세계의 북서쪽 끝단에서 비롯되었으며, 키체어로 작시되었다. 원래는 제7장에서 본 문자 체계(그림문자)로 된 마야 책들에 기록되어 있었다. 16세기에 스페인 사람들이 들어와 이 경이

로운 신세계 문학을 접했을 때 그들은 이를 파괴하기 위해 갖은 애를 썼다. 이 장르에서 겨우 네 권만 살아남았는데, 그중 세 권은 코르테스^{Cortes}와 다른 이들에 의해 유럽으로 옮겨졌고(이른바 드레스덴본, 마드리드본, 파리본) 나머지 한 권은 1966년 멕시코 남부 치아파스의 동굴에서 발견되었다.

원본을 없애는 한편, 스페인인들은 개조한 라틴 알파벳으로 마야어를 쓰는 방법을 마야 귀족들에게 가르쳤다. 기독교 기도와 선교의 마야어 번역본을 만들기 위해서였다. 그러나 마야 귀족들은 곧 자기들의 종교 텍스트를 기록할 수 있도록 이 새로운 문자를 개조했고, 그 결과 "살아남은 상형문자 말뭉치보다 더 방대하고, 더 많은 사람이 이해할 수 있는 문학 유산"이 오늘날까지 전해진 것이다.²⁹ 물론 이 자료의 존재는 스페인인들에게 철저히 비밀에 부쳐졌다. 그러나 1701~1703년, 시메네즈^{Francisco Ximénez} 신부가 과테말라 치치카스테낭고^{Chichicastenango}에 소교구 사제로 있는 동안 우연히 이 필사본들 중 하나를 보게 되었고, 『포폴 부』 키체어 원본에 스페인어 번역을 덧붙인 사본을 책으로 펴냈다. 정치적으로 복잡했던 일련의 사건들 덕분에, 오늘날 우리는 상형문자로 된 마야어본, 라틴문자로 전사된 키체어본, 스페인어 번역본, 영어 번역본까지 다양한 판의 『포폴 부』를 가지고 있다―이 다양한 판을 통해 구舊세계는 물론 아메리카 대륙에도 위대한 서사시 전통이 존재했음을 확고히 규명하게 되었다.³⁰ 그러나 우리가 지금 벌이고 있는 논란에 비추어보면, 이 역시 문자 기록 세계의 산물이다. 콜럼버스가 아메리카 대륙을 발견하기 이전부터 이들은 상형문자를 썼던 것이다. 오랫동안 키체어의 구술 전통과 기록 전통 연구에 몰두했던 테드록은 읽고 쓸 줄 아는 능력을 왜 서사시 출현의 선결 조건으로 보는지에 대해 다음과 같이 설명한다.

언어 예술이 문자 기록 전통의 직접적인 영향하에 있지 않은 문화에서 만들어진 구어 텍스트에는, 긴 길이의 행을 동일 수의 음절이나 모라^{mora}, 음보^{feet}로 재서 나누는 게 없다. 이렇게 세밀한 운율 책략을 위해서는 우선 음성이 세분화되어야 하는데, 바로 이 점이 음소문자 체계, 음절문자 체계의 강점이다.³¹

사람들이 자기 언어의 구조를 얼마나 '메타언어학적으로' 자각하고 있는 가에 대해 널리 받아들여지고 있는 관점도 이와 별반 다르지 않다. 즉 문자 기록 문화에 노출되어 완전체로서의 단어와 개개의 음성을 분리할 수 있게 되기 전에는, 운율을 조직하고 이에 맞춰 행을 만드는 데 필요한 복잡한 음운론적 개념을 활용할 수 없으리라는 것이다. 이 말은 정말 사실일까? 읽고 쓰는 데 익숙한 현대 문화에서 갖게 된, 또 하나의 근거 없는 선입견은 아닐까?

위 주장에 대해 회의적으로 보는 데는 두 가지 근거가 있다. 첫째, 문자를 사용하지 않는 문화의 말놀이들도 곧잘 다양한 단위에 대한 메타언어학적 자각에 근거해 이루어진다. 예를 들어 아렌테족의 '토끼말Rabbit Talk'이라는 말놀이는 어절에 기반한 것이며, 이비비오족Ibibio의 에로erotic 수수께끼는 음조音調 양식에 기반한 것이다. 따라서 이들 단위에 대한 메타언어학적 자각이 발달되려면 기록 문화가 필요하다는 것은 근거 없는 주장이다.

둘째, 문자를 읽고 쓸 줄 아는 사람들이 굳이 언어학자들처럼 사고할 때에는 음운 단위를 분석적으로 인지할 수 있다고 해서, 이들이 예술적 창작을 할 때도 그렇게 인지한다고 할 수는 없다. 분명 때때로 이들은 자기 작품 배후에 있는 논리적 사고에 대해 아주 솔직히 털어놓는다. 단테는 『신곡』을 구상하면서 기독교적 심상에 있는 숫자 3의 구심성求心性—삼위일체, 지옥·연옥·천국의 삼계三界—을 의식적으로 반영했다. 단테는 3의 규칙을 시에 끌어들이기 위해 100편의 노래를 33편씩 3부로 나누어 구성했고(여기에 서문이 추가된다), '3운구법韻句法, terza rima'이라는 유명한 각운 체계를 새로 고안하기까지 했다. 그러나 그렇다고 해서, 문자 문화 속에서 살아가는 시인들이 늘 자기가 무엇을 하는지 잘 알고 있다고 말할 수는 없다. 이 점을 좀 더 살펴보자.

흘레브니코프의 시「메뚜기」

시가 '언어를 잘 치장한 책'이듯, 언어는 시의 미완성 초고다.
— Friedrich(1986:35)

야콥슨은 시인들이 자기가 만든 음운 구조를 얼마나 알고 있는지 조사한 흥미로운 에세이를 쓴 적이 있다.[32] 이 글은 러시아 시인 흘레브니코프 Velimir Khlebnikov가 1908년에 발표한 시 「메뚜기」The Grasshopper」, 그중에서도 특히 첫 문장에 초점을 맞추고 있다.

Крылышкуя золотописьмом тончайших жил
Кузнечик в кузов пуза уложил
Прибрежных много трав и вер.

|

Krylyškúja zolotopis'móm tončajšix žíl
Kuznéčik v kúzovpúza uložíl
Pribréžnyx mnógo tráv i vér.

|

Winging with its gold script of veins most fine,
The grasshopper packed his hollow gut
With many foreign weeds and faiths.[33]

|

아주 섬세하고 찬란한 문자가 쓰인 날개를 펄럭이는 메뚜기가,
수많은 이방인의 잡초와 믿음으로
텅 빈 배를 채웠다

러시아어로 된 이 시는 최면에 걸린 듯한 몽상의 극치를 보여주는 작품인데, 이러한 느낌은 이 시가 음성학적 구조 면에서 경이로울 정도의 수학적 대칭을 나타내기 때문이기도 하다. 흘레브니코프 자신은 시를 쓸 당시 이를 몰랐으나 몇 년 후 알게 되었다.

··· '이 시를 쓴 사람이 특별히 의도한 바도 아닌데(pomimo želanija napisavšego ètot vzdor)' 이 시에는 k, r, l, u 음이 각각 다섯 번 나타난다.

모든 시인은 자신의 이해나 의지와 관계없이 복잡한 언어 설계가 자기 작품에 내재될 수 있다는 것을 안다. (…) 블레이크William Blake의 고백을 인용하자면 "미리 계획한 것도 아니었고 그렇다고 내 의지에 반하는 것도 아니었다."**34**

음역한 위 인용에서 k는 굵게, u는 밑줄 두 줄, r은 이탤릭체로 표시했다. 형식적 대칭성은 여기서 끝나지 않는다. 야콥슨은 시인 자신도 창작 당시 깨닫지 못했던 5중의 반복을 발견했다. 첫 단어 krylyškuja는 krylyško(작은 날개little wing)에서 파생된 신조어로 '작은 날개를 가진small-winged'의 의미를 띤다. 그 접미사 −ja를 떼어내면 3음절의 신조어 어간 krylyšku−가 남는데, 야콥슨은 이 단어의 각 음이 첫 문장 전체의 '5중 구조화에 관여된다는 점을 발견했다. 즉 이 문장에는 치찰음(ž, š)이 5회, k도 5회, r도 5회, l도 5회, u도 5회 나타난다.**35** 위 음역에서 ž(Zhivago의 zh처럼 발음한다)와 š(sh로 발음한다)는 밑줄로 표시했다. 흘레브니코프는 이번에도 이러한 사실을 깨닫지 못했다.

시의 첫 단어는 이 시 첫 문장 전체에 적용되는 5중 음운비音韻比를 그대로 투영하고 있다. 더욱이 10개의 강세 모음군도 다음과 같이 5개씩 균형을 이루고 있다.

원순 모음 5개 : 평순 모음 5개 ([3 ú+ 2 ó] vs [3 é+ 2 í])
고모음 5개 : 중모음 5개 ([3 ú+ 2 í] vs [3 é+ 2 ó])

흘레브니코프처럼 문자도 사용할 줄 알고 메타언어학적 지식이 있는 시인이라 해도, 자기도 모르게 서로 맞물린 두운 제약들을 구성할 수 있다는 점에 기반하여 야콥슨은 다음과 같이 결론내렸다.

구술시의 음운론과 문법은 복잡하고 정교한 대응 체계를 가진다. 복잡하게 얽힌 연결망을 관할하는 규칙에 대해 아무도 깨닫지 못한 상태에서, 그 대응 체계가 생겨나고 효과를 발휘하고 세대를 거쳐 전승된다. (…) 시인 개개인의 창작 과정에서 복잡한 음운론적·문법적 구조를 고안해내는 주 설계자

혹은 유일한 설계자는 직관直觀일 것이다.[36]

한 언어에 숨겨진 정형성을 조망하는 구송 시인의 탁월한 시각, 시를 통해 결정체를 이루는 이 시각이 문학뿐만 아니라 언어 자체에도 영향을 주게 될 수 있을까? 사실, 의도적으로 고안된 언어 형식이 일상어에 얼마나 피드백되는지 우리는 아직도 알지 못한다.

언어학자들은 곧잘 특정 분석의 증거로 색다른 언어 기준—음절은 물론 각운, 의미 부류까지도—을 들먹인다. 개인적으로 내가 볼 때, 언어학자들의 주장이라는 것은 대개 모국어 화자가 무의식적으로 혼자 하는 작업을 의식적으로 재현하는 것뿐이며, 특정 단위나 관계를 확인하려는 언어학자들의 '테스트'라는 것도 화자가 어쨌든 무의식적으로 알고 있는 분류 원리를 형식화하는 것에 불과하다. 이것이 사실이라면, 음절을 특정 방식으로 나누는 새로운 말놀이, 혹은 새로운 유형의 두운이나 음보율처럼 구술문학에 새로이 등장한 특별 장치들이 언어 체계 전체를 특정 방향으로 이끌 수 있다. 그 언어의 화자들이 말이라는 반죽덩어리에 쓸 쿠키칼 하나가 추가된 것이다. 언어 예술 연구에 공동 진화라는 이론틀framework이 유용한 것은 바로 이 때문이다. 이 이론틀은 예술적 창조력의 영향이 작품 그 자체에서 그치는 것이 아니라 나머지 언어 체계에도 미친다는 것을 상기시켜준다.

뉴기니 고지대의 무명 시인들

Kanab taka nyiba mudupa e
Kanab take taka nyiba e

|

As I see, it quietly reports itself,
as I see, quietly, quietly it speaks

|

보건대 그것이 조용하게 자신을 드러낸다.
보건대 그것이 아주 조용히 조용히 말을 한다.
—「톰 야야 캉게」이야기[37]

말놀이에서 입증되듯 누구나 타고난 메타언어학적 재능이 있다는 점, 그리고 흘레브니코프처럼 문자 구사력이 뛰어난 시인들에게도 무의식적인 독창적 정형화가 중요하다는 점을 보면, 운율 구조를 띤 형식이 발달하려면 읽고 쓸 수 있는 능력이 필수적이라는 주장은 과장된 말 같다. 그러나 최종적으로 승패를 결정하기 위해서는, 문자생활이 이루어지지 않고 문자생활 전통을 가진 외부와의 접촉도 없는 문화, 그러면서도 고유의 방대한 운율 서술 전통을 가진 문화를 찾아야 할 것이다.

언어인류학자 럼지Alan Rumsey는 최근 「톰 야야 캉게Tom Yaya Kange」라는 구비설화sung tales 전통을 가진 뉴기니 고지대 사람들을 대상으로 이러한 연구를 진행했다. 서부 고지대 지방에서 사용하는 쿠와루어Ku Waru로 지어진 「톰 야야 캉게」는 『오디세이』나 『포폴 부』, 몬테네그로 전통의 서사시에서 발견되는 것과 동일한 구조 요소를 지니고 있다. 그러나 이 지역은 아주 최근까지도 문자 기록 전통과 전혀 접촉이 없던 지역이다.

뉴기니 고지대는 인구밀도가 높은 지역이었다. 1930년대 호주 탐험가들이 이 지역을 '발견'했을 때 이들은 수십만 명의 고지대 농부를 보고 깜짝 놀랐다. 무장을 했고 거의 알몸에 깃털로 주요 부분만 기리고 있는 이 사람들은 이국적이었지만, 마치 바이에른처럼 질서정연한 전원의 풍광을 따라 마을과 부락이 펼쳐져 있었고 산 중턱에는 울타리와 관개 시설을 갖춘 밭도 있었다. 이들이 다른 세계로부터 완벽한 고립을 유지해왔으리라고 생각하는 건 옳지 않다. 1000년에 걸쳐 이들은, 해안을 따라 살고 있던 오스트로네시아인들로부터, 그리고 중간에서 이들을 이어주던 집단들을 통해 돼지와 새로운 뿌리작물들을 받아들였다. 그러나 이들이 거의 완벽할 정도로 독립적인 문화 전통을 보유하고 있으며, 가까운 아시아 해상 제국 세계와 그들의 문자 기록 문화로부터 완전히 격리된 상태로 남아 있다는 것은 분명하다. 문자를 사용하는 사람들을 처음 대면했을 때, 「톰 야야 캉게」를 전문적으로 부르는 최고령의 사람들은 이미 성인이었고 자신의 시적 기교를 한껏 발휘하고 있었다.

「톰 야야 캉게」는 이족 간 결혼의 로맨스를 다룬 운문체 이야기로, 영웅적인 젊은이가 멀리 방랑하다가 수많은 장애물을 헤치고 아내를 만난다는 내용이다. 「톰 야야 캉게」는 행 구조가 매우 뚜렷하다. 고저 음률이 순차적이면서도 규칙적으로 변환되고 각 행의 끝에는 과장된 장모음이 덧붙여진다. 또한 대구법, 'ung eke(비유 표현bent speech)'라는 일련의 표준 수사어구, 호메로스 서사시와 유고슬라비아 서사시에서 보이는 반복적 정형구 등이 광범위하게 사용된다.

정연하게 상호 연관된 정형구들이 노래에 아름다움을 더한다. 이 문화에서 바라보는 여성미의 완벽한 기준—큰 눈과 큰 코—은 쿠와루어에서 다음과 같은 한 쌍의 어구로 표현된다.

> kubin topa mong wali jirim e, mongn topa kubi kelin jirim e
>
> |
>
> the nose makes the eye (appear) small, the eye makes the nose (appear) small
>
> |
>
> 코가 눈을 작아 보이게 하네, 눈이 코를 작아 보이게 하네

그뿐만이 아니다. 호메로스는 『오디세이』에서 "뮤즈여 내 안에서 노래해다오, 나를 통해 이야기를 해다오sing in me, Muse and through me tell the story"라고 자신의 의식적인 창작력 배후에 있는 뮤즈를 대놓고 언급하고 있다. 마찬가지로 「톰 야야 캉게」의 구송 시인들도 비슷한 정형구들을 사용하여, 자기가 묘사하고 있는 행동을 마음속으로 보는 느낌, 이야기가 '스스로 이야기하는' 느낌을 담아내고 있다. 제사題辭에 인용한 문장이 바로 그것이다.

코피아 노마Kopia Noma라는 구송 시인의 노래에서 따온 아래의 인용을 보면 「톰 야야 캉게」의 개략적인 운치를 느낄 수 있다.[38]

(5)

ㄱ. kang mel we mel kaniyl e

ㄴ. kang mai pup yaka nyirim e

ㄷ. kang komunga mong yaka nyirim e

ㄹ. ukuni yabu tobu midi nyirim e

ㅁ. kobulka yabu tobu midi nyirim,

ㅂ. kang mel we mel kaniyl e

ㅅ. kang pidi-tap mel kaniyl e

ㅇ. pilyini kub nai-ko, nyirim e

ㅈ. kanuni kub nai-ko nyirim e

|

Though the tiniest slip of a lad

That boy strode from perch to perch

That boy strode from mountain to mountain

He wanted to slay the Ukuni

He wanted to slay the Kobulka

Though the tiniest slip of a lad

Who'd been ignored since he was born

And who's ever heard such a tale?

And who's ever seen such a thing?

|

작고 가냘픈 사내아이에 불과했지만

그 소년은 이곳저곳 높은 곳을 찾아 성큼성큼 다녔다

산에서 산으로 성큼성큼 다녔다

그는 우쿠니를 죽이고 싶었다

그는 코불카를 죽이고 싶었다

작고 가냘픈 사내아이에 불과했지만

그가 태어난 이후 누가 무시를 당했는가.

그런 이야기를 들어본 사람이 있는가?

그런 일을 본 사람이 있는가?

그러나 「톰 야야 캉게」의 시적 구조를 제대로 알아보기 위해서는 시의 음보, 그리고 좀 더 규모가 큰 행-멜로디 간의 연관성에 대해 좀 더 이해해야 한다. 위에서 인용한 코피아 노마의 노래에서는 각 행이 6음보로 짜여 있다. 각 음보가 몇 음절로 되어 있는지에 상관없이 음보의 길이는 일정하다. 제1행 kang mel의 mel은 1절, (5ㅅ)행 kang pidi의 pidi는 2음절, (5ㄷ) kang komunga의 komunga는 3음절인데, 모두 영시英詩의 '소실 음보vanishing foot' 처럼 시간상으로는 같은 길이를 가진다. 각 행 모두 시작은 낮고, 행 중간에 높이 상승하다가 끝 부분에서 다시 떨어지는 음조 변화를 보인다. 구송 시인 마다 약간씩 다른 틀로 노래한다. 예를 들어 코즈Koi(파울루스 콘츠Paulus Konts) 는 각 행을 5음보로 나누며, 두 개의 4행 그룹이 하나의 8행 시를 이루는 멜로 디 주기를 사용한다(그림 9.3 참조).

이런 식으로 이루어지는, 전통에 대한 현지 연구는 두 가지 방향으로 나아갈 필요가 있다. 우선 실제 연행을 녹음하고 전사하고 번역하고 운율 분석을 해야 한다. 그렇지 않으면 깨지기 쉬운 이 전통은 영원히 사라질 것이다. 사실 전체 어휘를 담은 사전도 없고 체계적인 문법도 아직 모르는 언어로 된 이야기, 가끔은 1000행이 넘을 정도로 길면서도 아주 빠른 속도로 연행되는 이야기에 대해 이러한 작업을 하는 것은 그 자체만으로도 대단한 것이다. 그러나 끊임없이 반복되는 암기와 재창조의 융합을 거쳐 그 전통이 어떻게 유지되고 다듬어지는지를 이해하기 위해서는 이것 말고도 추가적인 작업이 필요하다. 유명한 여러 연행자의 연행을 녹음하여 개인별 스타일을 비교하고, 그들의 연행 역사와 창작법, 연행법에 대해 인터뷰해야 한다. 이를 위해 럼지와 그 동료들은 '노래로 된 이야기Chanted Tales'라는 특별 워크숍을 조직했다. 이를 통해 뉴기니 고지대 전역의 연행자들을 찾아내고 그 전통이 계속 생생하게 살아 명성을 유지할 수 있도록 애쓰고 있다. 아직은 이 독자적인 서사시 전통의 겉만 핥은 수준이지만 유고슬라비아 호메로스들이 있듯 파푸아 호메로스들이

그림 9.3 2004년 「톰 야야 캉게」를 연행하고 있는 파울루스 콘츠

존재한다는 사실은 이미 의심의 여지가 없다. 이제는 문자생활 이전 문화에서도 천부적 재능을 가진 사람이라면 집필과 편집의 혜택 없이 방대한 운문 서사시를 지을 수 있다는 것을 인정해야 한다.

양념이 있어야 맛이 제대로 나지

시는 아주 미묘한 뜻을 담고 있어서 다른 언어로 번역하면 그 뜻이 전부 사라져버린다.
— John Denham(1656)[39]

앞에서 각 언어는 그 언어로 된 이야기와 시에 특별한 정취를 불어넣는 치밀한 장치들을 가진다는 점을 이야기했다. 한 예로 서구 전통에서는, 러시아 문학의 특성들을 특정한 언어적 특징과 연관지어 설명해왔다. 예컨대 러시아 문학에서는 동사 상verbal aspect이라는 문법 장치를 통해 독자를 전개되고 있는 서술 순간으로 직접 이끈다. 그래서 독자들은 도스토옙스키의 작품을 읽으면서 순간순간에 따라 물결처럼 흔들리는 감정을 느끼게 된다. 또한 멈출 수 없는 운명 앞에 직면한 주인공의 무력함을 경제적으로 표현하는 데 각양각색의 문법 장치들이 이용되기도 한다.[40]

능숙한 화자는 이 치밀한 문법적 기법들을 활발히 사용하여 청중이 주인공과 사건에 반응하도록 만들고—이 기법들은 일일이 소리를 보여주지 않고는 번역할 수 없다—, 일상 대화에 운치를 더하기도 한다. 밴쿠버 섬의 누트카어, 현재는 누차눌스어Nuu-Chah-Nulth로 더 알려진 언어의 동사 수식을 생각해보자. 이에 대해서는 누트카족의 웅변 전통이 아직 활발했던 1915년 발표된 사피어의 논문에 기술되어 있다. 표 9.1에서 보듯 이 접사들은 qwís-maʼ(그가 그런다he does so) 혹은 hín-tʼ-ciL-weʼinⁱ(그가 온다고 한다he comes, it is said) 같은 단어에 붙어, 청자나 지시 대상의 비정상적인 특징을 강조한다.

표에서 굵게 표시한 여러 접사나 여타 유형의 수식은 청자나 지시 대상

접사	의미	예	번역
–'is	지소성指小性	qwís–**is**'–ma'	"그가 그래, 이 난쟁아" he does so, the little one
–aq'	확대성	hín–t'–ciL–**aq**'–we'ini	"그가 온대, 이 뚱보야" he comes, the fatty, it is said
–'is + 마찰음의 경구개화	비정상적 지소성	hín–t'–śiL–**iś**'–we'ini	"난쟁이 그가 온대" he, little man, comes, they say
–'is + 측마찰음 의마찰음 대체41	눈의 결함	qwísɬ–iɬ'–ma'	"그가 그래, 이 사팔뜨기야/모들뜨 기야/눈병 난 녀석아" he does so, the squinty/cross-eyed/ sore-eyed one

표 9.1 누트카어의 이상성異常性 표지 접사

의 비정상적인 특징을 지시하는 데 이용된다. 이 표에 예시한 접사 외에 꼽추, 절름발이, 왼손잡이, 할례받은 남성, 탐욕스런 사람 등을 지시하는 독특한 수식도 있다.

특정 동물의 전형화된 특징에 기반한 이 표현들은 신화에서도 특별한 용법으로 쓰인다. '눈의 결함' 표현 형태는 (흔히 우는 눈을 가졌다고 하는) 사슴이나 밍크를, '왼손잡이' 표현 형태는 왼손잡이로 여겨지는 곰을, '탐욕스러움' 표현 형태는 먹성 좋은 갈까마귀를 지시하는 데 쓰인다. 따라서 이 형태들은 명칭을 직접적으로 언급하지 않은 신화 이야기 속에서도 신화 주인공들의 행위를 추적할 수 있게 해준다. (이야기를 하는 중에 특별한 동물 언어를 쓰는 말레이시아어 사례가 글상자 9.1에 소개되어 있다.)

20세기 끝 무렵 우드버리Tony Woodbury는 어떤 문화의 주요 표현 수단들이 전통 언어로부터 벗어났을 때 얼마나 위축되는지를 실증적으로 조사하기로 했다. 그는 누트카어보다 한참 북쪽에 있는 중앙 알래스카 추피크 에스키모어Cup'ik Eskimo(여기서는 줄여서 추피크어Cup'ik라고 부를 것이다)를 대상으로, 언어를 맛깔나게 하는 이 간명한 장치의 효용성이 어디까지 영향을 미치는지에 초점을 두어 조사했다. 추피크어는 누트카어처럼 간편한 '정서 표현affective' 장치를 가지고 있는데, 누트카어 표현에 비해 짓궂지 않고 부드럽다. '가엾은 poor dear one'의 의미를 덧붙이는 –rurlur–, '지긋지긋한darned'의 의미를 덧붙이는 −ksaga(r)−, '겁 많은funky'이라는 뜻을 덧붙이는 −rrlugar−, '추레하고 늙은shabby old'이라는 뜻을 덧붙이는 −llerar− 등이 있다. 이 형태들은 아래 예처럼 명사에도 붙을 수 있고 동사에도 붙을 수 있는데, 동사에 붙을 경우 그 의미는 행위 주체에 적용된다.

cavilqu**ksaga**at

darned strips of metal

지긋지긋한 금속 조각들

maqicurlagcite**ksaga**rciqaakut–ll'–am

the darned (one) might ruin our bath

우리 욕실을 망쳐놓을 망할 놈

우드버리는 이 접미사들이 독립적인 단어보다 덜 두드러지기 때문에 특정 소리가 너무 자주 쓰인다고 해서 미학적 효과를 떨어뜨리지는 않을 것이고, 결과적으로 이 접미사들이 매우 빈번히 사용될 것이라는 가설을 세웠다. 영어에서는 특정 단어 표현을 지나치게 자주 사용하는 것을 꺼린다. 즉 "the poor dear girl went outside and *then poor* dear she started shivering"이라는 문장은 지루하게 반복된 느낌을 준다. 반면 문법 요소인 접사의 반복은 신경 쓰지 않는다. 예를 들어 "she come*s* outside and then start*s* shivering"처럼 동사 굴절소 −s가 반복되어도 이를 눈치 채지 못한다. 이 차별화된 영향 덕분에 '−lurlur−' 같은 접사의 반복 사용도 우리의 레이더망을 벗어나, 귀에 거슬리는 느낌 없이 말에 깊은 재미를 더하는 효과를 만들어낸다.

추피크어로 이야기할 때와 영어로 이야기할 때 실제로 차이가 있는지 알아보기 위해 우드버리는 '여러 언어를 쓰는 연행 조건에서 추피크어의 원래 특징들이 어떻게 되는지를 테스트하는' 실험을 했다. 1978년 우드버리는 알래스카 체바크Chevak에서 레오 모세스Leo Moses가 들려주는 「쿨리라크quliraq」라는 전통 신화 이야기를 녹음했다(그림 9.4 참조). 처음에는 추피크어로, 다음에는

글상자 9.1

말레이시아 체크윙어의 동물 언어[42]

말레이시아 쿨라간다Kula Gandah에 사는 카피야트 파통

체크윙어Ceq Wong 화자는, 생명이 있는 모든 존재는 사실 인간이며 체크윙어를 사용한다고 믿는나. 다만, 우리 인간의 귀에 서로 다른 '방언'으로 들리는 것뿐이라는 것이다. 그래서 각 동물의 말로 독특하게 바꿔서 말한다. 예컨대 긴꼬리 머카크원숭이가 하는 말이라면 각 단어에서 마지막 음절을 제외한 나머지 음절을 모두 없앤 후, 남은 음절의 모음을 비음화한다(모음 위에 틸다tilda 부호[~]를 붙여 표시한다). 그러고는 모든 단어 앞에 접두사 ruŋ을 붙인다.

아래 문장은 체크윙어 화자 카피야트 파통Kapiyat Patong이 들려준 이야기에서 가져온 것인데, 자기 잘못에 대해 변명을 늘어놓는 게으름뱅이 긴꼬리

머카크원숭이 사위에 대한 이야기다. 맨 윗줄은 긴꼬리 머카크원숭이의 언어, 두 번째 줄은 일상적인 인간 언어로 번역한 것이다.

ʔu-ruŋyāh   ruŋjã̃ʔ   ruŋcɨh ruŋhū̃ʔ ruŋmõ̃ʔ
ʔu-liyah jaʔ   cɨh   jhū̃ʔ   tramoʔ

|

it-fell off   we   fell   tree   tree type
'It fell off (when) I was felling the teramoʔ tree.'

|

내가 테라모크 나무를 베어 넘어뜨리고 있을 때 그게 떨어졌어요

그림 9.4. 2002년 추피크어를 연구할 당시의 레오 모세스와 우드버리

영어로 하는 이야기를 따로 녹음했다.

몇 년 후 우드버리는 추피크어로 이야기한 원본을 구간별로 다시 모세스에게 재생해 들려주면서 이를 번역·해석해달라고 하고 이를 다른 녹음기로 녹음했다. 처음 이야기를 들려주던 당시, 45세의 레오 모세스는 능숙한 구술 연행자였을 뿐만 아니라 번역자로서의 기량도 충분히 가지고 있었다. 따라서 "그의 번역은 (…) 두 언어 간의 조정 작업, 즉 능숙하고 꼼꼼한 전문가기 양쪽 언어 모두에 통달한 서술 능력을 기반으로 창의적 조정 작업을 거친 번역임에 틀림없다."[43]

모세스가 들려준 신화는 젊고 뛰어난 한 사냥꾼에 대한 이야기다. 사냥꾼의 할머니가 그의 사냥을 줄이려고 사냥꾼의 눈을 멀게 만들었다. 호수 근처의 아비새들loons이 그의 시력을 되찾게 해주자 사냥꾼은 감사의 뜻으로 아비새의 몸을 지금 모습처럼 색칠해주었고, 이후 사냥꾼은 길을 떠나 또 다른 유명한 사냥꾼의 딸을 아내로 맞이한다. 아내와 함께 마침내 고향으로 돌아왔으나 이미 할머니가 무관심 속에서 세상을 떠난 사실을 알게 된다. 추피크어로 한 이야기에는 수많은 감정 표현 접미사가 사용된다. 예를 들어 '가엾은 할머니anuuruluruluagguq', 사냥꾼이 장님이 되었을 때는 반대로 '가엾은 젊은이cikmi'urlurlun", 자기 딸과 결혼할 자격이 있는지 젊은 사냥꾼을 시험하려는 '추레하고 늙은 대사냥꾼nukalpialleraam', 새벽 일찍 일어나는 '추레하고 늙은 손자tutgararalulleraq'를 표현하는 데 접미사들이 사용된다. 그러나 영어 번역판에서는 이런 표현이 거의 나타나지 않는다. 딱 하나, 장님이 된 '가엾은 젊은이(that poor young man)'라는 표현을 제외하고는, 단순히 '할머니the grandmother'나 '대사냥꾼a great hunter', '그날이 왔을 때 (…) 그는 떠났다he went (…) when the day was about to come'로 표현되었다.

접미사로 언어에 운치를 더하는 일이 사라짐으로써, 주인공과의 감정적 유대, 강력한 운명의 힘 앞에서 작아지는 주인공에 대한 동정적 묘사는 전체적으로 약화된다. 물론 모세스가 자기 선조들의 언어인 추피크어를 쓸 때는 여전히 모국어 전통에 충실했다. 아쉽게도 젊은 모국어 화자들에게 추피크어는 점점 사라져가고 있다. 언어의 소멸은 곧 문화의 죽음을 의미한다. 일단 이 세대들이 다른 언어에 익숙해져 그 감정적 대역帶域이 좁아지면, 선조들의 이야기가 가진 그 풍부성을 음미하지 못하게 될 것이다. "언어를 미적·정서적으로 사용하는 전통은 그 전통의 안정성—안정적이지 않다면 이미 '전통'이라 할수도 없을 것이다—, 즉 전통적인 어휘-문법적 코드의 특징이 얼마나 안정적인가에 달려 있다. 따라서 그 전통은 새로운 언어로 이식되지 않거나 쉬이 이식될 수 없다."[44]

위대한 의미학자 '칼타르'

> 할례 절개를 한 후 며칠 동안[45] 모든 '와라마'[2단계 입사식 참여자들]는 새 와라마에게 두 번째 입사 언어인 다민어를 가르쳤다. (…) 그들은 개에 휘파람 신호를 보내듯 휘파람 소리를 냈고 조롱하듯 웃었다. 마치 '흥, 너희는 스스로 뭔가 알고 있다고 생각하겠지? 하지만 개처럼 너희는 아무것도 몰라'라고 말하는 것 같았다.
>
> — McKnight(1999)

이제까지는 시나 이야기에 쓰이는 언어 용법에 초점을 맞추어 논의했다. 그러나 언어적 기호들을 좀 더 의식적으로 만들어내는 일은 특별한 사용역에서도 발견된다. 제의祭儀 사용역에서 쓰이는 다민어(의고적으로는 네빈어Demiin라 한다)가 그 예인데, 다민어란 모닝턴 섬의 라르딜족 남성들이 와라마warama가 되기 위한 입사식의 일부로 배우는 언어다.[46] 칼타르Kaltharr(황전갱이Yellow Trevally Fish)라는 조상이 만든 언어라는 다민어에는 '물고기 말fish talk'이지 않을까 싶은 반향음echoing을 비롯해 아주 많은 음성이 있다.

1970년대 자신의 뛰어난 언어 학습 솜씨를 쏟아부어, 다민어를 유창하게 구사하는 마지막 인물로부터 다민어를 전사했던 전설적인 학자 헤일Ken Hale은 다민어가 '화려한 음성 목록'의 전형을 보여준다고 토로했다. 이를 가리키는 특징 중 하나는, 특이한 기류 메커니즘을 가진 모든 음이 단 한 단어에 나타난다는 사실이다(흡착성을 띤 음은 예외다).**47** 더욱이 헤일의 연구 이후 이루어진 고어형古語形 재구를 통해, 다민어 중 일부는 분명히 일상 단어를 위장하는 방식, 즉 특정 음을 비슷하면서도 보다 특이한 음으로 바꾸는 방식으로 만들어진 단어라는 사실이 밝혀졌다. 예컨대 탕키크어 공통조어에서 채소 음식을 가리키는 단어 *miyi의 m은 다민어 m!ii에서 비음화된 양순 협착음으로 바뀐다—m!ii의 발음을 음성학적으로 표시하면 [ɲʘiː]이다. 입술로 키스하듯 쪽 소리를 내면서 바로 ee 소리에 연결해 발음한다. 이와 비슷하게 눈雪을 가리키는 탕키크어 공통조어 kuwa의 k는 다민어 k'u에서 성문 폐쇄 방출음으로 바뀐다.

문법적 접사는 일상 라르딜어에서 그대로 가져왔기 때문에 단어 어근에만 이 특별한 음소들이 나타난다. 예를 들어 (6ㄱ)는 일상 라르딜어, (6ㄴ)는 다민어로 된 동일 문장이다. 다민어에서 ngada는 n!aa로, ji-는 didi로, yak-는 l*i로 바뀌는 반면, 문법적 접사는 (목적격 표지 접사 형태에서 나타나는 약간의 변화 외에는) 온전히 그대로다.**48**

(6) ㄱ. Ngada ji-thur   yak-ur
　　　ŋada   ciʈuɻ   yakuɻ
　　　I   eat-FUT   fish-OBJ
　　　I will eat fish
　　　나는 생선을 먹을 것이다(일상 라르딜어)

　　ㄴ. N!aa   didi-thur   l*i-ngkur
　　　ŋ͡!aa   titiʈuɻ   ɬ↓iŋkuɻ
　　　I   eat-FUT   fish-OBJ
　　　I will eat fish
　　　나는 생선을 먹을 것이다(다민어)

다민어의 음성학적 특이성도 놀랍지만, 언어 분석 면에서 정말 압권인 것은 다민어의 의미 구조다. 제4장에서 언급했다시피, 라이프니츠 시대 이후 서구 학문 전통의 철학자나 의미학자들은 '인간 사고의 알파벳alphabet of human thought'을 찾으려고 시도해왔다. 모든 의미를 좀 더 작은 요소들로 분해하는 무언가를 추구한 것이다. 다민어는 이러한 목표에 근접하고 있다—이전의 철학적 전통에서 보면 좀 난데없는 방식으로, 그리고 문자화된 논리 기호 장치에 전혀 기대지 않고 말이다. 다민어는 수천 개의 일상 라르딜어 어휘를 약 200개의 단어로 줄여버리는데, 여기에는 고도로 추상화된 의미 간의 조합, 의미 확장과 결합된 2차적 의미 연쇄,[49] 바꿔 말하기paraphrase, 수신호에 의한 보충 같은 방법이 이용된다.

(6)의 예에서 n!aa는 단순히 '나'를 가리키는 ngada와는 다르다. n!aa는 화자를 포함한 집단 무엇이든 지시할 수 있다. n!aa는 ngada 외에도 '우리we'를 말하는 여덟 가지 방식까지 포함하여, 일상 라르딜어의 아홉 가지 별개 대명사에 대응된다.[50] 즉 일상 라르딜어의 nyarri(촌수 관계가 짝수인, 상대를 포함하지 않는 우리 둘), nyaan(촌수 관계가 홀수인, 상대를 포함하지 않는 우리 둘), ngakuli(촌수 관계가 홀수이면서 상대를 포함한 셋 이상의 우리), 그리고 다섯 개의 또 다른 '우리we' 대명사와 ngada(나) 모두가 n!aa로 표현된다. 'I'와 'we'를 가진 영어는, 풍부한 용어를 가진 라르딜어와 고도로 추상화된 다민어 중간 어디쯤에 자리 잡은 언어라 할 수 있다.

그것만이 아니다. 다민어의 didi는 라르딜어 jitha(먹다eat)에 단순 대응되지 않고, barrki(씹다chop), betha(물다bite), kele(자르다cut) 등 피영향 대상, 즉 음식물의 변화를 가져오는 동자 모두를 포함한다. 음성적으로 didi와 비슷하지만 장모음을 가진 단어 diidi는 waa(가다go), jatha(들어가다enter), murrwa(따르다follow), kirrkala(놓다put) 등 모든 이동·피이동 동작을 포함한다. 때로는 이동을 은유적으로 이해하여, wutha(주다give), wungi(훔치다steal) 같은 소유상의 변화나, kangka(말하다speak) 같은 정보 전달도 diidi를 이용해 표현한다.

이러한 방식으로, 다민어는 적은 수의 요소로 전 어휘를 표현하는 '전면적 의미 분석total semantic analysis'을 이뤄내고 있다. 헤일이 이를 "인간 지력知力의 기념비"라고 표현한 것은 과장이 아니다. 또 다른 논문에서 헤일은 다민어가 모닝턴 섬에서 권력을 쥔 선교사들이 법으로 금지한 제의와 관련된다는 점을 볼 때, 다민어의 전승이 일상 라르딜어의 전승보다 앞서 철저히 저지되었을 것이라는 사실에 주목했다. "이 지적 유산의 파괴는 대부분 이 유산의 존재를 알지 못했던 사람들에 의해 자행되었다. 부富는 물질적인 것이며 가시적인 것이라고 보는 문화에서 자기네가 했던 것처럼 여기서도 똑같은 짓을 한 것이다. 그들이 보기에 다민어는 가시적인 것이 아니었고, 라르딜족 사람들도 땅덩어리 말고는 가진 것이 없는 사람들이었다."[51] 주류 호주 사회가 원시적으로 치부하던 이들의 구술 전통에 숨어서, 이 획기적인 논리적 약진은 외부 세계에 완전히 감추어진 채 있었다. 그리고 자기네들이 무엇을 파괴하고 있는지 전혀 알아채지 못한 선교 정책에 의해 무심히 사라져갔다.

불행히도 앞 문단에서 사용한 '전면적 의미 분석'이란 표현은 완화되어야 한다. 이 의미 분석이 충분히 기록되고 목록화되기 전에 마지막 Demiinkurlda(다민어 사용자Damin-possessors)가 세상을 떴기 때문이다. 1960~1970년대 단편적인 녹음이 이루어지기는 했지만, 이 자료들은 중의성이 어떻게 해소되는지, 일부 단어의 경우 서로 다른 말로 바꿔 쓸 수 있는지 어떤지 하는 수많은 의문에 여전히 답을 내지 못하고 있다.

동사 '먹다eat'를 생각해보자. 이 단어는 대상의 물리적 이동과 대상의 물리적 변화를 모두 가져오기 때문에 diidi(이동하다move)뿐만 아니라 didi(물리적 변화를 가져오다produce physical change to)로도 바꿔 쓸 수 있을 듯하다. 나의 스승 딕슨은 1960~1970년대 동쪽으로 수백 킬로미터 떨어진 디르발족 사람들을 대상으로 연구하면서 그들의 회피어mother-in-law language인 잘릉귀어Jalnguy를 기록하고 분석했다. 잘릉귀어는 제의적 관례라기보다는 예의바른 성인 에티켓의 하나로 배우게 되는 언어인데, 어휘 압축이 그렇게 심하지는 않지만 여러 단어가 한 단어로 의미상 압축된다는 점에서 다민어와 비슷하다. 조지 왓슨George Watson, 클로 그랜트Chloe Grant 등 서로 다른 고령의 화자들에게 주의 깊게 질문하면서 끈기 있게 연구한 결과, 딕슨은 최적의 회피어를 선택해 번역하는 과정에서 화자마다 다른 말을 선택하는 단어가 많다는 사실을 알게 되었다. 다민어에도 이런 사례가 있는지, 의미가 분석되지 않을 수도 있고 수적으로는 무한 집합에 가까운 지명이나 인명 등의 고유명사는 어떻게 하는지에 대해 우리로서는 전혀 알 수 없다.

구술 문화가 소멸되기 전, 늘 한 세대는 남아 있다

전통적인 삶을 살아가는 사람들의 제의적 생활이 언어의 쇠퇴로 위협받을 때, 즉 사람들이 가진 가장 깊고 폭넓은 표현 형식이 빛바래고 의미와 응집성을 잃고 죽어가기 시작할 때 언어 소멸은 정점에 달한다.
—Jocks(1998:231)[52]

선조들의 언어가 더 이상 사용되지 않을 때 문화는 꼭 사라지는 것일까?[53] 전 세계의 소규모 언어 사용자들, 사라지기 쉬운 자기들의 전통을 보존하기 위해 애쓰고 있는 사람들에게 이 질문은 초미의 관심사다. 그러나 이에 대한 명쾌한 답은 없다. 사람들이 사냥 관습이나 요리법, 독특한 의상 등을 유지해나가는 것은 당연하다. 나아가 직접적인 질문을 피하는 등의 언어 표현법을 유지하고, 호주 남부 원주민들이 영어를 쓰게 되면서도 인명에는 대부분 여전히 자기 언어를 사용하는 것도 마찬가지다.

그러나 우리가 언어라 부르는 무형의 흐름에 담겨 있는 수많은 직관적 통찰력 가운데, 문화 그 자체에서 가장 소중히 유지되어온 것은 바로 언어 예술로 형상화된 통찰력이다. 웨일스의 시 경연대회(아이스테드바드), 쿠와루어 구비설화(「톰 야야 캉게」), 추피크족의 이야기, 주트비르크 노래 연행 등 무엇을 통해서든 언어 예술이 뚜렷이 보존됨으로써, 공동체의 젊은이들은 자기 공동체의 거장 구술 연행자나 구송 시인의 명성과 지혜에 매력을 느끼게 된다. 브라운R. McKenna Brown은 이에 대해 이렇게 밝히고 있다. "구술 형태든 기록 형태든 문학은 언어의 삶과 그 언어 화자의 삶, 이 둘이 교차하는 핵심 지점이다. 문학은 언어의 위신을 세우고, 문학에 대한 지식은 그 언어 화자들의 언어 사용을 풍부하게 해준다. 이를 통해 화자들은 자기 언어에 대한 충성심을 갖게 된다."**54** 호주 현지조사에 베테랑인 언어학자 허커스Luise Hercus는 1962년 빅토리아 주 에추카Echuca에서 웸바웸바어Wemba-Wemba 화자 스탠 데이Stan Day를 대상으로 녹음 작업을 하던 첫날, 그가 자기 할아버지로부터 배운 노래를 들려주겠다고 우겼던 것을 다음과 같이 회상한다. "그에게, 그리고 다른 '마지막 화자'들에게 있어 언어와 노래는 분리될 수 없다. 노래는 아주 특별한 것이다. 사람들은 미래를 위해 자신들의 노래와 전통이 녹음되기를 바라고 있었다. 그들은 이것이 자기 문화의 음성이라고 느끼는 듯했다."**55** 이 장에서 살펴본, 예상치 못했던 독창적 걸작들은 왜 언어학자들이 자신이 내리는 가치 평가에 주의를 기울여야 하는지, 왜 언어학자들의 지상 목표 중 하나가 언어 예술을 그 풍부함 그대로 기록하는 작업이어야 하는지 분명히 보여준다.

1_ Williams(1992:80)

2_ Parry(1955:123)

3_ Parry(1955)에서 웨일스어로만 제시되어 있는 네 개의 컁하네드를 번역해준 오우엄Helen Ouham에게 감사한다.

4_ 마이두 원어는 Dixon(1974:24), 영어 번역본은 Shipley(1991)에서 인용.

5_ 호주 북서부 토착민들이 사용하는 목관 악기로 didjeridoo라고 쓰기도 한다. ― 역자 주

6_ 이 연작 노래는 올빼미가 엿본 한밤의 정사情事를 내용으로 한다. 훔쳐보는 취미를 가진 이 올빼미는 세 언어를 구사할 수 있는데, 마웅족 노래꾼 발릴발릴Balilbalil에게 이 연작을 받아적게 했다고 전해진다(Berndt & Berndt 1951).

7_ Jakobson(1987a:93~94)

8_ 같은 책에서 야콥슨은 언어학이 시학으로부터 이탈한 이유를 다음과 같이 제시한다. "언어학이 시학 분야를 포괄할 수 없으리라 여전히 의심하는 비평가들이 있다면, 이는 편협한 언어학자들이 시학에 대해 무능하다는 사실이 언어학 자체가 이를 포괄하기 부적절하다는 식으로 오해된 것이다." 나는 주원인을 좀 더 민주주의적인 측면에서 찾는 편이다. 즉 모든 사람이 자기 언어를 문법적으로 완벽하게 숙달할 능력을 가지고 있다고 촘스키가 강조함에 따라, 천부적 재능을 가진 화자들의 언어적 특징을 경시하게 된 탓이 아닐까 한다.

9_ Friedrich(1986:5)

10_ 마쓰이 바쇼松尾芭蕉는 일본 시문학 하이쿠俳句를 대표하는 에도 시대 시인이다. ― 역자 주

11_ 이 노래 형식에는 하이쿠와 블루스 중간쯤 되는 디저리두 반주가 있다. Barwick et al.(2005)와 Barwick et al.(2007) 참조. ('연가懸歌'의 의미를 띠는 주트비르크는 이와이자어로 된 독특한 노래 장르를 가리킨다.―역자 주)

12_ Bauman(1989:181)

13_ 더 이른 시기 사용되어 미케네 그리스어Mycenaean Greek를 기록했던 선형문자 B는 이미 그 쓰임이 막다른 상황이었으며, 호메로스 서사시에는 연관되지 않은 것으로

보인다.

14_ 핀란드에 구전되어 내려오는 민족 설화가 담긴 대서사시로 19세기에 정리되어 출판되었다. 50편 2만2795행으로 이루어져 있으며, 천지 창조부터 여러 주인공의 모험담을 줄거리로 하고 있다. 톨킨의 『반지의 제왕』도 『칼레발라』로부터 많은 아이디어를 가져왔다고 한다. 『핀란드 민족 서사시 칼레발라』(서미석 역, 물레, 2011) 참조. ─ 역자 주

15_ Parry(1928)

16_ Parry(1930:80)

17_ Finnegan(1992[1977]:59)

18_ 테브픽 에센츠와 함께 진행되었던 그의 우비크어 연구에 대해서는 제3장에서 다룬 바 있다.

19_ Lord(2000:3)에서 인용한 패리의 말.

20_ 워라무룽운지가 발칸에 재림이라도 한 듯이, 옛 유고슬라비아가 붕괴되면서 이 지역에는 현재 세르비아어, 크로아티아어, 보스니아어라는 최소 세 개의 공식어가 생겼다. 패리와 로드가 머물렀던 시절 세르보-크로아티아어Serbo-Croatian로 불리던 언어에서 나뉜 것인데, 세르보-크로아티아어는 본질적으로 두 개의 표기법을 가진 일련의 방언이었다(세르비아어는 키릴 자모를, 크로아티아어는 라틴 자모를 사용했다). 이 책이 저술되는 동안 독립국이 된 메제도비치의 고향 몬테네그로가 네 번째 공식어(몬테네그로어)를 추가할지는 지켜봐야 알 것이다.

21_ 세르비아, 보스니아 등지에 전해오는 한 줄이나 두 줄짜리 민속 현악기로 무릎 위에 세워서 연주한다. ─ 역자 주

22_ Lord(2000:xii)

23_ Lord(2000:31)

24_ Lord(2000:4)

25_ Lord(2000:xxxi)

26_ Tedlock(1983:250)

27_ 마야어에서 보편적으로 쓰이는 은유에 따르면, 매트는 왕권의 상징이 되고, 나아가 협의하는 귀족들의 자리를 가리키기도

한다. 그래서 『포폴 부』를 'Council Book'이라 번역하기도 한다. (『마야 인의 성서 포폴 부』(고혜선 편역, 여름언덕, 2005)에서는 『포폴 부』를 '공동체의 책'이라는 뜻으로 해석하고 있다.─역자 주)

28_ Tedlock(1996:63~64), 키체 텍스트 버전은 Jena(1944:2)에서 인용한 것이다. 키체 텍스트 원본과 스페인어, 영어, 독일어 번역을 보려면 Museo Popol Vuh 웹사이트를 참조할 것. (http://www.popolvuh.ufm.edu.gt/eng/popolvuh.htm.) (한글 번역은 『마야 인의 성서 포폴 부』의 18~19쪽에서 인용하면서 표현을 약간 수정했다.─역자 주)

29_ Tedlock(1983:27)

30_ 모든 판본이 구조적으로 동일하지는 않으며, 그중 일부는 서사시라기보다는 역서曆書에 좀 더 가깝다.

31_ Tedlock(1983:250)

32_ Jakobson(1987b)

33_ 이 번역이 야콥슨의 번역보다 좀 더 정확한 듯하다.

34_ Jakobson(1987b:251)

35_ 슬라브어에는 마찰음이 많기 때문에 슬라브 언어학에서는 전통적으로 마찰음을 '치찰음hissing'과 '경구개마찰음shushing'으로 분류한다. 야콥슨의 범주도 이에 따른 것이다.

36_ Jakobson(1987b:261)

37_ Rumsey(2001:208)에서 인용. 럼지는 이 시적 서술의 자기 언명성 강조가, 뮤즈를 불러내는 호메로스 서사시 초반의 초사招詞와 얼마나 유사한지 지적하고 있다.

38_ Rumsey(2001:228)

39_ 로마의 시인 베르길리우스가 쓴 장편 서사시 『아이네이스Aeneid』의 번역 서문

40_ Wierzbicka(1992:395)

41_ 이는 사피어의 전사 체계이며, 국제음성기호로 전사하면 ɬ은 ɫ, Ɫ은 ł이 된다.

42_ 이 사례는 아슬리어Aslian인 체크웡어를 분석하고 있는 크루스페Nicole Kruspe가 알려준 것이다.

43_ Woodbury(1998:250)

44_ Woodbury(1998:257)

45_ 호주 다른 지역과 마찬가지로, 모닝턴 섬에서 1단계 입사자들은 할례를 받고, 2단계 입사자들은 마치 프라이팬에 굽기 위해 소시지에 칼집을 내듯 음경 아래쪽부터 위쪽으로 요도 길이만큼 칼자국을 낸다. 이 의식의 의미에 대해서는 수많은 인류학적 이론이 있지만 정작 라르딜족 사람들은 자기 조상 칼타르가 그랬기 때문이라고 단순하게 설명한다. 저자는 이 의식에서 직접 겪은 경험을 서술하고 있다. 저자는 정해진 시기 내에 자기 문화 속에서 2단계 성인 진입을 하겠다고(자신의 박사학위논문 제출을 말한다) 모닝턴 섬 원로들과 약속하고 이 의식에 참여했다.

46_ 다민어에 대한 자세한 논의는 Hale(1973a), Hale & Nash(1997), McKnight(1999) 참조.

47_ 5가지 조음 기류 생성 방식을 가진 다민어 음소 목록은 사실 전 세계 언어에 유례가 없다. 음성학 강의에서 가르쳐야 할 조음 기류 생성 기제로, 이전까지 알려지지 않았던 두 가지(아래의 b와 d)가 단숨에 추가된 것이다. (a) 폐로부터 숨을 내쉬는 '부아 날숨 pulmonic egressive'. 대부분의 언어에 일반적인 유형이며, 라르딜어 외의 모든 호주 제어에서도 이 유형의 기제만 나타난다. (b) 구강 내 단계에서 볼 때 소리를 내는 동안 폐로 숨을 들이쉬는 '부아 들숨pulmonic ingressive'. 다른 언어에서 보고된 바 없는 이 기류 생성 기제는 물고기를 가리키는 단어 l*i의 흡기 측 마찰음 l*(음성학에서는 ɬ↓i로 표기한다)에 쓰이는데, 웨일스어의 ll과 비슷하게 만들어지지만 숨을 들이쉰다는 점이 다르다. (c) 연구개 아래에서 공기를 다시 빨아들이면서 흡착음이 만들어지는 '연구개 들숨velaric

ingressive'. 코이산어 스타일의 흡착음을 만드는 기제인데, 다민어는 아프리카 지역 외에서 흡착 음소가 쓰이는 유일한 언어로 알려져 있다. (d) 연구개의 압력에 의해 공기가 방귀 음처럼 입술로 방출되는 '순구개 날숨 labiovelar lingual egressive'(p') 전 세계적으로 유일하게 다민어에서만 사용된다. (e) 캅카스 지역, 에티오피아, 그리고 아메리카 여러 지역 언어에서 발견되는 방출음과 비슷한 '성문 날숨glottalic egressive' (k').

48_ 이 말은 약간 지나치게 단순화된 측면이 있다. 이형태 –ngkur는 다민어에서 제약되므로, 이는 모음 직후에 오는 고어형을 나타내는 것일 수도 있기 때문이다. Hale(1973a) 참조.

49_ Evans(1992a)

50_ '둘 : 셋 이상의 복수' '상대 포함:상대 배제' '홀수의 촌수 관계 : 짝수의 촌수 관계'라는 세 대립쌍을 각각 조합하면 8개의 'we' 형태가 나온다. 달라본어처럼 라르딜어도 홀수/짝수의 촌수 관계를 구별하는 특별한 범주를 가진 호주 언어 가운데 하나다.

51_ Hale(1998:211)

52_ 이 절 소제목의 출처이기도 하다.

53_ 이 문제에 대한 치밀한 논의는 Woodbury(1993) 참조.

54_ McKenna Brown(2002:1)

55_ Hercus(2008:176). 같은 글에서 허커스는 당시 일부 영향력 있는 학자들이 학제간 연구란 아마추어적인 것이며 노래는 엄격히 음악학자들이 연구하도록 해야 한다고 생각했다고 회상하고 있다. 어느 수준이었느냐 하면, 당시 자신의 연구비를 지원하고 있던 호주 원주민 연구소Australian Institute of Aboriginal Studies로부터 겨우 노래나 녹음하는 일을 그만두지 않으면 현지조사 보조금 지원을 끊겠다는 공문을 받았었다고 한다.

Marrija kangka ngakuluwanjina jungarrana dangkana,
karrngijuruya bilwanjuruya ngungukuruya bana birrjikuruy.

Listen to the words of our old people,
so that we can hold on to their stories and their ways.

우리 조상들의 말에 귀 기울여라
그러면 그들의 이야기와 전통을 지켜나갈 수 있다.
― 1983년 작고한 카야르딜드어 화자 다윈 무두누티(1982년 녹음)

Hablar la lengua de su madre, de su padre y de los abuelos es manifestar el amor de
su pueblo.

To speak the language of your mother, your father and your grandparents is to
manifest the love of your people.

어머니의 언어, 아버지의 언어, 할머니와 할아버지의 언어로 말하는 것은 당신 민족에 대한 사랑
을 표현하는 것이다.
― 캄푸스 바카Luis E. Campos Baca

제5부

들을 수 있을 때 듣는 것

이 책은 언어 지식이 단지 몇몇 노쇠한 사람의 머릿속에만 있을 때 얼마나 허약한 것인지를 강조해왔다. 그러나 문자 기록에서 전문적인 음성 표기로, 왁스실린더에서 디지털로 된 음성 녹음과 비디오 녹화로, 이처럼 멈추지 않는 기술 발전 덕분에, 언젠가 죽을 수밖에 없는 인간의 머릿속 밖에서도 살아 숨 쉬는 물리적 기록의 범위가 확장되고 기록의 정확성도 높아져왔다. 동시에 기술은 장비의 휴대성도 높여주었다. 캘리포니아의 오지로 현지조사에 나섰던 크로버는 카누 가득 실은 왁스실린더를, 유고슬라비아 현지조사에 나섰던 패리는 트럭 분량의 알루미늄 디스크를 현지로 수송했어야 했다. 그러나 이제는 지갑 크기의 녹음 장치와 공책 크기밖에 안 되는 노트북만 있으면 된다. 또한 대화형 웹사이트, 채팅이 가능한 네트워크, 풍부한 문화적 환경에 대한 비디오 사진 등이 널린 인터넷에 언어들이 올려질 수 있게 되면서, 그 기술은 소규모 언어들의 젊은 모국어 화자 세대에게 새로운 매력을 주고 있다.

기술 발전에 힘입어 언어학자들이 기록할 수 있는 언어 자료의 양이 늘어나고 그 질도 좋아지면서 언어 기록화가 어떻게 진행되어야 하는가에 대한 논쟁이 늘어나고 있다. 언어학자들이 현지에서 그 언어를 배우는 속도가 더뎌진다는 문제는 재론의 여지조차 없다.[2] 이 책의 마지막 부분에서는 우선 언어의 절멸 위기 문제가 얼마나 크고 광범위한 것인지, 즉 얼마나 많은 사람이 소중한 모국어를 잃을 단계에 처해 있는지, 선조들의 말 대신 다른 언어를 쓰게 되면서 언어공동체가 어떤 징후 단계를 겪게 되는지에 대해 면밀히 살펴볼 것이다. 그리고 이 유산이 아직 남아 있는 동안 최대한 기록될 수 있도록 하는 데 있어, 어떻게 하면 현대 언어학의 통찰력과 기술을 가장 잘 이용해나갈 수 있을까 하는 질문을 검토할 것이다.

1_ García Vega & Gasché(2007:3)

2_ 새로운 기술이 대량 생산해낸 방대한 분량의 자료는, 바쁘기만 하고 실상 별 쓸모는 없는 막대한 작업을 양산한다. 물론 언젠가는 그 혜택을 보겠지만, 그 탓에 정작 분석을 시작하거나 해당 언어를 직접 학습하는 일이 더뎌지는 것은 사실이다.

제10장

언어의 갱신

Ngurrahyawoyhkarrudjerrnguhmiyan,
ba wurdurd bulahduluwoniyan
bulahlngbengkiyan.

We're going to make our ways new again,
so that the children can understand our words and then they'll know.

우리는 아이들이 우리의 말을 이해하고 알 수 있도록,
우리의 길을 새롭게 만들어갈 것이다.
— 달라본어 화자 매기 투쿰바

전 세계 약 6000개 언어 가운데 많은 언어가 빠른 속도로 하나씩 침묵에 빠져들고 세계 언어 목록에서 퇴출되고 있다. 마지막 화자가 실제로 세상을 뜨기 수십 년 전부터 침묵은 시작될 수 있다. 이를테면 자기 부족어로 말을 건네도 다른 언어로 대답하는 자녀들에게 수십 년 동안 고집스레 부족어를 쓰던 할머니가 뇌졸중을 일으켜 더 이상 말을 하지 못하게 될 수도 있다. 혹은 자매 관계에 있는 두 할머니 중 한 명이 양로원으로 가는 바람에 둘이 떨어져 지내게 되면서, 그 부족어로 된 대화가 아무도 모르는 사이에 세상에서 사라져버릴 수도 있다.

꼭 외부 영향 때문에 언어가 사라지는 것은 아니다. 이디시어 문학의 잊힌 유산을 살리기 위해 애쓰고 있는 랜스키Aaron Lansky는 연구를 위해 미국 유대인들을 찾아갔을 때의 놀라움을 다음과 같이 적고 있다. "이디시어가 여전히 존재한다는 사실 자체가 경이로웠다. 왜냐하면 이디시어를 쓰는 사람 모두 그 누구와도 말을 하려 하지 않았기 때문이다."[1] 시인 스나이더Gary Snyder는 1970년대 중반 북부 캘리포니아를 여행했을 때 있었던 일을 이렇게 털어놓았다.

우리는 콘코우족Concow과 니세난족Nisenan 사람들의 시절, 그리고 그들이 살아온 북부 시에라네바다 산맥 서쪽 사면의 지역들을 시에 담았다. 마침내 내 친구가 희소식을 전했다. "루이Louie, 니세난어[2]를 쓰는 사람을 또 하나 찾았다오." 당시 니세난어를 실제 구사하는 사람은 세 명이 채 넘지 않았을 텐데, 루이는 그중 한 사람이었다. "누구죠?" 루이가 물었고 친구가 그 사람의 이름을 댔다. "오로빌호Oroville 뒤에 사는 여성인데 내가 여기 데려올 수 있을 거요. 그러면 둘이 이야기할 수 있을 겁니다." 루이가 말했다.

"내가 옛날부터 알고 있는 사람인걸요. 아마 그 사람은 여기 오려고 하지 않을 겁니다. 만날 이유도 없고요. 그 집안과 우리 집안은 옛날부터 사이가 좋지 않아요."3

선조들의 언어를 듣고 배우려는 부족의 젊은이들, 그리고 마지막일 수도 있는 녹음을 남기려는 언어학자들에게, 이러한 예측 불허의 상황은 치명적인 일이 될 수 있다. 한 언어의 마지막을 더 재촉한다는 점에서 그러하다.

때로는 최후의 침묵이 얼마간 늦춰지기도 한다. 21세기가 시작되던 무렵, 언어학자 허커스와 로렌Mary Laughren이 와니어Wanyi 화자 아키 딕Archie Dick과 로이 세친Roy Seccin을 찾아냈을 때처럼 말이다. 사촌 간인 딕과 세친은 상대가 아직 생존해 있다는 사실 정도만 막연히 알고 있었을 뿐, 서로 멀리 떨어져 살며 둘 다 주변에 자기 언어로 대화할 수 있는 사람이 없는 상태였다. 와니어 자료라고는 1960~1970년대에 기록된 빈약한 수준의 것이 전부였고, 사람들은 이 언어가 조만간 사멸할 것이라 생각했다.

70대였던 로이 세친은 노던 주 북쪽에 있는 보롤룰라Borroloola 근처에 살고 있었다. 그리고 아키 딕은 퀸즐랜드 북서쪽 두마지Doomadgee에 있는, '학대 형제단bashing brethren'4이 운영하는 기숙사 학교에서 도망쳐 남부 여러 도시에서 공장 일을 하거나 목축 지역에서 가축상을 하며 살다가 퀸즐랜드 남서쪽 나릴코 스테이션Narylco Station에 정착해 있었다. 사촌 세친이 사는 지역에서 무려 1000킬로미터 떨어진 곳이었다. 허커스와 로렌이 과감한 협공 작전을 편 결과, 2000년 9월에 두 사람을 퀸즐랜드 남서부의 소도시 커너멀러Cunnamulla에 있는 트레일러하우스 주차장에 일주일 동안 불러올 수 있었다. 그 후 허커스와 로렌은 2006년 2월 로이 세친이 죽기 전까지, 딕과 세친이 시간 날 때마다 함께 와니어 연구 작업을 진행했다. 이렇게 잠시나마 와니어가 다시 살아나면서, 화자가 한 명밖에 없었다면 불가능했을 양의 사실적인 대화 자료를 녹음할 수 있었다. 허커스와 로렌이 와니어의 문법서와 사전을 완성하기에는 충분한 양이었다.5

사실 소멸되었다고 공표된 언어를 쓰는 사람들이 갑자기 나타나는 건 드문 일이 아니다. 연관된 언어를 전혀 찾을 수 없는 네팔의 쿠순다어Kusunda 사례는 꽤 드라마틱하다(글상자 10.1 참조).

이런 경우도 있다. 몇 안 남은 중년 이상의 화자들마저도 자기 언어를 유창하게 구사하지 못하는 언어공동체에서, 생활 환경상 그 언어를 배우게 된 젊은 화자가 발견되기도 한다. 이렇게 되면 언어 쇠퇴의 시계를 한두 세대쯤 거꾸로 돌릴 수도 있다. 최근 이런 일이 태평양 연안 아타바스카어의 하나인 후파어Hupa에서 일어났다. 현재 60대인 베르데나 파커Verdena Parker 부인은 1850년쯤 태어난 자기 어머니와 최근까지 오레곤의 외딴 마을에서 살았다. 아타바스카어 연구자 골라Victor Golla가 파커 부인을 만났을 때 그는 파커 부인이 대단히 유창한 후파어 화자라는 사실에 놀랐다. 부인이 완벽한 전통 어형을 구사하면서 유창하게 후파어를 썼던 것이다. 파커 부인의 유창성은 1960년대에 골라와 함께 작업했던 첫 후파어 화자와 비슷한 수준이었다.

비슷한 예는 또 있다. 최근 작고한 크롤리가 1999년 12월 말 니바누아투족ni-Vanuatu 친구와 함께 말레쿨라Malekula 섬6의 빈마비스Vinmavis 마을을 방문했을 때였다. 당시 크롤리는 1934년 데콘Bernard Deacon이 저술한 유서 깊은 민족지학 논문을 가지고 갔다. 이 논문에는 네베이어Neve'ei로 된 옛 문헌 자료가 포함되어 있는데, 크롤리는 현대 화자들을 대상으로 이를 확인해보고 싶어했다. 크롤리가 이 작업을 하는 도중에, 40대 남자 테모 사이티Temo Saiti 가 "라갈라그 방언으로 된 텍스트texts in the dialect of Lagalag"라는 제목을 알아보고는 이것이 '자기 언어'라며 작업을 자청했다. 라갈라그어는 이미 소멸되었거나 거의 소멸 직전이라고 알려져 있었고 데콘의 논문 속 텍스트 외에는 사실상 아무 기록이 없었기 때문에 크롤리는 이 작업에 회의적이었다. 하지만 사이티가 고집하자, 크롤리는 한 번도 들어보지 못했던 그 언어의 전사 기록을 최선을 다해 읽어 내려갔다. 사이티는 이를 듣자마자 "맞습니다. 이건 우리 언어예요. 전 그걸 전부 이해할 수 있습니다"라고 단호하게 말했다. 크롤리는 사이티와 그의 지인들을 대상으로 연구를 계속했고, 이를 토대로 라갈라그어의 문법과 어휘를 기술한 책을 출간할 수 있었다.7 이와 같은 예는 언어의 '소멸'을 선언하는 것이 얼마나 시기상조의 일이 될 수 있는지 보여준다.

위의 이야기들은 주로 '마지막 화자들'에 초점을 두고 있지만, 언어 존재의 마지막 희미한 메아리는 '마지막 청자들'의 마음속에 남아 있다. 마지막 청자들이란 마지막 화자의 바로 다음 세대 사람들을 말한다. 이들은 부모로부터 그 언어를 듣고 이해하면서 자랐지만, 그 언어를 쓸 자신감도, 기회도 가져보지 못했던 사람들이다.

때로는 마지막 청자가 현존하는 기록의 가치에 큰 변화를 가져오기도 한다. 크로커 섬에서 비탄 속에 치러진 찰리 와르다가의 장례식에 대해 프롤로그에서 언급한 바 있다. 찰리 와르다가는 일가르어의 마지막 화자이자, 노던 주 코버그 반도 지역에서 사용되는 여타 여러 언어의 마지막 화자였다. 2003년 그가 세상을 떠났을 때 마르쿠어를 기록하려던 우리의 희망도 그와 함께 영원히 무덤 속으로 사라진 듯했다.

사실 1960년대에 녹음된 몇 시간 분량의 테이프 자료가 있었다. 셰벡Bernhard Schebeck과 힌치Heather Hinch가 각각 다른 언어에 대한 현지조사 과정에서 발로 뛰며 녹음했던 자료였다. 불행히도 이 테이프들은 전사나 번역이 안되어 있었고, 노인들이 마르쿠어로 알아들을 수 없게 중얼거리는 소리가 대부분이었다. 마르쿠어는 주위 지역에 있는 모든 여타 언어와 다르기 때문에, 이언어를 이해할 수 있는 누군가의 도움이 없다면 이 자료는 거의 무용지물인 상황이었다. 1990년대에 나는 찰리와 또 한 명의 나이 든 마르쿠어 화자 믹 야르미르Mick Yarmirr에게 이 테이프를 들려주었다. 혹시나 전사와 번역에 도움을 받을 수 있을까 하는 희망에서였다. 그러나 두 사람 모두 침착하지 못한 성격인 데다 고령으로 청력이 좋지 않은 상태였다. "뭐라고 말하는지 도무지 못 알아듣겠군. 꺼버리시오." 믹은 단호하게 말했다. 당시 몇몇 관용구를 쓰는 수준이상으로 마르쿠어를 구사할 수 있는 사람은 찰리와 믹밖에 없었기 때문에 이작업은 실패로 돌아갔고 그 녹음 자료도 포기할 수밖에 없었다.

하지만 반전이 일어났다. 찰리의 장례식 이후 나는 이와이자어 연구를 위해 크로커 섬에 머물며 우기를 맞았다. 비 때문에 며칠을 갇혀 지내는 동안, 나는 그 테이프들을 다시 들으며 시간을 보냈다. 녹음된 마르쿠어 자료들을, 이해하기 쉬운 정도에 따라 가장 쉬운 것에서 가장 어려운 것까지 단순하게

우리가 죽었다는 이야기는 너무 과장된 소문이다

쿠순다어 화자 기아니 마이야, 카말라 싱 카트리, 프렘 마
하두르 샤이 타쿠리Prem Bahadur Shai Thakuri(2004,
키르티푸르Kirtipur)

쿠순다족[8]은 거의 알려지지 않은 수렵채집 집단으로 힌두 문명 이전의 인
도 문화를 이해하는 데 큰 도움을 주고 있다. 이 소수민족은 네팔의 궁벽
진 정글에서 고유성을 유지하며 살고 있는데, 그들이 사용하는 언어는 다
른 어떤 언어와도 연관성을 찾을 수 없다. 1948년 영국 사절使節의 다음과
같은 언급이 이들에 대한 최초의 기록이다. "이들은 아주 소규모로 밀림에
둘러싸여 살고 있다. (…) 둘로 나뉜 종족은 문명화된 민족과는 전혀 연관
성이 없으며, (…) 더 이른 시기의 언어 집단에서 갈라져 나온 듯하다." 20
세기 말에 사람들은 이 언어가, 남겨진 기록 없이 사라져 소멸되었다고 선언했다.

그러나 네팔 관리들이 쿠순다어 화자를 찾기 위한 노력을 기울이면서, 2000년에는 부모의 말을 기억하고 있는 한 남자를 찾아냈고 2004년에는 몇몇 쿠순다어 화자를 더 찾아냈다. 네팔 당국은 이들을 카트만두로 초청해 시민권 증서를 주었다. 그중 한 명인 카말라 싱 카트리Kamala Singh Khatri(사진 가운데)는 겨우 30세로 쿠순다어밖에 쓸 줄 모르는 어머니와 이 언어를 여전히 쓰고 있었다. 어머니는 당시 너무 연로하여 카트만두까지 오지 못했다. 카말라의 사촌—사촌지간인 두 사람은 서로에 대해 알고 있었으나 카트만두에 오기 전까지 만난 적이 없었다고 한다—인 기아니 마이야Gyani Maiya(사진 왼쪽)는 60대인데, 20년 동안 쿠순다어를 사용하지 않았음에도 불구하고 여전히 쿠순다어를 유창하게 구사했다. 이 쿠순다어 화자들은 밀림 속에서 6일 정도 걸어가면 만날 수 있는 모국어 화자 몇몇을 더 알고 있었다. 현재 야다브Yogendra Prasad Yadav, 와터스David Watters, 포크레이Madhav Prasad Pokhrei 등이 이 언어를 상당 수준 녹음하고 분석하고 있다.

수렵채집인이라고 하기에는 놀랍게도 쿠순다어에는 가축(말, 소, 양, 염소, 닭)이나 15개의 폐쇄적 계급(카스트), 그 외에 왕, 경찰, 금, 돈 등을 가리키는 고유어가 있는데, 이 단어들은 그 지역 다른 언어의 단어들과 전혀 관련지을 수 없다. 아마도 우리의 예상과 달리, 쿠순다족은 늘 수렵채집인이었던 것이 아니라, 아리아족이 들어온 베다 시대(기원전 1500~기원전 1600년)보다 앞서 한때 훨씬 고급 문명을 보유했다가 더 강대한 집단이 침입하면서 도로 수렵채집 위주의 삶으로 뒤처지게 된 것으로 보인다.

순위를 매겨보기로 했다. 고령의 남성 화자들이 분명치 않은 발음으로 장황히 말하는 중간에, 명료한 여성의 목소리로 된 20분 분량의 내용이 있었다. 며칠 후 우리에게 이와이자어를 가르치던 선생 중 하나인 조이 윌리엄스Joy Williams 에게 그 부분을 들려주었다. 조이는 정신이 팔린 채 그것을 들으면서 웃기도 하고 울기도 했다. "저 목소리의 주인공이 우리 어머니예요. 늘 저 언어로 내게 말했죠. 난 저걸 전부 알아들을 수 있어요."

몇 년 동안 그 테이프 자료를 가지고 연구를 하나씩 이어나가, 결국 조이 어머니의 말—알고 보니 조이가 많이 들어봤던 이야기였다—을 거의 모두 전사하고 번역해냈다. 처음 작업은 괴로울 정도로 더뎠다. 조이는 뭐든 큰 소리로 말하는 것을 내켜 하지 않았고, 테이프 자료를 내가 추측해서 모사하면 그걸 고쳐주는 방식을 더 좋아했다. 그 후 조이가 귀 수술을 받아 청력이 상당히 좋아지고 나서야 가끔 단어들을 직접 발음했다. 하지만 어떤 상황에서도 자기가 모르는 단어는 따라 하지 않았다. 이후 또 다른 이와이자족 남성 카키 마랄라Khaki Marrala가 테이프 속 다른 화자들의 말을 일부 이해할 수 있다는 사실을 알게 되었다. 테이프 속 남성 화자 중 한 명이 카키 마랄라의 아버지였던 것이다. 그 역시 자기 아버지의 말을 전사하는 데 큰 도움을 주었다. 물론 마르쿠어의 전체 문법이나 사전을 기술하는 데 필요한 수준에는 턱없이 모자라지만, 이들 두 '마지막 청자' 덕분에 마르쿠어에 대한 정보를 어느 정도 얻을 수 있었다.[9]

언어 교체 과정

여섯 살쯤 가족과 떨어져 지내게 된 로저Roger는 더 어린 시절에 자기 부족 언어를 배웠다. 하지만 그 후 60년이 지나 내가 처음 그를 만났을 때 그는 그 언어를 쓰는 데 주저함이 없었다. 대륙을 가로지르는 긴 여행 끝에, 로저와 나는 우연히 그가 태어난 곳 해변에 가게 되었다. 그가 60년 동안 보지 못했던 고향, 그곳의 나무, 바위, 동물들이 그의 어린 시절 언어로 그에게 말을 거는 것 같았다. 거기서 그 말에 유창하게 대답할 수 있는 사람은 그밖에 없었다.

— Haviland(2006:137)

지금까지의 일화들은 언어의 소멸 마지막 국면에만 초점을 둔 것이었다. 그러나 자연 재해나 종족 학살을 제외한다면, 마지막 화자의 탄생과 죽음에 상관없이 한 언어가 사라지는 데는 대개 80년이나 그 이상이 걸릴 것으로 보고 있다. 흔히는 그 과정이 더 오래 걸리기 때문에 언어가 죽음에 이르는 과정이 얼마나 진행되고 있는가를 진단할 수 있다.

아래의 표는 크라우스가 개발한 진단법을 재현한 것이다. 우선 '안전 safe'(A+ 등급) 판정을 받으려면 그 언어 화자가 100만 이상이거나, 아이슬란드어처럼 특정 국가의 공식어여야 한다. 일단 이 경계 아래로 내려간 언어라면 기껏해야 '안정적stable'(A 등급)으로 판정된다. 소규모의 전통 언어공동체가 그럭저럭 잘 유지된다 해도, 그 소수성 탓에 화산 폭발이나 해일, 대규모 폭격 등 어떤 종류의 재앙이든 한번 노출되면 언어 안정성이 치명적으로 위협받기

안전함 Safe	A+	해당 언어의 화자가 백만 명 이상이거나, 혹은 단일어를 사용하는 국가의 공식어다
안정적임 stable	A	아이들을 포함해, 모든 이들이 해당 언어를 쓴다
불안정함; 무너지기 시작함 unstable;eroded	A−	아이들까지 해당 언어를 쓰는 지역이 일부 있다
명확히 위태로움 definitively endangered	B	부모 세대 이상에서만 해당 언어를 쓴다
매우 위태로움 severely endangered	C	조부모 세대 이상에서만 해당 언어를 쓴다
소멸되기 직전임 critically endangered	D	증조부 세대의 극소수 화자만 해당 언어를 쓴다
소멸 Extinct	E	해당 언어를 쓰는 사람이 없다

표 10.1 언어의 소멸 위험성을 진단하는 크라우스의 체계10

때문이다. 여기서부터 지표는 잔인한 인구 변화를 이어간다.

언어공동체의 언어가 다른 언어로 바뀌기 시작한 상황이지만 좀 더 고립된 지역에서 아직 그 언어가 유지되고 있다면 A- 등급이다. 그러다 아이들이 해당 언어를 배우는 가구가 하나도 남지 않게 되는 날이 온다. 물론 처음에는 이를 눈치 채는 사람이 거의 없다―십대들이 자기보다 나이 많은 누군가가 이 언어를 쓰는 걸 듣기는 하지만 자기보다 어린 동기들 중에는 이 언어를 쓰는 사람을 볼 수 없게 된다. 세월이 흐르면서 그 언어를 사용하는 화자들의 연령이 점점 높아진다. 가장 나이 어린 화자가 부모 세대가 되었다가(B) 조부모 세대가 되고(C), 나중에는 증조부모 세대의 몇몇 연로한 화자만 살아남게 된다(D). 마침내 마지막 화자가 죽으면서 언어는 소멸된다(E). (일부 '마지막 청자'가 아직 살아 있는 상황에 대한 범주는 크라우스의 체계에 없다. 나는 최후 소멸의 전 단계로 이 단계를 추가하고 싶다.)

이 체계를 적용하는 데 있어 어려운 점 하나는, 새로이 우세하게 쓰이게 된 언어의 단어들이 원래 언어에 섞이는 현상이 저 과정의 모든 지점에서 일어난다는 사실이다. 이에 따라 언어 교체가 이미 시작되었다는 인상을 줄 수도 있다. 그러나 화자들이 외래어를 섞어 쓰는 것이 단순한 선택의 문제인지 혹은 부득이한 결과인지는 명확하지 않다. 외래 단어를 섞었을 뿐 필요하다면 모든 것을 자기네 언어로 말할 수 있다면 단순한 선택의 문제이겠지만, 완벽한 커뮤니케이션 수단으로서 필요한 전체 문법과 어휘를 자기네 언어가 더 이상 제공하지 못한다면 부득이한 언어 교체의 상황이라 할 것이다.

이 문제를 차치한다면, 크라우스의 분류는 특정 언어공동체에서 진행되는 언어 교체가 어디까지 이르렀는지 비교적 정확히 진단할 수 있게 해준다. 그러나 이 판정을 내리는 것은 녹록한 일이 아니다. 수년 동안 그 언어공동체를 대상으로 연구해보기 전에는 정확한 모습을 평가할 수 없는 경우가 많다.

얼마나 많은 언어가 위험에 처해 있는지 추정하기 위해, 학자들은 지구상 모든 언어에 대해 이와 같은 점수를 집계하려고 시도하고 있다. 금세기 말이면 현재 사용되는 언어 중 90퍼센트가 사라질 것이라는 비관적인 추정도 있고,[11] 그 수치가 50퍼센트 정도일 것이라는 좀 더 '긍정적인' 추정도 있다.[12] 후자로 잡아도 통계상 2주에 하나씩 언어가 사라진다는 이야기다.

전 세계 차원의 정확한 예측을 내는 데는 세 가지 어려움이 있다. 첫째, 모든 예측 기획이 그렇듯 알 수 없는 미래 요인이 어떤 영향을 끼칠지 예상하기란 불가능하다. 오늘날 세계 최고의 외지까지 글로벌 미디어, 글로벌 언어를 퍼뜨린 과학기술의 변화가 언어 교체를 한층 더 앞당길 것으로 보인다. 수많은 소부족의 전통 환경 파괴도 가속화될 것이다.

이데올로기 싸움에서 누가 우위에 서게 되는가에 따라서도 상황은 크게 달라질 수 있다. 단일 언어를 주창하는 사람들은 전통 언어를 경제 발전의 적으로 여긴다. 경제주의를 표방하는 정부, 민족주의를 표방하는 정부는 물론이거니와, 공민권을 빼앗긴 소수민족 부모로서 자기 아이들이 국가의 공식어를 구사해 성공하기를 바라는, 그래서 단편적 수준밖에 구사하지 못하면서도 굳이 그 공식어로 말하는 사람들도 마찬가지다. 그러나 바르셀로나에서 사업가로 활동하는 카탈루냐족Catalan이나 니카라과에서 무역업을 하는 미스키토족 Miskito 같은 언어공동체를 보면 자기 전통 언어를 유지하면서도 경제를 발전시키고 민족 자결권을 지키는 것이 충분히 가능해 보인다.

인간은 원래 단일어를 쓰는 것이 기본이라는 믿음이, 각 공동체가 자신들의 언어를 유지해야 하는가의 여부를 결정하는 데 중대한 요인으로 작용해 왔다.[13] 심리언어학적 연구들은 한결같이 다언어 사용multilingualism이 인지적으로 이롭다는 것을 입증하고 있다. 그러나 대다수 사람이 한 언어만 사용하는 국가에서 소규모 언어공동체들은 공공 정책과 논의에서 무시되기 십상이다. 전통적으로 다언어 사용을 표준적인 것으로 생각했던 소수자들에게, 다수가 지지하는 단일어 사용주의 사고방식을 강요하는 일도 흔하다. 그러니 일부 언어공동체가 고립만이 자신들의 전통을 유지하는 비결이라고 생각하는 것도 무리는 아니다. 그러나 전 세계적인 언어 유지를 지지하는 진정한 이데올로기적 열쇠는 바로 다원주의, 그리고 다언어 사용에 대한 긍정적 가치 평가다(글상자 10.2 참조). "지리적·사회적으로 극히 고립되어 있는 경우를 제외하고는, 어떤 소규모 언어가 오래 유지된다는 말은 단순히 한 언어가 지속된다는 뜻이 아니라 둘 혹은 그 이상 언어의 공존이 지속된다는 것이다."[14]

대도시 속의 소규모 언어

Dam yoqta e'esa qomi qom wetai' dam qartaGayaGak enawak qom yawelaGa nawa doqshe laqtaqa qalaGaze sapaguenaq nam qozalaqpi daetek dam qadataGaq, dam qadtaGayaGak cha'aze qom sanalda himétawoguet. Ena'an na alwa da wetaguet na lacheogue da la' añaGak na etaGat hiche'kta qaq qome na alwa rqatawek da lañaGak ⋯ nawa qom laqtaqa eko' alwa, na etaGat doqshe l'aqtaqa. qalaGaze dam wo'o na lacheoguepi waña dam na alwa nalemaqchiguiñi, qaika da qaiche'k. Enawak qomi qom, qalaGaze heGatae shenakta'at. na lañaGak na etaGat nache wa'a nache qayayaten qayatakta e'esa alwa.

The real meaning of what we are is in our language, Toba(qom laqtaqa). We all like to learn Spanish, but we must teach our children our customs, our language, because otherwise everything gets eaten away. It is like the earth next to a river, and the force of the water is wearing it away and then the earth loses its strength. Qom laqtaqa is the earth, and the water is the language of the whites. But there are rivers where the earth holds its ground and doesn't get eaten away. We are all Indians, but we are not all the same. By the force of the water one can know what is the real earth.

El verdadero sentido de lo que somos está en nuestra lengua, qom laqtaqa. A todos nos gusta aprender el castellano, pero debemos enseñarles a nuestros hijos nuestras costumbres, nuestro idioma, porque si no todo va carcomiéndose… Es como la tierra que está al lado de un río y la fuerza del agua la va gastando y entonces la tierra va perdiendo su fuerza … qom laqtaqa es la tierra, el agua es el idioma de los blancos. Sin embargo, hay ríos en donda la tierra se mantiene, no se carcome. Todos somos indios, pero no todos somos iguales. Por la fuerza del agua, así se conoce cuál es la verdadera tierra.

I

우리가 누군가 하는 진짜 의미는 우리 언어 토바어Toba(qom laqtaqa) 속에 있다. 우리는 기꺼이 스페인어를 배우지만 우리 아이들에게 우리 관습과 언어를 가르쳐야 한다. 그렇지 않으면 모든 것이 침식돼버릴 것이기 때문이다. 마치 강 옆에 있는 토양과 같다. 물의 힘은 토양을 닳게 하여 없애고 결과적으로 토양은 힘을 잃고 만다. (…) 토바어는 토양이고 물은 백인들의 언어다. 그러나 토양이 굳건한 지반을 지녀 강이 침식시키지 못하는 곳도 있다. 물의 힘에 의해 사람들은 어떤 것이 진짜 토양인지 알게 된다.
—토바족 원로 발렌틴 모레노Valentín Moreno (부에노스아이레스 시우다델라 Ciudadela, 1992년 7월)[15]

소규모 언어공동체 사람들 전부가 선조들의 땅에서 자기 전통을 유지하는 호사를 누리는 것은 아니다. 전통 사회 구조가 위협받을 수밖에 없는 도시로 나가는 것이, 이들이 가난과 착취에서 벗어날 수 있는 유일한 희망인 경우가 많다. 선조들의 언어를 유지하고 싶어하는 집단이 취할 수 있는 현실적인 방법은 세계어(영어, 스페인어, 힌두어, 인도네시아어 등) 곁에서 이중 언어 환경 혹은 삼중 언어 환경을 만드는 것이다. 이들의 과제는 국가 공식어 곁에서 계속 자기 언어와 전통을 후세에 전달하고 소중히 하는 별개의 소

부에노스아이레스 교외의 데르키 공동체에 있는 발렌틴 모레노

통 공간을 만들어, 이 혼합된 환경의 일부로 자기 고유 언어와 전통을 유지하는 것이다. 이것이 가능하려면 여러 요건이 갖추어져야 한다. 마오리족 스타일의 '언어 보금자리Language Nests' 같은 것이 그 하나다. 여기에서는 언어 습득에 결정적 시기인 취학 전 나이에 아이들이 소수 언어에 충분히 노출될 수 있으며, 민족 특유의 종교 조직이나 축제도 늘 접할 수 있다. 소수 언어를 언제 어디서나 흔히 들을 수 있도록 하는 공유 공간도 중요하다. 최근 아르헨티나의 수도 부에노스아이레스 교외에 마련된 데르키Derqi 공동체가 그렇다. 1000킬로미터나 떨어진 북쪽 차코Chaco 지방에서 올라와 부에노스아이레스에서 일하는 토바족Toba 사람들이 공동체를 이루어 지내고 있다.

전 세계의 언어 소멸 수준에 대한 추정이 불확실할 수밖에 없는 두 번째 이유는 일부 지역, 특히 아프리카의 경우 국가 자체가 붕괴되거나 혹은 연구를 위한 하부구조가 사실상 무너져 데이터를 수집하는 것이 거의 불가능하기 때문이다. 이들 지역에 대해 의미 있는 통계를 구한다는 것은 매우 어려운 일이다. 게다가 아프리카에 있는 언어의 수―세계 언어의 3분의 1에 해당되는 2000개 정도의 언어가 있는 것으로 추정된다―가 워낙 어마어마해 세계적 차원의 기획에 불확실성을 증폭시킨다.

셋째, 대륙마다 나라마다 차이가 크다는 점도 문제다. 90퍼센트 이상의 언어 소멸 수치를 나타내는 곳은 주로 영어권 화자들이 정착한 지역(호주, 미국, 캐나다)이며, 카리브 제도와 우루과이에서는 모든 토착어가 이미 소멸되었다. 반면 남아메리카 지역에 있는 토착어들의 입장은 좀 나은 편이다. 남아메리카의 언어를 목록화하고 각 언어의 생명력 수준을 살핀 아델라[Alexander Adelaar]와 무어[Denny Moore]에 따르면, 남아메리카 토착어(칠레 남부, 아르헨티나, 우루과이는 제외) 가운데 71퍼센트는 비교적 안정적인 단계, 즉 아이들이 계속 그 언어를 배우고 있는 단계에 있다고 한다(표 10.2 참조). 29퍼센트 정도의 언어가 금세기 말 소멸되리라는, 훨씬 덜 비관적인 수치를 보이는 것이다.

표 10.2의 도표가 거칠기는 하지만 전 세계 상황이 꽤 가변적이라는 사실을 보여주기에는 충분하다. 고도의 언어 다양성을 유지하고 있다는 점에서

크라우스의 범주	언어 수	Adelaar(2006) (퍼센트)	Moore(2006) (퍼센트)
A⁺	261	66.4	70.7
A⁻	17	4.3	
B	2	0.5	29.1
C	14	3.5	
D	79	20.1	
E	20	5.0	

표 10.2 남아메리카 언어의 안정성
Adelaar(2006)와 Moore(2006)의 도표에 기반하여 작성한 표로 칠레, 아르헨티나 우루과이를 제외한 것이다. A, A− 등급은 아직 아이들에게 전해지고 있는 언어, B 이하 등급은 21세기에 살아남기 어려운 언어다.

흔히 비슷하다고 여겨지는 멜라네시아 제도의 두 나라, 파푸아뉴기니와 바누아투 간에도 큰 차이가 있다.

1인당 기준으로 볼 때 세계 최고의 언어 다양성을 띠는 나라, 바누아투에서는 거의 모든 언어가 여전히 아이들에게 전수되고 있다.[16] 전통 문화를 장려하는 사회 기풍이 있음은 물론, 영어와 프랑스어, 지역 크레올어인 비슬라마어까지 세 언어를 모두 인정하는 복잡한 국가 공용어 정책 때문에 가능한 일이다(글상자 10.3 참조).

반면 파푸아뉴기니에는 자기 언어를 버리고 멜라네시아 크레올어의 하나인 톡피신어를 사용하는 지역이 많다.[17] 여러 요인이 있겠지만, 지역어 포기를 추동한 결정적 요인 중 하나는 지역 원주민들 사이에 만연한 믿음, 즉 톡피신어로(그리고 영어로) 언어를 완전히 바꿔야 경제적으로 이득이 될 거라는 믿음이다. 마을의 경제 발전과 교육 개발이 현실화되지 않음에도 불구하고, 파푸아뉴기니 지역이 보여주던 전대미문 수준의 언어적 다양성은 이제 곧 과거의 일이 되고 말 것이다. 젊은 세대들은 기대했던 세계 경제로의 통합은 얻어내지 못한 채 자신들의 유산을 팔아버리고 있다.

이 절의 내용을 요약해보자. 얼마나 많은 언어가 금세기 안에 소멸될 것인가. 높게는 90퍼센트, 낮게는 50퍼센트, 그 사이의 비율이 되리라는 것까지는 자신 있게 말할 수 있지만 어떤 추정도 불확실하다. 이 비율을 결정하는 요인 중 하나는 분명하게 말할 수 있다. 소규모 언어공동체가 자신들의 전통 지역에서 스스로의 운명을 지배하는 것이 얼마나 가능할 것인가 하는 점이다. 그러나 경제상의 이유로 이루어지는 이주가 적지 않은 현실을 볼 때, 도시 환경에서 토착어를 유지하려는 노력이 점점 더 중요한 역할을 할 것으로 보인다.

상황이 절망적일수록 우리 수치도 더 불확실해진다. 상황이 긴급하다고 생각할수록 터무니없이 수치를 높이 잡게 되고, 혹은 아직 발견되지 않은 마지막 화자를 무시한 채 특정 언어에 때 이른 사망 선고를 내리기도 쉽다. 따라서 신뢰성 없는 결과를 양산하는 개괄적 연구에 과도하게 투자할 것이 아니라, 이 긴박한 상황에 대한 초조함을 잠시 잊고, 새로운 화자를 더 찾아낼 수도 있는 면밀한 기록화 작업을 시작하는 것이 더 바람직하다.

50퍼센트와 90퍼센트. 최종적으로 둘 중 어느 것이 더 정확한 수치가 되든, 그 많은 언어를 기록화하는 데 필요한 작업의 규모는 어마어마하다. 무언가 할 수 있는 기회가 몇 달 내에 사라질 언어도 있지만, 아직 대응할 시간이 수십 년 남은 언어가 훨씬 많다. 코스타리카 밀림 지역의 황금두꺼비처럼, 생물종은 생명 주기가 짧아 멸종 속도도 빠르다.[18] 이에 비해 언어는 죽음을 맞기 전에 한두 세대의 시간을 인류에게 남겨준다. 따라서 우리가 이 작업에 적절한 자원을 투자할 준비만 되어 있다면 여기에 충분히 대처할 수 있다.[19] 다음 절에서는 대규모 언어 소멸에 대응할 때 맞닥뜨리게 되는 핵심 현안을 다룰 것이다. 이는 사람, 연구법, 기록보관 기술이라는 세 가지 사안으로 분류될 수 있다.

이 위대한 이야기를 잘 해독해 보세나[20]

Bulngahmarneyangyurruniyan,

winjkûnngan, winjkindjanngan,

wurdurdngan, ngahdjayidjnjaninj,

bûlahmarneyunginj kahnûnda bulunganyih.

|

I want to put down my language forever, for all the grandchildren and children that I have had, as my fathers laid it down for me.

|

나는 나의 언어를 내 아이들, 내 손주들 모두에게 영원히 남겨주고 싶다. 아버지가 내게 남겨주신 것처럼.

— 달라본어 화자 앨리스 뵘

대부분의 경우 언어공동체는 후세를 위해 자기 언어를 기록화하고 싶어 한다. 개인 화자라면 주로 자기 자손—손주들이나 증손주들—에 초점을 맞추

글상자 10.3
전통 관습^{Duan apay}:
사족 전통 속에서 살아가는 분랍 마을 사람들

사족 청년들(살리^{Sali}, 울룰^{Olul}, 봉^{Bong})

바누아투 펜테코스트^{Pentecost} 섬에 사는 사어^{Sa} 화자들은 언어를 유지하기 위해 철저한 전통주의적 방법을 써 성공을 거두고 있다. 이 마을은 '통관 절차'를 엄격히 하여 기독교 선교단은 물론 선교단들이 지원하는 학교교육을 거부했고, 아직까지 전통적인 자급자족 생활 방식으로 살고 있다. 위 사진 속 한 청년의 할아버지인 부 망그리칸^{Bu Mangrikaan}은 제2차 세계 대전 때 산토^{Santo} 섬에서 미국 군인들과 함께 일했다. 전쟁이 끝나면서 망그리칸에게 미국에 갈 기회가 주어졌지만, 그는 바깥세상에서 자신이 봤던 것에 대해 환멸을 느껴 자기 고향 마을로 돌아왔다. 그는 교회를 없애버리고 duan apay—전통 관습^{kastom/custom, culture}—로 돌아갈 것을 주창했다. 외부의 학교 교육을 반대한 것은 문자생활 그 자체에 대한 반대라기보다 그 학교 교육이 선교 시대의 기독교주의와 연관되어 있기 때문이었다. 지금은 많은 주민이 언젠가 비종파적인 학교 교육을 받아들이려 하고 있다.

분랍Bunlap 주민들은 전통적인 삶을 잘 이끌어가고 있다. 얌, 밭작물, 숲에서 나오는 온갖 산물을 토대로 하는 생계 경제subsistence economy를 꾸려가고, 카바kava 나무를 수출하거나 관광객들에게 전통적인 육상 나이빙(번지점프의 선조)을 하게 해주고 벌어들이는 수입으로 보충하기도 한다.

일부 사람들이 바누아투의 공식어인 비슬라마어를 배우기는 하지만, 사어는 분랍 마을 모든 주민의 제1언어이자, 대부분 주민의 유일한 언어다. 2003년 1월 내가 분랍에 갔을 때 사어 외의 언어를 구사하는 사람은 단한 명밖에 없었다. 근처 마을 가톨릭 학교에서 배운 프랑스어를 쓰는 여성이었다.

전통적 정체성은 예식과 음악, 복잡하게 등급화되어 발달한 신분 체계, 부계 혈통을 기반으로 하는 젊은이들의 결속을 통해 유지된다. 실제로 분랍 마을에서 이루어지는 결혼은 전부 사어 화자들끼리의 결혼이다. 약 2500명에 이르는 사어 화자들 중 800명이 분랍처럼 전통을 유지하는 마을에 산다. 그 외 지역 주민들의 경우 압도적으로 사어를 많이 쓰기는 하지만 비슬라마어의 영향을 일부 받고 있다.

사족은 소규모 언어공동체가 고립과 문화적 전통주의를 선택한 결과 자연스레 자기 언어를 유지하게 된, 다소 극단적 사례에 해당된다. 거기에는 전통 종교를 지탱하는 핵심 가치들이 있었고, 확실한 토지 소유와 자급자족적 경제를 통해 뒷받침되는 사회구조가 있었다. 바누아투의 전통 언어가 높은 유지율을 갖게 된 데에는 여러 요인이 작용했다. 즉 관대한 다언어주의가 있었고 도시화는 제한적으로 이루어졌다. 인구 면에서도 다소 여유가 있어 지난 세기의 비극적인 인구 감소를 겪으면서도 회복이 가능했다는 점,[21] 정부가 전통 토지권을 승인하면서 마을 주민들이 자신의 생존 수단을 온전히 가질 수 있었다는 점도 크게 작용했다.

기 마련이다. 비록 세상 사람들은 그들의 문화를 얕보고 과소평가하지만, 자신들의 문화에 대해 자긍심을 가지고 이 문화를 세상 사람들과 공유하고 싶어하기도 한다. 나와 메를란Francesca Merlan은 달라본어 화자 매기 투쿰바와 공동으로 작업해 달라본어 사전을 출간한 바 있는데, 사전 서문에서 투쿰바는 그 화자들의 마음을 다음과 같이 밝히고 있다(그림 10.1 참조).

Nunh kahlng-barrhkarrminj, warlahmikun bulah-bengkan nunda yang, bah yibungkanh kaye-djayu nunh kanh karruno, ba kinikun mahkih mak bulu-dulu-bengkan.

So that it can spread everywhere and people everywhere can know about the different stories and meanings that are in it.

이것이 세계 모든 곳에 퍼져 모든 사람이 이 특별한 이야기와 그 속에 담긴 의미를 알게 되었으면 한다.[22]

때로는 나이 많은 세대에서 아이들이 외부의 세력 있는 언어를 구사한다는 점을 자랑스러워하기도 한다. 이들은 언어 교체가 빈민굴을 벗어나기 위한 불가피한 선택이라고 생각한다. 소수어 화자 스스로가 근대화를 선택해 가난과 소외에서 벗어날 권리가 있다고 주장하는, 음성학자 래드포지드Peter Ladefoged의 논문에는 이런 몇몇 사례가 언급되어 있다.[23] 하지만 이런 사람들조차도 자신들의 언어를 영속적으로 기록화하는 데 헌신적으로 나서곤 한다.

어떤 이유든, 화자 자신이나 언어공동체가 언어의 기록화를 반대하는 상황도 있다는 것을 부인하는 것은 아니다. 어떤 사람들은 아예 이 퇴짜 맞은 언어를 무덤까지 가져가기로 결심하기도 한다. 자기들 세계에 일어난 일에 낙담한 나머지, 이 유산을 전수해줄 만한 사람이 없다고 생각하는 것이다. 한편, 애리조나와 뉴멕시코에 사는 푸에블로족Pueblo 사람들처럼 언어와 연관된 토착 종교 문화가 외부인들과는 공유될 수 없는 경우도 있다. 도덕적으로 좀 더

그림 10.1 매기 투쿰바

문제가 되는 경우는 그 언어에 대한 지식(혹은 지식이라 칭해지는 것)이 정치적 상품이 되어, 원로 구성원들이 호의를 보이는데도 일부 구성원들이 이를 제한하려 하는 경우다.

이와 같은 상황에서 언어학자들은 그저 화자나 언어공동체의 의지에 따르는 수밖에 없다. 연구자들이 끈질기게 요청하고 호의를 보이면, 혹은 단순히 공동체 지도층에 변화가 생기면서 사람들의 태도가 180도 바뀌기도 한다. 세계 곳곳에서 만난 현장 언어학자들의 이야기도 그렇고 내 경험상으로 볼 때도, 소규모 언어공동체들은 대개 언어의 기록화를 중요하고 흥미로우며 바람직한 일이라 생각한다. 또한 언어학자들과 장기적인 상호 협력 관계가 진전되고 언어 자료가 공동체에 적절히 반환되어 흡족함을 느끼는 이상, 기록화 작업이 꼭 이루어지기를 바라고 있다.

언어 기록화 작업에 뛰어든 이들의 서로 다른 재능과 동기를 활용할 때 비로소 다양한 분야의 연구를 더 이끌어내면서 최선의 결과를 이룰 수 있다. 완전히 다른 세계에 있는 당사자들, 즉 해당 언어를 구사하는 피조사자와 그 언어를 배우고 이해하고 싶어하는 조사자가 평생을 두고 정교하면서도 점진적으로 작업을 진행한다면, 현지조사가 조사자나 피조사자 모두에게 만족스러울 것이다. 당사자들의 민족성이나 교육 수준, 역할에 대한 선입견을 배제하기 위해 아래 논의에서는 이들을 간단히 '내부인insider'과 '외부인outsider'으로 지칭할 것이다. '내부인'이란 가정교육을 통해 해당 언어 안에서 사회화된 사람, '외부인'이란 자기 자신은 유창하게 말하지 못하는 언어에 대해 기록하려는 사람을 말한다.

제2장에서 살펴보았듯이 사아군의 아즈텍어 연구에서는 내부인들, 그중에서도 자기 언어를 기록하는 데 관심을 갖고 있으며 문자생활이 가능하고 언어학 훈련을 받은 내부인들이 중요한 역할을 했다. 북부 아메리카 제어에 대한 텍스트 자료와 문법 자료를 수집하는 데도 마찬가지였다. 예를 들어 폭스어를 모국어로 쓰는 윌리엄 존스는 폭스어와 오지브와어로 된 주요 텍스트 모음집을 출간했으며, 엘라 델로리아Ella Deloria는 보애스와 함께 1940년대에 다코타어Dakota 고전 문법서를 저술했다.

전통 지식을 보유하고 있어 소공동체 내부에서는 매우 존경받지만 정식 교육을 전혀 받지 못해 읽고 쓸 줄 몰랐던 내부인 중에 갑자기 타고난 언어학자로 변신하는 이들도 종종 있다. 사실 나는 개인적으로 마지막 화자 세대들 중 몇몇이 언어 쇠퇴라는 환경에 역행하여 선조들의 말을 배우도록 이끄는 것이 바로 언어에 대한 타고난 관심과 재능이라고 믿고 있다.

정규 학교 교육을 별로 받지 못했던 뛰어난 내부인이 토착민의 지식을 기록화하는 데 얼마나 직접적으로 기여할 수 있는가를 가장 잘 보여주는 사례는 칼람어 화자 샘 마즈넵Saem Majnep이다(그림 10.2 참조). 파푸아뉴기니 마당Madang 주 카이롱크Kaironk 계곡 상류에 사는 샘 마즈넵은 언어학자들과 민족생물학자들의 경계에서 큰 기여를 했다. 처음에 그는 인류학자 불머의 현지 보조자로 일했다. 그러나 불머는 곧 관목류에 대한 그의 탁월한 지식에 주목할 수밖에 없었다.

민족지정학적 보고서를 작성하기 위해서는 인류학자와 동등한 자격을 가진 제보자와의 협력이 필요하다. 제보자는 단순한 공동 저자가 아니라, 그 자체로 민족지정학적 보고서가 된다. 내부인이 자기 생각을 직접 말할 수 있도록 해야지, 그의 말을 인류학자의 해석이라는 프리즘에 거르고 서구 담화 형식에 맞춰 재표현해서는 안 된다.[24]

이를 위해서는 칼람어를 기록하는 철자법이 필요했고 이 작업에 언어학자 비그스Bruce Biggs와 폴리Andy Pawley의 도움을 받았다. 마즈넵은 초등학교 2학년 정도의 교육밖에 받지 못했지만 이 철자법에 따라 칼람어를 기록하는 방법을 배웠고, 방대한 양의 민족생물학적 정보를 모아 이를 칼람어와 톡피신어로 녹음하고 노트에 잇따라 전사하기 시작했다. 그리고 나면 불머가 이를 주제별로 배열하고, 수십 년 전 폴리와 마즈넵 등이 만들어둔 칼람어 사전을 참고해 영어로 번역했다. 이 자료는 마침내 칼람족의 전통적인 생물학적 지식을 다룬 두 권의 멋진 논문으로 출간되었다. 한 권은 새에 관한 것이고 또 한 권은 포유류에 대한 것인데,[25] 식물에 관한 세 번째 책도 곧 나올 예정이다.

그림 10.2 작업 중인 샘 마즈넵

샘 마즈넵이 가진 지식의 깊이가 어느 정도인지 보여주는 예가 있다. 『칼람 지역의 새Birds of my Kalam country』(1977)에서 마즈넵은 독 깃털을 가진 새에 대해 논하고 있는데, 이는 당시 서구 과학에서 있을 수 없는 일이라고 생각했던 것이다. 이 새의 칼람어 이름은 워보브wobob(wompwomp로 발음한다)인데, 마즈넵은 이 새에 대해 "가죽이 쓴맛을 내며 입을 일그러뜨린다고 한다"라고 쓰고 있다. 몇 넌 후 서구 생물학자 둠바허Jack Dumbacher가 이를 단서로 다시 연구하여 그 유독성에 대한 연구를 『사이언스』지에 발표했다.[26]

샘 마즈넵 역시 최근 세상을 떠났다. 폴리가 부고에 썼듯이 "마즈넵이 자연사 분야에서 독보적인 것은 그가 교육을 받은 적이 없었다는 점, 그래서 서구식으로 교육받은 과학자가 아닌 전통 사회의 구성원으로서 자기 지역의 생태를 기술할 수 있었다는 점 때문이다."[27]

좀 더 일상적인 수준에서, 한 언어공동체 내에서 각 내부인들이 능숙한 분야는 매우 다양하다. 예컨대 카야르딜드어 화자 플루토 벤팅크의 경우 문법이 과도하게 단순화되고 피진어와 마구 섞여 있었지만 식물명을 아는 데는 단연 최고였다. 문법 지식이 완전히 망가졌으면서도 그의 민족식물학적인 능력은 그대로였다. 흔히 뛰어난 구술 연행자들은 천천히 이루어지는 전사 작업이나 복잡한 어형 변화표를 활용하는 지루한 체계화 작업에 기질상 적합하지 않다. 따라서 다양한 부류의 화자를 대상으로 연구할 때 보다 풍부하고 다양한 언어 분석이 가능해지며, 나아가 공동체의 공동 사업이라는 분위기를 이끌어낼 수 있다. 자칫 기록화 과정에서 누락될 수 있는 젊은 화자들을 끌어들여, 전사나 번역 등 기록화 과정의 중요한 부분을 맡기는 것도 중요하다(글상자 10.4 참조).

그러나 이것은 시작에 불과하다. 오늘날 언어학자들의 가장 큰 과제 중 하나는, 현지조사 작업에서 흔히 만나게 되는 '타고난 언어학자들natural linguists'의 재능과 지식을 일깨워 개발하는 최선의 방법을 찾는 것이다.

언어학에 돌아오는 이익은 자명하다. 원어 화자의 통찰력은 외부인이 수십 년 연구해도 이르지 못할 깊이와 정확성을 지닌다. 언어학자 헤일은 이렇게 쓰고 있다. "만약 주요 언어학 분야에서 모국어 화자가 아닌 학자들이 해당 언

우리의 말이 안전하게 해안에 닿기를…

브라질 마토 그로소에서 쿠이쿠로어 프로젝트의 일환으로 언어 기록화에 참여한 쿠이쿠로어 화자들
왼쪽 사진은 전통 예식을 기록화하고 있는 타카마Takama와 무나이Munai.
오른쪽 사진은 전사 및 번역 작업 중인 쿠이쿠로어 화자 무투아Mutua와 자마투아Jamatua.

프랑케토Bruna Franchetto는 폴크스바겐 재단 DoBeS 프로그램의 지원을 받아 브라질 싱구Xingu 강 상류 지역에서 쿠이쿠로어Kuikuró 기록화 프로그램을 진행하고 있다. 이 프로그램은 언어공동체 구성원이 모국어 기록화 작업에 어디까지 참여할 수 있는지 잘 보여준다. 외딴곳이라는 지리적 특성상 정식 교육과 동떨어진 환경에 있는데도, 쿠이쿠로족은 마치 타고난 듯이 자신들의 언어 연구에 깊은 관심을 가지고 있다. 쿠이쿠로어에는 맥락에 따라 의미가 결정되는 문법적 불변화사와 지시어들이 있는데, 쿠이쿠로족이 이 표현에 사용하는 다음과 같은 은유는 언어에 대한 이들의 뿌리 깊은 관심을 집약적으로 보여준다: tisakisü enkgutoho, 거칠게 번역하자면

'우리가 쓴 단어가 안전하게 해안에 닿기를made for our words to beach safely'이
라는 뜻이다.

부족 원로들에게 언어 기록화 작업을 승인받고, 언어 기록자 역할을 할 내
부인 두는 것을 꺼리는 일부 구성원을 설득한 끝에, 몇몇 쿠이쿠로족 젊은
이가 이 종합 프로그램에 참여하게 되었다. 그중 한 명인 무투아Mutua는 마
토 그로소 토착민 대학교Indigenous University of Mato Grosso, UNEMAT의 획기적
인 프로그램을 통해 최근 '쿠이쿠로어 복수 의미론의 복잡성'을 연구한 학
사학위 논문을 제출했다. 비정규 학력임에도 불구하고 정규 서구식 교육
과정에 자신들의 전통 지식을 활용하는 내부인들의 능력을 증명한 것이다.

어를 연구하는 현재의 방식이 계속된다면, 세계 언어에 대한 오늘날의 지식수준을 넘어서는 뚜렷한 진척이 가능할지 의심스럽다."[28]

언어공동체 자체에 돌아가는 이익도 크다. 고급 훈련을 받은 공동체 구성원은 전全 공동체가 외부 세계의 충격을 이해하고 조정하도록 이끌 수 있다. 사회·경제적 정당성 수준에서 보면, 모국어 화자 언어학자들은 정식 교육을 받음으로써 자기 재능에 합당한 인정을 받게 된다. 뿐만 아니라 쌍방향으로 이루어지는, 보다 흥미로운 연구 동력이 창출될 수 있다.

목표는 분명하고 바람직하지만, 모국어 화자 언어학자를 제대로 양성하는 일은 아직 요원하다. 여기에는 여러 장애물이 존재한다. 세계 어디든 대학들은 입학 조건이 보수적이며, 언어 분석에 관심을 갖는 모국어 화자의 선재先在 언어지식이 가져올 효과를 깨닫지 못하고 있다. 대학기관은, 언어학 교육을 받았지만 자신이 연구할 언어에 대해서는 아직 아는 것이 없는 박사과정 지원자들을 기꺼이 받아들인다(물론 마땅한 일이다). 그러나 역으로, 자기 언어에 대해 깊이 있는 지식을 갖고 있지만 아직 언어학 정규 교육을 받지 못한 지원자들에 대해서는 승인하는 법이 없다.

초반에 학문적인 정규 훈련이 부족하다는 점과 별도로, 모국어 화자 언어학자에게는 전통적인 공동체 삶이 부과하는 특별한 요구가 뒤따를 것이다. 예컨대 이들은 딱히 날짜를 예측할 수도 없고 중요한 학사 일정과 겹칠 수도 있는 각종 예식과 장례에 의무적으로 참석해야 한다. 만약 이들이 소규모 공동체 출신으로서 그 공동체의 최고 학력자가 될 경우, 교육적·법적·행정적인 측면의 숱한 요구를 떠안게 되어 언어학 연구에 온전히 집중할 만한 여유가 없어질 수도 있다. 오우덤족O'odham 언어학자이자 시인인 제페다Ofelia Zepeda가 지적했듯이, 아이러니하게도 공동체가 내부인 언어학자의 연구보다 외부 언어학자의 연구를 더 선뜻 받아들이는 일이 생기기도 한다.[29]

이러한 각종 문제에도 불구하고, 최근 몇 년 사이 모국어 화자 언어학자들을 양성하는 유명 프로그램들이 생겨나고 있다. 가장 유용한 프로그램 중 하나는 과테말라의 OKMA Oxlajuuj Keej Maya' Ajtz'iib'이다. 이 단체는 마야어 언어학 전용으로 창설된 언어학 연구 양성단으로서, 1980년대 후반 과테말라 내전의 참화 이후 마야인들의 정체성 재건을 돕기 위해 만들어진 것이다. 당시 마야어학회Academy of Mayan languages 등 여타 마야어 기관도 함께 설립되었다. 마야어 화자들은 미국 언어학자 잉글랜드Nora England에게 언어학 연구에 필요한 교육을 해달라 요청했고, 잉글랜드는 이에 응해 5년 동안 '제1세대' 언어학자들을 양성했다. 여기에는 맥아더 펠로십과 노르웨이 정부의 추가적 지원이 큰 도움이 되었다.

OKMA 프로그램의 구조는 꽤 흥미롭다. 2년의 양성 과정을 거쳐 상당수의 젊은 '미래' 언어학자들 가운데 한 언어당 두 명의 훈련생이 선발되었다. 이를 시작으로 2년마다 다음 '세대'가 들어와, 잉글랜드와 객원 언어학자들, 그리고 이전 세대 훈련생들에게 교육을 받았다. 현재 이 프로그램 졸업생들은 보다 정통적인 언어학 연구를 계속하고 있다.

과학적 관점에서 내부인 언어학자의 역할과 외부인 언어학자의 역할이 다를까? 아메카Felix Ameka는 자기 모국어인 가나의 에웨어Ewe에 대한 문법 기술의 역사를 신중하게 평가하고 있다.[30] 아메카는, 독일 선교사 언어학자 베스테르만Diedrich Westermann이 에웨어 문법을 처음 기술한 1907년 이후 한 세기 동안 모국어 화자와 외부 언어학자 양쪽이 에웨어 문법 연구에 어떤 공헌을 하였는지 비교하여 평가한다. 아메카는 이 문제를 평가하기 적합한 입장에 서 있다. 자기 모국어 연구에는 내부인으로서 참여하고, 가나–토고 산맥의 언어인 리크페어Likpe 연구에는 외부인으로 작업했기 때문이다. 또한 에웨어 연구 과정에서 내부인과 외부인 모두를 훈련시키기도 했다. 그는 수많은 아메리카 토착어를 연구한 고故 하스Mary Haas의 말을 인용하면서, 양쪽의 시각이 모두 중요하지 하나만으로는 불충분하다고 결론내리고 있다. "우리는 안에서 밖을 내다보는 통찰력과 밖에서 안을 들여다보는 통찰력 모두를 갖게 된다."[31]

이렇게 되면 '외부인'을 현장 언어학자로 양성해야 한다는 또 다른 과제가 생긴다. 어떤 면에서 이는 보애스와 사피어가 활동하던 전성기 이후 오랜 시간 언어학이 맞닥뜨려온 숙제다. 하지만 이상하게도, 학문적 영향력이 큰 국가들의 유력 인사들은 최근까지도 기술 작업의 역할을 모욕하고 무시해왔다. 생성문법처럼 이른바 좀 더 고상하고 과학적으로 좀 더 도전할 만하다는 형식적 패러다임의 '이론' 연구에 경도되어 있는 것이다. 1960년대 촘스키의 생성언어학이 우세해진 이래, 그 학문적 조류를 따르는 북미와 그 외 수많은 나라에서는 새로운 경험적 연구에 초점을 두기보다는, 이미 잘 알려진 언어들을 붙들고 이를 이론적으로 모델화하는 데 초점을 두어왔다. 실제로 미국 대학 가운데 대부분은, 이제껏 기술된 바 없는 언어에 대한 '문법 총람reference grammar'을 박사논문 주제로 허용하지 않는다. 이 연구야말로 언어학자가 할 수 있는 가장 힘든 지적知的 작업인데도 말이다.[32] 그 결과 영어를 포함한 10여 개의 친숙한 언어에 대한 연구는 폭발적으로 늘어난 반면, 6000개에 이르는 나머지 언어들은 무시되어왔다.[33]

젊은 학자의 인생에서, 현지조사를 수행하면서 박사논문을 준비하는 과정은 가장 이상적인 순간일지도 모른다. 외딴곳에서 오랜 시간 보낼 수 있는 자유도 있고, 해당 언어의 비밀을 푸는 작업에만 수년간 집중할 기회도 있다. 그러나 세계의 언어 다양성을 기록하는 데 가장 큰 관심을 가지리라 기대했던 바로 그 분야에서, 유능하고 헌신적인 박사과정생 인력들이 헛되이 쓰이고 있다.

모든 언어학 박사과정생이 현지조사를 잘 해나갈 만한 성격이나 흥미, 생활 형편을 가졌다는 말은 아니다. 하지만 분명 뉴먼Paul Newman이 말하는 절망적인 비율보다는 훨씬 높을 것이다. 다행히도 세계 학계는 단일 공동체가 아니며, 호주와 네덜란드 같은 일부 국가에서는 북미의 지배적인 학문 조류에 개의치 않고 박사학위 과정에서 기술 연구의 가치를 놓지 않고 있다. 좀 더 최근에는 몇몇 미국 대학에서 박사학위를 위한 현지조사의 가치를 새로이 수용하고 있다. 그러나 언어학 분야는 여전히 대전환을 필요로 한다. 전문성에 우선권을 주고, 현지조사 훈련을 확대해야 하며, 기술 연구의 가치와 그에 필요한 시간을 제대로 인정해야 한다. 그래야만 훈련된 언어학자들을 충분히 양성하여, 앞으로 수십 년이면 사라질 언어 유산을 기록화할 수 있다. 북부 파키스탄에는 아주 불가사의하고 연관 언어를 찾기 어려운 부루샤스키어Burushaski라는 언어가 있는데, 1935년 영국의 식민주의 행정가 로리머Colonel Lorimer가 부루샤스키어 문법서를 저술한 바 있다. 그 책 서문에서 로리머는 다음과 같이 말하고 있다. "현재 우리가 얼마나 많은 작업을 할 수 있을지는 시간 요인에 좌우될 것이다. 수확물은 익었다. 하지만 노동력이 부족하다."[34]

이끌어내고 기록하고

식당에서 음식을 주문하거나 기차역에 가려면 어디로 가야 하는지 물어볼 요량으로 후세 화자들이 언어를 배우는 것은 아닐 것이다. 이들은 자신들의 유산이 어떤 점에서 특별한지 알고 싶을 것이다.
— Mithun(2007)

제2장에서 보애스의 이름을 딴 이른바 '보애스 3부작'을 소개한 바 있다. 접근하기 쉬운 형식으로 한 언어의 다양한 국면을 설명하는 방법으로 이미 그 유효성이 입증된 보애스 3부작은 문법서, 텍스트, 사전을 말한다. 이 셋은 해당 언어를 풍부하게 묘사하면서 각각의 설명을 상호 보강해준다. 그러나 이것이 아무리 유용해도 미래의 언어학자나 언어공동체 구성원들이 궁금해할 모든 질문에 답을 줄 수는 없다.

우선 언어학자가 아무리 열심히 노력해 해당 언어의 문법을 광범위하게 기술하고 그 원리를 설명한다 해도, 이들이 간과하거나 이해하지 못한 채 넘어간 현상은 늘 있기 마련이다. 일찍이 폴리가 지적했듯이 "언어가 언어학적으로 기술된 특성들만 갖고 있다고 생각해서는 안 된다."[35] 이런 의미에서, 사전 표제어의 예문으로 실린 풍부한 표본 문장들과 텍스트 모음집은 유용한 자료 저장고가 된다. 이전의 문법학자들이 놓치고 넘어간 중요한 자료가 있을 수도 있고, 그에 따라 이제껏 발견되지 않은 패턴을 이후 연구자들이 찾아낼 수도 있다.

제2장에서 보았듯이, 민족지학적 정보가 담긴 탄탄한 텍스트 모음집을 만들려는 생각은 오래전부터 있었다. 그 기반 속에서 아즈텍/스페인 해설서에 해당되는 사아군의 대작 『뉴 스페인 문물에 관한 일반 역사』가 편찬되었고, 이

후 언어학자들은 끊임없이 각종 텍스트 모음집을 세상에 선보였다. 그러나 텍스트 모음집이 아무리 풍부하고 다방면에 걸쳐 있다 해도, 언어의 모든 양상을 포착하지는 못한다. 텍스트 모음집에는 전형적으로 정격 문학 텍스트가 주로 실릴 뿐, 격식을 차리지 않거나 속어를 많이 쓴 텍스트는 무시된다. 실제 발화에 나타나는 머뭇거림이나 말실수도 걸러진다. 미래에 해당 언어에서 일어날 변화의 흐름을 결정적으로 보여줄 수도 있는 표현들이 누락되는 것이다. 또한 이런 식의 텍스트 모음집이라면, 사람들이 사적私的인 상황에서는 어떻게 말하는지에 대한 정보도 있을 리 없다.

1990년대 중반 이후, 힘멜만Nikolaus Himmelmann을 필두로 한 여러 언어학자는 '기록언어학documentary linguistics' 그 자체를 언어학의 새 하위 분야로 설정해야 한다고 주장해왔다. 기술언어학의 전통적 관심사와는 별개의 것, 즉 언어학적 일차 자료를 편찬하고 보존하는 일, 특정 언어를 대상으로 한 다목적 성격의 기록을 확보하는 일을 다루는 독립된 분야를 주창한 것이다.

> 그물은 최대한 넓게 던져야 한다. 즉 언어 기록화는 실행 가능한 범위 내에서 최대한 많이, 최대한 다양한 기록을 담을 수 있도록 해야 한다. (…) 이상적으로 말하자면 (…) 언어 기록화는 모든 사용역register, 모든 사회적·지역적 변이형을 포괄해야 한다. 또한 인지 능력을 입증해줄 언어 증거, 사회 관례를 입증해줄 언어 증거를 모두 포함해야 하며, 문어 자료와 구어 자료 모두 포함해야 한다.[36]

치밀하게 기획된 절차를 다루는 이 접근법은 본질적으로 두 가지 목표를 가진다. 이들의 기록물이 언어학자 이외의 연구자들에게도 유용한 일차 자료가 되어야 하며, 더 중요하게는 한 언어의 모든 현상이 기록물에 잘 표본화되어 있어야 한다는 것이다. 그래야만 비트겐슈타인이 철학자들에게 권고했던 일, 바로 "언어 전체를 갈아젖히는 작업"을 기록 언어학자가 한다는 것을 보증할 수 있다.

기록 언어학자들이 직면할 수밖에 없는 자기모순은, 원래의 기록자가 질문하지 않은 미래의 질문에 어떻게 대비할 것인가 하는 점이다. 언어학적 연구가 얼마나 넓은 부분을 훑어야 하는지에 대해서는 이 책 전체에 걸쳐 이미 살펴보았다. 온갖 이유에서 문법은 매우 중요하다. 인간의 언어로 어떤 것이 가능한가를 이해하는 우리 작업에 중심이 되는 것이 문법이다. 또한 문법은 오랜 습관적 사고의 틀을 결정한다. 어형 변화에서 나타나는 성가신 불규칙성 속에 희미한 역사적 관련성을 입증할 증거가 숨어 있기도 하다. 하지만 어휘부도 이와 동일한 비중으로 중요하다. 특정 언어나 어족을 고고학 유물에 연결시키는 결정적 정보가 무명의 지명이나 식물 용어에 좌우될 수도 있기 때문에, 수천 개에 이르는 어휘 항목 하나하나마다 신중을 기해 검토해야 한다. 제3장 접두사 molkkûnh-(누군가 모르는 사이에)의 사례에서 보았듯이, 어떤 단어나 접사가 무엇을 의미하는지 정확히 알려면 다중의 증명 과정을 거쳐야만 한다.

그뿐만이 아니다. 모든 언어는 나름의 분명한 구조적 밀도를 가지고 있다. 우리에게는 이를 겨냥한 연구가 필요하지만, 있는 그대로의 말뭉치에는 그 논리가 명백히 드러나지 않을 수도 있다. 꽤 큰 규모의 말뭉치라 해도 그 안에는 온갖 종류의 틈이 있기 때문이다. 영어를 한번 생각해보자. 1950년대 촘스키 통사 이론의 돌파구가 된 것은 통사론이 순환적일 수 있다는 인식이었다. 다중 내포 구조를 산출하기 위해 규칙의 결과물을 다시 동일 규칙에 적용시키는 것이다. 다음은 롤프 해리스Rolf Harris의 노래 「The court of King Caractacus」 중 일부다. 어린 시절 긴 자동차 여행을 하면서 불러댔던 터라, 이 노래는 내 기억에 깊이 남아 있다.

Now the fascinating witches
[who put the scintillating stitches in the britches
[of the boys [who put the powder on the noses
[of the faces [of the ladies [of the harem
[of the court [of King Caractacus]]]]]]]
are just passing by.

[[[[[[[카락터커스 왕의] 궁의] 하렘의] 여인들의] 얼굴의] 코에 분을 바르는] 소년들의] 반바지에 어여쁜 수를 놓은] 매력적인 마녀가 지금 막 지나가고 있다.

숨이 찰 것 같은 이 문장의 구조를 보면, 내포를 만들어내는 두 가지 '반복 실행looping' 전략이 쓰이고 있다. 하나는 소유격 of-구("the noses of the faces of the ladies of the court")이고 하나는 관계절("witches who put… boys who put")이다. 내포 관계를 보여주기 위해, 위 인용문의 각 내포 층위를 각괄호로 표시했다.

폐활량이나 기억력 탓에 실제로 사용되는 내포의 개수는 훨씬 제한되겠지만, 이런 문장들을 만들어내는 계산력이라면 원리상 무한한 수의 내포도 만들어낼 수 있다. 촘스키는 당시 자연언어를 설명하는 데 충분하다고 받아들여지던 방법론, 이른바 유한상태문법finite state grammar37으로는 인간의 문법을 모델화할 수 없다고 주장했는데, 그 핵심으로 작용한 것이 바로 이 같은 '무한순환성'이다. 그러나 칼슨Fred Karlsson의 최근 연구에 따르면, 자연스러운 영어 발화 중에서 두 단계 이상의 내포 구조를 띠는 발화는 거의 없다고 한다. 만약 외계인 언어학자가 지구인의 말을 녹음해 수집한 문장들을 토대로 지구인들의 언어 문법을 만든다면 촘스키가 주장한 계산력은 필요 없을 것이다.

하지만 이것이 잘못된 생각일 수도 있다. 영어 화자에게 물어본다면 누구든 위 노랫말 같은 문장이 충분히 가능하다고 판단할 것이다. 화자들은 자기가 실제 말하는 것보다 훨씬 많은 것까지 허가하는 내적內的 문법을 가지고 있다. 따라서 언어학자들에게는 요령이 필요하다. 잘 안 보이는, 그 복잡성의 교점이랄 만한 것이 어디 있는지 감지하여 이를 철저히 조사해야 한다. 그러기 위해서는 기록 자료가 자연스러운 발화의 산출물 이상으로 풍부해지도록 질문을 잘 구성해야 한다. (물론 외계인 언어학자들이 제9장에서 논의했던 언어 예술 부류에 관심이 있다면 분명히 롤프 해리스의 노래들도 녹음할 것이고 마침내 이 복잡한 문장들도 손에 넣을 것이다. 왜냐하면 공들인 연습을 통해 화자들은 일상 발화 상황보다 훨씬 더 높은 수준까지 복잡성의 한계를 끌어올릴 수 있기 때문이다.)

이러한 체계적 조사 기술들을 어디에 적용해야 할지는 해당 언어의 특성에 따라 달라진다. 어떤 언어에서는 모든 차원의 동사 어형 변화 혹은 명사 어형 변화를 다양화시키는 것이 중요할 수도 있다. 어형 변화는 하나하나 따로 확인해야 할 정도로 불규칙의 온상이기 때문에, 어형 변화표의 빈칸이 생기지 않도록 빠짐없이 기록해야 한다.

둘째로, 성조가 어떻게 상호작용하는지 알아내거나 숨어 있는 '유동성 성조floating tones'를 확인하기 위해서는, 주어진 단어 연쇄의 모든 음조 조합에도 변화를 주어야 할 것이다. 하이먼Larry Hyman의 연구는 이러한 예를 잘 보여주고 있다.38 나갈랜드Nagaland의39 쿠키−친어Kuki-Chin 같은 언어의 유동성 성조 조합을 모두 확인하고 싶다면, 'chief's beetle's kidney basket'이나 'monkey's enemy's snake's ear'처럼 다소 부자연스럽더라도 특정 가설을 검증하는 데 적절한 성조 배열 순서를 담고 있는 음성 연쇄를 고안해야 한다.

막대한 양의 말뭉치라 해도 이 같은 질문에 답을 줄 수 있는 모든 조합을 담고 있기는 어렵다. 만약 언어학자가 분석 과정을 통해 무엇이 취합될지 미리 그려보지 않은 채 그저 마이크만 들이댄다면 미래의 학자들은 핵심 자료를 잃게 될 것이다. 이외에도 말뭉치가 정말 유용하려면, 말뭉치 내 각 문장이 서로 다른 맥락으로 해석되는 다양한 방식에 대한 내용이 포함되어야 한다. 즉 의미론적 주석을 단 메타 말뭉치여야 한다. 이 역시 원본 텍스트의 구조를 새로이 윤색해 조사해야만 가능한 일이다.40

따라서 기록화된 말뭉치의 미래 유용성을 가장 확실히 보장하는 방법은 가공하지 않은natural 자료와 유도된elicited 자료를 잘 혼합하는 것이다. 사실상 텍스트, 문법서, 사전이 끊임없이 연동되면서 서로의 이해에 도움을 줄 때 언어학자들의 연구는 가장 잘 진행된다.41 언어학자들이 구조의 윤곽을 어렴풋이나마 파악한 부분이라면, 관련된 모든 조합에 대한 질문이 이루어지고 기록되었는지 보증하기 위해서 철저한 기술과 분석이 필요하다. 무엇이 기록화를 적합하게 만드는가에 대해 다룬 한 보고서에서 지적하듯, "기록 말뭉치의 충분성을 평가하는 데에는 분석 그 자체가 매우 중요하다."42

훌륭한 현장 언어학자의 핵심 자질 중 하나는, 마디가 되는 지점이 어디인지 알아차리고 거기에 초점을 맞춰 보다 심화된 질문을 구조화하는 능력이다. 그러나 그 언어의 나머지 부분, 그리고 미처 물어보지 못한 질문들까지 고려하면, 균형 잡힌 표본 추출 작업을 강조하는 유동적 접근 방법이 가장 바람직하다.

탄탄하고 광범위한 기록화 작업을 위해서는 두 가지 요소가 반드시 필요하다. 첫째, 언어학자의 호기심이 다방면에 걸쳐 있을수록 어느 부분을 깊이 있게 조사해야 할지 더 잘 파악할 수 있다. 옥스퍼드 영어사전의 뼈대를 만든 위대한 사전학자 머레이^{James Murray}는, 사람들이 이야기하는 온갖 화제에 대한 관심, 소위 잡식성의 관심을 자기 성공 비결로 꼽았다.[43]

이러한 사실은 자연스럽게 두 번째 핵심 요소를 이끌어낸다. 주어진 언어 연구에 많은 연구자가 참여할수록 다루는 주제의 범위도 커진다. 아래 인용한 매기 투쿰바의 말로 표현하자면, 화자의 마음속에서 대화로 '이끌어내는' 범위, 또한 미래 세대를 위해 보다 내구성 있는 형태로 이를 '기록하는' 범위 말이다. 이 작업에는 내부인과 외부인, 관심의 초점이 서로 다른 언어학자들, 생물학자부터 음악학자, 문화 전문가까지 모두 필요하다.

Nunh kenbo, kardu marruh-kûno nga-yawoh-dulu-burlhkeyhwoyan nga-yawoh-yungiyan bebakah… Nunh kenbo ngahlng-burlhkeywoyan rerrikah, duludjerrnguno, kanhkuno ngah-yungiyan kanunh bebakah. Kenbo yilah-dulu-burlhkeyhwoyan, mak kaduluwanjingh, bah kadjahlng-ngongno kanh duluno, kanh drebuy njelng yilaye-yenjdjung.

|

From now on, whenever, I bring out a story or word, I'll put it in the book. And other things, that I'll bring out later, new words, I'll put them on paper. Then we'll bring out the meaning of things, not just one idea, but all sorts of meanings, including the subtleties of what we say.

I

지금부터 나는 이야기나 단어를 떠올릴 때마다 이를 책에 기록할 것이다. 그리고 다음에 또 새 단어를 떠올리면 이 역시 기록할 것이다. 그러면 사물의 의미를, 우리가 하는 말의 미묘한 부분까지 포함해 모든 종류의 의미를 이끌어내게 될 것이다.[44]

점토판에서 하드 드라이브까지

오늘날의 언어학자들은 수백 년 혹은 수천 년 전에 인쇄되거나 필사된 기록물에 접근할 수 있다. 그러나 수많은 디지털 언어 기록물과 서술은 10년도 못 가 접근할 수 없게 될 것이다. (…) 우리는 언어 소멸률이 최고치에 있는 바로 그 세대에 있으면서도 빈사상태인 과학기술을 선택해 위기에 빠진 자료를 생산해왔다.

— Bird & Simons(2003:557)

기록 자체가 제대로 보존·보관되지 않는다면 상세한 언어, 문화 자료를 기록할 필요가 없다. 망가지기 쉬운 형태의 기록은 그 기록의 주인공 화자들을 따라 흔적도 없이 사라질지도 모른다.

과학기술이 새로이 진보할 때마다 이를 열렬히 받아들이면 자칫 접근 불가능한 폐廢매체에 기록물이 방치될 수도 있다. 언어 기록물을 수집하는 데 있어 반드시 주의할 사항은 자료들이 그 기록된 언어의 전철을 밟지 않도록 하는 것이다. 흔히 이 작업에는 자료를 디지털화하는 복잡한 기술 전환 절차가 필요하다. 왁스 실린더 재생기, 와이어 녹음기, 구식의 오픈릴식 녹음기 등 박물관에나 있을 법한 재생 장치들이 동원될 것이다.

매체 자체도 파손되기 쉽다. 카세트테이프는 자성이 사라지게 되고, 하드 드라이브는 깨지고, 책이나 필사본은 불타거나 곰팡이가 핀다. 이러한 문제에 대처하기 위해 그동안 수많은 새 디지털 보관소가 설립되었다. 호주의

PARADISEC,[45] 프랑스의 LACITO, 미국의 AILLA, 독일과 네덜란드의 DoBeS 보관소 등이 그 예다.

2년 전 뉴칼레도니아에서 PARADISEC에 이전된 11개의 테이프 세트는 평범하지만 전형적인 사례를 보여준다. 이 테이프들은 로열티 제도Loyalty Islands 출신의 드레후어Drehu 화자 레오나르드 드릴레 샘Leonard Drilë Sam이 자기 언어로 녹음한 자료인데, 20년 가까이 그의 집에 보관되어 있었다. 그러나 오픈릴식 재생기도 없는 데다 테이프 자체에 흰곰팡이가 생기는 바람에 샘은 그 테이프들을 더 이상 틀어볼 수 없게 되었다. 보다 내구성 있는 디지털 체제로 전환하기 전에, 우선 테이프를 깨끗이 손질하고 몇 주 동안 저온 진공 건조기에 넣어 곰팡이를 제거하는 작업이 필요했다.

디지털 체제로 변환되었다 해도 아직 안전한 것은 아니다. 전자 기록은 독점 폰트proprietary fonts[46]나 데이터 포맷이 달라지면 알아보지 못하게 될 수도 있다. 전자 기록들에 대한 접근 가능성이 유지되려면, 디지털 보관소가 모든 폰트를 제대로 보존함으로써 전자 기록의 자동적이면서도 지속적인 포맷 전환을 보장할 수 있어야 한다.

이 점에서, 여전히 원 상태를 유지하고 있는 수메르인들의 점토판은 유례없는 보관 안정성과 장기적 해석 가능성을 자랑한다고 할 수 있다. 현재 로제타 프로젝트[47] 같은 기획은 자료를 마이크로 레이저를 이용해 영구적 기록물로 제작하는 방법을 모색하고 있다. 물리적 재앙이 지구를 덮쳐 디지털 기록을 유지하는 복잡한 인프라 구조가 완전히 파괴된다 해도 먼 후세의 인류나 외계에서 온 방문객이 접근할 수 있는 자료를 구축한다는 것이다.[48]

물리적으로 변질되거나 포맷 접근이 불가능해지는 것만큼 문제되는 것이 또 있다. 이미 세상을 떠난 학자의 기록 노트나 현장 노트가 고인故人의 가방 속에서 잊힐 수도 있고, 그 가치를 알지 못하는 사람이 그 기록을 쓰레기통에 버릴 수도 있다. 자신이 자료 분석을 완성해낼 때까지 현지조사 자료를 자기 수중에 두고 싶다는 유혹은 굉장히 크다. 그리고 자신의 어설픈 전사가 드러나지나 않을지 혹은 다른 학자들이라면 금세 알아차렸을 문법 분석인데 자기가 간과한 게 있지나 않을지 걱정하여 몸을 사릴 수도 있다. 그러나 분석이

완성되기 전에 죽음이나 알츠하이머병이 먼저 찾아오곤 한다. 유언 집행자나 친척에 의해 자료가 요행히 살아남은 상황에서도, 그 자료의 화자가 누구인지, 기록 시기나 장소, 주제가 무엇이었는지 등 결정적인 메타 자료가 누락되어 무용지물이 될 수도 있다.

이렇듯 언어만 사라지기 쉬운 것이 아니라 그 기록물 역시 손상되기 쉽다. 최근 10년 동안 이러한 문제에 대한 인식이 높아지면서 장기적 자료 보관을 확보하는 방법에 대한 논의가 시작되었다. 여기에는 수많은 문제가 걸려 있다. 보관을 의뢰하는 쪽에서는 오픈 소스의 소프트웨어를 사용해야 하며, 완전한 메타 자료를 함께 제공하여 다른 학자나 해당 언어공동체에서도 자료를 활용할 수 있도록 해야 한다. 디지털 보관소는 공동체의 요구가 있을 경우 일부 자료를 공표하지 않은 채 유지할 수 있도록 보장하는 시스템이 필요하며, 대용량의 자료를 저장하고 지속적으로 포맷을 변환하는 책무를 다해야 한다. 또한 한 장소에 계속 보관할 때 발생할 수 있는 취약성에 대비하여 여러 '사이버도서관cybrary'에 자료를 분산시키는 작업도 필요하다.[49]

학자와 기관 사이의 책임도 바뀌어야 한다. 이제는 수십 년간 종종거리며 시간만 재던 연구자나 대학으로부터, 장기 보존에 가장 정통한 기관, 즉 박물관과 도서관으로 책임이 넘겨져야 한다. 이 기관들은 노하우를 가지고 있고 정확한 시간 전망time perspective도 가지고 있다. 그러나 대부분의 경우, 아직 기관들은 구술 문화의 디지털 자료를 책이나 유물만큼 가치 있게 평가하지 않는다. 이러한 태도가 얼마나 잘못된 것인가를 이 책의 사례들이 잘 보여주었기 바란다.

1_ Lansky(2004:131-132)

2_ 니세난어와 콘코우어는 마이두 Maiduan 어족에 속한 언어다.

3_ Snyder(1990:3-4)

4_ 선교단 운영 단체이며 호주에서 활동하는 가장 강압적 종교 집단인 '플리머스 형제단Plymouth Brethren'을 아기 딕은 이렇게 불렀다.

5_ Laughren(2001)에는 이 이야기의 전모가 실려 있다. 이 글을 쓸 당시에는 퀸즐랜드 두마지 공동체에 매우 고령의 와니어 화자 에릭 킹Eric King이 생존해 있던 것으로 보인다.

6_ 태평양 남서부에 있는 섬나라 바누아투에서 두 번째로 큰 섬이다. ― 역자 주

7_ 좀 더 일반적으로 알려진 명칭은 나만어다. Crowley(2006) 참조. 이 일화 역시 이 책에서 인용한 것이다.

8_ 가장 널리 사용되는 명칭이기는 하지만, 사실 '쿠순다'는 원래 네팔어Nepalese로 '미개인'을 뜻하는 Kusuṇḍā에 기반을 둔 비하조의 용어다. 당연히, 이 공동체 구성원들은 '숲의 왕'이라는 뜻의 '반라자Ban Rāja', 혹은 자기네 고유어인 '길룽데이 미하크gilon-dei mihaq(숲의 사람들)'라는 명칭을 즐겨 쓴다.

9_ 최근 우리 셋은 전사한 이야기 모음집을 이와이자어 번역, 영어 번역을 달아 CD와 함께 출간했다(Evans et al. 2006)

10_ Krauss(2006b:1)

11_ Krauss(1992)

12_ Crystal(2000)

13_ Nettle & Romaine(2000)

14_ Dorian(1998:17)

15_ Messineo(2003:i)에 실린 스페인어본에서 인용한 것이다. 원래 메시네오Cristina Messineo는 이 구절을 토바어 조사에 함께한 발렌틴 모레노로부터 스페인어로 녹음했는데, 발렌틴 모레노가 책에 토바어본을 싣자고 했다.

16_ Crowley(2000). 크롤리는 지난 세기 전염병으로 크게 타격받은 말레쿨라 섬 내륙과 여타 지역을 예외 지역으로 언급하고 있다.

17_ 파푸아뉴기니의 언어 교체에 대해서는 비교적 상세하게 연구되었다. 그중 가푼어Gapun를 대상으로 한 Kulick(1992)가 가장 정밀하며, 곧 출간될 도브린Dobrin의 저서도 참고할 만하다.

18_ Flannery(2005)

19_ 한 언어를 기록화하는 데 드는 비용은 어디까지 포괄하여 다룰 것인가에 따라 달라진다. Dixon(1997:138)에서는 미화 20만 달러로 추산하고 있다. 폴크스바겐 재단의 야심차고 성공적인 DoBeS 프로그램(http://www.mpi.nl/DOBES/dobesprogramme/)에 따라 지원받고 있는 언어 기록화 프로젝트의 경우 매 기록화 작업에 약 35만 유로가 소요된다. 이 프로젝트는 주목할 만한 언어 자료 수집을 주도하고 있다. 그러나 이 많은 자원, 뛰어난 연구 인력, 기록 장치들을 가지고도, 팀 대부분은 아직 이 프로젝트의 주목표인 텍스트 자료 구축, 완전한 문법 기술, 사전 편찬을 해내지 못하고 있다.

20_ 셰익스피어의 『헨리 5세Henry V』에 나오는 문장 "Let us ciphers to this great account…"를 인용한 것이다.

21_ 남태평양 지역에서는 20세기 초까지 노예무역blackbirding이 횡행했다. 원주민들은 호주나 피지의 사탕수수 농장과 목화 농장으로 끌려가 다시 돌아오지 못했다. 바누아투도 예외가 아니었다. 제2차 세계대전 당시에는 태평양 전쟁의 기지로 이용되기도 했다. ― 역자 주

22_ Evans et al.(2004)

23_ Ladefoged(1992)

24_ Pawley(2007:xxi)[Majnep & Bulmer(2007) 서문 인용]

25_ Majnep & Bulmer(1977, 2007)

26_ Dumbacher et al.(1993)

27_ Pawley(2007)

28_ Hale(1972:385-386)

29_ Zepeda(2001)

30_ Ameka(2006)

31_ Haas(1984:69)[Ameka(2006:101)에서 인용]

32_ 박사논문 주제로 기술 문법이 허용되는 호주나 네덜란드 같은 나라에서도 사전이나 주석을 단 텍스트 모음집은 허용되지 않는다─그러나 다른 언어 과목에서는(특히 고전어 연구) 오랫동안 박사논문으로 인정해오고 있다.

33_ Newman(1998)에는 1997년부터 1998년 사이 제출된 언어학 박사논문에서 세계의 언어 대부분이 무시되고 있음을 보여주는 도표들이 있다.

34_ Lorimer(1935:LXII)

35_ Pawley(1993:123)

36_ Himmelmann(2006:2)

37_ 하나의 문장은 단어의 연쇄이며, 각 단어가 바로 뒤에 오는 어휘를 제약한다는 생각에 근거한 문법을 말한다. 그러나 이 같은 가설로는 단어 경계를 뛰어넘어 다른 단어에 영향을 미치는 단어를 제대로 설명할 수 없으며, 순환적으로 이어질 수 있는 내포 현상도 설명하기 곤란하다. ─ 역자 주

38_ Hyman(2007)

39_ 인도 북동부에 있는 주의 하나로, 서쪽으로 미얀마와 국경을 맞대고 있다. ─ 역자 주

40_ 이러한 입장의 주장에 대해 자세히 살피려면 Evans & Sasse(2007) 참조.

41_ Craig(2001) 참조.

42_ Rhodes et al.(2006)

43_ Murray(1977)

44_ Evans et al.(2004 서문)

45_ 위에서 언급한 바 있는 DoBeS 사이트뿐만 아니라 http://paradisec.org.au, http:www.mpi.nl/world/ISLE/over view/overview.html, http://www.ldc.upenn.edu./exploration/expl2000/papers/aristar/aristar2.pdf도 참조.

46_ 거듭된 폰트 변환을 통해 알아볼 수 없는 기록이 만들어질 수 있다는 경고성 이야기가 Gippert(2006)에 설득력 있게 제시되어 있다.

47_ 좀 더 자세한 사항은 www.rosettaproject.org 참조.

48_ 이 프로젝트에서는 창세기를 대역 텍스트 중 하나로 삼고 있다. 미래의 학자나 외계인 학자가 그 자료를 본다면, 지구상의 서로 다른 수천 개 민족이 모두 창세기 신화를 믿었다는 희한한 인상을 받을 것이다. 안타깝게도 로제타 프로젝트는 수많은 언어가 보여주는 문화적 다양성을 담으려는 시도는 하지 않고 있다.

49_ 그러나 제대로만 다룬다면 장기 보존·보관에 드는 비용은 해당 자료에 접근하고 이를 수집하는 비용에 비해 훨씬 적다. 영국에서 이루어진 최근 연구에 따르면, 총비용 중 자료 접근에 35퍼센트, 자료 수집에 42퍼센트가 드는 데 비해 장기 보존·보관에 소요되는 비용은 23퍼센트에 불과하며, 시간이 지나면서 장기 보존에 드는 누적 비용은 점점 더 줄어든다고 한다(Beagrie et al. 2008).

먼지 속에 앉아, 하늘에 서서

ถ้าศึกษาภาษา ก็ศึกษามรดกของความคิด
_ พระเปร่ง ปภสุสโร

I

When we study language, we study the heritage of human thought.

I

언어를 공부하는 것은 인간 사고의 유산遺産을 공부하는 것이다.
— 프리 프렝 파타사로Phra Preng Pathassaro 부주교1

　이 책 마지막 부분을 쓰는 도중에 아넘랜드 크로커 섬에 현지조사를 가
느라 집필을 잠시 중단했다. 2003년 찰리 와르다가가 세상을 뜨면서 일가르어
의 마지막 화자가 사라져버렸지만 이와이자어를 많이 아는 화자 수십 명이 아
직 생존해 있다. 나는 지난 수년간 여러 동료, 특히 브루스 버치Bruce Birch와 함
께 여러 학문 분야에 걸친 이와이자어 기록화 작업을 진행해왔다. 이번 현지
조사는 기계음성학 분야부터 바다거북의 성장 단계에 대한 전문용어까지 광
범위한 분야의 정보를 건져낸 흥미진진한 여행이었다.

객원 현지조사자로 방문했던 몇몇 분은, 나와 브루스 둘이서라면 해결할 수 없었을 영역들까지 조사할 수 있게 해주었다. 음성학자 앤디 부처Andy Butcher의 전자 구개 기기electronic palates를 통해 파악하기 어려운 몇몇 음성을 발음할 때 혀의 움직임을 측정할 수 있었다. 바다거북 전문 생물학자 스콧 화이팅Scott Whiting은 바다거북의 번식처와 행동 유형에 대한 질문 목록을 만들어주었다. 그는 게스트하우스에서 파워포인트 파일을 급히 만들어 보여주면서 이와이자어 화자들, 카키 마랄라, †팀 마밋바,2 아치 브라운Archie Brown과 함께 활발한 생물학 토론을 펼치기도 했다. 스콧이 보여준 슬라이드 중 하나는 서구 학계에서 최근 새롭게 별개의 종으로 인정한 호주 스너브핀 돌고래Orcaella heinsohni였다. 카키는 나이가 많아 컴퓨터 슬라이드를 자세히 보기 어려웠지만 좀 더 젊은 화자들이 말하는 걸 듣고는 불쑥 이와이자어에 그 돌고래종을 가리키는 이름 manimuldakbung이 있다고 말했다. 우리의 놀란 반응을 보고 그는 간명하게 "Iwaidja kalmu"라고 평했다. 이 문장을 문자 그대로 풀면 "이와이자어는 많다Iwaidja is many"라는 뜻이지만, 좀 더 적절하게 번역하면 "이와이자어에는 모든 게 다 있지!Iwaidja – there's a whole lot of it!"가 될 것이다.

우리가 카키, 팀, 아치와 작업하는 동안, 언어학자 머레이 가드는 워라무룽운지 지역에서 남쪽으로 수백 킬로미터 떨어진 아넘랜드 급경사면에 캠프를 차렸다. 거기서 머레이는 로프티 바르다얄 나제메렉Lofty Bardayal Nadjemerrek을 대상으로 빙잉군웍어의 전통적인 화재 관리와 관련된 어휘들에 대해 조사하고 있었다. 이는 환경이나 계절에 따라 세밀하게 달라지기 때문에 꽤 복잡한 주제인데, 머레이와 로프티는 특정 미시생태 지역과 화입 전략burning strategies을 지시하는 특정 용어들을 밝혀내는 작업을 해왔다. 2000명 남짓한 화자를 가진 빙잉군웍어는 호주 기준으로 보면 상대적으로 큰 언어이며 아직도 아이들에게 전승되고 있지만, 이 언어에서도 상세한 수준의 전통 지식은 꽤 많이 사라진 상황이다. 그래서 서구 연구자들과 토착민 원로들을 결합시켜주는 소형 연구 공동체가 카불와나미오Kabulwarnamyo 지역에 설립되어 있다.

카불와나미오 프로젝트는 전통 지식이 순수한 이론적 관심에서 막대한 경제 가치를 띤 자원으로 얼마나 갑자기 전환될 수 있는지를 보여준다.3 지구

온난화와 탄소 배출권 문제가 불거지면서 호주의 어마어마한 이산화탄소 배출률이 북부 사바나 지역의 삼림 화재에서 비롯된 것이라는 사실, 그리고 토착민의 전통 화입 체제를 따를 경우 이산화탄소 배출률을 뚜렷이 줄일 수 있다는 사실을 깨닫게 되었다. 여러 자원 개발 회사들이 미래의 탄소 차감재를 구하는 데 관심을 보이면서 이 토착민의 화입 관례를 유지하고 회복하도록 지원하고 있다. 로프티 같은 원로와의 연구뿐만 아니라, 자기 전통 지역에서 일하고 싶어하고 자기 선조들이 오랫동안 시도해온 화입 관례를 최대한 밝혀내고 싶어하는 젊은 토착민 화재 관리인 양성도 병행되고 있다. 이 정보는 모두 이들의 언어인 빙잉군워어에 깊이 뒤얽혀 있다.[4]

　이 모든 와중에 나는 또 하나의 끔찍한 소식을 들었다. 이 이야기로 우리를 안내했던 카야르딜드어 화자 팻 가보리가 세상을 떠났다는 것이다. 밀려오는 슬픔과 함께 나는 쓰라린 회의와 자책에 휩싸였다. 이 책을 쓸 게 아니라, 혹은 크로커 섬에서 현지조사를 할 게 아니라, 팻 가보리의 마지막 몇 달 동안 그와 마주앉아 이야기하며 보내야 했던 게 아닐까? 마음을 가라앉히기 위해 나는 늦은 오후 해변을 따라 걸었다. 이 해변의 카수아리나casuarinas 나무와 모래톱이 벤팅크 섬 해변의 풍경과 비슷하다는 점이 조금 위로가 되었다. 크로커 섬 전통에 따르면, 누군가 죽을 때 그 지역 해변에 늘어선 카수아리나 나무 하나도 죽어버린다고 한다. 이 점도 벤팅크 섬 사람들이 말한 것과 비슷하다. 그들은 죽어가는 카수아리나 나무를 향해 그 그늘에서 태어난 망자들의 이름을 큰 소리로 부른다. 나는 죽은 기수아리나 나무 하나를 발견하고는 그 발치에 카펫처럼 덮인 부드러운 잎에 앉아, 누구나 언젠가 죽을 수밖에 없다는 사실을 새삼 깨달았다. 그러자 내 슬픔은 팻 가보리의 장례식에 가지 못할 수도 있다는 낙담으로 바뀌었다.

　이 책을 읽는 사람들은 이 에필로그 제목의 뒷부분에 대해 의아해할 수도 있다. 호주 중부 왈피리족의 입사 언어 질리위리어Jiliwirri에서는 문장의 각 단어를 반의어로 질서정연하게 바꾼다. 따라서 "나는 땅 위에 앉아 있다I sit on the ground"라는 문장은 "당신은 하늘에 서 있다you stand in the sky"로 표현된다.[5] 먼지 날리는 땅바닥에 쪼그리고 앉아 있음으로써, 즉 현지조사를 통해, 반대로 언어와 마음, 문화, 역사의 무수한 가능성을 추적할 수 있는 통찰력을 갖게 된다는 사실을 이보다 더 제대로 보여주는 말은 없을 것이다.

이 책에서 보여주려고 한 것은, 전 세계적으로 조용하면서도 급격히 퍼져가고 있는 언어 소멸에 대해 우리가 왜 주의를 기울여야만 하는지, 무시받아 온 무명의 이 언어들이 전체 인류 유산에 보태야만 하는 지혜가 얼마나 다양하고 심오한지, 너무 늦기 전에 이 언어들에 귀 기울이고 이 언어들로부터 배우려면 어떻게 해야 하는지 하는 점들이었다.

각 집단의 역사에 대한 정보를 언어가 어떻게 전달할 수 있는지 살펴보았다. 이러한 정보는 언어가 없었다면 잊혔을 것이다. 이를 통해 집시들의 대이주를 재구성할 수 있었고, 생각지도 못했던 시베리아의 케트어와 아메리카 북부의 아타바스카어 간의 연결을 시도할 수 있었으며, 타이완에서 시작해 대양의 반을 건너 펼쳐진 오스트로네시아 어족의 대담한 이동도 재구할 수 있었다. 언어는 칸카스알바니아 문자나 후기-올멕 문자 같은 불가사의한 고대 필사 기록을 해독하는 열쇠를 제공하기도 한다. 언어가 없었다면 그 기록 역시 영원히 해독되지 못한 채 남겨졌을 것이다. 언어는 사고방식을 구체화하고 다듬어 각 문화에 서로 다른 통찰력을 갖게 한다. 이를 통해 각 문화는 색채, 공간, 사건, 사회적 실재의 본질 등을 다른 식으로 바라보게 된다.

한 언어의 음성 패턴과 문법 패턴에 변화를 주면 뚜렷이 구별되는 표현들이 만들어진다. 숱한 무명의 셰익스피어들은 이를 재료로 하여 일상 언어의 표현을 뛰어넘는 시가詩歌 형식, 문학 형식을 창조해낸다. 또한 설명하기, 잡담하기, 행사 진행하기, 음모 꾸미기, 조르기, 거짓말하기, 변론하기, 중얼거리기 등 평범한 화자들의 일상 행위로부터 어떻게 여격이나 증거 표지 등으로 얽힌 복잡한 문법이 생겨났는지를 살피면, 고도의 복잡성을 띤, 인간의 자기 조직self-organizing 시스템이 어떻게 집중적인 계획 없이도 나타나는지를 이해할 수 있을 것이다.

이 모든 질문, 그리고 우리가 아직 생각해보지 못했던 질문들에 대한 결정적인 증거가 에야크어에, 미가마어에, 카야르딜드어에, 쿠순다어에, 혹은 전 세계 6000개 언어 중 어느 언어에 있을 것이다. 한 언어가 쇠퇴함에 따라 화자는 몇몇 사람으로 줄어들다가 결국에는 단 한 명만 남게 된다. 이런 점에서 달라본어 화자 앨리스 뵘이 한 말 "kardû ngahmolkkûndoniyan(아무도 모르는 사이에 내가 죽을지도 몰라)"(제3장 참조)은 깊은 공명을 남긴다. '아무도 모르는' 그것이 그 언어에 담긴 방대한 세계 전체일 수도 있기 때문이다. 제3장에서 접두사 molkkûnh-은 정보의 부재로 인해 영향 받는 사람이 누구인지를 명시하지 않는다는 점도 언급했는데, 우리의 상황에 딱 적절한 표현이다. 자기 선조들이 하던 것처럼 말하고 싶어하는 후세들뿐만 아니라, 궁금한 것 많고 호기심 강한 온 세계 사람들도 앨리스 뵘의 죽음이 가져온 상실감을 느끼리라는 점에서 그러하다.

역사상 언어, 그리고 그 언어가 담고 있는 지식이 이처럼 빠른 속도로 사라져간 적은 없었다. 그러나 오늘날만큼 사라져가는 것의 중요성을 깨달은 적도, 아직 버티고 있는 언어들에 대해 호기심을 갖고 감사해한 적도, 이를 기록화하는 뛰어난 기술을 가진 적도 없었다. 아직 생존해 있는 카키 마랄라, 로프티 바르다얄 나제메렉 같은 이들이 팻 가보리와 찰리 와르다가의 뒤를 따라 세상을 떠나기 전에 이 지식을 상당 규모로 이끌어내는 것이 전 세계 수많은 분야의 학자들에게 주어진 과제다. 내부인과 외부인 모두 마찬가지다. 우리가 맞닥뜨린 이 작업이 얼마나 심오하고 매혹적이며 긴급한 일인지를 이 책이 제대로 보여주었기를 바란다.

1_ Morey(2005:1)

2_ 이 지식이 얼마나 사라지기 쉬운 것인가를 증명하는 또 하나의 사건이 있었다. 이 에필로그의 최종 원고를 교정하는 동안 팀 마밋바가 돌연 세상을 떠났다(제1장의 사진 참조). 군살이 없고 활기차며 인생 절정기에 있어 보였던 그의 때 아닌 죽음은 토착민 공동체의 젊은이들과 중년 세대에 급속히 확산되고 있는 건강상 문제를 전형적으로 보여주는 비극적 사례다.

3_ 이에 대한 전형적인 예는 수학에서 찾아볼 수 있다. 수학자들은 2000년 넘게 소수를 연구하면서, 소수라는 것이 명백한 용도나 경제 가치가 없다는 사실을 자부하며 말하곤 했다. 웹상의 암호 장치가 개발되면서, 갑자기 소수 이론이 '순수' 과학에서 엄청난 경제 가치를 가진 분야로 바뀌어버렸다. 이러한 사례들은 정부가 목전의 경제 가치로 연구를 평가하는 것이(호주는 이 점에 특히 무지몽매하다) 얼마나 근시안적인 행태인지를 잘 보여준다.

4_ 출간 준비 중인 가드Garde의 논문 참조.

5_ Hale(1971) 참조.

더 읽을 만한 자료

• 프롤로그

언어의 죽음이라는 주제를 논의하고 있는 주요 저서로는 Grenoble & Whaley(1998), Crystal(2000), Nettle & Romaine(2000), Dalby(2003), Harrison(2007)이 있다. 프랑스어로 된 Hagège(2000)도 있다.

소규모 공동체가 자기네 언어를 지키기 위해 무엇을 할 수 있는가 하는 어려운 도전 문제는 이 책에서 다루지 않을 예정이다. 다룰 주제가 많기 때문이기도 하지만, 한편으로는 이 도전이 순전한 언어적 요인 못지않게 정치적·경제적 요인에 휘둘리는 힘든 싸움이며 그 성과를 거의 낙관할 수 없기 때문이다. 이 문제에 대해서는 Bradley & Bradley(2002), Crystal(2000), Hinton & Hale(2001), Grenoble & Whaley(2006), Tsunoda(2005)에 잘 설명되어 있다. Fellman(1973)은 벤예후다Eliezer Ben-Yehuda가 성공적으로 이뤄낸 히브리어의 부활에 대해, Amery(2000)가 자신들의 언어를 되찾으려는 호주 남부 카우르나족Kaurna의 노력에 대해 기술하고 있다.

•1장

Trigger(1987), Garde(2008)는 원주민 언어공동체에서 어떻게 언어를 쓰는 것이 적절한가에 대한 세부 논의를 담고 있다. Feil(1987)은 농업의 강화와 언어 규모 간의 상관관계를 보이기 위해 뉴기니 고지대의 인구통계 수치를 제시하고 있다. Jackson(1983)과 Aikhenvald(2002)는 아마존 유역 바우페스의 흥미로운 다중 언어 상황에 대해 논의하며, Moore(2004)는 카메룬 내륙지역 아이들이 어떻게 여러 언어를 사용하게 되는지 살피고 있다. Cameroon & Thurston(1987, 1992)은 뉴브리튼 섬에서 일어난 '내부발생성'의 과정과 결과를 세밀하고도 유쾌하게 제시했으며, Sutton(1978)은 케이프요크 반도 지역의 씨족 변화형을, Evans(1998)는 이와이자어 돌연변이형의 기원을 다루고 있다. Evans(2003a)는 차이를 요구하는 이데올로기가 부족 변이형이나 여타 변이형을 어떻게 만들어내는지에 대한 모델을 설정했다. 로마 시기 이전 이탈리아의 상황에 대해서는 Pulgram(1958)을, 좀 더 일반적인 고대 유럽의 상황에 대해서는 Robb(1993)을 참조할 수 있다. Ostler(2005)는 역사적 시기 여러 언어와 과거 제국들의 운명에 대해 폭넓게 논의하고 있다. 쿠바의 타이노어에 대해서는 Alvarez Nazario(1996)를 참조하는 것이 좋다.

생물학적 다양성과 언어 문화적 다양성의 분포를 비교한 Collard & Foley(2002)는 역사적 동력을 가장 중요한 근본적 생태 결정 요인으로 고려해야 함을 지적하고 있다. Nettle(1999)이 언어 다양성의 원인에 대한 선구적 연구라면, Maffi(2001, 2005)는 언어와 생물 다양성 간의 관련성을 다루고 있다. 가장 세계적인 세계 언어 목록은 여름언어학교Summer Institute of Linguistics라는 선교단체에 의해 운영되는 Ethnologue(http://www.ethnologue.com)인데, 꾸준히 업데이트되고 있기는 하지만 정밀하지도 일관성 있지도 않다. 가장 최근의 전 세계 언어 분류는 Dryer(2005)에서 이루어졌는데, 이를 부록으로 담고 있는 『세계 언어 지도World Atlas of Linguistic Structures』(Haspelmath et al. 2005)는 140개가 넘는 언어학적 특징의 분포 정보를 담고 있는 보고寶庫다. 그 정보는 비비코Hans-Jörg Bibiko에 의해 CD에 담겨, 누구나 대단위 데이터베이스로부터 원하는 지도와 표를 편집할 수 있게 되었다.

세리족 민족식물학에 대해서는 Felger & Moser(1973,1985)를 참조할 수 있다. 그중 Felger & Moser(1985)에는 거머리말 종자가 어떻게 수확되는지가 기술되어 있다. Arvigo & Balick(1993), Balick & Cox(1996), Cox & Balick(1994), Sofowora(1985)는 민족식물학과 전통적인 약초 이용법에 대해 자세히 논하고 있다. 아렌테어 사례는 Wilkins(1993)에서 인용한 것인데, 이 논문이 수록된 Williams & Baines(1993)에는 현재 급성장하고 있는 전통 생태 지식이라는 주제에 관한 흥미 있는 논문이 많이 포함되어 있다. Nettle & Romaine(2000)은 그 외 매우 특정한 토착 생물학 지식을 논의하면서, 언어적 다양성의 손실과 생물학적 다양성의 손실을 일관되게 연관시키고 있다.

• 2장

Coulmas(1989, 1996)와 Rogers(2005)는 표기 체계의 진화에 대해 제대로 다루고 있다. Staal(1987), Kiparsky(1995), Cardona(2000)은 파니니와 산스크리트어 언어학 전통을 처음 접하는 이들에게 좋은 문헌이며, Robins(1979)는 그리스와 로마의 문법 전통에 대한 장을 따로 두고 있다.

신세계에서 이루어진 스페인 언어학에 관한 자료들은 매우 많다. Suarez(1983)과 Gray(1999, 2000)의 앞부분에는 이에 대한 요약이 잘 되어 있다. 사아군의 대작은 다양한 판본이 있는데 Dibble & Anderson의 번역본이 가장 읽기 쉬울 것이다.

대규모 언어 수집 시기에 대해서는 Jankowsky(1995), Morpurgo Davies(1998)를, 팔라스의 탐사에 대해서는 Urness(1967)를 참고하는 것이 좋다. 시베리아에 유배되었던 학자들의 언어 연구에 대한 논의가 Ashnin et al.(2002)에 일부 있기는 하지만, 아직 이들의 연구는 그 가치에 걸맞은 대접을 받지 못하고 있다.

보애스, 사피어, 워프에 대한 자료는 많고 접근하기도 쉽다. 이들은 모두 명문가라 이들의 저서 자체를 일차 자료로 읽는 것도 흥미로울 것이다. 특히 Boas(1911), Sapir(1921)와 사피어의 글들이 한데 정리되어 있는 Mandelbaum(1949), Whorf(1956)가 권할 만하다. Darnell(1990)은 사피어에 대해, Hinton(1994)

와 Laird(1975)는 해링턴에 대해 많은 자료를 담고 있다.

국제 음성 기호 교본인 Pullum & Ladusaw(1996)는 각 음성에 대해 상세히 기술하고 있을 뿐만 아니라 각 음성 기호의 역사와 기원을 설명하고 있다. Miles(2000)는 오스만 터키 수화의 역사를 다루고 있으며, Zeshan(2002)은 현대 터키 수화에 대해 논의하면서 오스만 수화와의 관련 가능성을 제시하고 있다.

• 3장

나바호족 암호 통신병에 대해서는 Paul(1973)과 웹사이트 http://www.nmai.si.edu/education/codetalkers/를, 나바호어에 대해서는 Frishberg(1972), Hale(1973b)와 Faltz(1998)을 참조할 것을 추천한다. Enfield et al.(2006)은 서로 다른 언어들이 신체를 어떻게 나누어 명칭화하는지 보여준다. 뒤메질은 터키에서의 현지조사에 대해 자신의 저작 『우비크어La Langue des Oubykhs』(1931) 서론에서 짧지만 가슴 뭉클하게 설명하고 있다. http://www.youtube.com/watch?v=vRj-8oCmnkU에 가면 테브픽 에센츠가 구사하는 우비크어를 직접 들을 수 있으며, http://www.circassianworld.com/tevfikesench.html도 우비크어를 이해하는 데 유용한 웹사이트다.

Keen(1994)은 욜릉구어 세계에서 likan 개념이 갖는 중요성에 대하여 논의하며, Evans(2004)는 영어와 아주 다른 방식으로 사건 참여자들을 배열하는 이와이자어와 마웅이의 동시들을 살피고 있다. 비에르츠비카와 고다르는 많은 저작을 통해 보편적인 '의미 원소'의 사례를 개괄하고 있다. 대표적인 저술로는 Goddard & Wierzbicka(2002)가 있다. 생물학적 종에 제한된 논의이기는 하지만, Berlin(1992)은 광범위한 민족생물학 연구를 통합하여, 다양한 언어에 걸쳐 나란히 나타나는 개념들의 사례를 매우 설득력 있게 제시하고 있다. Comrie(2005)는 지구상에서 사라져가는 수 체계를 다루고 있으며, Saxe & Esmonde(2005)는 옥사프민어 수 체계의 역사적인 변화를 논의하고 있다(이 책에서 다룬 옥사프민어 수 체계의 실제 형태는 옥사프민어의 저지대 방언을 다룬 러프넌Robyn Loughnane의 저서에서 인용한 것이다). Talmy(1972, 1985,

2000)에서는 아추게위어에 대한 논의와 동작-사건 기술의 유형론을 확인할 수 있다.

• 4장

오르테가이가세트의 연구 외에 이 문제에 대해 훌륭히 논의하고 있는 연구로는 Becker(1995)가 있다. 이 저서는 미얀마어에 대해서도 흥미롭게 다루고 있다. 인간의 문화에서 사회적 인지가 갖는 중심적 역할에 대해서는 Goody(1995), Tomasello(1999a,b), Enfield & Levinson(2006)을 참조할 수 있다. 증거성에 대해서는 Aikhenvald(2004)와 Chafe & Nichols(1986)의 논문들을, 언어의 기호를 형성하는 추론 능력의 역할에 대해서는 Keller(1994,1998)를 참조하는 것이 좋다. Enfield(2002)와 Evans(2003b)는 오랜 시간에 걸쳐 문화적 강조가 문법을 만들어가는 메커니즘에 대한 논의를 담고 있다.

• 5장

비교 방법론에 대해 잘 설명하고 있는 훌륭한 역사언어학 저서는 많다. 개인적으로 선호하는 것은 오세아니아에 초점을 둔 Crowley(1997)와, 메소아메리카와 피노-우그리아어에 초점을 둔 Campbell(1999)이다. 『인도-유럽어 어근 사전The American Heritage Dictionary of Indo-European Roots』은 영어 단어들의 인도-유럽어 어원과, 여러 동일 어원 단어들을 다루고 있다. Haas(1958, 1966)와 Goddard(1975)는 알공킨어를 유로크어와 위요트어에 연관시키는 증거를 보여준다. 아시아-아프리카 어족에 대해 명백하게 개괄하고 있는 Hayward(2000)에는 많은 참고 자료가 제시되어 있다. 아시아-아프리카 어족에 대해 더 깊이 알고 싶다면 Ehret(1995), Newman(1977), Ehret et al.(2003)을 보는 것이 좋으며, 미가마어에 나타난 증거들을 다루는 Jungraithmayr(1975)와 Semur et al.(1982)을 더 참조할 수도 있다. 1976년에 재판된 Birket-Smith & De Laguna(1938)은 에야크족 문화에 대해 다루고 있으며, Harry & Krauss(1982)에는 다우엔하우어의 시, 안나 헨리 넬슨의 자서전, 영어-에야크어로 된 에야크 텍스트들이 실려 있다. 에야크어에 대한 연구사를 보려면 Krauss

(2006a)를 참고하는 것이 좋다. Bakker(1997)는 메티어를 가장 철저하게 연구한 저서다.

• 6장

반투어의 선사先史에 대한 언어학적 증거나 여타 증거에 대해서는 Ehret(1998)과 Vansina(1990)를 참고하는 것이 좋다. 다데네어와 예니세이어를 연결하는 풍부한 자료는 아직 출판되지 않았으나 Vajda(2008)에 잘 요약되어 있다. Staller et al.(2006)에는 아메리카 대륙 내 옥수수의 선사先史에 대한 학제적 연구가 모아져 있다. 집시들의 이주에 대한 언어학적 증거는 Kaufmann(1973)에도 있으나, 가장 신뢰할 만한 자료는 Matras(2002)와 온라인 자료 "The Romani language—an interactive journey"(http://www.llc.manchester.ac.uk/Research/Projects/romani)다. 유전학적 증거로 집시들을 남부 인도에 연결하려는 시도에 대해서는 Kivisild et al.(2003)에 잘 설명되어 있다. Fonseca(1996)는 여행담이 포함된 훌륭한 인종기술학 저서다. 오스트로네시아의 선사에 대한 책은 많은데 Bellwood et al.(1995)이 특히 뛰어나다. 훌륭한 편저 Adelaar & Himmelmann(2005)와 Lynch et al.(2002)은 각각 오스트로네시아 세계의 서쪽 지역과 동쪽 지역에 대해 상세한 정보를 제공하고 있으며, Kirch & Green(2001)은 폴리네시아 문화사를 상세하게 종합하고 있다. 여러 권으로 된 편저 Ross et al.(1998,2003)에는 오세아니아어 공통조어 어휘의 상세한 재구가 실려 있다.

• 7장

탕구트어에 대해 편하게 읽을 수 있는 개론서로는 Gong(2003)이 좋으며, 탕구트 제국의 역사에 대해서는 Dunnell(1996)에 잘 나와 있다. 론타르 문서와 그 중의성에 대해서는 여기 나온 예들의 출처인 Cummings(2002)와 Jukes(2006)을 참조하는 것이 좋다. Davies(1990)와 Bonfante(1990)는 각각 이집트 상형문자의 해독, 에트루리아 문자의 해독에 대해 명쾌하게 설명하고 있으며, Coe(1999)는 자신이 핵심 역할을 담당했던 마야 문자 해독 과정을 흥미진진하게 다루고 있다. 나구알 이야기는 이 책 240~242쪽에 있다. 캅카스 알바니아어에 대해서는 Alexidze & Mahé(1997), Alexidze & Blair(2003), Schulze(2003, 2005), Gippert(1987), Gippert & Schulze(2007) 등 다양한 문헌을 참고할 수 있다. 우디어에 대해 잘 기술하고 있는 논저로는 Schulze(1982)와 Harris(2002)가 있다. 슐체의 온라인 문법(http://www.lrz-muenchen.de/~wschulze/Uog.html)도 우디어에 대해 잘 설명하고 있고, 우디어 복음성가의 주석본인 Schulze(2001)도 흥미롭다.

올멕 문자 해독에 관한 최고의 자료는 메소아메리카 언어 기록화 프로젝트Project for the Documentation of the Languages of Mesoamerica 웹사이트(http://www.albany.edu/anthro/maldp)에서 다운로드받을 수 있다. Campbell & Kaufman(1976)은 믹세-소케어를 올멕 문자와 연결시킨 첫 언어학 논문이며, Justeson & Kaufman(1993, 1997)도 올멕 문자 해독을 다루고 있다. 믹세-소케어의 역사언어학에 대해서는 Wichmann(1995)을, 올루텍어에 관한 자세한 논의를 보려면 Zavala(2000)를 참조하는 것이 좋다. 모든 학자가 저스티슨과 코프먼의 해독을 인정하는 것은 아니다. 다른 견해에 대해서는 위키피디아에 'Epi-Olmec script'를 입력해 찾아보기 바란다. 메로에 문자에 대해서는 메로에 문자를 나일-사하라 어족에 연결시켜 해독하려는 Rilly(2005)를 참고할 수 있다. Rowan(2006)은 메로에 문자를 쿠시어에 연결하고 있는데, 여기에는 메로에 문자 해독에 관한 역사도 자세히 실려 있다.

•8장

Whorf(1956)(『언어, 사고, 그리고 실재Language, Thought and Reality』)는 이 문제의 원전으로 읽을 가치가 있다. 이 책은 최면을 거는 듯한 느낌을 주는데, Malotki(1983)를 읽으면 호피어의 냉철한 언어적 사실이 그 흥분을 씻어줄 것이다. 상대성 가설의 여러 논리적 부분을 빈틈없이 다룬 논의는 Lucy(1992a)와 그 자매편이라 할 수 있는 Lucy(1992b)다. Lucy(1992b)는 영어 문법과 유카텍어 문법이 각각 수數 인지에 어떻게 영향을 미치는지를 모범적으로 비교하고 있는데, 이 논제는 이 장에서 미처 다루지 못했다. Levinson(2003)(『언어와 인지에 나타나는 공간Space in Language and Cognition』)은 아주 다양한 언어의 공간 인지에 대한 수십 년 연구 결과를 담고 있다. 이 장에서 논의한 구구이미티르 어, 첼탈어의 예도 여기 들어 있다. 잭 밤비의 손동작에 대한 좀 더 자세한 논 의는 Haviland(1993)에서 확인할 수 있다. Bowerman & Levinson(2001)은 언어 습득이 어떻게 인지를 형성하는가 하는 분야의 연구들을 훌륭하게 종합 해내고 있다. Gentner & Goldin-Meadow(2003)는 워프 가설 논쟁에 뛰어 든 양쪽 입장의 논의들을 모아놓았다. '말을 위한 사고'를 주장한 슬로빈의 연 구, 영어 화자와 일본어 화자의 존재론적 발달 과정을 다룬 이마이와 마주카 의 연구도 포함되어 있다. Núñez & Sweetser(2006)는 아이마라어 화자들의 손동작에 대한 실험 보고서다. 아이마라어에 대해 더 알려면 Hardman(1981) 을 참고하는 것이 좋다.

•9장

웨일스의 시 전통에 대해서는 Parry(1955)를 참조하는 것이 좋다. 민족 시 학과 언어 예술, 구술문학을 제대로 다룬 글로는 Bauman(1989), Sherzer & Woodbury(1987), Fox(1988), Finnegan(1992), Hymes(1981), Fabb(1997)을 들 수 있다. Jakobson(1987a)은 기록 문학의 시학에 초점을 둔 연구이지만, 피해갈 수 없는 모든 언어학적 질문이 잘 집대성되어 있다. Lord(2000)(『구술 연행자The singer of tales』)에는 패리와 로드의 몬테네그로 지역 연구가 자세히 설명되어 있다. Tedlock(1983)과 Tedlock(1996)은 『포폴 부』를 세밀히 번역하고 그 역사와 문화 적 배경을 설명하면서, 구술 연행에서 나타나는 문제들을 다루고 있다. Rumsey(2001)는 구비설화 「톰 야야 캉게」에 대한 첫 연구이며, Rumsey(2006)에 서는 보다 정교한 논의가 이루어진다. 이상성을 표현하는 누트카어의 특별한 표 현법을 다룬 사피어의 글은 여전히 흥미로운데 Mandelbaum(1949)에서 다시 볼 수 있다. 추피크어 연구는 Woodbury(1998)를 참조한 것이다. Dixon(1971)은 디 르발어의 회피어를 다룬 최고의 논문이다.

'마지막 화자'를 찾아내는 작업, '마지막 화자'를 확인하는 작업의 어려움에 대해서는 Evans(2001)와 거기에 실린 참고 자료 목록을 참조하는 것이 좋다. 전 세계 언어의 상황을 지역적으로 체계화하여 조사한 Brenzinger(2006)는 매우 귀중한 자료다. 언어학적 현지조사를 다루고 있는 Newman & Ratliff(2001)는 현장에서 겪게 되는 윤리적인 곤경, 실행 계획상의 곤경에 대해 여러 장에 걸쳐 논의하고 있고, Crowley(2007)는 바누아투, 파푸아뉴기니, 호주에서 진행했던 연구에 대한 진솔한 개인적 평가를 유쾌하게 기록하고 있다. Bird & Simmons(2003)와 Barwick & Thieberger(2006)는 언어 자료의 장기 저장과 관련된 문제를 잘 짚고 있으며, Gippert et al.(2006)은 가장 최근에 작성된, 기록전문가documentationist 패러다임에 대한 논문들의 요약서라 할 수 있다. 전통주의적 방식을 통해 자기 언어를 유지하고 있는 북아메리카 부족의 사례를 보려면 애리조나 테와어를 연구한 Kroskrity(1998)를 참고하면 된다. 쿠순다어에 대해 자세히 살피려면 Watters(2006)를 보거나 웹사이트 http://www. linguistics.ucsb.edu/Himalayan Linguistics/grammars/HLA03.html을 찾아볼 것을 추천한다.

감사의 글

우선 자신들의 공동체, 그들이 말하고 생각하고 살아가는 방식에 나를 기꺼이 받아들여준, 위태로운 언어의 사용자들에게 감사한다. †무두누티 부부는 1982년에 나를 부족의 아들로 받아들여주었고, 이 부부를 포함해 나머지 벤팅크 섬 공동체에서는 새로 태어난 아이에게 가르치듯 내게 자신들의 언어를 가르쳐주었다. 수많은 구성원이 애석하게 너무 일찍 세상을 떠났음에도 불구하고, 그 이후로 이 공동체는 나와 내 가족에게 변함없는 사랑을 주고 있다. 특히 †다윈 무두누디, †롤랜드 무두누티, †아서 폴, †앨리슨 두다만, †플루토 벤팅크, †두갈 궁가라, †팻 가보리, †메이 무두누티, 네타 룽가타, †올리브 룽가타, 샐리 가보리, 파울라 폴에게 감사한다. 1982년 이후 나는 여타 원주민 언어들을 배우는 행운을 누려왔다. †토비 강겔레, †미니 앨더슨, 에디 하디, †빅 존 달룽가달룽가, †믹 쿠바르쿠에게서 빙잉군웍어의 방언인 마얄리어, 군-제이미어, 쿤윙즈쿠어, 쿠네어를 배웠고, †데이비드 칼부마, †앨리스 봄, †잭 차둠, †피터 만데베루, 지미 웨슨, 매기 투쿰바에게서 달라본어를 배웠다. 또 †찰리 와르다가에게 일가르어를, †믹 야르미르에게 마르쿠어를, †팀 마밋바, †브라이언 얌빅빅, 조이 윌리엄스, 카키 마랄라, 매리 야르미르, 데이비드 미뉴막과 아키 브라운에게 이와이자어를 배웠다. 이들 모두, 그리고 너무 많아서 일일이 이름을 들어 고마움을 표할 수 없는 분들이 내 마음속 생생하고 강렬한 장면으로 남아 있다. 이들은 깊은 울림이 있는 자신들의 언어로, 내가 이전까지 신경 쓰거나 생각해보지 못했던 것들에 대해 이야기하곤 했다.

이 분야에 매력과 통찰력을 불어넣어준 언어학계의 스승과 선배들에게도 감사를 드린다. 호주국립대학에서 공부하던 시절의 밥 딕슨, 빌 폴리, 이고르 멜축, †팀 쇼펜과 안나 비에르츠비카, 좀 더 최근에 만난 배리 블레이크, 멜리사 바워먼, 마이클 클라인, 그레브 코벳, 켄 헤일, 래리 하이먼, 스티브 레빈슨, 프란체스카 메를란, 앤디 폴리, 프란스 플랭크, 게르 리싱크, 피터 서튼, 앨런 럼지가 그들이다. 이 책에서 다루는 수많은 아이디어는 내 동료들 펠릭스 아메카, 앨런 덴치, 재닛 플레처, 클리프 고다르, 니콜라우스 힘멜만, 팻 맥콘벨, 팀 맥나마라, 레이철 노들링거, 레슬리 스털링, 닉 티에베르거, 질 위글즈워스, 데이비드 윌킨스와, 학생들 이사벨 비커다이크, 아만다 브로치, 닉 엔필드, 제바스티안 올허 페덴, 앨리스 개비, 니콜 크루스페, 로빈 러프넌, 루스 싱어, 그리고 동료 현장학자들 머레이 가드, 브루스 버치, 앨런 매럿, 린다 배릭과 대화하면서 발전된 것이다.

이 책을 위해 특정 언어나 특정 분야의 전문 지식을 공유해준 전 세계 학자들에게도 감사를 표한다. 압둘−사마드 압둘라(아랍어), 샌더 아델라(말라가시어, 오스트로네시아어), 린다 배릭(아넘랜드 노래어), 로저 블렌치(아프리카 제어), 마르코 뵈베(아람바어), 레라 보로디츠키(워프 가설 관련 실험), 마티아스 브렌징거(아프리카 제어), 페니 브라운(첼탈어), 존 컬라루소(우비크어), 그레브 코벳(아르키어), 로버트 데브스키(폴란드어), 마크 두리에(아체어), 도미니크 이디스(아랍어), 카를로스 파우스토(쿠이쿠로어), 데이비드 플렉(마체스어), 지그문트 프라징기에르(차드어), 브루나 프란체토(쿠이쿠로어), 머레이 가드(아넘랜드 제 부족과 언어), 앤드류 개릿(유로크어), 요스트 기페르트(캅카스알바니아어), 빅터 골라(태평양 연안 아타바스카어), 루시아 골루시오(아르헨티나 원주민어), 콜레트 그라인발드(마야어, 니카라과 제어), 톰 귈더만(타어, 일반 코이산어), 앨리스 해리스(우디어), 존 해빌런드(구구이미티르어, 초칠어), 루이제 허퀴스(팔리어, 산스크리트어), 제인 힐(우토-아즈텍어), 케네스 힐(호피어), 래리 하이먼(서아프리카 성조 언어), 리스 존스(웨일스어), 러셀 존스(웨일스어), 앤서니 주크스(마카사르어), 다그마르 정(아타바스카어), 짐 카리(데나이나어), 소타로 기타(일본어와 터키어의 손동작), 마이크 크라우스(에야크어), 니콜 크루스페(체크윙어), 존 랜더부루(안도케어), 매리 라프렌(와니어), 스티브 레빈슨(구구이미티르어, 옐리-드녜어), 로빈 러프넌(옥사프민어), 안드레이 말추코프(시베리아 제어), 야론 마트라스(로마니어), 피터 매슈스(마야 금석학), 패트릭 맥콘벨(호주 제어), 프레시아 멜리카 아벤다뇨(마푸둥군어), 크리스티나 메시네오(토바어), 마일스(오스만 터키 수화), 매리앤 미툰(포모어, 이로쿼이어), 레슬리 무어(만다라 산맥 고산어), 발렌틴 모레노(토바어), 클레어 모이즈포리(뉴칼레도니아 제어), 히로시 나카가와(구이어), 크리스트프리트 나우만(타어), 이리나 니콜라예바(시베리아 제어), 미렝 루르드 오녜데라(바스크어), 미미 오노(구이어, 일반 코이산어), 도시키 오사다(문다리어), 닉 오슬러(아즈텍어, 산스크리트어 등), 미도리 오수미(뉴칼레도니아 제어), 아슬르 외줴렉(터키어 손동작과 수화), 앤디 폴리(칼람어), 마키 푸르티(문다리어), 발렌틴 페랄타 라미레스(나와틀어/아즈텍어), 밥 랜킨(수어), 리처드 로즈(알공킨어), 맬컴 로스(오세아니아 제어), 앨런 럼지(쿠와루어; 뉴기니 고지대 구비설화), 제프 작스(옥사프민어 셈 체계), 볼프강 슐체(캅카스알바니아어/우디어), 피터 서튼(케이프요크 제어), 맥코머스 테일러(산스크리트어), 마리나 추나키나(아르키어), 닉 티에베르거(바누아투 제어, 디지털 기록 보관), 그레이엄 서굿(차트어, 참어), 마우로 토스코(쿠시어), 에드워드 바이다(케트어와 여타 예니세이어), 랜드 발렌타인(오지브와어), 데이브 워터스(쿠순다어), 케빈 윈들(슬라브어), 토니 우드버리(알래스카에스키모어), 윤지 우(중국어), 로베르토 자발라(올루텍어, 믹세-소케어), 울리케 제샨(터키 수화).

내가 이 책에 관련된 연구를 할 때, 세계 도처의 모국어 화자들을 방문하고 만날 수 있게 주선해준 분들, 아리나 에스트라다 페르난데스(멕시코 북부), 머레이 가드(바누아투 분람 마을), 앤드류 개릿(북캘리포니아 유로크), 루시아 골루시오(아르헨티나), 니콜 크루스페(말레이시아 포스 이스칸다르와 부킷 방콩), 패트리샤 쇼(밴쿠버 머스큄 커뮤니티), 과테말라 안티과에 있는 마야어 기관 OKMA와 책임자 닉테(마리아 율리아나 시스 이보이), 그리고 멕시코를 거쳐 과테말라까지 기억에 남는 여행을 하게 해준 로베르토 자발라와 발렌틴 페랄타 라미레스에게도 특별히 감사드린다. 이리저리 다듬어진 최종 원고에 이 이야기들을 모두 싣지는 못했지만, 이 이야기들은 모두 이 책의 정신을 구체화해주었다.

멜버른대학교, 호주국립대학교, 쾰른대학교 언어학연구소, 알렉산더 훔볼트 재단, CIESAS(멕시코), OKMA(과테말라), 부에노스아이레스대학교 등 많은 기관과 프로그램들도 연구와 집필에 없어서는 안 될 도움을 주었다. 네이메헌의 막스 플랑크 심리언어학 연구소와, DoBeS^{Dokumentation Bedrohter Sprachen} 프로그램을 추진하면서 특히 이와이자어 기록화 프로그램을 지원하는 폴크스바겐 재단의 야심찬 연구 프로그램들은 내 시야를 크게 넓혀주었다. 이와 관련하여, 전체 프로그램을 훌륭히 관리하는 베라 쇨뢰시브레니그, 수많은 DoBeS 프로그램 참여자들, 특히 프로그램을 꾸리는 과정을 함께 논의한 니콜라우스 힘멜만, 울리케 모젤, 한스위르겐 삿세, 피터 비텐베르크에게 고마움을 표한다.

이해하기 어렵고 이질적인 자료들을 묶어 폭넓은 독자층을 대상으로 하는 논리정연한 책으로 만드는 과정은, 이탈리아의 호텔에 한 달씩 체류하면서 논의한 두 번의 작업이 없었다면 불가능했을 것이다. 이 체류를 아낌없이 지원해준 록펠러 재단(벨라지오 호텔), 볼랴스코 재단(볼랴스코 호텔)에 감사하며, 특히 환대와 우정을 보여준 필라 팔라시아(벨라지오)와, 안나 마리아 콰이아트, 이바나 폴레, 알레산드라 나탈레(볼랴스코), 그리고 함께 머물며 논의를 명확하게 만들어준 많은 분들에게 감사한다.

이 책은 멜버른대학교의 출판 보조금과, 호주국립대학교의 태평양/아시아연구스쿨(RSPAS)^{Research School of Pacific and Asian Studies}의 재정 지원을 받아 출판되었다. 두 기관의 관대한 도움에 감사를 표한다.

아모스 테오와 로버트 메일해머는 원문을 확인하고 자료를 조사해주었다. 지도 제작자 찬드라 자야수리야(멜버른대학교)와 케이 댄시(호주국립대학교

RSPAS)는 지도를 그려주었고, 줄리 맨리는 많은 시각 자료를 만들어주었다. 펠리시타 카르는 제멋대로인 원고가 최종본으로 완성되는 데 없어서는 안 될 도움을 주었다. 이들이 없었다면 이 책은 아직 초고로 남아 있을 것이다.

많은 사람이 전체 원고의 초고를 읽고 논평해주었다. 마이클 클라인, 제인 엘런, 로이드 에번스, 페니 존슨, 앤드류 솔로몬과 닉 티에베르거의 예리한 논평과 충고에 감사한다. 데이비드 크리스털도 전체 초고를 읽고, 이 기획을 구상하는 수년 내내 값으로 따질 수 없는 충고와 도움을 주었다. diolch yn fawr!(웨일스어로 '감사합니다'—역자 주) 또 제8장의 이전 원고를 읽고 세심히 논평해준 멜리사 바워먼에게 감사한다. 블랙웰 출판사에서 일하는 익명의 두 검토위원도 믿을 수 없을 정도로 상세하고 유익하며 박학한 논평으로 나를 축복해주었다.

내 굼뜬 성정을 볼 때 이 기획이 수많은 사람을 거쳐야 할 운명이기는 했지만, 와일리-블랙웰 출판사 직원들은 지원 전문가의 모범을 보여주었다. 태미 캐플런, 켈리 배스너, 다니엘 데코토에게 고마움을 표한다.

Adelaar, Sander. 1989. Les langues austronésiennes et la place du Malagasy dans leur ensemble. *Archipel* 38:25-52.

Adelaar, Sander. 1997. Grammar notes on Siraya, an extinct Formosan language. *Oceanic Linguistics* 36.2:362-397.

Adelaar, Sander. In press a. The amalgamation of Malagasy. In J. Bowden &Nikolaus Himmelmann (eds.) *Festschrift for Andy Pawley.* Canberra: Pacific Linguistics.

Adelaar, Sander. In press b. Towards an integrated theory about the Indonesian migrations to Madagascar. In Ilia Peiros, P. Peregrine &M. Feldman (eds.) *Ancient Human Migrations: a multidisciplinary approach.* Salt Lake City: University of Utah Press.

Adelaar, Karl Sander &Nikolaus Himmelmann. 2005. *The Austronesian languages of Asia and Madagascar.* London: Routledge.

Adelaar, Willem. 2006. Threatened languages in Hispanic South America. In M. Brenzinger (ed.), *Language Diversity Endangered.* Berlin: Mouton de Gruyter. pp. 9-28.

Aikhenvald, Alexandra Y. 2002. *Language contact in Amazonia.* Oxford: Oxford University Press.

Aikhenvald, Alexandra Y. 2004. *Evidentiality.* Oxford: Oxford University Press.

Alesina, Baqir, and Easterly. 1999. Public Goods and Ethnic Divisions. *The Quarterly Journal of Economics* 114.4:1243-1284.

Alexidze, Zaza &Jean-Pierre Mahé. 1997. Découverte d'un texte albanien: une language ancienne du Caucase retrouvée. *Comptes-rendus de l'Academie des Inscriptions* 1997:517-532.

Alexidze, Zaza &Betty Blair. 2003. The Albanian script. The process – how its secrets were revealed. *Azerbaijan International* 11.3:44-51. Available on-line at http://

www.azer.com/aiweb/categories/magazine/ai113_folder/113_articles/113_zaza_
secrets_revealed.html

Allen, S. 1956. Zero and Panini. *Indian Linguistics* 16:106-113.

Álvarez Nazario, Manuel. 1996. *Arqueología Lingüística. Estudios modernos dirigidos
al rescate y reconstrucción del arahuaco taíno*. San Juan: Editorial de la
Universidad de Puerto Rico.

Ameka, F. 2006. Real descriptions: Reflections on native speaker and non-native
speaker descriptions of a language. In F. Ameka, A. Dench &N. Evans (eds.),
Catching language: the standing challenge of grammar-writing. Berlin: Mouton
de Gruyter. pp. 69-112.

Amery, Robert. 2000. *Warrabarna Kaurna! Reclaiming an Australian Language*, Swets
&Zeitlinger: Lisse.

Arvigo, Rosita &Michael Balick. 1993. *Rainforest Remedies: One Hundred Healing
Herbs of Belize*. Lotus Press, Twin Lakes.

Ashnin, F.D., V.M. Alpatov &D.M. Nasilov. 2002. *Repressirovannaja Tjurkologija*. Moscow:
Vostochnaja Literatura.

Baker, Brett. 2007. Ethnobiological classification and the environment in Northern
Australia. In Andrea C. Schalley &Drew Khlentzos (eds.), *Mental States*.
Amsterdam: John Benjamins, pp. 239-265.

Bakker, Peter. 1997. *A language of our own: the genesis of Michif, the mixed Cree-
French language of the Canadian Métis*. New York: Oxford University Press.

Balick, Michael J. &Paul A. Cox. 1996. *Plants, people and culture: the science of
ethnobotany*. New York: W.H. Freeman.

Barwick, Linda, Bruch Birch &J Williams. 2005. *Jurtbirrk: Love Songs of North Western
Arnhem Land*. Booklet accompanying CD of the same title. Batchelor, NT:
Batchelor Press.

Barwick, Linda, Bruce Birch &Nicholas Evans. 2007. Iwaidja Jurtbirrk songs: bringing
language and music together. *Australian Aboriginal Studies* 2:6-34.

Barwick, Linda &Nicholas Thieberger (eds.). 2006. *Sustainable data from digital
fieldwork. Proceedings of the conference held at the University of Sydney, 4-6
December 2006*. Sydney: Sydney University Press

Bauman, Richard. 1989. Folklore. In Barnouw, Eric (ed.) *International Encyclopaedia of
Communication*. Oxford: Oxford University Press. pp. 171-181.

Becker, Alton. 1995. *Beyond Translation*. Ann Arbor: University of Michigan Press.

Bellwood, Peter, James Fox &Darrell Tryon (eds.). 1995. *The Austronesians: Historical
and Comparative Perspectives*. Canberra: Department of Anthropology, RSPAS,
Australian National University.

Bellwood, Peter &Colin Renfrew (eds.). 2002. *Examining the farming/language
dispersal hypothesis*. Cambridge: McDonald Institute for Archaeological
Research.

Bellwood, Peter &Eusebio Dizon. 2005. The Batanes archaeological project and the 'Out
of Taiwan' hypothesis for Austronesian dispersal. *Journal of Austronesian
Studies* 1.1:1-31.

Berlin, Brent. 1992. *Ethnobiological classification*. Princeton: Princeton University
Press.

Berman, R.A. &D.I. Slobin (eds.) 1994. *Relating events in narrative: a crosslinguistic
developmental study*. Hillsdale, NJ: Lawrence Erlbaum.

Bernard, H. Russell. 1992. Preserving language diversity. *Human Organization* 51.1:82-

89.

Berndt, Ronald M. 1976. *Love songs of Arnhem land.* West Melbourne, Vic: T Nelson.

Berndt, Ronald M. &Berndt, Catherine H. 1951. *Sexual behavior in Western Arnhem Land.* New York: Viking Publications.

Birch, Bruce. 2006. *Erre, Mengerrdji, Urningangk. Three languages from the Alligator Rivers Region of North Western Arnhem Land, Northern Territory, Australia.* Jabiru: Gundjeihmi Aboriginal Corporation.

Bird, Steven &Gary Simons. 2003. Seven Dimensions of Portability for Language Documentation and Description. *Language* 79.3: 557-582.

Birket-Smith, Kaj, and Frederica De Laguna. 1938 [1976]. *The Eyak Indians of the Copper River Delta, Alaska.* Copenhagen, Levin &Munksgaard. Munksgaard.

Bloom, Harold. 2000. *How to Read and Why.* New York: Scribner.

Blench, Roger. 2006. Endangered languages in West Africa. In M. Brenzinger (ed.), *Language Diversity Endangered.* Berlin: Mouton de Gruyter. pp. 140-162.

Blust, Robert. 1999. Subgrouping, circularity and extinction: some issues in Austronesian comparative linguistics. In E. Zeitoun &P.J.K Li. *Selected papers from the Eighth International Conference on Austronesian Linguistics.* Academia Sinica.

Boas, Frans. 1911. Introduction. *Handbook of American Indian Languages. Part 1.* Washington: Smithsonian Institution, Bureau of American Ethnology, Bulletin 40.

Boevé, Marco. Arammba grammar essentials. Unpublished MS.

Bon, Ottaviano. 1996. *The Sultan's seraglio: an intimate portrait of life at the Ottoman court: from the seventeenth-century edition of John (i.e. Robert) Withers.* Introduced and annotated by Godfrey Goodwin. London: Sage.

Borges, Jorge Luis. 1972. *Selected Poems 1923-1967.* Edited with an introduction and notes by Norman Thomas di Giovanni. London: Allen Lane.

Borshchev, V.B. 2001. *Za jazykom (Dagestan, Tuva, Abxazija). Dnevniki lingvistichskix ekspediticij.* Moscow: Azbukovnik.

Bowerman, Melissa. 2007. The tale of "tight fit": how a semantic category grew up. Powerpoint presentation for talk at workshop 'Language and Space', Lille, May 9, 2007.

Bowerman, Melissa &Stephen Levinson. 2001. *Language acquisition and conceptual development.* Cambridge: CUP.

Bowerman, Melissa &Soonja Choi. 2001. Shaping meanings for language: universal and language-specific in the acquisition of spatial semantic categories. In Melissa Bowerman &Stephen Levinson (eds.), *Language acquisition and conceptual development.* Cambridge: CUP. pp. 475-511.

Bowerman, Melissa &Soonja Choi. 2003. Space under construction: language-specific spatial categorization in first language acquisition. In Dedre Gentner &Susan Goldin-Meadow (eds.), *Language in Mind. Advances in the Study of Language and Thought.* Cambridge, MA: MIT Press. pp. 387-428.

Bradley, David &Maya Bradley. 2002. *Language maintenance for endangered languages: an active approach.* London: Curzon Press.

Breen, Gavan &Robert Pensalfini. 1999. A language with no syllable onsets. *Linguistic Inquiry* 30:1-25.

Brenzinger, Matthias (ed.). 2006a. *Language diversity endangered.* Berlin; New York: Mouton de Gruyter.

Brenzinger, Matthias. 2006b. Language endangerment in Southern and Eastern Africa. In M. Brenzinger (ed.), *Language Diversity Endangered*. Berlin: Mouton de Gruyter. pp. 179-204.

Brown, Penelope. 2001. Learning to talk about motion UP and DOWN in Tzeltal: is there a language-specific bias for verb learning? In Melissa Bowerman &Stephen C. Levinson (eds.) *Language acquisition and conceptual development*. Cambridge: Cambridge University Press. pp. 512-543.

Campbell, Lyle. 1997. *American Indian Languages. The Historical Linguistics of Native America*. New York &Oxford: Oxford University Press.

Campbell, Lyle. 1999. *Historical Linguistics: an introduction*. Cambridge, Mass.: MIT Press.

Campbell, Lyle &Terrence Kaufman. 1976. A linguistic look at the Olmecs. *Am. Antiquity*. 41:80-89.

Cann, Rebecca. 2000. Talking trees tell tales. *Nature* 405(29/6/00):1008-1009.

Cardona, George. 2000. Panini. In Auroux et al. (eds.), *History of the Language Sciences. Handbücher zur Sprach- und Kommunikations-wissenschaft. Band 18.1* Berlin: Walter de Gruyter. pp. 113-124.

Chadwick, John B. 1967. *The decipherment of Linear B. 2nd Edition*. Cambridge: CUP.

Chafe, Wallace &Johanna Nichols. 1986. *Evidentiality: the linguistic coding of epistemology*. Norwood, NJ: Ablex.

Chaloupka, George. 1993. *Journey in time: the world's longest continuing art tradition. The 50000 year story of the Australian Aboriginal rock art of Arnhem Land*. Sydney: Reed.

Choi, S. 2006. Influence of language-specific input on spatial cognition: categories of containment. *First Language* 26.2:207-232.

Coe, Michael D. 1999. *Breaking the Maya code. (Revised edition)*. New York: Thames &Hudson.

Collard, I.F., Foley R.A. 2002. Latitudinal patterns and environmental determinants of recent human cultural diversity: do humans follow biogeographical rules? *Evolutionary Ecology Research* 5:517-527.

Collins, James. 1998. Our ideologies and theirs. In B.B. Schieffelin, K. Woolard &P. Kroskrity (eds.), *Language ideologies: Practice and theory*. New York: Oxford University Press. pp. 256-270.

Comrie, Bernard. 2005. Endangered numeral systems. In Jan Wohlgemuth &Tyko Dirksmeyer (eds.), *Bedrohte Vielfalt: Aspekte des Sprach(en)tods [Endangered Diversity: Aspects of Language Death]*, 203-230. Berlin: Weissensee Verlag.

Connell, Bruce. 2006. Endangered languages in Central Africa. In M. Brenzinger (ed.), *Language Diversity Endangered*. Berlin: Mouton de Gruyter. pp. 163-178.

Cook, Richard. 2007. *Tangut (Xīxià) orthography and Unicode*. Available online at http://unicode.org/~rscook/Xixia/; accessed 13 May 2008.

Coulmas, Florian. 1989. *The writing systems of the world*. Oxford: Blackwell.

Coulmas, Florian. 1996. *The Blackwell encyclopaedia of writing systems*. Oxford: Blackwell.

Cox, Paul &Michael J. Balick. 1994. The Ethnobotanical approach to drug discovery. *Scientific American*, June 1994:82-87.

Craig, Colette. 2001. Encounters at the brink: linguistic fieldwork among speakers of endangered languages. In O. Sakiyama (ed.), *Lectures on Endangered Languages*. Kyoto: ELPR. pp. 285-314.

Crowley, Terry. 1982. *The Paamese language of Vanuatu*. Canberra: Pacific Linguistics.

Crowley, Terry. 1996. Inalienable possession in Paamese grammar. In Hilary Chappell &William B. McGregor (eds.) *The grammar of inalienability*. Berlin: Mouton de Gruyter.

Crowley, Terry. 1997. *An introduction to Historical Linguistics*. Oxford: Oxford University Press.

Crowley, Terry. 2000. The language situation in Vanuatu. *Current Issues in Language Planning* 1.1:47-132.

Crowley, Terry. 2006. *Naman. A Vanishing Language of Malakula (Vanuatu)*. Canberra: Pacific Linguistics.[AT1]

Crowley, Terry. 2007. *Field Linguistics: a beginner's guide*. Melbourne: Oxford University Press.

Crystal, David. 2000. *Language Death*. Cambridge, UK; New York, NY: Cambridge University Press.

Cummings, William. 2002. *Making blood white: historical transformations in early modern Makassar*. Honolulu: University of Hawaii Press.

Dalby, Andrew. 2003. *Language in danger: the loss of linguistic diversity and the threat to our future*. New York: Columbia University Press.

Darnell, Regna. 1990. *Edward Sapir: linguist, anthropologist, humanist*. Berkeley: University of California Press.

Darwin, Charles. 1859. *On the Origin of Species by Means of Natural Selection, or the Preservation of Favoured Races in the Struggle for Life*. London: John Murray.

Dauenhauer, Richard. 1980. *Glacier Bay Concerto*. Anchorage: Alaska Pacific University Press.

Davies, W.V. 1990. Egyptian hieroglyphs. In J. T. Hooker (ed.), *Reading the past*. Ancient writing from Cuneiform to the Alphabet. British Museum Press. pp. 75-135.

DeLancey, Scott. 2001. The mirative and evidentiality. *Journal of Pragmatics* 33, 369-382

Dennett, Daniel C. 1995. *Darwin's dangerous idea: evolution and the meanings of life*. New York: Simon &Schuster.

De Saussure, Ferdinand. 1979. *Cours de linguistique générale*. Paris: Payot. Édition critique préparée par Tullio de Mauro.

Diamond, Jared. 1991. Interview techniques in ethnobiology. In A.M. Pawley (ed.), *Man and a half: essays in Pacific anthropology and ethnobiology in honour of Ralph Bulmer*. Auckland: The Polynesian Society. pp. 83-86.

Dibble, Charles. 1982. Sahagún's Historia. In Arthur J.O. Anderson &Charles E. Dibble (eds.) *Florentine Codex: General History of the Things of New Spain. Part 1, Introductions and Indices*. pp. 9-23. Salt Lake City: University of Utah Press.

Dixon, R.M.W. 1971. A method of semantic description. In D.D. Steinberg &L.A. Jakobovits (eds.), *Semantics: an interdisciplinary reader*. Cambridge: CUP. pp. 436-471.

Dixon, R.M.W. 1984. *Searching for Aboriginal languages. Memoirs of a fieldworker*. Brisbane: University of Queensland Press.

Dixon, R.M.W. 1997. *The rise and fall of languages*. Cambridge: Cambridge University Press.

Dixon, R.M.W. 2006. Acceptance speech for 2006 Leonard Bloomfield Award. LSA Meeting, Albuquerque, New Mexico. January 2006.

Dixon, Roland Burrage. 1974. *Maidu texts*. New York: AMS Press.

Dobrin, Lise. 2008. From Linguistic Elicitation to Eliciting the Linguist: Lessons in Community Empowerment from Melanesia. *Language*.

Dolgopolsky, Aron. 1988. The Indo-European homeland and lexical contacts of proto-Indo-European with other languages. *Mediterranean Language Review* 3:7-31.

Dorian, Nancy. 1998. Western language ideologies and small-language prospects. In L.A. Grenoble &L.J. Whaley (eds.), *Endangered languages: current issues and future prospects*. Cambridge: Cambridge University Press. pp. 3-21.

Dryer, Matthew. 2005. Appendix. In Martin Haspelmath, Matthew S. Dryer, David Gil, and Bernard Comrie (eds.) *The World Atlas of Language Structures*. Oxford: Oxford University Press. pp. 584-644.

Dumbacher, J. P., B. M. Beehler, T. F. Spande, H. M. Garraffo, and J. W. Daly. 1993. Pitohui: How toxic and to whom? *Science* 259: 582-583.

Dumézil, Georges. 1931. *La langue des Oubykhs*. Paris: Collection Linguistique publiépar la Sociétéde Linguistique de Paris.

Dumézil, Georges. 1962. *Documents anatoliens sur les langes et les traditions du Caucase. Vol. 2: Textes* Oubykhs. Paris: Institut d'Ethnologie.

Dunnell, Ruth W. 1996. *The Great State of White and High*. Honolulu: University of Hawaii Press.

Dunning, Alistair. 2000. Recounting digital tales: Chaucer scholarship and the Canterbury Tales Project. http://ahds.ac.uk/creating/case-studies/Canterbury

Ehret, Christopher. 1995. Reconstructing proto-Afroasiatic vocabulary (vowels, tone, consonants and vocabulary). *UC Publications in Linguistics 16*. Berkeley: UC Press.

Ehret, Christopher. 1998. *An African Classical Age*. Charlottesville: University Press of Virginia.

Ehret, Christopher. 2000. Language and History. In Bernd Heine and Derek Nurse (eds.), *African Languages: An Introduction*. Cambridge: Cambridge University Press, pp. 272-297.

Ehret, Christopher, S.O.Y. Keita, Paul Newman &Peter Bellwood. 2003. The origins of Afroasiatic. *Science* 306.5702:1680.

Enfield, Nick J. (ed.) 2002. *Ethnosyntax: explorations in grammar and culture*. Oxford: Oxford University Press.

Enfield, N. J. &Steven C. Levinson. 2006. *Roots of human sociality*. Oxford / New York: Berg.

Enfield, Nick J., Asifa Majid &Miriam van Staden. (eds). 2006. Cross-linguistic categorisation of the body: introduction. *Language Sciences* 1 March 2006 28.2-3: 137-147.

England, Nora. 1998. Mayan efforts toward language preservation. In L.A. Grenoble &L.J. Whaley (eds.), *Endangered languages: current issues and future prospects*. Cambridge: Cambridge University Press. pp. 99-116.

England, Nora. 2007. The influence of Mayan-speaking linguists on the state of Mayan linguistics. *Linguistische Berichte, Sonderheft* 14:93-112.

Ergang, Robert R. 1931. *Herder and the origins of German nationalism*. Colorado University Press.

Essene, Frank. 1945. Culture Element Distributions: XXI. Round Valley. *UC-Anthropological Records* 8.1:1-97. Berkeley: University of California Press.

Ethnologue. 2005. *Languages of the world (15th ed)*. Dallas, TX: SIL International.

Evans, Nicholas. 1992a. Multiple semiotic systems, hyperpolysemy, and the reconstruction of semantic change in Australian languages. In G. Kellerman &M. Morrissey (eds.), *Diachrony within Synchrony.* Bern: Peter Lang Verlag 475-508.

Evans, Nicholas. 1992b. Macassan loanwords in Top End languages. *Australian Journal of Linguistics* 12:45-91.

Evans, Nicholas. 1994. Kayardild. In C. Goddard &A. Wierzbicka (eds.), *Semantic and Lexical Universals.* Amsterdam: John Benjamins. pp. 203-228.

Evans, Nicholas. 1995a. *A grammar of Kayardild.* Berlin: Mouton de Gruyter.

Evans, Nicholas. 1995. Multiple case in Kayardild: anti-iconicity and the diachronic filter. In F. Plank, ed., *Double case. Agreement by Suffixaufnahme.* Oxford: Oxford University Press. pp. 396-428.

Evans, Nicholas. 1997. Sign metonymies and the problem of flora-fauna polysemy in Australian linguistics. In D. Tryon &M. Walsh (eds.), *Boundary Rider: essays in honour of Geoffrey O'Grady.* Canberra: Pacific Linguistics. C-136. pp. 133-153.

Evans, Nicholas. 1998. Iwaidja mutation and its origins. In A. Siewierska &J. J. Song (eds.), *Case, Typology and Grammar: In Honor of Barry J. Blake.* Amsterdam: Mouton de Gruyter. pp. 115-149.

Evans, Nicholas. 2001. The last speaker is dead – long live the last speaker! In P. Newman and M. Ratliff (eds.), *Linguistic fieldwork.* New York: Cambridge University Press. pp. 250-281.

Evans, Nicholas. 2003a. *Bininj Gun-wok: A Pan-Dialectal Grammar of Mayali, Kunwinjku and Kune.* (2 vols). Canberra: Pacific Linguistics.

Evans, Nicholas. 2003b. Typologies of agreement: some problems from Kayardild. *Transactions of the Philological Society* 101.2:203-234.

Evans, Nicholas. 2003c. Context, culture and structuration in the languages of Australia. *Annual Review of Anthropology* 32:13-40.

Evans, Nicholas. 2004. Experiencer objects in Iwaidjan languages. In B. Peri and S.K. Venkata (eds.), *Non-nominative Subjects—Volume 1.* Amsterdam / Philadelphia: John Benjamins Publishing Company. pp. 169-192.

Evans, Nicholas, Francesca Merlan and Maggie Tukumba. 2004. *A first dictionary of Dalabon (Ngalkbon).* Maningrida, N.T.: Maningrida Arts and Culture.

Evans, Nicholas. 2006. Warramurrungunji undone: Australian languages into the 51st millennium. In Matthias Brenzinger (ed.), *Language Diversity Endangered.* Berlin: Mouton de Gruyter.

Evans, Nicholas and Hans-Jürgen Sasse. 2007. Searching for meaning in the Library of Babel: some thoughts of a field semanticist. http://socialstudies.cartagena.es/index.php?option=com_content&task=view&id=53&Itemid=42

Evans, Nicholas. 2007. Standing up your mind: remembering in Dalabon. In M. Amberber (ed.), *The semantics of remembering and forgetting.* Amsterdam: John Benjamins.

Evans, Nicholas, Joy Williams Malwagag and Khaki Marrala. 2006. *Marrku Inkawart.* Jabiru: Iwaidja Inyman.

Fabb, Nigel. 1997. *Linguistics and literature.* Oxford: Blackwells.

Faltz, Leonard. 1998. *The Navajo Verb: A Grammar for Students and Scholars.* Albuquerque: University of New Mexico Press.

Feil, D. 1987. *The evolution of Highland Papua New Guinea societies.* New York: CUP.

Felger, Richard S. and Mary B. Moser. 1973. Eelgrass (Zostera marina L.) in the Gulf of California: Discovery of its nutritional value by the Seri Indians. *Science* 181: 355-56.

Felger, Richard S. and Mary B. Moser. 1985. *People of the desert and sea: ethnobotany of the Seri Indians*. Tucson: University of Arizona. xv, p.435

Fellman, Jack. 1973. *Revival of a classical tongue: Elizer Ben Yehuda and the Modern Hebrew Language*. The Hague: Mouton.

Ficowski, Jerzy. 1956. *Pieśni Papuszy (Papušakre Gila). Wiersze v języku Cygańskim przełczył, opracował, wstępem i objaśnieniami opatrzył Jerzy Ficowski*. Wrocław: Zakładu Im. Ossolińskich.

Finnegan, Ruth. 1992 [1977]. *Oral Poetry: its nature, significance and social context*. Cambridge: CUP.

Fishman, Joshua. 1982. Whorfianism of the third kind: ethnolinguistic diversity as a worldwide societal asset. *Language in Society* 11:1-14.

Fishman, Joshua. 2001. *Can threatened languages be saved? Reversing language shift revisited: a 21st century perspective*. Clevedon: Multilingual Matters.

Fleck, David W. 2007. Evidentiality and double tense in Matses. *Language* 83.3: 589-614.

Fodor, Jerry. 1985. Precis of 'Modularity of Mind'. *Behavioral and Brain Sciences* 8:1-42.

Fonseca, Isabel. 1996. *Bury me standing: the Gypsies and their journey*. New York: Vintage Books.

Forsyth, George H. &Kurt Weitzmann, with Ihor Ševčenko &Fred Anderegg. 1973. *The Monastery of Saint Catherine at Mount Sinai. The Church and Fortress of Justinian. Plates*. Ann Arbor: The University of Michigan Press.

Foster, Michael. 1989 [1974]. When words become deeds: an analysis of three Iroquois Longhouse speech events. In Richard Bauman &Joel Sherzer (eds.), *Explorations in the Ethnography of Speaking*. Cambridge: Cambridge University Press. pp. 354-367.

Fox, James. 1988. *To speak in pairs. Essays on the ritual languages of Eastern Indonesia*. Cambridge: CUP.

Franchetto, Bruna. 2006. Ethnography in language documentation. In J. Gippert, N.P. Himmelmann &U. Mosel (eds.), *Essentials of Language Documentation*. Berlin: Mouton de Gruyter. pp. 183-211.

Friedrich, Paul. 1986. *The Language Parallax. Linguistic relativism and poetic indeterminacy*. Austin: University of Texas Press.

Frishberg, Nancy. 1972. Navajo object markers and the great chain of being. In J. Kimball (ed.), *Syntax and semantics* Vol. 1. New York: Seminar Press. pp. 259-266.

Garde, Murray. 2003. Social deixis in Bininj Gun-wok conversation. Ph.D. diss, University of Queensland.

Garde, Murray. To appear. Kun-dangwok – 'clan lects' and Ausbau in western Arnhem Land. *International Journal of the Sociology of Language*.

Garde, Murray. In press. The language of fire: seasonality, resources and landscape burning on the Arnhem Land plateau. In Jeremy Russell-Smith (ed.) [check title].

Gentner, Dedre &Susan Goldin-Meadow. 2003. *Language in Mind. Advances in the Study of Language and Thought*. Cambridge, MA: MIT Press.

Gerrand, Peter. 2007. Estimating language diversity on the Internet: a taxonomy to avoid pitfalls and paradoxes. *Journal of Computer-mediated Communication* 12.4, article 8. http://jcmc.indiana.edu/vol12/issue4/gerrand.html.

Gewald, J.B. 1994. Review of Jan Vansina, 'Paths in the Rainforests: Toward a History of Political Tradition in Equatorial Africa' (Madison 1990). In *Leidschrift*, Leidschrift, vol. 10-12 (June):123-131.

Gippert, Jost 1987. Old Armenian and Caucasian calendar systems [III]: The Albanian month names. *Annual of Armenian Linguistics* 9:35-46.

Gippert, Jost. 2006. Linguistic documentation and the encoding of textual materials. In J. Gippert, N.P. Himmelmann &U. Mosel (eds.), *Essentials of Language Documentation*. Berlin: Mouton de Gruyter. pp. 337-362.

Gippert, Jost, Nikolaus P. Himmelmann &Ulrike Mosel (eds.) 2006. *Essentials of Language Documentation*. Berlin: Mouton de Gruyter.

Gippert, Jost &Wolfgang Schulze. 2007. Some remarks on the Caucasian Albanian palimpsests. *Iran and the Caucasus* 2:201-211.

Goddard, Cliff &Anna Wierzbicka. (eds.) 2002. *Meaning and Universal Grammar – Theory and Empirical Findings. (2 vols.)* Amsterdam/Philadelphia: John Benjamins.

Goddard, Ives. 1975. Algonquian, Wiyot, and Yurok: proving a distant genetic relationship. In M.D. Kinkade, K.L. Hale and O. Werner (eds.), *Linguistics and Anthropology. In Honor of C.F. Voegelin.* Lisse: The Peter de Ridder Press. pp. 249-262.

Goddard, Ives (ed.). 1996. *Handbook of North American Indians, Vol. 17: Languages.* Washington, DC: Smithsonian Institution.

Golla, Victor. 1996. The problem of Athabaskan expansion south of British Columbia: perspectives from comparative linguistics, ethnography and archaeology. Address to the 23rd Annual Meeting, Alaska Anthropological Association, Fairbanks, April 6, 1996.

Golla, Victor. 2000. Language history and communicative strategies in Aboriginal California and Oregon. In Osahito Miyaoka (ed.), *Languages of the North Pacific Rim, Vol. 5.* Suita, Japan: Faculty of Informatics, Osaka Gakuin University. pp. 43-64.

Golla, Victor. 2005. The attractions of American Indian languages. Paper presented at he 79th Annual Meeting, Linguistic Society of America, Oakland, California, Jan 7 2005.

Gong, Hwang-Cherng. 2003. Tangut. In Graham Thurgood &Randy LaPolla (eds.), *The Sino-Tibetan Languages.* London: Routledge. pp. 602-620.

Goody, Esther. (ed.) 1995. *Social intelligence and interaction: expressions and implications of the social bias in human intelligence.* Cambridge: Cambridge University Press.

Gossen, Gary H. 1984. *Chamulas in the world of the sun: time and space in a Maya oral tradition.* Prospect Heights, Ill.: Waveland Press.

Gotzon Garate. 1998. *7173 Atsotitzak – Refranes – Proverbes – Proverbia.* Bilbao: Esaera Zaharrak.

Gray, Edward. 1999. *New World Babel: Languages and Nations in Early America.* Princeton, NJ: Princeton University Press.

Gray, Edward G. 2000. Missionary linguistics and the description of 'exotic' languages. In S. Auroux, E.F.K. Koerner, H. Niederehe &K. Versteegh (eds.), *History of the Language Sciences. Handbücher zur Sprach- und Kommunkations-wissenschaft. Band 18.1* Berlin: Walter de Gruyter. pp. 929-937.

Green, Rebecca. 2004. Gurr-goni, a minority language in a multilingual community: surviving into the 21st century. In J. Blythe &R. McKenna-Brown (eds.), *Proceedings of the Seventh FEL Conference, Broome, Western Australia, 22-24 September 2003.* Bath: Foundation for Endangered Languages. pp. 127-134.

Greenberg, Joseph. 1966. *The Languages of Africa*. Bloomington: Indiana University Press.

Grenoble, Lenore A. &Lindsay Whaley. 1998. *Endangered languages: current issues and future prospects*. Cambridge: Cambridge University Press.

Grenoble, Lenore A. &Lindsay Whaley. 2006. *Saving languages: an introduction to language revitalization*. Cambridge: Cambridge University Press.

Gordon, Raymond G., Jr. (ed.), 2005. Ethnologue: Languages of the World, Fifteenth edition. Dallas, Tex.: SIL International. Online version: http://www.ethnologue.com/.

Grimes, Barbara (ed.). 1992. *Ethnologue: Languages of the world [Twelfth edition]*. Dallas: Summer Institute of Linguistics. (see Gordon (2005) for the most up to date version).

Gordon, Raymond G., Jr. (ed.), 2005. *Ethnologue: Languages of the World, Fifteenth edition*. Dallas, Tex.: SIL International. Online version: http://www.ethnologue.com/.

Grimshaw, B. 1912. *Guinea Gold*. London: Mills and Boon.

Güldemann, Tom. 2006. Changing profile when encroaching on hunter-gatherer territory: towards a history of the Khoe-Kwadi family in Southern Africa. Talk given at workshop on the linguistics of hunter-gatherers, Max Planck Institute for Evolutionary Anthropology Leipzig, August 2006.

Güldemann, Tom, Alena Witzlack-Makarevich, Martina Ernszt, Sven Siegmund. 2008. A Text Documentation of N|uu. Poster presented at Max Planck Institut für Evolutionäre Anthropologie, Leipzig, February 2008.

Gumperz, John &Stephen C. Levinson. (eds.) 1996. *Rethinking linguistic relativity*. Cambridge: Cambridge University Press.

Haas, Mary. 1958. Algonkian-Ritwan: The end of a controversy. *IJAL* 24:159-173.

Haas, Mary. 1966. Wiyot-Yurok-Algonkian and the problems of comparative Algonkian. *IJAL* 32:101-107.

Haas, Mary. 1984. Lessons from American Indian Linguistics. In J.E. Copeland (ed.), *New directions in linguistics and semiotics*. Houston: Rice University Studies. pp. 68–72.

Haas, William. (ed.) 1969. *Alphabets for English*. Manchester: Manchester University Press.

Haffenden, John. (ed.) 1985. *Novelists in interview*. London: Methuen.

Hagège, C. 2000. *Halte àla mort des langues*. Paris, Editions Odile Jacob.

Hale, Ken. 1971. A note on a Walbiri tradition of antonymy. In D. Steinberg &L. Jakobovits (eds.), *Semantics: a reader*. Cambridge: CUP. pp. 472-482.

Hale, Ken. 1972. Some questions about anthropological linguistics: the role of native knowledge. In D.H. Hymes (ed.), *Reinventing anthropology*. New York: Pantheon Books. pp.382-397.

Hale, Ken. 1973a. Deep-surface canonical disparities in relation to analysis and change: an Australian example. In T.A. Sebeok (ed.), *Current Trends in linguistics 87: Linguistics in Oceania*. The Hague: Mouton. pp. 401-458.

Hale, Ken. 1973b. A note on subject-object inversion in Navajo. In B. Kachru et al. (eds.), *Issues in Linguistics*. Urbana: University of Illinois Press.

Hale, Ken. 1998. On endangered languages and the importance of linguistic diversity. In L.A. Grenoble &L.J. Whaley (eds.), *Endangered languages: current issues and future prospects*. Cambridge: Cambridge University Press. pp. 192-216.

Hale, Ken &David Nash. 1997. Damin and Lardil phonotactics. In D. Tryon &M. Walsh (eds.), *Boundary Rider: essays in honour of Geoffrey O'Grady*. Canberra: Pacific Linguistics. pp. 247-259.

Hardman, Martha. 1981. *The Aymara language in its social and cultural context*. Gainesville: University Presses of Florida.

Hardman, Martha. 1986. Data-source marking in the Jaqi languages. In W. Chafe &J. Nichols (eds.), *Evidentiality: the linguistic coding of epistemology*. Norwood, NJ: Ablex. pp. 113-136.

Hargreaves, David. 2005. Agency and intentional action in Kathmandu Newar. *Himalayan Linguistics* 5:1-48.

Harmon, D. 1996. Losing species, losing languages: connections between biological and linguistic diversity. *Southwest Journal of Linguistics* 15:89-108.

Harmon, D. 2002. *In light of our differences: how diversity in nature and cultures makes us human*. Washington, DC: Smithsonian Institute Press.

Harmon, D. and L. Maffi. 2002. Are linguistic and biological diversity linked? *Conserv. Biol. Practice* 3:26-27.

Harris, Alice. 2002. *Endoclitics and the origins of Udi morphosyntax*. Oxford: OUP.

Harrison, David. 2007. *When languages die: the extinction of the world's languages and the erosion of human knowledge*. Cambridge: Cambridge University Press.

Harry, Anna N. and Michael E. Krauss. 1982. *In honor of Eyak: The art of Anna Nelson Harry*. Fairbanks, AK: Alaska Native Language Center, University of Alaska.

Haspelmath, Martin. 1993. *A grammar of Lezgian*. Berlin; New York: Mouton de Gruyter.

Haspelmath, Martin, Matthew S. Dryer, David Gil and Bernard Comrie. (eds.) 2005. *The World Atlas of Linguistic Structures*. Oxford: Oxford University Press.

Hassan, F. 1981. *Demographic archaeology*. New York: Academic Press.

Haudricourt, A-G. 1954. De l'origine des tons en viêtnamien. *J. Asiat.* 242:69-82.

Haudricourt, André, Jean-Claude Rivièrre, Francoise Rivierre, C. Moyse Faurie, &Jacqueline de la Fontinelle. 1979. *Les Langues Melanésiennes de Nouvelle Calédonie*. Nouméa: Bureau Psychopedagogique.

Haviland, John. 1993. Anchoring, iconicity and orientation in Guugu Yimithirr pointing gestures. *Journal of Linguistic Anthropology* 3.1:3-45.

Haviland, John. 2006.Documenting lexical knowledge. In J. Gippert, N.P. Himmelmann &U. Mosel (eds.), *Essentials of Language Documentation*. Berlin: Mouton de Gruyter. pp. 129-162.

Hayward, Richard. 2000. Afroasiatic Languages. In Bernd Heine &Derek Nurse (eds.), *African Languages: an introduction*. Cambridge: Cambridge University Press. pp. 74-98.

Henderson, James E. 1995. *Phonology and grammar of Yele, Papua New Guinea*. Canberra: Pacific Linguistics.

Hercus, Luise. 2008. Listening to the last speakers. In William B. McGregor (ed.), *Encountering Aboriginal Languages. Studies in the history of Australian linguistics*. Canberra: Pacific Linguistics. pp. 163-178.

Herder, Johann Gottfried. 1877. *Sammtliche Werke (33 Vols)*. Berlin.

Herge. 1959. (transl. Leslie Lonsdale-Cooper &Michael Turner). *The Secret of the Unicorn*. Boston/Toronto/London: Little, Brown &Company. (French original 1946: *Le secret de la licorne*, published by Tournai: Editions Casterman).

Hill, Archibald. 1952. Review of Maya Hieroglyphic Writing: Introduction by J. Eric S.

Thompson. *International Journal of American Linguistics* 18.3:184-186.

Hill, Jane. 2001. Dating the break-up of Southern Uto-Aztecan. In J.L.M. Zamarrón &J.H. Hill (eds.), *Avances y balances de lenguas yutoaztecas. Homenaje a Wick R. Miller.* Mexico City: Instituto Nacional de Antropología e Historia. pp. 345-358.

Hill, Kenneth C., Emory Sekaquaptewa, Mary Black and Ekkehart Malotki (eds.). 1997. *Hopi Dictionary / Hopìikwa Lalàytutuveni.* Tucson: University of Arizona Press.

Himmelmann, Nikolaus. 1998. Documentary and descriptive linguistics. *Linguistics* 36:161-195.

Himmelmann, Nikolaus. 2006. Language documentation: what is it and what is it good for? In J. Gippert, N.P. Himmelmann &U. Mosel (eds.), *Essentials of Language Documentation.* Berlin: Mouton de Gruyter. pp. 1-30.

Hinton, Leanne. 1994. *Flutes of Fire. Essays on Californian Indian languages.* Berkeley: Heyday Books.

Hinton, Leanne &Kenneth Hale. 2001. *The Green Book of language revitalization in practice.* Academic Press.

Houston, Stephen D. and David Stuart. 1989. The *way* glyph: evidence for 'co-existence' among the Classic Maya. *Research Reports on Ancient Maya Writing 30.* Washington: Center for Maya Research.

Humboldt, Wilhelm von. [1903-1936]. *Gesammelte Schriften.* (ed. Albert Leitzmann).[AT2] Berlin: Behr.

Humboldt, Wilhelm von. 1999. *On Language. On the Diversity of Human Language Construction and its Influence on the Mental Development of the Human Species.* Ed. Michael Losonsky, Transl. Peter Heath. Cambridge: Cambridge University Press.

Hurles, M.E., B.C. Sykes, M.A. Joblin &P. Forster. 2005. The dual origin of the Malagasy in Island Southeast Asia and East Africa: evidence from maternal and paternal lineages. *American Journal of Human Genetics* 76:894-901.

Hyman, Larry. 2001. Fieldwork as a state of mind. In P. Newman and M. Ratliff (eds.), *Linguistic fieldwork.* New York: Cambridge University Press. pp. 15-33.

Hyman, Larry. 2007. Elicitation as experimental phonology: Thlantlang Lai Tonology. In J.J. Solé, P.S. Beddor, and M. Ohala (eds.), *Experimental Approaches to Phonology.* Oxford: OUP.

Hymes, Dell. 1981. *"In vain I tried to tell you": Essays in native North American ethnopoetics.* Philadelphia: University of Pennsylvania Press.

Imai, Mutsumi &Deirdre Gentner. 1997. A crosslinguistic study of early word meaning: universal ontology and linguistic influence. *Cognition* 62:169-200.

Imai, Mutsumi &Reiko Mazuka. 2003. Reevaluating linguistic relativity: language-specific categories and the role of universal ontological knowledge in the construal of individuation. In Gentner &Goldin-Meadow (eds.), *Language in Mind. Advances in the Study of Language and Thought.* Cambridge, MA: MIT Press. pp. 429-464.

Jackson, J. 1983. *The fish people: linguistic exogamy and Tukanoan identity in northwest Amazonia.* New York: Cambridge University Press.

Jakobson, Roman. 1987 [1959]. On linguistic aspects of translation. In Rainer Schulte &John Biguenet (1992) *Theories of translation. An anthology of essays from Dryden to Derrida.* Chicago and London: University of Chicago Press. pp. 144-151. Originally in Reuben A. Brower (ed.) *On Translation.* Cambridge: Harvard University Press.

Jakobson, Roman (eds. Krystyna Pomorska &Stephen Rudy). 1987a. *Language in Literature*. Harvard University: Belknap Press.

Jakobson, Roman. 1987b. Subliminal verbal patterning in poetry. In R. Jakobson, *Language in Literature*. Cambridge, Mass.: Harvard University Press. [CHECK pp.]

Jankowsky, Kurt. 1995. Early historical and comparative studies in Scandinavia, the Low *Countries and German-speaking Lands. In E.F.K. Koerner &R.E. Asher (eds.), Concise History of the Language Sciences. From the Sumerians to the Cognitivists.* Oxford: Elsevier Science. pp. 179-182.

Jena, Leonhard Schultze. 1944. *Popol Vuh. Das heilige Buch der Quiché-Indianer von Guatemala.* Stuttgart &Berlin: W. Kohlhammer.

Jespersen, Otto. 1924. *The Philosophy of Grammar.* London: Allen &Unwin.

Jocks, Christopher. 1998. Living words and cartoon translations: longhouse 'texts' and the limitations of English. In L.A. Grenoble &L.J. Whaley (eds.), *Endangered languages: current issues and future prospects.* Cambridge: Cambridge University Press. pp. 217-233.

Joseph, Brian D. 2006. The historical and cultural dimensions in grammar formation: The case of Modern Greek. In F. Ameka, A. Dench &N. Evans (eds.), *Catching language: the standing challenge of grammar-writing.* Berlin: Mouton de Gruyter. pp. 549-564.

Jukes, Anthony. 2006. *Makassarese (basa Mangkasara'): a description of an Austronesian language of South Sulawesi.* Ph.D. thesis. Melbourne: University of Melbourne.

Jungraithmayr, Herrmann. 1975. Der Imperfektivstamm im Migama. *Folia Orientalia* 16.85-100.

Justeson, John S. &Terrence Kaufman. 1993. Epi-Olmec writing. *Science* 259:1703-1711.

Justeson, John S. and Kaufman, Terrence. 1997. A Newly Discovered Column in the Hieroglyphic Text on La Mojarra Stela 1: a Test of the Epi-Olmec Decipherment. *Science*, 07/11/97, Vol. 277 Issue 5323, p. 207.

Kari, James. 1990. *Ahtna Athabaskan dictionary.* Fairbanks: Alaska Native Language Centre.

Kari, James. 2007. *Dena'ina Topical Dictionary.* Fairbanks: Alaska Native Language Centre.

Karlsson, Fred. 2007. Constraints on multiple center-embedding of clauses. Journal of *Linguistics* 43: 365-392.

Karttunen, Frances. 1995. From courtyard to the seat of government: the career of Antonio Valeriano, Nahua colleague of Bernardino de Sahagún. *Amerindia, revue d'ethnolinguistique amérindienne* 19/20, Special Issue: *La "découverte des languages et des écritures d'Amérique.* pp. 113-120.

Kaufman, Terrence. 1973. *Gypsy wanderings and linguistic borrowing.* Unpublished manuscript, University of Pittsburgh.

Kaufman, Terrence &John Justeson. 2001. Epi-Olmec Hieroglyphic Writing and Texts. http://www.albany.edu/anthro/maldp/papers.htm

Kawano, Kenji. 1990. *Warriors. Navajo Code Talkers.* (with foreword by Carl Gorman, code talker, and introduction by Benis M. Frank, USMC). Flagstaff, AZ: Northland Publishing Company.

Keen, I. 1994. *Knowledge and power in an Aboriginal Religion.* Oxford: Clarendon Press.

Keller, Rudi. 1994. *On language change: the invisible hand in language.* London:

Routledge.

Keller, Rudi. 1998. *A theory of linguistic signs.* Oxford: Oxford University Press.

Kibrik, E Aleksandr. 2006. Collective field work: advantages or disadvantages? *Studies in Language* 30.2:253-257.

Kiparsky, Paul. 1995. Paninian linguistics. In E.F.K. Koerner &R.E. Asher (eds.), *Concise History of the Language Sciences. From the Sumerians to the Cognitivists.* Oxford: Elsevier Science. pp. 59-65.

Kirch, Patrick V. &Roger C. Green. 2001. *Hawaiki, Ancestral Polynesia: an Essay in Historical Reconstruction.* Cambridge: CUP.

Kita, Sotaro &Aslı Özyürek. 2003. What does cross-linguistic variation in semantic coordination of speech and gesture reveal? Evidence for an interface representation of spatial thinking and speaking. *Journal of Memory and Language* 48:16-32.

Kivisild, T., S. Rootsi, M. Metspalu et al. 2003. The genetic heritage of the earliest settlers persists both in Indian Tribal and caste populations. *Am. J. Human Genetics* 72:313-332.

Kotorova, Elizaveta. 2003. Ket lexical peculiarities and their presentation in a bilingual dictionary. *Sprachtypologie und Universalienforschung* 56.1/2:137-144.

Krauss, Michael E. 1969. On the classification in the Athapaskan, Eyak, and Tlingit Verb. *International Journal of American Linguistics Supplement* 35.4:49-83.

Krauss, Michael E. 1992. The world's languages in crisis. *Language* 68:4-10.

Krauss, Michael E. 2006b. Classification and terminology for degrees of language endangerment. In M. Brenzinger (ed.), *Language Diversity Endangered.* Berlin: Mouton de Gruyter. pp. 1-8.

Krauss, Michael E. 2006a. A history of Eyak language documentation and study: Fredericæ de Laguna in Memoriam. *Arctic Anthropology* 43.2: 172-218.

Kroeber, AL. 1963. [1939]. *Cultural and natural Areas of native North America.* Berkeley: University of California Press. (Orig. published in *California Publications. Am. Archaeol. Ethnol.* Vol. 38).

Kroskrity, Paul V. 1998. Arizona Tewa Kiva Speech as a Manifestation of a Dominant Language Ideology. In B.B. Schieffelin, K. Woolard and P.V. Kroskrity (eds.), *Language Ideologies: Practice and Theory.* New York: Oxford University Press. pp. 103-122.

Kulick, D. 1992. *Language shift and cultural reproduction.* Cambridge: Cambridge University Press.

Labov, William. 1994. *Principles of linguistic change.* Oxford, UK and Cambridge, Mass.: Blackwell.

Ladefoged, Peter. 1992. Another view of endangered languages. *Language* 68:809-811.

Laird, Carobeth. 1975. *Encounter with an Angry God.* Banning, CA: Malki Museum Press.

Landaburu, Jon. 2007. La modalisation du savoir en langue andoke (Amazonie Colombienne). In Z. Guéntcheva and J. Landaburu (eds.), *Enonciation médiatisée et modalitéepistémique.* Leuven: Peeters. pp. 23-48.

Lansky, Aaron. 2004. *Outwitting History.* NY: Algonquin Books.

Laughren, Mary. 2001. When every speaker counts: documenting Australia's indigenous languages. Public Lecture, All Saints Day, University of Queensland. http://www. cccs.uq.edu.au/index.html?page=16423&pid=

Laycock, Don. 1982. Linguistic diversity in Melanesia: a tentative explanation. In R.

Carle, M. Heinschke, P. Pink, et al. (eds.), *Gava': studies in Austronesian languages and cultures dedicated to Hans Kähler.* Berlin: Reimer. pp. 31-37.

Lee, R.B. &I. DeVore. (eds.). 1968. *Man the hunter.* Chicago: Aldine.

Leonard, William Eller (transl.). 1957. *Lucretius: on the nature of things.* New York: Dutton.

Levelt, W.J.M. 1989. *Speaking: from intention to articulation.* Cambridge, Mass: MIT Press.

Levinson, Stephen C. 2003. *Space in language and cognition.* Cambridge: CUP.

Lewis, David. 1984. Putnam's paradox. *Australasian Journal of Philosophy* 62, 221-236.

Lieberman, Philip &Robert McCarthy. 1999. Tracking the evolution of language and speech. Comparing vocal tracts to identify speech capabilities. *Penn Museum* 49:15-20.

Lockhart, James. (ed/trans.) 1993. *We people here: Nahuatl accounts of the conquest of Mexico.* Berkeley: University of California Press.

Lord, Albert B. 2000. *The singer of tales.* 2nd edition, ed. Stephen Mitchell &Gregory Nagy. Cambridge, Mass.: Harvard University Press.

Lorimer, David L.R. 1935-1938. *The Burushaski Language. I: Introduction and Grammar; II: Texts and Translation; III: Vocabularies and Index.* Oslo: Instituttet for sammenlignende kulturforskning.

Loughnane, Robyn. In prep. A grammar of Oksapmin. Doctoral dissertation, University of Melbourne.

Lucy, John. 1992a. *Language diversity and thought. A reformulation of the linguistic relativity hypothesis.* Cambridge: CUP.

Lucy, John. 1992b. *Grammatical categories and cognition. A case study of the linguistic relativity hypothesis.* Cambridge: CUP.

Lucy, John &Suzanne Gaskins. 2001. Grammatical categories and the development of classification preferences: a comparative approach. In Melissa Bowerman &Stephen C. Levinson (eds.) *Language acquisition and conceptual development.* Cambridge: Cambridge University Press. pp. 257-283.

Lynch, John &Terry Crowley. 2001. *Languages of Vanuatu. A new survey and bibliography.* Canberra: Pacific Linguistics.

Lynch, John, Malcolm Ross &Terry Crowley. 2002. *The Oceanic Languages.* Richmond, Surrey: Curzon.

Maddieson, Ian, &Levinson, Stephen. In prep. The phonemes and phonetics of Yélî-Dnye.

Maffi, Luisa. 2005. Linguistic, cultural and biological diversity. *Annual Review of Anthropology* 34:599-617.

Maffi, Luisa. (ed.) 2001. *On biocultural diversity: linking language, knowledge, and the environment.* Washington, DC: Smithsonian Institute Press.

Majnep, I.S. &R.N.H. Bulmer. 1977. *Birds of my Kalam country.* Auckland: University of Auckland Press.

Majnep, I.S. &R.N.H. Bulmer. 2007. *Animals the ancestors hunted. An account of the wild mammals of the Kalam area, Papua New Guinea.* Adelaide: Crawford.

Malotki, Ekkehart. 1983. *Hopi Time. A linguistic analysis of the temporal concepts in the Hopi language.* Berlin: Mouton.

Mandelbaum, David G. (ed.) 1949. *Selected writings of Edward Sapir.* Berkeley: University of California Press.

Manne, Lisa L. 2003. Nothing has yet lasted forever: current and threatened levels of biological and cultural diversity. *Evolutionary Ecology Research* 5:517-527.

Martin, Laura. 1986. "Eskimo Words for Snow": A Case Study in the Genesis and Decay of an Anthropological Example. *American Anthropologist*, New Series, Vol. 88, No. 2 (Jun., 1986):418-423.

Matras, Yaron. 2002. *Romani: A Linguistic Introduction*. Cambridge: Cambridge University Press.

Maud, Ralph. 2000. *Transmission Difficulties: Franz Boas and Tsimshian Mythology*. Burnaby, B.C.: Talonbooks.

Mauro, Paolo. 1995. Corruption and Growth. *Quarterly Journal of Economics*: 681-712.

McConvell P. 1985. The origin of subsections in Northern Australia. *Oceania* 56:1-33

McConvell, Patrick &Michael Smith. 2003. Millers and mullers. The archaeo-linguistic stratigraphy of technological change in holocene Australia. In H. Andersen (ed.), *Language contacts in prehistory. Studies in stratigraphy*. Amsterdam: John Benjamins. pp. 177-200.

McDonough, L., Choi, S. &J. Mandler. 2003. Understanding spatial relations: flexible infants, lexical adults. *Cognitive Psychology* 46:229-259.

McKenna Brown, R. 2002. Preface. *Proceedings of the Sixth FEL Conference, Endangered Languages and their Literatures*. Antigua, Guatemala, 8-10 August, 2002. pp. 1-4. Bath: Foundation for Endangered Languages.

McKnight, David. 1999. *People, Countries and the Rainbow Serpent*. Oxford: Oxford University Press.

McLendon, Sally. 2003. Evidentials in Eastern Pomo with a comparative survey of the category in other Pomoan languages. In A.J. Aikhenvald &R.M.W. Dixon (eds.), *Studies in Evidentiality*. Amsterdam: John Benjamins. pp. 101-130.

McNeill, D. &S. Duncan. 2000. Growth points in thinking-for-speaking. In D. McNeill (ed.), *Language and Gesture*. Cambridge: CUP. pp. 141-161.

McWhorter, John H. 2001. *The power of Babel: a natural history of language*. New York: Times Books / Henry Holt.

Messineo, Cristina. 2003. *Lengua toba (guaycurú). Aspectos gramaticales y discursivos*. München: Lincom.

Miles, Mike. 2000. Signing in the Seraglio: mutes, dwarfs and gestures at the Ottoman Court 1500-1700. *Disability &Society* 15.1:115-134.

Militarev, Alexander. 2002. The Prehistory of a Dispersal: the Proto-Afrasian (Afroasiatic) Farming Lexicon. In P. Bellwood &C. Renfrew (eds.) *Examining the Farming/ Language Dispersal Hypothesis*. McDonald Institute Monographs, Cambridge: McDonald Institute for Archaeological Research. pp. 135-150.

Miller, Amanda. 2003. *The Phonetics and Phonology of Gutturals: A Case Study from Ju|'hoansi*. Outstanding Dissertations in Linguistics Series (ed. Laurence Horn). New York: Routledge.

Miller, Wick. 1984. The classification of the Uto-Aztecan languages based on lexical evidence. *International Journal of American Linguistics* 50:1-24.

Miracle, A. &J.D. Yapita. 1981. Time and space in Aymara. In Hardman (ed.), *The Aymara language in its social and cultural context*. Gainesville: University Presses of Florida. pp. 33-56.

Mithun, Marianne. 1984. The evolution of noun incorporation. *Language* 60.4:847-895.

Mithun, Marianne. 1998. The significance of diversity in language endangerment and preservation. In L.A. Grenoble &L.J. Whaley (eds.), *Endangered languages: current issues and future prospects*. Cambridge: Cambridge University Press. pp.

163-191.

Mithun, Marianne. 2001. Who shapes the record: the speaker and the linguist. In P. Newman and M. Ratliff (eds.), *Linguistic fieldwork*. New York: Cambridge University Press. pp. 34-54.

Mithun, Marianne. 2007. Linguistics in the face of language endangerment. In W.L. Wetzels (ed.), *Language Endangerment and Endangered Languages: Linguistics and Anthropological Studies with Special Emphasis on the Languages and Cultures of the Andean-Amazonian Border area*. Leiden: Research School of Asian, African and Amerindian Studies. pp. 15-34.

Moore, Denny. 2006. Endangered languages of Lowland Tropical South America. In M. Brenzinger (ed.), *Language Diversity Endangered*. Berlin: Mouton de Gruyter. pp. 29-58.

Moore, J.L., L. Manne, T.M. Brooks et al. 2002. The distribution of biological and cultural diversity in Africa. *Proceedings of the Royal Society, London B* 269:1645-53.

Moore, Leslie C. 2004. Second language acquisition and use in the Mandara Mountains. In G. Echu &S. Gyasi Oben (eds.), *Africa meets Europe: language contact in West Africa*. New York: Nova Science. pp. 131-148.

Morey, Stephen. 2005. *The Tai languages of Assam – a grammar and texts*. Canberra: Pacific Linguistics, Research School of Pacific and Asian Studies.

Moratto, Michael J. 1984. *California Archaeology*. Orlando: Academic Press, Inc.

Morpurgo Davies, Anna. 1998. *History of Linguistics. Volume IV: Nineteenth Century Linguistics* (ed. Giulio Lepschy). London: Longman.

Mosel, Ulrike. 2006. Grammatography: the art and craft of writing grammars. In F. Ameka, A. Dench &N. Evans (eds.), *Catching language: the standing challenge of grammar-writing*. Berlin: Mouton de Gruyter. pp. 41-68.

Munn, Nancy. 1973. *Walbiri iconography: graphic representations and cultural symbolism in a Central Australian society*. Ithaca: Cornell University Press.

Murray, Alexander. 1998. *Sir William Jones 1746-1794: a commemoration. Oxford: Oxford University Press*.

Murray, Elizabeth. 1977. *Caught in the web of words: James Murray and the Oxford English Dictionary*. New Haven; London: Yale University Press.

Nakagawa, Hiroshi. 2006. *Aspects of the phonetic and phonological structure of the Glui language*. Unpublished Ph.D. thesis, University of the Witwatersrand, Johannesburg.

Nettle, Daniel. 1998. Explaining Global Patterns of Language Diversity. *Journal of Anthropological Archaeology*, 17, 354-374.

Nettle, Daniel. 1999. *Linguistic Diversity*. Oxford: Oxford University Press.

Nettle, Daniel &Suzanne Romaine. 2000. *Vanishing voices: the extinction of the world's languages*. New York: Oxford University Press.

Nevermann, Hans. 1934. *Admiralitäts-Inseln*. In G. Thilenus, ed., Ergebnisse der Südsee-Expedition 1908-1910, Vol. 2 A3. Hamburg: Friederichsen, De Gruyter &Co.

Newman, Paul. 1977. The formation of imperfective verb stem in Chadic. *Afrika und Übersee* 60:178-191.

Newman, Paul. 1998. 'We has seen the enemy and it is us': the endangered languages issue as a hopeless cause. *Studies in the Linguistic Sciences* 28.2:11-20.

Nichols, Johanna. 1996. The comparative method as heuristic. In Mark Durie and Malcolm Ross (eds.), *The Comparative Method Reviewed: Regularity and irregularity in language change*. New York/Oxford: Oxford University Press, pp. 39-71.

Nordlinger, R. &Sadler, L. 2004. Nominal Tense in Crosslinguistic Perspective. *Language*, 80, 776-806.

Norman, Jerry. 1988. *Chinese*. Cambridge: Cambridge University Press.

Núñez, R., &Sweetser, E. 2006. With the Future Behind Them : Convergent Evidence From Aymara Language and Gesture in the Crosslinguistic Comparison of Spatial Construals of Time. *Cognitive Science*, 30.3: 401-450.

Ortega y Gasset, José. 1937. Miseria y esplendor de la traducción. *La Nación* (Buenos Aires), May-June 1937. Reprinted in JoséOrtega y Gasset (1983), *Obras Completas: Tomo V (1933-1941)*. Madrid: Aleanza Editorial: Revista de Occidente, pp. 429-48. English translation 'The Misery and the splendor of translation' by Elizabeth Gamble Miller in Rainer Schulte &John Biguenet (1992) *Theories of translation. An anthology of essays from Dryden to Derrida*. Chicago and London: University of Chicago Press.

Ortega y Gasset, José. 1957. *Man and People. (El hombre y la Gente)*, transl. Willard R. Trask. New York: Norton.

Ostler, Nicholas. 2005. *Empires of the word: a language history of the world*. Harper Collins.

Osumi, Midori. 1996. Body parts in Tinrin. In H. Chappell &W.B. McGregor (eds.), *The grammar of inalienability*. Berlin: Mouton de Gruyter.

Papafragou, A., Massey, C. &Gleitman, L. 2002. Shake, rattle, 'n' roll: the representation of motion in language and cognition. *Cognition* 84: 189-219.

Parry, Milman. 1928. *L'épithète traditionelle dans Homère: essai sur un problème de style homérique*. Paris: Sociétéd'éditions "Les belles lettres".

Parry, Milman. 1930. Studies in the epic technique of oral verse-making, vol. 1: Homer and the Homeric style. *Harvard Studies in Classical Philology* 41:73-147.

Parry, Thomas.1955. *A History of Welsh literature*. Oxford: Clarendon Press. [Transl. H. Idris Bell; original title *Hanes Llenyddiaeth Gymraeg*]

Parry, Thomas (ed.). 1962. *The Oxford Book of Welsh Verse*. Oxford: Oxford University Press.

Paul, Doris A. 1973. *The Navajo Code Talkers*. Philadelphia: Dorance.

Pawley, Andrew. 1993. A language that defies description by ordinary means. In W. Foley (ed.), *The Role of Theory in Language Description* Berlin: Mouton de Gruyter. pp. 87-129.

Pawley, Andrew. 2007. Kalam's knowledge lives on. *PNG Post Courier*, 29 October 2007.

Pedersen, Holger. 1962 [1931]. *The discovery of language. Linguistic science in the nineteenth century*. Bloomington: Indiana University Press.

Pinker, Steven. 1994. *The language instinct: the new science of language and mind*. London: Allen Lane, 1994.

Pinker, S. &P. Bloom. 1990. Natural Language and Natural Selection. *Behavioral and Brain Sciences* 13:707-726.

Pulgram, E. 1958. *The tongues of Italy*. Cambridge: Harvard University Press.

Pullum, Geoffrey. 1991. *The Great Eskimo Vocabulary Hoax and Other Irreverent Essays on the Study of Language*. Chicago; Chicago University Press.

Pullum, Geoffrey &William Ladusaw. 1996. *Phonetic Symbol Guide*. Chicago: University of Chicago Press.

Quine, W.V.O. 1960. Word and Object. Cambridge, MA: MIT Press.

Quine, W.V.O. 1969. Ontological relativity, and other essays. New York: Columbia University Press.

Rankin, Robert. 2000. On Siouan chronology. Seminar presented at University of Melbourne, Department of Linguistics &Applied Linguistics.

Rau, Wilhelm. 1977. *Bhartṛharis Vākyapadīya.* Wiesbaden: Franz Steiner.

Reesink, Ger. 1987. *Structures and their functions in Usan: a Papuan language of Papua New Guinea.* Amsterdam; Phildelphia: J Benjamins Pub. Co.

Rhodes, Richard A., Lenore A. Grenoble, Anna Berge &Paula Radetzky. 2006. *Adequacy of documentation. A preliminary report to the CELP.*

Ribenboim, Paulo. 1988. *The book of prime number records.* New York: Springer-Verlag.

Rilly, Claude. 2005. The linguistic position of Meroitic. *ARKAMANI (Sudan Journal of Archaeology and Anthropology).* http://www.arkamani-library/meroitic/rilly.htm

Rivierre, Jean-Claude &Sabine Ehrhart (with the collaboration of Raymond Diéla). 2006. *Le bwatoo et les dialects de la region de Koné(Nouvelle-Calédonie).* Paris-Louvain-Dudley: Éditions Peeters, Langues et Cultures du Pacifique 17.

Robb, John. 1993. A social prehistory of European languages. *Antiquity* 67:747-760.

Robins, R.H. 1979. *A short history of linguistics. (2nd Edition).* London: Longmans.

Roe, W.R. 1917. *Peeps into the Deaf World.* Derby: Bemrose.

Rogers, Henry. 2005. *Writing systems. A linguistic approach.* Oxford: Blackwell Publishing.

Ross, Malcolm D., Andrew Pawley, Meredith Osmond, (eds). 1998. *The lexicon of Proto-Oceanic: Volume 1, Material Culture.* Canberra: Australian National University.

Ross, Malcolm D., Andrew Pawley, Meredith Osmond (eds). 2003. *The lexicon of Proto-Oceanic: Volume 2, The Physical Environment.* Canberra: Australian National University.

Rowan, Kirsty. 2006. Meroitic – an Afroasiatic language? *SOAS Working Papers in Linguistics* Vol. 14:169-206.

Rumsey, Alan. 2001. Tom Yaya Kange: A metrical narrative genre from the New Guinea Highlands. *Journal of Linguistic Anthropology* 11.2:193-239.

Rumsey, Alan. 2006. Verbal art, politics and personal style in the New Guinea Highlands and beyond. In C. O'Neil., M. Scoggin., and K. Tuite (eds.), *Language, Culture, and the Individual: A Tribute to Paul Friedrich.* Munich: Lincom. pp. 319-346.

Sahagún, Fray Bernardino de. 1950-1982. *Florentine Codex : general history of the things of New Spain.* Translated from the Aztec into English by A. J. O. Anderson and C. E. Dibble in 13 parts. Salt Lake City: University of Utah Press.

Sapir, Edward. 1915. Abnormal types of speech in Nootka. *Canada, Geological Survey, Memoir 62, Anthropological Series No. 5* (1915):1-21. Reprinted in Mandelbaum (ed.), pp. 206-212.

Sapir, Edward. 1921. *Language: an introduction to the study of speech.* New York: Harcourt, Brace and World.

Sapir, Edward. 1924]. The grammarian and his language. *American Mercury 1* (1924):149-155. Reprinted in Mandelbaum (ed.), pp. 149-155.

Sapir, Edward. 1931. Conceptual categories in primitive languages. *Science,* 1931. 74:578. Reprinted in Dell H. Hymes (ed.), *Language in culture and society: a reader in linguistics and anthropology.* New York: Harper Row. pp. 128.

Saxe, Geoffrey &Indigo Esmonde. 2005. Studying cognition in flux: a historical treatment of Fu in the shifting structure of Oksapmin mathematics. *Mind,*

Culture and Acitivity 12.3/4:171-225.

Schulze, Wolfgang 1982. *Die Sprache der Uden in Nordazerbaidžan*. Wiesbaden: Harrassowitz.

Schulze, Wolfgang. 2001. *The Udi gospels. Annotated text, etymological index, lemmatized concordance*. Munich: Lincom.

Schulze, Wolfgang. 2003. Caucasian Albanian (Aluan). The language of the 'Caucasian Albanian' palimpsest from Mt. Sinai and the 'Caucasian Albanian' inscriptions. http://www.lrz-muenchen.de/~wschulze/Cauc_alb.htm

Schulze, Wolfgang. 2005. Towards a history of Udi. *International Journal of Diachronic Linguistics* 1:55-91.

Semur, Serge, avec la collaboration de Nossor Doungouss et Oumar Hamit et al. 1983. *Essai de classification des verbes migaama (Baro-Guera, Tchad)*. Sarh (Tchad): Centre d'Etudes Linguistiques.

Senghas, A., Sotaro Kita &Asli Ösyürek. 2004. Children creating core properties of language: evidence from an emerging sign language in Nicaragua. *Science* 303.5691:1779-1782.

Sherzer, Joel &Anthony Woodbury. 1987. *Native American Discourse*. Cambridge: Cambridge University Press.

Shipley, William. 1991. *The Maidu Indian Myths and Stories of Han'ibyjim*. Berkeley, CA: Heyday Books.

Simons, Gary F. 2006. Ensuring that digital data last: the priority of archival form over working form and presentation form. *SIL Electronic Working Papers 2006-003*, March 2006. http://www.sil.org/silewp/abstract.asp?ref=2006-003.

Sims-Williams, Patrick. 2006. *Ancient Celtic Place-names in Europe and Asia Minor*. Oxford: Publications of the Philological Society.

Singer, Isaac Bashevis. 1976. Yiddish, the language of exile. In D. Villiers (ed.) *Next Year in Jerusalem. Portraits of the Jew in the Twentieth Century*. New York: Viking Press.

Slobin, Dan. 1996. From 'thought and language' to 'thinking for speaking'. In J. J. Gumperz and S.C. Levinson (eds.), *Rethinking linguistic relativity*. Cambridge: CUP. pp. 70-96.

Slobin, Dan. 2000. Verbalized events: a dynamic approach to linguistic relativity and determinism. In S. Niemeier and R. Dirven (eds.), *Evidence for linguistic relativity*. Amsterdam: John Benjamins. pp. 107-138

Slobin, Dan. 2003. Language and thought online. In Gentner &Goldin-Meadow (eds.), *Language in Mind. Advances in the Study of Language and Thought*. Cambridge, Mass.: MIT Press. pp. 157-191.

Snyder, Gary. 1990. *The Practice of the Wild*. San Francisco: North Point Press.

Sofowora, Abayomi. 1985. *Medicinal plants and traditional medicine in Africa*. Books on Demand.

Staal, Frits. 1988. *Universals:Studies in Indian Logic and Linguistics*. Chicago: University of Chicago Press.

Staal, Frits. 1988. *Universals:Studies in Indian Logic and Linguistics*. Chicago: University of Chicago Press.

Staller, John, Robert Tykot and Bruce Benz (eds.). 2006. *Histories of Maize: multidisciplinary approaches to the prehistory, linguistics, biogeography, domestication and evolution of maize*. Burlington, MA: Academic Press.

Stein, Gertrude. 1973. *How to Write*. New York, Dover Publications.

Steiner, George. 1975. *After Babel: aspects of language and translation.* Oxford: Oxford University Press.

Stockwell, Robert P., Dale E. Elliott &Marian C. Bean. 1977. *Workbook in syntactic theory and analysis.* Englewood Cliffs, N.J.: Prentice-Hall Inc.

Suarez, Jorge A. 1983. *The Meso-American languages.* Cambridge: Cambridge University Press.

Sutton, Peter. 1978. *Wik: Aboriginal society, territory and language at Cape Keerweer, Cape York Peninsula, Australia.* University of Queensland: Unpublished Ph.D. Thesis.

Talmy, Len. 1972. Semantic structures in English and Atsugewi. Unpublished Ph.D. Dissertation, UC Berkeley.

Talmy, Len. 1985. Lexicalization patterns: semantic structure in lexical forms. In T. Shopen (ed.), *Language Typology and syntactic description. Vol. 3: Grammatical categories and the lexicon.* Cambridge: CUP. pp. 57-149.

Talmy, Len. 2000. *Towards a cognitive semantics (2 vols.).* Cambridge, Mass.: MIT Press.

Tate, Henry Wellington. 1993. *The Porcupine Hunter and Other Stories: the Original Tsimshian Texts of Henry Tate,* ed. Ralph Maud. Vancouver, B.C.: Talon Books.

Tedlock, Dennis. 1983. *The spoken word and the work of interpretation.* Philadelphia: University of Pennsylvania Press.

Tedlock, Dennis. 1996. *Popol Vuh. The Mayan book of the dawn of life.* (Revised Edition). New York: Simon &Schuster.

Thurston, W.R. 1987. *Processes of change in the languages of north-western New Britain.* Canberra: PL. B-99.

Thurston, W.R. 1992. Sociolinguistic typology and other factors effecting change in north-western New Britain, Papua New Guinea. In T. Dutton (ed.), *Culture change, language change: case studies from Melanesia.* PL C-120.

Tomasello, Michael. 1999a. The human adaptation for culture. *Annual Review of Anthropology* 28:509-529.

Tomasello, Michael. 1999b. *The cultural origins of human cognition.* Cambridge: CUP.

Topping, Donald M., Pedro M. Ogo &Bernadita C. Dungca. 1975. *Chamorro-English dictionary.* Honolulu: University of Hawaii Press.

Torr, Geordie. 2000. *Pythons of Australia. A Natural History.* Sydney: UNSW Press.

Traill, A. 1985. *Phonetic and phonological studies of !XóôBushman.* Helmut Buske Verlag: Hamburg.

Traill, A. and Nakagawa, H. 2000. A historical !Xoo-/Gui contact zone: linguistic and other relations. In H. Batibo and J. Tsonope (eds.), *The Current State of Khoesan Language Studies in Botswana.* Gaborone: IRD. pp. 1-17.

Trigger, David. 1987. Languages, linguistic groups and status relations at Doomadgee, an Aboriginal settlement in north-west Queensland, Australia. In *Oceania* 57.3: 217-238.

Tryon, Darrell. 1995. *Comparative Austronesian Dictionary: An Introduction to Austronesian Studies.* Berlin: Mouton de Gruyter.

Tsunoda, Tasaku. 2005. *Language endangerment and language revitalisation.* Berlin: Mouton de Gruyter.

Urness, Carol. (eds.) 1967. *A naturalist in Russia.* Minneapolis: University Press.

Vajda, Edward &David S. Anderson (eds.). [AT3] 2003. *Studia Yeniseica in Honor of Heinrich Werner.* Special issue of *Sprachtypologie und Universalien-Forschung* 56.1/2.

Vajda, Edward. 2008. A Siberian link with Na-Dene languages. Dene-Yeniseic Symposium, Fairbanks, Alaska. February 2008.

Vansina, Jan. 1990. *Paths in the rainforest. Toward a history of political tradition in equatorial Africa.* Madison: University of Wisconsin Press.

Vygotsky, Lev. 1962. *Thought and Language.* (ed. and transl. Eugenia Hanfmann &Gertrude Vakar). Cambridge: MIT Press. [Orig. published as *Myshlenie i rech'. Psikhologicheskie issledovanija*, 1934. Moscow-. Leningrad: Gosudarstvennoe Social'no-Ekonomicheskoe Izdatel'stvo]

Watters, David. 2006. Notes on Kusunda Grammar: A language isolate of Nepal. *Himalayan Linguistics Archive* 3. 1-182.

WCMC (World Conversation Monitoring Centre). 1992. Biodiversity Data Sourcebook. Cambridge, UK.

Webb, L.J. 1969. Australian plants and chemical research. In L.J. Webb et al. (eds.), *The last of the lands.* Brisbane: Jacaranda Press.

Whorf, Benjamin Lee. 1956. *Language, thought and reality.* Cambridge, Mass.: MIT Press.

Wichmann, Søren. 1995. *The relationship among the Mixe-Zoquean languages of Mexico.* Salt Lake City: University of Utah Press.

Wierzbicka, Anna. 1992. *Language, culture and cognition.* Oxford: Oxford University Press.

Wilkins, David, P. 1993. Linguistic Evidence in Support of a Holistic Approach to Traditional Ecological Knowledge. In N. Williams and G. Baines (eds.), *Traditional Ecological Knowledge.* Canberra: CRES. pp. 71-93.

Williams, Francis. 1936. *Papuans of the Trans-Fly.* Oxford: Clarendon Press.

Williams, Herbert W. 1971. *A dictionary of the Maori language.* Wellington: A.R. Shearer, Govt. Printer.

Williams, Gwyn. 1992. *An introduction to Welsh literature.* Cardiff: University of Wales Press.

Williams, N. and G. Baines (eds.). 1993. *Traditional Ecological Knowledge.* Canberra: CRES.

Witherspoon, Gary. 1977. *Language and Art in the Navajo Universe.* Ann Arbor: The University of Michigan Press.

Witzel, Michael. 2005. Central Asian roots and acculturation in South Asia. In Toshiki Osada (ed.), *Linguistics, Archaeology and the Human Past Occasional Papers No. 1* Kyoto: Research Institute for Humanity and Nature. pp. 87-211.

Woodbury, Anthony C. 1993. A defense of the proposition, "When a language dies, a culture dies". Proceedings of the first annual symposium about language and society – Austin (SALSA). *Texas Linguistic Forum* 33:101-129.

Woodbury, Anthony. 1998. Documenting rhetorical, aesthetic and expressive loss in language shift. In L.A. Grenoble &L.J. Whaley (eds.), *Endangered languages: current issues and future prospects.* Cambridge: Cambridge University Press. pp. 234-260.

Wright, J.C. 1999. Old Wives' Tales in "Therīgāthā": A Review Article. *Bulletin of the School of Oriental and African Studies* 62.3: 519-528.

Zavala, Roberto. 2000. *Inversion and other topics in the grammar of Olutec (Mixean).* University of Oregon at Eugene: Unpublished Doctoral Thesis.

Zepeda, Ofelia. 2001. Linguistics research at home: making it our own, for our own. Paper read at Second International Conference on Endangered Languages,

Kyoto.

Zeshan, Ulrike. 2002. Sign language in Turkey: the story of a hidden language. *Turkic Languages* 6.2:229-274.

• 웹 사이트

Online Bantu dictionary: http://www.cbold.ddl.ish-lyon.cnrs.fr/

The Romani language – an interactive journey: http://www.llc.manchester.ac.uk/Research/Projects/romani

Schultze's description of Udi grammar: http://www.lrz-muenchen.de/~wschulze/Uog.html

Kusunda materials: http://www.people.fas.harvard.edu/~witzel/kusunda.htm

Berliner Klassik Project: http://berliner-klassik.de

Project for the Documentation of the Languages of America: http://www.albany.edu/anthro/maldp

Dokumentation Bedrohter Sprachen (Documentation of Endangered Languages): http://www.mpi.nl/DOBES/

Paradisec: http://paradisec.org.au/

Rosetta Project: http://www.rosettaproject.org

각 대륙의 언어 지도

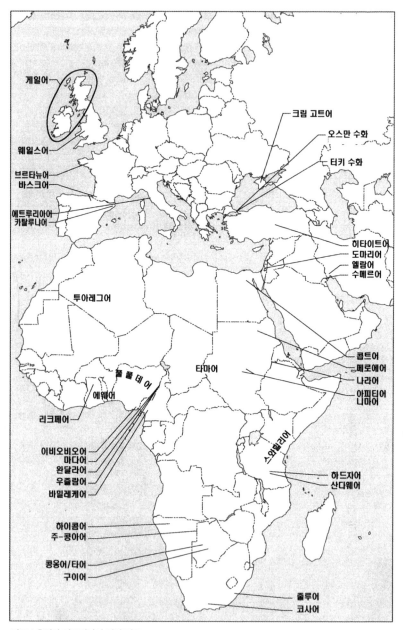

지도 1 유럽과 아프리카의 언어 지도

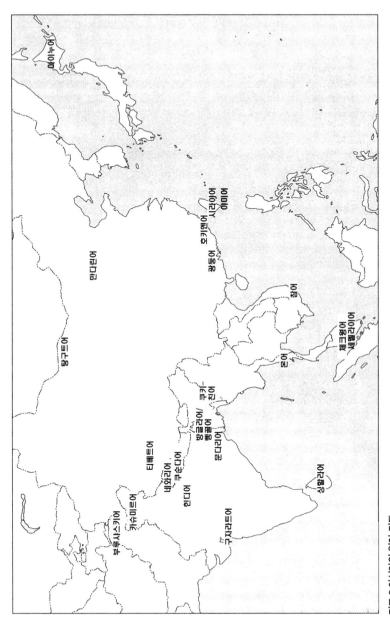

아이누어

시라야어
아미어
오키엔어
광둥어
민다린어
몽구르어
제주어
세벨라이어
젠어
몽어
창글라어/쿠키-창글라어
몬다리어
티베트어
네와리어
쿠순다어
카슈미르어
힌디어
부루샤스키어
구자라트어
싱할라어

지도 2 아시아의 언어 지도

각 대륙의 언어 지도 **487**

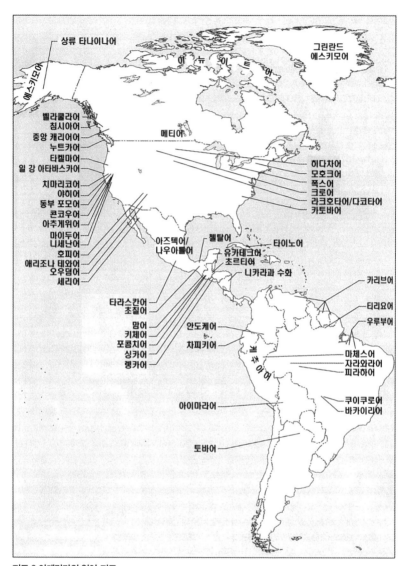

지도 3 아메리카의 언어 지도

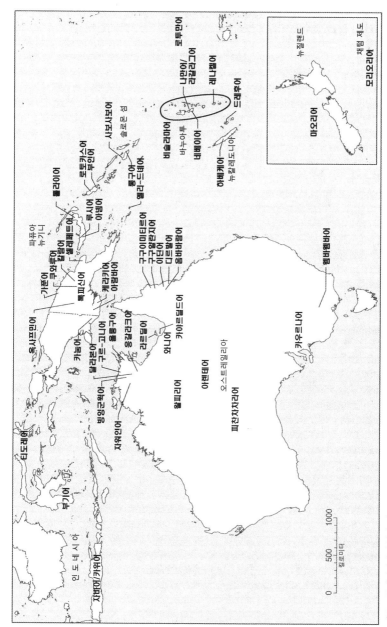

지도 4 오세아니아의 언어 지도

각 대륙의 언어 지도 **489**

찾아보기

티베트어 167, 177, *487*

티위어 *359*

틴린어 163, *239*

파마어 163, *239*

파스파 문자 109n

파푸아어 51, 54, 124, 135, 140, 240

페니키아어 76

페르시아어 190, *258*, 260, 261, 263n, 272

펠라스기어 235

포르투갈어 36, 61, 70n

포타와토미어 *211*, 212

폭스어 212, 424, *488*

폴란드어 156n, 261, 263n

폴리네시아어 241, 244, 246, 247

풀풀데어 49, *486*

품포콜어 93, *251*

프랑스어 36, 49, 63, 70n, 141, 157n, 188, 190, 195, 208, 209, 218, 219, 263n, 273, 418, 421, 449

피노-우그리아어 280, 453

피라하어 124, *488*

피지어 244, 246

피찬차차라어 188, *489*

핀란드어 280

하드자어 228, 262n

하베케어 262n, *489*

하와이어 *239*, 247

하우사어 56, 214, *215*, 216, 217, 222n

하이콤어 330, 332, *486*

한국어 16, 17, 111n, 156n, 167, 169, 178, 346, 347, 348, 350, 351

헝가리어 280

호주 영어 196, 235

호키엔어 70n, *487*

호피어 232, 319, 320, 321, 455, 460, *488*

후기-올멕어 290, 292, 299, 300, 301, 302, 303, 304, 305, 306n, 447

후파어 *251*, 406

히다차어 102, *488*

히브리어 56, 86, 92, 123, 183, 184, 190, *215*, 216, 270, 449

히타이트어 182, 183, 184, 188, 189, 192, 195, *486*

힌디어 36, 37, 70n, 139, 140, 154, 194, 195

인명-가나다 순

가보리, 팻 1, 21, 22, 24, 27, 29n, 31, 46, 104, 323, 446, 448, 458

개스킨스, 수잰 353n

겐트너, 데트르 343, 353n, 456

그라이스, 폴 164

그린버그, 조지프 117n, 216, 249, 262n

그림, 야코프 199

그림쇼, 베아트리체 122

기타, 소타로 339, 353n, 460

네틀, 대니얼 69, 70n, 71n, 442n, 449, 450, 451

누녜스, 라파엘 336, 338, 353n, 456

뉴먼, 폴 432, 443n, 453n, 457

다이아몬드, 제레드 232, 261n

도스토옙스키, 표도르 36, 382

뒤메질, 조르주 125, 126, 364, 451

딕슨, 밥 97, 187, 220n, 394n, 441n, 455

라운즈베리, 플로이드 277

래드포기드, 피터 422, 442n

랜스키, 에런 404, 442n

랜킨, 로버트 232, 233 262n

럼지, 앨런 378, 381, 396n, 456, 459, 460

레벨트, 핌 326, 352n

레빈슨, 스티브 155n, 327, 329, 352n, 353n,

451, 455, 456

이마이, 무츠미 343, 344, 353n, 456

잉글랜드, 노라 432

자발라, 로베르토 292, 297, 455, 460, 461

저스티슨, 존 292, 300, 301, 303, 306n, 307n, 455

제페다, 오펠리아 430, 443n

존스, 윌리엄 190, 424

촘스키, 노엄 23, 115, 206, 432, 436

최순자 345, 348, 353n

칼슨, 프레드 436

캠벨, 라일 248

커밍스, 윌리엄 269, 305n, 454

컬릭, D. 442n

코, 마이클 276, 306n, 454

코자소프, 산드로 287

코프먼, 테리 292, 295, 297, 298, 300, 301, 303, 306n, 307n, 454, 455

쿡, 제임스 327

콰인, 윌러드 134, 155n, 341, 342, 343, 353n

크라우스, 미카엘 28, 222n, 442n, 453

크롤리, 테리 69n, 163, 179n, 442n, 453, 457

키브리크, 알렉산드르 287, 306n

탈미, 레너드 141, 156n, 338, 452

테드록, 데니스 306n, 370, 371, 373, 396n, 456

토마셀로, 마이크 311, 314n

톰슨, 에릭 276, 306n

투쿰바, 매기 147, 403, 422, 438

파니니 79, 97, 98, 451

패리, 밀먼 101, 397n

펜살피니, 로베르트 129, 155n

포더, 제리 138, 321, 352n

폴리, 롭 55, 450

폴리, 앤디 155n, 425

프리드리히, 폴 360, 374, 395n

플렉, 데이비드 171, 179n

피네건, 루스 370, 396n, 456

피시먼, 조슈아 63, 70n, 71n

핑커, 스티븐 23, 29n, 138, 321, 352n

하드먼, 마사 170, 179n, 456

하스, 메리 76, 431, 443n, 453

하스펠머스, 마틴 287, 306n, 450

하먼, 덕 61, 62, 63, 70n

하이먼, 래리 199, 437

해리, 넬슨 202, 204, 222n, 362

해링턴, 존 99, 101, 452

해빌런드, 존 327, 352n, 411, 456

허퀴스, 루이제 395, 397n, 405

헤르더, 요한 63, 93, 111n, 319

헤일, 켄 361, 390, 397n, 443n, 448n, 449, 452

훔볼트, 윌리엄 94, 95, 308, 319

흐로즈니, 베드리히 182, 183, 188, 266

흘레브니코프, 벨리미르 374, 375, 376, 378

힘멜만, 니콜라우스 434, 443n, 454

아무도 모르는 사이에 죽다
사라지는 언어에 대한 가슴 아픈 탐사 보고서

1판 1쇄	2012년 6월 4일
1판 4쇄	2018년 2월 28일
2판 1쇄	2025년 4월 28일

지은이	니컬러스 에번스
옮긴이	김기혁 호정은
펴낸이	강성민
편집장	이은혜
마케팅	정민호 박치우 한민아 이민경 박진희 황승현 김경언
브랜딩	함유지 박민재 이송이 김희숙 박다솔 조다현 김하연 이준희
제작	강신은 김동욱 이순호

펴낸곳	(주)글항아리	출판등록 2009년 1월 19일 제406-2009-000002호
주소	10881 경기도 파주시 문발로 214-12, 4층
전자우편	bookpot@hanmail.net
전화번호	031-955-2689(마케팅) 031-955-5161(편집부)
팩스	031-941-5163

ISBN 979-11-6909-391-0 93300

www.geulhangari.com